어느 고대 경전(天符經)으로의 산책

어느 고대 경전(天符經)으로의 산책

초판 1쇄 발행 2025년 6월 4일

지은이 동네 아저씨
펴낸이 장길수
펴낸곳 지식과감성#
출판등록 제2012-000081호

교정 한장희
디자인 정슬기
편집 정윤솔
검수 이주희, 이현
마케팅 김윤길

주소 서울시 금천구 벚꽃로298 대륭포스트타워6차 1212호
전화 070-4651-3730~4
팩스 070-4325-7006
이메일 ksbookup@naver.com
홈페이지 www.knsbookup.com

ISBN 979-11-392-2632-4(03150)
값 20,000원

- 이 책의 판권은 지은이에게 있습니다.
- 이 책 내용의 전부 또는 일부를 재사용하려면 반드시 지은이의 서면 동의를 받아야 합니다.
- 잘못된 책은 구입하신 곳에서 바꾸어 드립니다.

지식과감성#
홈페이지 바로가기

어느 고대 경전(天符經)으로의 산책

동네 아저씨 지음

지금껏 알던 세상과 조금 다른 세상
지금껏 알던 우리와 조금 다른 우리
지금껏 알던 나와 조금 다른 나
지금껏 알던 삶과 조금 다른 삶
지금껏 알던 천부경과 조금 다른 천부경

지식과감성#

차례

1. 나서다
  들어가다 ···10

  천부경(天符經) ···12

2. 길을 찾다
  준비하다 ···16

    1) 수(數) ···17

    2) 서양의 수(數) ···20

    3) 동양의 수(數) ···25

    4) 천부경의 수(數) ···32

3. 오르다
  天(우주의 생성 원리를 말하다) ···38

    1) 일시무 시일(一始無 始一) ···38

    2) 석삼극 무진본(析三極 無盡本) ···57

    3) 천일일 지일이 인일삼(天一一 地一二 人一三) ···61

    4) 일적십거 무궤화삼(一積十鉅 无匱化三) ···73

  地(세상의 운행 이치를 말하다) ···85

    5) 천이삼 지이삼 인이삼(天二三 地二三 人二三) ···85

    6) 삼극과 삼태극 ···91

7) 대삼합육 생칠팔구(大三合六 生七八九) …99

　　8) 운삼사 성환오칠(運三四 成環五七) …113

　　9) 순환의 고리 …121

　　10) 일묘연 만왕만래(一妙衍 萬往萬來) …130

　　11) 수(數)의 천부경 …134

人(만물의 본래면목을 말하다) …144

　　12) 용변 부동본(用變 不動本) …144

　　13) 본심 본태양앙명(本心 本太陽昂明) …151

　　14) 인중 천지일(人中 天地一) …157

　　15) 일종무 종일(一終無 終一) …168

4. 둘러보다

천부경(天符經)과 세상 …182

드러내 보다 …186

　　1) 우주 …186

　　2) 물질 …190

　　3) 생명체 …196

들여다보다 …205

　　4) 의식의 네트워크 …205

　　5) 지향적 순환구조 …214

  6) 엔트로피 ⋯217

  7) 인간 ⋯221

 들여와 보다 ⋯231

  8) 오해 ⋯231

  9) 착각 ⋯242

  10) 수처작주 ⋯253

  11) 본래면목 ⋯261

5. 돌아보다

 천부경(天符經)과 일상 ⋯272

 부분과 전체 ⋯275

  1) 일상-1 ⋯275

  2) 일상-2 ⋯281

  3) 일상-3 ⋯284

  4) 일상-4 ⋯293

 관계와 연계 ⋯301

  5) 일상-5 ⋯301

  6) 일상-6 ⋯306

  7) 일상-7 ⋯313

  8) 일상-8 ⋯320

그 하나 ···327
    9) 일상-9 ···327
    10) 일상-10 ···336
    11) 일상-11 ···343
    12) 일상-12 ···354

6. 내려오다

마치다 ···368
돌이켜 보다 ···373

1
나서다

어느 먼 고대의 신비한 산으로 길을 나서다

들어가다

　모처럼 만에 시간을 내어 다시 산행에 나서 보기로 한다.
　그런데 매번 혼자서 다녀오게 된다. 남들은 웬 궁상이냐며 혀를 차기도 하지만, 그럴 수밖에 없는 나름의 이유가 있다.
　산에 오르다 보면 가끔은 어느 산기슭 이름 모를 들꽃 한 송이가 말을 걸어오는 경우도 있게 되고, 그러면 그 앞에 쪼그려 앉아서 한참의 시간을 보내기도 하며, 불현듯 산 내음에 취해 멍하니 서 있기도 한다. 간혹 호기심이 동하면 길도 없는 곳을 기웃거리다 엉뚱한 곳을 헤매기도 해서 주변의 걱정을 듣기도 한다.
　마치 산책과도 같은 산행인 셈이다. 물론 매번 그렇다는 것은 아니고 그럴 때도 있다는 말이다. 어쨌든 상황이 이런 상황이니 어쩔 수 없이 급하게 정상을 찍고 내려와야 하는 산행에는 잘 어울리지 못하게 되고, 섣불리 동행을 청할 수도 없게 되는 셈이다.

　자, 여기 장엄하고도 신비로워서 감히 오를 엄두가 쉽게 나지 않는 고대의 신령한 산(天符經) 하나가 있다. 우주의 진리를 품고 있다고 전해지는 이 경이로운 산으로의 산책과도 같은 산행에 동행을 청하는 바이다. 비록 낯선 산이고 익숙지 않은 길이기는 하겠지만, 한편으로는 그래서 더욱 신선하고 설레는 탐험 길이 될 수도 있음이니, 이 또한 낯선 산행의 재미이자 묘미가 아니겠는가.
　물론 거창한 무엇이 아니라, 그저 산기슭 언저리를 배회하다 이름 모를 잡초 몇 포기와 나눈 작은 교감들을 나누어 보자는 취지이니, 너무 심각해지거나 새삼 시비를 가를 일은 아닐 것이다. 다만, 이 산행의 여정에서 혹여 또 다른 말을 걸어오는 들꽃 한 송이라도 만나게 된다면, 잠시 그 앞에 앉아서 귀 기울여 보기를 권하며, 오히려 이를 기대하는 바이기도 하다.

   참고로 앞선 설명과 같은 이유로 이 산행에는 다소의 인내심이 필요할 수도 있음을 미리 밝혀 둔다. 이 신비한 산은 오르는 길을 찾아내는 일조차 만만치 않거니와, 어느 한 방면의 외길만으로는 그 높은 언덕과 깊은 계곡을 오르고 건너기가 실로 간단치 않은 일이라서, 부득이 여러 방면의 샛길들을 활용할 필요가 있어 보이기 때문이다.
   다만, 이러한 번거로움은 먼 고대로부터 전래되어 온 거대한 수수께끼를 풀기 위한 일종의 방편일 수도 있는 셈이니, 그 기웃거림은 단지 바른길을 찾아내기 위한 나름의 노력이요, 잠시의 머무름은 그저 숙고를 위한 반추의 여유임을 감안해 준다면 감사할 일이다.
   자, 그럼 모처럼 함께하는 산행이니, 이제 설레는 마음으로 다 같이 길을 나서 보기로 하자.

천부경(天符經)

천부경은 현재 묘향산 석벽본, 최고운 사적본, 노사전 전비문본, 태백일사본, 농은 유집본 등이 전해진다고 한다. 다만, 이러한 전래본 간의 몇몇 글자에 대한 차이점이나 또 다른 의문에 대한 검증 등, 세간에 약간의 논란이 있는 것 또한 사실이라고 한다.

대종교에서 비교적 최근 시기인 1975년에 천부경을 주요 경전으로 채택(천부경, 삼일신고, 참전계정의 3대 경전)하면서 밝히고 있는 바와 신라시대 최치원 선생의 언급에 따르면, 우리 민족의 시원에 가까운 아득한 고대로부터 전래되어 오는 경전이라 하였으나, 이 또한 사료의 부족을 지적하기도 한다.

어찌 보면 이러한 현상들은 당연할 수도 있는 것이, 가뜩이나 홍산 문화, 고인돌 문화 등 민족 고대사에 대한 진지한 연구들이 턱없이 부족한 현재의 실정에서 역사시대 이전에 작성된 것으로 보이는 경전이 명확한 사료에 의해서 증명된다면, 그것이 오히려 이상한 일일 수도 있는 셈이다.

물론, 이를 두고 새삼 국수주의에 사로잡히거나 신비함으로 포장하여 자존망대하는 것 역시 경계해야 할 일이겠지만, 지나치게 자기 비하적인 역사관 또한 옳지 못한 일일 것이다.

각설하고 여기에서 다루고자 하는 천부경의 출처는 대략 다음과 같다.

대종교의 『종리문답』이라는 책에 이르기를, 한배검의 사관인 신지(神志)께서 비사(秘詞)와 천부경(天符經)을 지어 한배검의 교화를 세상에 널리 전하였다 하였으며, 고려 말 72현 중의 한 분이셨던 농은 민안부 선생의 유집에서 갑골문으로 작성된 천부경이 발견되기도 하였다고 한다. 또한, 조선시대 정조대왕께서 구월산의 삼성사(환인, 환웅, 단군의 삼위성조 위패가 모셔져 있었다고 함)에서 올린 치제문(致祭文)에서도 예로부터 천부경이 우리 민족에게 계승되어 오고 있음을 밝히고 있다고 한다.

한편 독립운동가이기도 하셨던 운초 계연수(雲樵 桂延壽) 선생께서 1916년 평안북도 영변 묘향산의 한 석벽에 천부경이 각인되어 있는 것을 발견하고, 이를 탁본하여 대종교에 전하면서 세간에 널리 알려지는 계기가 되었다고 한다.

이에 대하여 전병훈 선생은 『정신철학통편』(1920)에 이르기를 "동방의 현인 선진(仙眞) 최치원이 전하기를 천부경 팔십일 자는 신지(神志)의 전문인데 옛 비석에서 발견되어 그 글자들을 해석하여 백산에 각(刻)해 두었다, 하였다. 이를 약초 캐는 도인 계연수라는 이가 영변 백산(지금의 묘향산으로 추정)의 깊은 골짜기 석벽에서 발견하고 조사했다"라고 밝히기도 하였다.

즉, 누구도 부인할 수 없는 우리의 고유한 문화유산인 셈이며, 동시에 먼 고대로부터 이어져 온 특유의 세계관과 전통사상의 토대를 엿볼 수 있는 소중한 역사 자료이기도 한 셈이다.

태백일사(太白逸史, 一十堂 李陌 著)에서 전하기를 "천부경은 천제(天帝) 환국(桓國) 구전의 서이다. 환웅 대성존께서 천강(天降)하신 후 신지(神誌) 혁덕(赫德)에게 명하여 녹도문(鹿圖文)으로 그것을 썼다. 신라시대 최고운 치원(崔孤雲 致遠) 또한 일찍이 이 전고비(篆古碑)를 보고 갱부작첩(更復作帖)하여 세상에 전한 것이다" 하였는바, 그 천부경 81자는 다음과 같다.

天符經(천부경)
一始無始一(일시무시일)
析三極無盡本(석삼극무진본)
天一一地一二人一三(천일일지일이인일삼)
一積十鉅无匱化三(일적십거무궤화삼)
天二三地二三人二三(천이삼지이삼인이삼)
大三合六生七八九(대삼합육생칠팔구)
運三四成環五七(운삼사성환오칠)
一妙衍萬往萬來(일묘연만왕만래)

用變不動本(용변부동본)
本心本太陽昂明(본심본태양앙명)
人中天地一(인중천지일)
一終無終一(일종무종일)

이제 이를 본격적으로 탐구해 보기로 하되, 각 구절에 여백을 더하고 전문을 천(天), 지(地), 인(人) 3부로 구성하여 살펴보기로 한다.

물론, 이러한 구분은 단지 해석의 편의를 위한 주관적인 방편의 하나일 뿐이며, 더불어 천부경의 내용이 우주를 이루어 내는 원리(天)와 세상이 운행되는 이치(地)와 우주의 구성원들인 만물과 사람(人)에 대하여 설하는 것으로 이해하였기 때문이다.

아울러, 이러한 이해의 과정은 일반적이고 객관적인 접근 방법을 통한 순수한 탐구 작업의 일환이며, 이에 따라서 특정 사상이나 이론, 혹은 종교 등에 의한 일방적이고 편향적인 이해 방식은 가능한 한 지양하기로 한다.

이 산행의 동행자들 역시 되도록이면 열린 마음과 선입견 없는 순순한 의문과 호기심으로부터 출발하여 이 수수께끼 가득한 탐험 길에 동참해 보기를 권하는 바이다.

2
길을 찾다

안개 어렴풋한 산기슭에서 길을 찾다

준비하다

天符經(천부경)

一始無 始一(일시무 시일)
析三極 無盡本(석삼극 무진본)
天一一 地一二 人一三(천일일 지일이 인일삼)
一積十鉅 无匱化三(일적십거 무궤화삼)

天二三 地二三 人二三(천이삼 지이삼 인이삼)
大三合六 生七八九(대삼합육 생칠팔구)
運三四 成環五七(운삼사 성환오칠)
一妙衍 萬往萬來(일묘연 만왕만래)

用變 不動本(용변 부동본)
本心 本太陽昂明(본심 본태양앙명)
人中 天地一(인중 천지일)
一終無 終一(일종무 종일)

우선 전문을 대략 한번 훑어보자.

일단 숫자들이 많이 보인다. 문장 자체는 비교적 짧은 편이며, 그리 복잡해 보이지도 않는다.

어찌 보면, 무슨 수학 공식처럼 보이기도 하고 한 편의 시처럼 보이기도 한다. 또한, 어렴풋이 무언가 문맥에서 일종의 현기(玄氣)가 느껴지기도 한다.

조금 더 자세히 들여다보면, 전체적인 문장의 구성 형식이 왜 그런지는 잘 모르겠지만, 일(一)부터 십(十)까지 숫자들의 나열과 조합이라는 독특한 구성으로써 무언가를 일관되게 설명하고 있는 것처럼 보인다.

어찌어찌 표면적인 해석은 가능해 보이지만, 문장이 품은 진정한 의미를 이해하기는 쉽지 않아 보인다. 구슬이 서 말이기는 한데 꿰어지질 않는 것이다.

왜 그럴까.

문장에 표현된 숫자들이 의미하는 바를 전혀 모르겠으니 그렇다.

산행의 첫발을 떼려고 해도 대체 어떻게 가야 하는지조차 잘 모르겠으니, 그 출발을 위한 준비 과정으로 먼저 천부경에 표현된 숫자들의 의미를 파악해 보기로 한다.

1) 수(數)

먼저, 수(數)의 의미에 대한 기본적인 정리부터 필요해 보인다.

역사시대 이전에 시작된 수의 기원은 전승되는 기록에 의지하지 못하는 한계 때문에 구체적인 진상을 헤아려 보기가 어려운 것이 현실이라고 한다. 마치 천부경처럼 말이다.

지금까지 출토된 유물들에 의지하여 추정해 보면, 숫자라는 개념은 대략 기원전 오만 년경에 시작된 것으로 추측하고 있으며, 처음에는 순수한 셈의 필요성에 의해서 수라는 개념을 지각하게 된 것으로 보고 있다고 한다. 어찌 보면, 이렇게 수라는 표현이 나타나게 됨으로써 인류는 처음으로 자신들이 살아가는 세상을 구체적인 형태로 표현할 수 있는 최초의 수단을 얻게 된 셈이기도 하다.

이러한 수의 기본적인 개념은 이후에 점차로 시대별, 혹은 지역별 문화에 따른 세계관이나 철학, 종교, 신비 사상 등과 결합되면서 각 문명의 고유한 우주론이나 세상의 이치를 설명하기 위한 논리의 근거로 승화되는 일련의 과정을 거치게 된다고 한다.

이러한 연구들이 본격적으로 성행했던 고대에서의 수(數)는 그 의미가 일반적인 셈을 위한 숫자라는 개념을 초월한다고 한다. 왜냐하면 우주의 심오한 원리와 이치를 구체적인 형태로 표현하려면 이러한 수의 논리 외에는 달리 답이 없으며, 따라서 우주 만물의 비밀은 오직 수리로써만 논할 수 있다고 보았기 때문이다. 하나하나의 숫자들이 모두 고유한 상징과 의미를 품고 있다고 보았으며, 이러한 숫자들 간의 조합에서 도출되는 원리와 이치는 우주의 진리를 표현할 수 있는 거의 유일한 수단으로까지 여겼던 것이다. 즉 이치가 무한히 변형되어 쪼개지는 것과 그것을 다시 무한히 쌓아 가는 원리 그리고 이러한 과정에서 발현되는 현상의 이치로써 세상의 근원적인 물음에 대한 답을 찾아낼 수 있다고 보았던 셈이며, 이러한 수의 논리에 의지해야만 우주의 원리와 세상이 운행되는 이치를 설명하는 것이 비로소 가능하다고 여겼던 셈이다.

따라서 이러한 숫자들의 고유한 상징과 의미를 밝혀내거나 숫자 간의 조합에서 도출되는 원리와 이치를 드러내는 일 그리고 이를 다시 수리로써 증명하고 해석하여 현실에 활용하는 등의 연구 활동은 대단히 고귀하고 신성한 일로 여겼다고 한다.

이러한 시대적 성향으로 인하여 당시의 일부 단체에서는 이렇게 연구된 성과들을 일반 대중에 공개하지 않고, 집단 내의 특정 소수에게만 비밀리에 전수하기도 했다고 한다.

이처럼 독특한 수의 논리들은 비록 오늘날의 수학이라는 개념으로 보면 매우 낯선 형태의 수리이기는 하지만, 한편으로 생각해 보면 수에 대한 의미를 양적인 변화가 아닌 질적인 변화라는 시각으로 접근한 수론으로 보이기도 한다. 즉 수의 논리를 수량적인 변화라는 의미에서의 연산이나 증명이라는 관점이 아니라, 숫자 자체의 존재 의미와 더불어 숫자 간에 형성되는 수식에 따른 의미의 질적인 변화라는 관점으로 수를 바라보았던 셈이며, 이러한 논리로써 자신들이 살아가는 세상의 근원적인 원리나 현상의 이치를 헤아려 보고자 했던 셈이다.

따라서 이러한 연구의 성과들은 시대별, 혹은 지역별 문명 간의 우주관을 가늠해 보거나 비교해 볼 수 있는 대표적인 잣대가 되기도 하며, 나아가 이러한 우주관으로부터 형성된 가치관이나 사상의 토대를 엿볼 수 있는 주요한 근거가 된다고 한다. 즉 고대의 수론(數論)은 수의 연산이라는 영역을 초월하여 당시 문명들의 세계관을 정립함으로써 세상을 이해하는 근간이 되고, 이에 따르는 인식의 틀이나 사고의 기준을 형성하는 매우 중요한 역할을 담당하고 있었던 셈이다.

이렇게 신성시되던 숫자에 대한 중의적인 의미들은 실제로 일상의 많은 부분에 직간접적으로 영향을 미치기도 하였으며, 현실의 세상을 이해하고 설명하는 수단이나 상징으로 널리 활용되기도 하였다고 한다. 물론, 이러한 개념은 현대에도 많은 부분이 계승되어 우리의 평범한 일상이나 문화 요소의 곳곳에 알게 모르게 녹아 있으며, 그 영향을 지금도 여전히 받고 있는 중이라고 한다.

이러한 일종의 관념적 개념의 수론을 떠나서 오늘날의 숫자에 대한 개념이나 순수한 수리(수학)의 성과들 역시 과거에서부터 현재까지 거의 유일한 세계적 공통 언어, 즉 의미의 전달에 오해가 없는 의사소통이라는 기능을 무리 없이 수행함으로써 인류 문명의 발전에 지대한 공헌을 해 온 위대한 발명품 중의 하나라고 한다.

지금까지 대략 살펴본 바와 같이 수(數), 또는 숫자들을 우주의 심오한 비밀을 품은 것으로 여겼던 고대나 그 이전의 시기에서, 이러한 숫자들의 고유한 상징이나 조합의 의미로써 우주의 원리와 이치를 설명하고자 함은 어찌 보면 당연한 일이기도 할 것이다.

따라서 우주의 진리를 품고 있다고 여겨지는 천부경이 이렇게 숫자라는 표현 수단을 통하여 경의 의미를 전달하고자 함은 필연적인 현상으로 볼 수 있는 셈이며, 나아가 이로써 천부경은 당대 최고 수준의 지성이 집약된 당시 문명의 결정체임을 충분히 미루어 짐작해 볼 수도 있게 되는 셈이다. 물론, 먼 고대로부터 이미 독창적인 세계관과 이에 따르는 사상의 체계를 확립하고 있었음을 증명하는 소중한 역사 자료이기도 한 셈이고 말이다.

그렇다면, 구체적으로 고대인들은 이러한 숫자들의 의미를 어떻게 이해하고 있었으며, 어떤 개념으로 활용하고 있었을까.

이제 실제로 고대 동서양 문화권에서 대표적으로 이해하고 활용되었던 숫자들의 의미와 상징에 대하여 살펴보기로 하자.

다만, 이 글의 주제는 수학이 아니므로 그 대략을 살펴보되, 수학적인 의미보다는 상징과 의미 위주로 살펴보기로 하며, 천부경에서 주로 언급되는 영(0)에서부터 육(6)까지의 숫자들에 대하여 우선 살펴보기로 한다.

2) 서양의 수(數)

먼저, 고대 서양 문화권에서 대표적으로 이해하고 활용되었던 숫자들의 의미와 상징들이다.

고대 서양 문화권에서는 주로 철학적인 사유에 근거하는 수론과 순수한 수리적인 의미의 수론이라 할 수 있는 수학(mathematics of mumber)으로 나뉘어서 발전하게 되었다고 한다.

이러한 수론의 근저에는 자연히 수의 존재 의미에 대한 철학적인 고찰들이 주요 논제를 이루게 됨으로써, 숫자 자체의 구조 규명과 더불어 숫자 간의 조합에서 도출되는 원리와 이치를 밝혀내기 위한 탐구가 연구의 주된 관심사였다고 한다.

그 대략을 살펴보면 다음과 같다.

영(0)

하나의 점으로 표현하였으며, 시대와 문명에 따라서 쐐기문자, 혹은 조개껍데기 모양이나 빈칸 등으로도 표현되었다고 한다.

영(0)이라는 숫자의 개념은 다른 숫자들이 발명되고 나서 수만 년이 지난 후에 정립된 것으로 추정하고 있으며, 초기에는 없음이나 비어 있음과 같은 철학적인 개념, 혹은 수를 셈하기 위한 숫자라는 개념이 아니라, 단지 수의 단위를 표현하기 위한 기호의 기능을 담당했다고 한다.

　아무것도 없음이나 비워짐, 혹은 어떤 기준이 되는 의미를 갖는 영(0)의 개념은 BC 4세기경에 이르러서야 정립된 것으로 추정하고 있으며, 서양 문화권에서는 비교적 최근까지도 이러한 영의 개념을 특유의 우주관이나 종교관으로 인하여 쉽게 받아들이지 못하고 있었다고 한다. 즉 공허와 혼돈, 무한과 진공(眞空)의 세계와 같은 개념을 원천적으로 거부하는 우주관에서는 이처럼 존재할 수 없는 것을 나타내서도 안 되며, 이를 거부하는 것은 곧 이러한 우주관으로부터 비롯된 신을 거부하는 역천의 논리로까지 받아들였던 것이다.

　이러한 여러 가지 사정에 의해서 오늘날 우리가 사용하는 '0'이라는 기호와 'zero'라는 용어는 놀랍게도 지금으로부터 불과 400여 년 전에 정립된 것으로 보고 있다고 한다. 기원전 오만 년이라는 숫자의 기원에 비하면 터무니없이 짧은 역사인 셈이다.

　논란이 있기는 하지만, 대략 그 의미의 기원으로 추정하고 있는 인도의 산스크리트어인 '슈나(sunya)'라는 단어의 개념에 의하면 공백, 하늘, 공간, 공기의 의미와 더불어 창조되지 않은 것, 존재하지 않는 것, 사유되지 않은 것, 부재, 없음 등을 의미한다고 하며, 십진법에서의 슈나는 그것이 놓인 자릿수에 숫자가 존재하지 않음을 나타낸다고 한다.

일(1)[1]

　하나의 점을 중심으로 하는 원을 그려서 이를 상징으로 삼았다고 한다.

　일(1)이라는 수는 숫자(하나)의 개념이 아니라고 한다. 다른 수를 만들어 내기 위한 시작의 의미이며, 존재의 시작 또는 근본이라는 개념이다. 즉 최초의 인식 대상이며, 이로부터 무언가를 대상으로 삼을 수 있게 되는 셈이니, 바로 모든 것의 시작이자 원인이 되는 근원으로서의 의미를 갖는 수로 보았던 셈이다.

　또한, 일(1)은 모든 수를 만들어 내고, 다른 모든 수를 나누어 떨어뜨린다. 하지만

1　EBS방송국 클래스-E 김상현 교수 '이토록 황홀한 수학' 강의 참조

다른 어떤 수도 나누어 떨어뜨릴 수 없는 침범당하지 않는 절대 수이기도 하다.

그래서 우주의 근원, 신(神), 신의 의지, 빛 등을 의미한다고 보았다.

이(2)

두 개의 원이 겹친 모양(1을 상징하는 원이 분리된 모습이며, 각 원의 중심점에 다른 원의 변이 위치함)을 상징으로 삼았다.

이(2) 또한 아직은 숫자(둘)라는 개념이 아니라고 한다. 나뉘고 분리되어서 서로 구별되는 모습이며, 바로 이러한 구분과 구별이라는 행위(원리)를 바탕으로 해야만 비로소 숫자라는 개념이 성립되는 것이며, 이로부터 모든 셈 역시 가능하게 되는 셈이니, 이(2)라는 수는 모든 숫자의 근간이 됨과 동시에 법칙의 근간이 되는 수로 보았다. 즉 구별이라는 상대적 인식 행위로부터 숫자라는 개념이 나타날 수 있게 되는 셈이며, 이를 바탕으로 해야만 비로소 더하고 빼고 곱하고 나누는 것도 가능해지는 셈이니, 바로 이러한 의미로 인하여 모든 숫자의 부모 수인 동시에 법칙의 근간이 되는 수라고 보았던 것이다.

따라서 나눔과 구별, 분열과 대립, 연결과 화합, 또는 서로 상대적인 관계 등을 의미한다고 보았다.

삼(3)

정삼각형(2를 상징하는 두 개의 원이 겹치는 접점들과 원의 중심점을 연결하면 정삼각형이 된다)을 상징으로 삼았다.

비로소 숫자(셋)로서의 의미를 갖는 수가 탄생하였다. 처음으로 나타난 숫자의 개념이며, 신이나 신의 의지가 작용(1과 2의 조합)하여 태어난 결과물이라는 의미에서 매우 중요하고 신성한 숫자로 여겼다고 한다.

일(1)과 이(2)의 의미가 일종의 관념적인 개념이라면, 삼(3)은 이러한 관념들의 작용으로부터 생겨난 실제의 결과물이라는 개념이다. 신, 또는 신의 의지를 의미하는 일(1)과, 모든 숫자와 법칙의 근간을 의미하는 이(2)라는 요소가 결합되어서 나타난 최초의 결과물인 셈이다. 여기에 더하여 삼은 더해도 곱해도 똑같이(1+2+3=1×2×3) 육(6)이 되는 수이며, 그래서 삼(3)이라는 숫자는 흠이 없는 완전한 수로 보았다고 한다.

이처럼 신성함과 완전함 그리고 최초의 결과물이자 기본이 되는 의미로 인하여 대단히 중요한 숫자로 여겼으며, 이에 따라서 고대의 신화나 설화 등의 주요 구성 요소로 활용되기도 하였다고 한다.

또한, 이로써 최초의 도형인 삼각형이 나타나게 되었으며, 이 삼각형을 모든 도형의 기본이자 가장 완전한 도형으로 여겼다고 한다. 실제로 삼각형은 자연계를 통틀어서 가장 안정된 구조라고 하며, 현대의 수많은 구조물에 널리 활용되고 있는 도형이기도 하다.

사(4)

사각형을 상징으로 삼았다.

사(4) 또한 매우 중요한 수로 보았는데, 일(1)과 이(2)와 삼(3)을 더한 수인 육(6)에 다시 사(4)라는 수를 더하면, 최종 마감 수이자 기본수들의 완성형인 십(10)이라는 종착점에 이르게 되기 때문이다. 피타고라스(Pythagoras)학파의 경우에는 이러한 십(Tetraktys, 10)이라는 숫자를 인류 정신의 상징이자 우주의 모델로 보았으며, 따라서 경배와 맹세의 대상으로 삼기도 하였다고 한다.

즉, 사(4)라는 숫자는 이상향인 완전함(10)에 이르도록 하는 현실의 매개체 역할을 하는 숫자라고 보았던 셈이며, 현실에 실재하는 요소로서의 개념에 무게를 둔 의미의 숫자이기도 한 셈이다. 이에 따라서 사(4)라는 숫자는 작은 완성의 의미를 갖는 수로 보았다고 한다.

실제로도 사(4)라는 숫자의 상징인 사각형은 현실에서의 활용성과 범용성이 매우 뛰어난 도형이며, 심리적으로도 안정감을 주는 도형이라고 한다. 따라서 고대에서부터 현대에 이르기까지 일반적인 건축물 대부분의 공간구성을 이루는 기본 도형이 되었으며, 건축물 외에도 지금 보고 있는 책이나 화면을 포함하여 주변의 평범한 일상

용품들의 디자인 대다수가 사각형을 기본으로 하고 있음을 확인할 수 있다.

오(5)

오각형을 상징으로 삼았다.

오(5)라는 숫자는 최초의 짝수(2)와 홀수(3)가 합해져서 생겨난 숫자이다. 그래서 조화를 의미하는 숫자로 보았으며, 오(5)라는 숫자를 통해야만 생명을 얻는다고 여겨서 무엇을 이루어 내는 행위를 의미하는 숫자로 보기도 하였다.

이러한 의미로 인하여 오각형은 많은 단체의 상징물로 이용되기도 하였으며, 특정한 의미를 부여하기 위한 표현의 상징으로 활용되기도 하였다고 한다.

흥미로운 사실은 이러한 의미를 품은 오각형을 활용하여 축구공을 디자인하였는데, 이렇게 완성된 축구공에는 모두 12개의 정오각형과 20개의 정육각형이 사용된다고 한다.

여기에 사용된 12라는 숫자는 물(水)과 우주의 정기인 '제5원'을 상징하는 십이면체로부터 비롯되었다고 하며, '오일러의 정리(Euler's theorem)'에 의하면 오각형으로 만들어진 다면체는 모양에 상관없이 12개의 오각형이 있어야만 한다고 한다. 이 또한 숫자의 의미와 상징이 복합적으로 적용된 결과물로 볼 수도 있는 셈이다.

공교롭게도 이러한 공을 사용하는 축구 경기는 여러 구기 종목 중에서도 그 역동성이 매우 돋보이는 경기이고, 웬만하면 빗속에서도 경기를 진행하는 것이 가능하다고 하며, 대부분의 축구 경기장에는 지붕이 없다고 한다.

육(6)

육각형을 상징으로 삼았다.

육(6)은 처음으로 실체화되어서 구현된 완전수라고 한다. 일(1)과 이(2)와 삼(3)이라는 숫자들의 합으로 이루어 낸 숫자이기 때문이다. 즉 신, 또는 신의 의지를 의미하는 수와, 모든 숫자와 법칙의 근간을 의미하는 수와, 이러한 두 가지 요소들의 결합물을 의미하는 숫자 간의 조화와 화합으로 이루어 낸 최초의 완성을 의미하는 숫자라고 보았던 셈이다.

1차적이고 단위적인 완성을 의미하는 숫자이며, 최종적인 완성을 의미하는 숫자는 십(10)이라고 한다.

실제로 육(6)이라는 숫자는 순수한 수리적인 의미에서도 자신의 진약수를 더하면 자신이 되는 완전수이기도 하다. 그래서 완성이나 완전함, 또는 균형과 번영 등의 의미를 품은 숫자로 보았다고 한다.

따라서 이러한 이미지가 요구되는 문화 요소의 곳곳에 구체적 또는 은유적으로 활용되는 숫자이기도 하며, 그 상징인 육각형 역시 종교적, 사회적 상징물로 널리 이용되는 도형이라고 한다.

이러한 육각형은 실제로 자연계 곳곳에서(주상절리, 눈의 결정, 벌집의 방, 곤충의 눈 등) 발견되는 도형이기도 하며, 반복 배열에 의한 구조적 결합력이 대단히 치밀한 형태의 도형이라고 한다.

지금까지 고대 서양 문화권에서 대표적으로 연구되고 활용되었던 영(0)에서부터 육(6)까지의 숫자들에 대한 의미와 상징에 대하여 대략적으로나마 살펴보았다.

그렇다면, 고대의 동양 문화권에서는 이러한 숫자들과 관련하여 어떻게 세상을 이해하고 있었을까.

3) 동양의 수(數)

앞에서 살펴본 바와 같이 고대의 서양 문화권에서는 숫자 자체의 존재 논리와 구조 규명 그리고 숫자 간의 조합에서 도출되는 의미와 원리에 대한 탐구가 대체적인 연구의 경향이었다면, 고대 동양 문화권에서의 수론은 이러한 수의 논리와 현상을 대상으로 하는 수리의 발견과 더불어 현실에서의 적극적인 활용 또한 연구의 주된 관심사였다고 한다.

『한서(漢書)』의 「율력지(律曆志)」에 의하면 '율력의 수는 우주의 지배원리이며, 수를 헤아린다는 것은 우주의 삼라만상에 들어맞는 일이다'라고 함으로써, 이러한 기본명제 아래 음률(音律), 역법(曆法), 역수(易數), 도량형(度量衡) 등을 통합적으로 다루었다고 한다.

이러한 태도는 우주의 원리를 품고 있다고 여겨지는 수리를 현실에 적용하여 적극적으로 활용하고자 하였음을 의미하는 것이라고 한다. 즉 고대 동양에서의 수는 숫자 자체만으로 추출되는 순수한 수리의 추구라는 개념보다는, 여기에 더하여 이러한 수의 원리와 이치를 실생활에 직접 활용하고자 하는 일종의 실천적인 입장에서 수(數)를 바라보았던 셈이다.

이러한 경향에 따라서 고대 동양 문화권에서는 다음과 같이 숫자들을 통한 세상의 원리와 이치를 구성하여 일상에서 널리 활용하였다고 한다.

바로 무(無), 일원(一元), 양의(兩儀), 삼재(三才), 사상(四象), 오행(五行), 육합(六合), 칠성(七星), 팔괘(八卦), 구궁(九宮), 십간(十干) 등이 그것이다.

마찬가지로 영(無)에서부터 육(六合)까지의 숫자들에 대한 의미와 개념에 대하여 대략 살펴보기로 하자.

먼저, 보기만 해도 뭔가 난해해 보이는 이들 단어의 이해를 돕기 위한 나름의 방편을 제시하자면, 각각의 숫자 뒤에 따라오는 글자를 주목해 보자는 것이다. 앞의 숫자가 담당하는 의미와 역할을 직설적으로 표현하고 있음을 알 수 있다.

무(無)

무(無)라는 개념을 숫자 영(0, 零)의 의미로 볼 수 있는가에 대해서는 논란이 있을 수도 있다고 한다.

하지만, 이러한 무(無)의 개념은 숫자로서의 의미를 떠나서 필연적으로 고대의 세계관이나 철학, 혹은 우주론과 밀접한 관련이 있을 수밖에 없는 개념이며, 우주의 정신과 물질 나아가 우주의 운행 현상을 설명하는 이기론(理氣論)과도 관련이 있는 개념이라고 한다.

즉, 고대 동양 문화권에서는 무(無), 혹은 영(0)이라는 개념에 대한 거부감이 없었으며, 오히려 이러한 공(空)과 적멸(寂滅)의 세계, 혹은 혼돈이나 인식 이전의 어떤 상태와 같은 개념을 현상 너머의 근원적인 의문에 대한 답을 구하기 위한 성찰의 대상, 혹은 존재함이라는 현상을 이해하거나 설명하기 위한 주요 논제로 삼고 있었던 셈이다.

물론 무(無)는 없음이라는 의미의 무이다.

다만, 그저 텅 비어 있는 허무의 없음이라는 의미는 아니다. 무(無)에서 유(有)가 비롯됨이고, 유가 무로 돌아감이며, 인식 가능한 드러남(有)에 대비되는 인식되지 않는 감춰짐(無)의 의미가 되는 무이기도 하다. 실체로서의 존재함이라는 현상이 나타나기 이전의 무엇이고, 그 바탕이 되는 무엇이기도 한 셈이니, 바로 비어 있음으로 인하여 채울 수 있는 비어 있음이기도 하다.

일원(一元)

일원(一元)은 단어 그대로 시초, 으뜸, 또는 근원으로서의 일(一)이다.

태초의 시작이고, 인식의 시작이며, 우주의 시초로서 모든 것의 근본 원인이 되는 무엇을 뜻한다. 그래서 원(元)이라고 부른다. 즉, 우주만유(宇宙萬有)의 본원이자 우주 탄생의 근본 원인이며, 만물의 시초이기도 한 수(數)인 것이다.

무극 또는 태극으로 상징되며, 상제(上帝), 우주의 근본, 창조의 근원, 태초의 시작을 있게 하는 최초의 인자, 우주의 본래면목(本來面目) 등을 의미한다.

양의(兩儀)

양의(兩儀)는 음(陰)과 양(陽)이라는 두 가지 속성의 우주 근본 요소를 뜻한다.

또한, 의(儀)는 법식이라는 뜻을 갖기도 한다. 즉, 만물을 이루는 근본 구성 요소인 동시에, 이로부터 비롯되는 이치의 근간이라는 의미로서의 양의(兩儀)인 것이다.

이러한 음양이라는 요소는 어떻게 나타나는가.

예로부터 태극이 움직여 양을 생성하고, 고요해서 음을 생성하는데, 이 고요가 지극하면 다시 움직인다. 한 번 움직이고 한 번 고요한 데서 서로를 뿌리로 삼는다. 그리하여 음으로 나뉘고 양으로 나뉘어서 양의(兩儀)가 세워진다. 음양이 하나로 되면 근원으로 돌아가고, 서로 교감하면 만물을 낳는다. 만물을 낳고 낳으니, 그 변화의 끝이 없다. 만물의 영고성쇠(榮枯盛衰)와 그 이치가 이로부터 일어난다, 하였다.

또한, 음양이 갈마드는 것을 도(道)라 하는데(一陰一陽之謂道), 인(仁)으로 드러나고, 용(用) 속에 숨는다(顯諸仁 藏諸用), 하였다.

즉 만물의 근본 구성 요소인 동시에 그 만물의 이치를 이루어 내는 근간이 되는 요소이며, 이로부터 현상의 작용과 변화의 흐름을 형성해 내는 근본 요소로서의 의미를 갖는 숫자인 셈이다.

그렇다면 음양으로 표현되는 두 가지 요소들은 구체적으로 무엇을 의미하는가.

한마디로 구별되고 대비되어서 서로 상대적인 무엇을 의미한다고 한다. 고저장단, 대소완급, 전후좌우, 차가움과 뜨거움, 어둠과 밝음 등이 모두 이로부터 비롯됨이고, 선과 악, 미(美)와 추(醜), 기쁨과 슬픔 등이 이로부터 나옴이며, 상대성의 법칙을 포함한 세상의 모든 상대적인 이치들 역시 이로부터 비롯됨이라는 것이다.

이처럼 양의(兩儀)는 서로 구별되는 상대적인 속성의 무엇으로서 만물의 구성 요소가 되어 그 만물의 상대적인 속성을 이루고, 이러한 속성들에 의해서 발현되는 이치의 근간이 되는 의미를 갖는다.

그러나 일원(一元)과 마찬가지로 아직은 실체화되지 않은 다소 관념적인 개념이며, 바로 그 실체라는 현상을 이루어 내기 위한 근본 요소라는 의미이다. 즉, 태초의 혼돈에 내재되어 있는 만물과 법칙의 근간이라는 개념의 수인 셈이다.

삼재(三才)

삼재는 알고 있듯이 천(天), 지(地), 인(人) 세 가지를 말한다.

그런데 왜 재(才)일까.

재(才)는 바탕, 또는 기본이라는 뜻을 갖는다. 즉, 이러한 세 가지 요소들이 우리의 세상을 이루는 기본 구성 요소로서 우주의 바탕을 이루고 있다고 보았던 것이다. 물론, 이러한 의미로 인하여 수많은 방면에서 널리 활용되는 숫자이기도 하고 말이다.

일원과 양의가 다소 관념적인 개념이라면, 삼재는 이러한 근본 요소들로부터 발현된 현실 세상의 세 가지 구성 요소라는 개념이다. 즉 우리의 세상이 천, 지, 인으로 구성되어 있으며, 이러한 세 가지 구성 요소 간의 작용과 조화로부터 우주가 존재할 수 있게 된다고 보았던 셈이다.

물론 천(天), 지(地), 인(人)은 상징으로서의 표현이다.

다만, 이러한 삼재론과 천지인의 의미에 대해서는 여러 가지 해석과 설들이 있다고 하며, 현실의 우주를 이루는 구성 요소이자 바탕(才), 즉 고대의 우주론이라는 관점에서 보면 다음과 같은 의미라고 한다.

천(天)은 하늘의 섭리를 말하며, 우주를 이루어 내는 근본 원리라는 개념이다.

지(地)는 땅의 이치를 말하며, 우주를 이루고 있는 만물의 이치, 즉 만물의 바탕이 되는 법칙이라는 개념이다.

인(人)은 우주 자체이자 구성원들이기도 한 만물(물론 인간을 포함한)이라는 개념이다.

즉 우주의 섭리(天)와 만물의 이치(地)와 만물(人)이라는 세 가지 요소들을 우주의 기본 구성 요소로 보고 있는 셈이며, 이러한 세 가지 요소들이 서로 작용하여 어우러지는 모습이 바로 우리가 사는 세상이라고 보았던 셈이다.

어찌 보면, 현상을 이루어 내는 원리(天)와 현상을 이루는 법칙(地)과 현상 자체(人)에 대한 구분이기도 한 셈이다. 그래서 예로부터 천지인을 주재하는 삼신(三神)이 있어 이를 천일신(天一神), 지일신(地一神), 태일신(太一神)이라 하였는데, 천일신이 만물을 창조한다면(造化), 지일신은 기르고(敎化), 태일신은 다스린다(治化), 하였다.

이러한 삼재론은 예로부터 우주를 이해하고 설명하기 위한 고대 우주론의 핵심 논리 중의 하나였으나, 후대에 이르러 중국 유학(儒學)의 인문주의적 사조의 흐름이 시대를 대표하게 되면서 지(地)의 개념이 천(天)의 개념에 거의 종속화되고, 인간 중심적인 사조의 주체로서 좁은 의미의 인(人間)에 대한 역할을 강조하는 배경으로 이용되기도 하였다고 한다.

사상(四象)

　실체를 이루어서 현실에 구현된 네 가지(四)의 모습(象)을 뜻한다.

　주역(周易)의 계사전(繫辭專)에 따르면 "역(易)에 태극이 있으니 양의를 낳고, 양의는 사상을 낳고, 사상은 팔괘를 낳는다" 하여 그 이치의 단계적인 형성 과정을 설명하기도 하였다.

　또한, "역(易)에 사상(四象)이 있음은 보이고자 하는 것"이라고 규정함으로써, 가시적인 실체로서의 구체적인 형상을 의미하는 것임을 강조하기도 하였다. 어찌 보면 음양의 조합들이 현실에 구현된 모습을 이처럼 크게 네 가지의 형태로 분류해 놓은 모습인 셈이다.

　이러한 네 가지의 모습(四象)은 각각 태음(太陰), 소음(少陰), 태양(太陽), 소양(少陽)을 의미한다고 한다. 즉 만물에 작용된 음양이라는 근본 요소들의 구성 정도에 따라서 나타나게 되는 네 가지 속성의 모습인 셈이며, 그 근본 요소들의 상대적인 속성이 현실에 네 가지의 형태로 구현된 모습이기도 한 셈이다. 바로 이러한 속성들에 의해서 서로 상대적인 이치와 법칙들이 발현되는 것일 터이고 말이다.

　한의학에서 말하는 사상의학(四象醫學)은 바로 이러한 원리를 근거로 하여 인체의 체질을 네 가지로 분류(이러한 분류법은 결코 우열의 개념이 아니다)하고, 이에 따라서 같은 병증일지라도 각자의 고유한 체질에 따라서 처방을 달리 적용해야 한다는 이론의 치료법이라고 한다. 즉 같은 병증이더라도 타고난 체질에 따라서 병의 원인이 다를 수 있으므로 치료법 또한 달리 적용해야 하며, 마찬가지로 하나의 치료법도 체질에 따라서 다르게 작용할 수도 있다고 보는 이론인 셈이다. 물론, 이러한 구분은 선천적으로 타고난 모습(四象)에 근거하여 장기(五臟六腑)의 허실 여부를 판별(觀形察色)하는 것이고 말이다.

　실제로 이러한 치료법은 어떤 병증의 근본 치료에 탁월한 효과를 보인다고 한다. 또한, 최근에는 이러한 특성들이 발현되는 원리나 과정에 대한 이론적인 연구와 더불어, 이를 좀 더 합리적으로 세분화하는 연구 그리고 이러한 각각의 특성들에 따르는 실질적인 작용기제에 대한 연구들이 진행되고 있으며, 이러한 연구의 성과들은 미래의 대체의학 분야에서 중요한 역할을 담당할 것으로 기대하고 있다고 한다. 어찌 보면, 이 또한 수론에 따른 수리를 현실의 일상에 적용한 사례 중의 하나인 셈이다.

오행(五行)

다섯 가지(五)의 특성에 따른 움직임(行)을 뜻한다.

예로부터 삼신오제(三神五帝)라 하여 삼신이 오제를 통솔하여 그 맡은 바 사명을 다하게 하고 오령(五靈)에게 만물 화육의 조화 작용을 열어서 그 공덕을 이루게함으로써 우주의 운행 이치를 설명하기도 하였다고 한다.

여기에서 말하는 다섯 가지의 무엇은 목(木), 화(火), 토(土), 금(金), 수(水)를 말하며, 이러한 다섯 가지 특성의 의미는 삼라만상에 깃들어 있는 고유한 성질들을 상징적으로 비유해 놓은 모습이라고 한다. 즉 유, 무형의 모든 것에 대한 특성을 이처럼 다섯 가지의 형태로 분류해 놓은 셈이다.

예를 들면 이러하다.

목(木)이란 기본적으로 뚫고 나오려는 성질을 비유한 것으로서 생명력, 성장, 의욕 등을 의미한다. 방위로는 동쪽이고, 계절로는 봄이며, 색으로는 청색이고, 인체의 장기로는 간과 담에 해당하며, 감정으로는 분노를 의미하고, 숫자로는 3과 8이 해당하며, 맛으로는 신맛의 성질이 이러한 목(木)에 해당하는 특성들이다.

중요한 것은 이러한 각각의 속성을 품고 있는 삼라만상은 그 고유한 특성에 따라서 서로 간에 상생(相生)과 상극(相剋)의 작용이 일어나게 되고, 상승(相乘)과 상모(相侮)함의 관계를 맺기도 한다는 것이며, 이러한 작용들이 서로 어우러져서 움직이는 모습이 바로 세상이 운행되는 이치라고 보았던 셈이다.

이러한 움직임들은 마치 세상의 모든 것이 가위바위보를 하듯 각자의 특성에 따라서 서로 물고 물리는 관계를 이루게 되는데, 바로 이러한 어우러짐의 조화로부터 온갖 변화의 흐름이 일어난다고 보았다. 즉, 다섯 가지의 성질에 따르는 반응과 움직임 그리고 이러한 움직임들에 의해서 형성되는 흐름의 원리에 주목하고 있는 셈이다. 그래서 행(行)이라고 부른다.

이를 토대로 일상의 수많은(거의 모든) 방면에서 응용되어 활용되고 있는 동양 문화의 정수(精髓) 가운데 하나라고 한다.

재미있는 사실은 우리가 일상에서 접하는 일주일의 요일별 표현은 바로 이러한 오행의 다섯 가지 표현을 적용한 각각의 별자리에 다시 음양을 상징하는 일월(日月)을 더한 모습이라고 한다. 즉 음양오행의 흐름이 바로 우리의 일주일인 셈이다.

육합(六合)

전, 후, 좌, 우의 사방(四方)에 상, 하의 방위를 더하여 육합이라고 한다.

완성과 완전함을 뜻하며, 이러한 의미나 이미지가 요구되는 문화 요소의 곳곳에 직간접적으로 활용되는 숫자이기도 하다.

각각의 서로 다른 요소들이 모이고 합해져서 조화를 이룸으로써 하나의 단위를 이루는 완전함을 이루어 낸다는 뜻을 내포하고 있다. 그래서 합(合)이라고 부른다.

이상이 고대 동양 문화권에서 대표적으로 연구되고 활용되었던 영(無)에서부터 육(六合)까지의 숫자들에 대한 대강의 의미와 개념들이다.

4) 천부경의 수(數)

지금까지 알아본 고대 동서양의 숫자들에 대한 상징과 의미를 조금 자세히 살펴보면, 각각의 숫자들에 대한 기본적인 개념이 신기할 정도로 유사한 의미로 이해되고 있었음에 새삼 놀라게 된다. 각각의 접근 방법이나 이해의 방식, 혹은 주된 관심사에는 다소의 다름이 있었을지라도 숫자들의 의미에 대한 기본적인 개념에서는 유사한 결론에 이르게 된 셈이다.

천부경 해석의 준비 과정으로 굳이 이렇게 동양과 서양 모두에서의 수에 대한 의미를 짚어 본 이유는 일종의 검증과 보완을 위해서이다. 천부경의 실제 작성 연대를 정확히 알 수는 없지만, 초기에는 구전으로 전해지다가 후대에 녹도문(鹿圖文)이나 갑골문(甲骨文) 등으로 표현되었다고 하니, 최소한 이러한 수론들이 본격적으로 연구되던 시기(사료적으로 확인 가능한)의 이전 시대로 볼 수도 있음일 것이다. 따라서 지금까지 살펴본 수론들을 일종의 가지로 삼아서 수의 의미에 대한 본체와 뿌리에 이르기 위한 나름의 시도이기도 한 것이다.

또한, 이렇게 각 문화권에서 이해되었던 수의 의미를 알아보고 비교해 보는 과정을 통하여 각각의 숫자들이 품은 상징과 의미에 대한 기본적인 이해의 폭을 넓혀 보고자 함이기도 하다. 어찌 보면 수의 구조 논리에 주목한 관념적 수론과 현실에서의 활용에 주목한 실천적 수론의 상호 보완이기도 한 셈이다.

비록 각자의 출발점이 어디로부터 비롯되었는지는 알 수 없는 일이겠지만, 이렇게 숫자들에 대한 기본적인 의미가 동서양 문화권에서 유사한 개념으로 이해되고 있었다면, 이는 숫자들의 의미에 대한 고대인들의 대체적인 공통의 해석이라고 보아도 크게 무리한 일은 아닐 것이다.

그러므로 이를 참고하여 천부경을 해석해 보려는 시도는 어찌 보면 필연적인 일일 수도 있는 셈이며, 최소한 해석의 방향이 크게 어긋나지는 않은 것으로 보인다. 물론 천부경에는 천부경 나름의 고유한 수론과 이에 따르는 수리가 담겨 있을 것이니, 이 또한 충분히 고려해야겠지만 말이다.

조금 지루한 과정을 거치기는 했지만, 이렇게 대략적이나마 숫자들이 품은 의미를 어느 정도 파악해 보았으니, 이제 지금까지 이해한 숫자들의 의미를 짚어 보고 여기에 다시 천부경만의 고유한 수론과 수리를 나름대로 헤아려서 다음과 같이 영(無)에서부터 육(六)까지의 숫자들에 대한 의미를 정의하고, 이를 천부경 해석의 단초로 삼기로 한다.

무(無)는 일단 '**없음**'이다.

물론, 아무것도 없이 텅 비어 있음을 의미하는 단순한 없음은 아니다. 공허와 허무의 무가 아니라, 탄생과 종말이 들고 나는 자리이자 유(有)에 대비되는 상대적 개념의 무(無)이기도 하다. 즉 무가 있음으로써 유가 있을 수 있음이니, 이러한 유와 무가 하나로 되어서 생멸을 이루어 내는 없음이며, 실체의 없음으로 인한 분별과 인식 이전의 드러나지 않음이라는 의미의 없음이기도 하다. 실체라는 속성의 상대적 분별과 이로부터 비롯되는 인식 이전의 어떤 자리인 셈이니, 바로 이름으로 말할 수 없는 없음이기도 한 셈이다.

우주의 시작이 이러한 실체의 없음으로부터 비롯됨이며, 우주의 마침 또한 그 실체의 없음으로의 돌아감이다.

일(一)은 **'태초의 의지'**로 부르기로 한다.

최초의 시작, 즉 우주라는 현상의 근본 원인이자 인식의 시작이기도 한 우주 근원의 의지이다.

다만, 모든 것의 시초이자 원인이 되는 우주 근원으로서의 의지이니 '태초의 의지'로 부르기로 한다.

이(二)는 **'법칙과 만물의 근간'**으로 보기로 한다.

우주 근원의 의지(一)로부터 비롯된 무엇이고, 서로 구별되는 상대적인 성질의 무엇이며, 이러한 속성에 따른 법칙과 만물의 근간이 되는 요소라는 개념으로 보기로 한다.

다만, 태초의 혼돈상태에서 아직 유의미함과 실체로서의 존재함을 이루어 내기 이전의 무엇이며, 바로 그 실체라는 상대적 현상을 이루는 근본 요소이자, 이러한 만물의 상대적 속성으로부터 발현되는 법칙의 근간이 되는 요소라는 개념이다. 즉, 만물의 근본 구성 요소이자, 그 만물을 이루는 법칙의 근간이라는 의미의 숫자인 셈이다.

삼(三)은 **'생명의 의식'**으로 이해하기로 한다.

역시 우주 근원의 의지(一)로부터 비롯된 무엇이며, 만물의 존재함이라는 현상의 근간, 즉 생명과 의식의 근간이 되는 요소라는 개념으로 이해하기로 한다.

법칙과 만물의 근간이라는 요소(二)가 만물의 실체로서의 상대적인 속성을 이루는 근본 요소라면, 생명의 의식(三)이라는 요소는 만물의 의식으로서의 속성을 이루는 근본 요소인 셈이다. 물론, 이처럼 숫자 자체의 본원적인 의미가 아닌 활용적인 측면에서 본 근본적인 세 가지의 무엇이나 현실의 세상을 이루는 세 가지의 구성 요소 등을 상징하는 숫자이기도 하다.

고대의 각 문화권에서 말하는 숫자 삼(3)에 대한 의미를 고려하되, 천부경만의 고유한 수론과 이에 따르는 수리의 체계를 감안하여 이와 같이 이해하기로 한다.

사(四)는 '**만물**'이라는 의미로 해석하기로 한다.

실체라는 현상을 이루어서 구체적인 상(象)을 가지고 현실에 구현된 무엇, 즉 유의미함과 실체로서의 존재함이라는 현상을 이루어 낸 만물이자 우주를 이루는 구성원으로서의 만물이라는 개념으로 해석하기로 한다.

오(五)는 '**행위**'이다.

행(行)함으로서의 구체적이고 실질적인 움직임을 의미하는 행위이며, 동시에 이러한 움직임들로부터 일정한 운행의 흐름을 이루어 내는 요소로서의 의미를 갖는 행위이기도 하다.

육(六)은 '**완성**'으로 정의하기로 한다.

구성 요소 간의 조화와 화합으로부터 이루어 낸 1차적이고 단위적인 완성이라는 의미이며, 최종적인 완결이나 완성의 의미는 십(十)으로 보기로 한다.

이상이 고대 동서양의 수론을 참고하고, 여기에 다시 천부경만의 수론과 수리를 적용하여 이해해 본 영(無)에서부터 육(六)까지의 숫자들에 대한 의미이다.

이러한 천부경만의 고유한 수론과 수리 체계 그리고 여기에서 제외된 나머지 숫자들의 개념과 의미에 대해서는 천부경을 이해해 가면서 다시 한번 상세히 알아보는 기회를 갖기로 한다.

자, 이로써 산행의 기본적인 출발 준비가 어느 정도는 완료된 셈이니, 이제 천부경의 구절 속으로 본격적인 걸음을 내디뎌 보기로 하자.

# 3
오르다

천부경이 전하는 우주론의 장엄함과
그 진실에 이르는 여정의
신비로운 풍광을 감상하다

天(우주의 생성 원리를 말하다)

우주의 탄생이라는 경이로운 현상과 그 원리에 대한 천부경의 우주론을 들어 보자.

1) 일시무 시일(一始無 始一)

일시무 시일(一始無 始一)
하나가 없음으로부터 비롯되니(一始無), 이는 시작의 하나이다(始一).

무(無)라는 글자의 의미를 이처럼 '없음'이라는 의미로 해석하기보다는 '아니다'라는 부정을 의미하는 것으로 해석하는 경우도 있다고 한다.
그러나 천부경이 우주의 진리를 설하고 있다고 본다면, 이러한 없음이라는 요소는 매우 중요한 의미를 갖게 된다. 있음과 없음의 문제는 바로 우주와 삼라만상의 존재함에 대한 근원적인 물음이기도 하기 때문이다.

순수한 수리적인 의미로 단순하게 보면, 일(1)은 영(0)으로부터 나왔으며, 이러한 일(1)로부터 모든 것이 시작되었다는 말이 된다. 모든 것의 원인이자 시작이기도 한 하나(1)가 나타나는 과정에 대한 단순하고도 명쾌한 정의인 셈이다.
이렇게 수리적인 관점에서 본 숫자의 의미에서도 없음을 뜻하는 영(0)이라는 수는 중요한 의미를 갖는 요소라고 한다. 음수와 양수를 나누는 기준이 되고, 단위를 표현하는 기호가 되기도 하며, 아무것도 존재하지 않는 비어 있음을 의미하는 수이기도 하기 때문이다. 물론, 다른 수를 나누거나 곱하여 없음으로 돌아가게 하는 수이기도 하다.

그런데, 이러한 영(0)으로부터 일(1)이 나오게 되었다고 한다. 아무것도 없음으로부터 최초의 무엇이 나타나게 되었다는 것이다.

영(0)이라는 수는 모든 숫자를 나누거나 곱하여 영(0)의 모습으로 돌아가게 함이니, 이러한 논리로 보면 존재하는 모든 것의 최종적인 종착점의 형태, 혹은 근원으로 돌아가는 모습이 없음이라는 자리일 수도 있을 것이다.

하지만, 이러한 없음의 자리로부터 최초의 무엇이 나타나게 되는 것은 상상하기 어려운 일이다. 없음으로부터 있음이 나오게 되었다는 말이니, 이는 불가능한 일이고 논리적으로도 모순되는 말인 것이다. 비록, 최초라는 단어 자체가 아무것도 없음을 전제로 하여 성립되는 말이기는 하지만 말이다.

그러나 이러한 모순을 말하는 역설적인 표현은 존재함이라는 현상에 대한 근원적인 물음이자 설명이며 결론이기도 하다.

일시무(一始無)
하나는 없음으로부터 비롯되었다.

대부분의 종교에서는 태초의 시작을 절대자의 개입을 전제로 한다고 한다. '태초에 말씀이 있었다'라는 식으로 말이다. 즉 신이나 신의 의지를 최초의 원인이자 시작으로 보는 셈이다.

천부경에서는 문장 어디에서도 이러한 절대자를 연상하게 하는 단어는 일단 없어 보인다. 하나(一)의 의미를 신(天帝, 하느님, 조물주)을 뜻하는 것으로 보기도 하지만, 내용을 살펴보면 그게 아님을 자연스럽게 알게 된다.

천부경은 그저 담담하게 설명하고 있을 뿐이다. 우주의 생성 원리와 운행의 이치 그리고 만물과 사람에 대해서 말이다.

유가(儒家)의 이기론(理氣論)에서는 이렇게 설명한다고 한다.

우주는 기(氣)로써 이루어지고 이(理)로써 움직인다. 이(理)는 무형 무위의 특성을 갖는 존재로서 한번 정해지면 생멸(生滅)과 궁진(窮盡)이 없게 된다. 기(氣)는 유형 유위의 특성을 갖는 가변적인 존재로서 생멸과 궁진성이 있게 된다. 이러한 이(理)와 기(氣)가 어우러지면 실체를 갖추게 되고, 이(理)와 기(氣)가 흩어지면 실체를 잃게 된다. 그러므로 이(理)와 기(氣)는 실재하지만 보이거나 만져지지는 않으며, 서로 떼어 놓을 수는 있으나 떼어 놓고 논하기는 어려우니, 이(理) 없는 기(氣)도 있을 수 없고, 기(氣) 없는 이(理)도 있을 수 없다.

우주를 이루어 내는 원리와 운행의 이치가 대략 이와 같다는 것이다. 다만 이(理)가 발(發)하여 기(氣)가 따르게 되는지, 아니면 기(氣)가 발(發)하여 이(理)가 타게 되는지, 또는 마음과 성정의 발현 논리와 같은 문제들은 일단 제외하고서 말이다.

현대의 우주물리학에서는 이렇게 설명한다고 한다.

태초에 이름 지을 수 없는 무언가의 알 수 없는 어떤 상태에서, 알 수 없는 무언가가 원인이 되어 특이점 하나가 나타나게 되니, 이로부터 우주의 시작과 처음이 있게 되었다. 곧이어 지금으로부터 약 137억 년 전(오차 범위는 대략 천만 년 정도)에 대폭발(big bang)이 일어나게 되었다. 이 폭발의 10^{-43}초 후에 소립자보다도 작은 초미니 우주(10^{-34}cm)가 생겨나게 되었으며, 이 소우주(초미니)의 급격한 팽창(폭발의 개념보다는 거대하고도 급격한 확장이라는 의미가 더 강하다)이 있게 되었다.

이러한 팽창과 확장의 과정에서 지금의 우주라는 세상과 물질과 에너지와 법칙들이 결정(혹은 예정)되고 형성되었다.

그렇다면, 천부경에서는 어떻게 보았을까.
앞에서 준비한 수의 의미를 적용하여 다시 보기로 하자.

일시무(一始無)
하나는 없음으로부터 비롯되었다.
즉 태초의 의지(一)는 없음으로부터 비롯되었다는 말이 된다.

매우 짧은 구절이지만 그 뜻은 이러하다.

하나라는 우주의 근원이 되는 의지가 나타나서 태초의 시작이 있게 되니, 이 태초의 의지는 바로 없음이라는 자리로부터 비롯된 것이다.

아마도 태초의 의지는 최초의 인식 대상일 것이다. 비록, 그것이 실체가 아닌 무형의 무엇일지라도 말이다.

인식이라는 행위의 근본은 분별함으로부터 비롯되는 것이라고 한다. 있음과 없음의 구별은 바로 최초의 분별이기도 한 셈이니, 아마도 이로부터 인식의 처음이 가능해지는 것일 터이다. 물론 구체적인 사물을 대상으로 하는 분별이 아니기에 추론과 개념화라는 과정을 거치기는 해야겠지만 말이다. 즉 실체로서의 존재함이 아닌 일종의 관념적인 존재함인 셈이다.

그러나 없음은 말 그대로 없음이고, 있음은 말 그대로 있음이다. 그런데 이러한 인식(분별) 이전의 어떤 상태로부터 최초의 인식(분별) 가능한 무엇이 나타나게 되었다고 한다. 심각한 모순이고, 이러한 모순을 말하고 있는 역설인 셈이다.

어쨌든 그렇게 우주의 근원인 태초의 의지가 나타나게 되었다.

시일(始一)

시작의 하나이다.

즉, 이 태초의 의지(一)로부터 모든 것이 시작되었다는 말이다. 없음이라는 인식 이전의 어떤 상태에서 우주의 근원인 태초의 의지가 나타나게 되니, 이로부터 모든 것의 시작이 있게 되었다는 것이다.

그러므로 이 첫 구절은 이런 의미가 된다.

일시무 시일(一始無 始一)

태초의 의지가 없음의 자리로부터 비롯되니, 이 태초의 의지는 모든 것의 시작이 되었다.

무언가 현묘함의 향기가 배어 나오는 구절이기도 하다. 보는 순간 역설이지만, 이 역설이 역설이어서 역설적으로 오히려 믿음이 가는 구절이기도 하다. 왠지 일반적인 논리는 결코 아니지만, 심각하게 숙고되어야만 할 중요하고 핵심적인 무언가가 이 구절 속에 녹아 있는 것으로 보이기 때문이다.

이제 이 역설을 이해해 보기로 하자.

일시무 시일(一始無 始一)

우선, 이 구절을 보면 무언가 연상되는 말이 있지 않은가.
그 역설적인 표현이 말이다.

도가(道家)에서는 이렇게 말한다.
"도가도(道可道) 비상도(非常道) 명가명(名可名) 비상명(非常名)"
알다시피 『도덕경』의 첫 구절이다.

도를 도라 하면 진정한 도가 아니요, 이름을 이름하면 진정한 이름이 아니다. 하늘의 섭리 또는 우주의 진리라는 것이 있어서 이를 언어로 표현하려다 보니 어쩔 수 없이 도(道)라고 이름 지은 것일 뿐, 이러한 도(道)라는 이름에 너무 얽매이지는 말라는 말이라고 한다. 이름을 지어야만 비로소 인식 가능한 무엇이 되기에, 하는 수 없이 이름을 지었을 뿐이라는 것이다. 실상과 이치를 관통하는 도에 대하여 이름으로 한정 지어서, 즉 이름이라는 한정된 이미지로써 도의 진체(眞體)를 가리지 말라는 당부의 말인 셈이다.

비슷한 의미로 불가(佛家)에서는 이렇게 말한다고 한다.
"어떤 사람이 손으로 달을 가리켜 다른 사람에게 보인다면, 그 사람은 손가락을 따라서 당연히 달을 보아야 한다. 그런데 만약 그가 손가락을 보고 달의 본체로 여긴다면, 그 사람이 어찌 달만 잃은 것이겠는가, 손가락도 잃어버린 것이다."

『능엄경(楞嚴經)』에 나오는 구절이라고 한다.

하늘의 달을 보았음에 굳이 손가락을 들어 가리키는 까닭은 달을 보라는 뜻이니 손가락을 보지 말고 달을 보라는 당부의 말이라고 한다. 세상의 언어로 표현할 수 없는 진리를 언어로 끌어 내려서 표현하려고 하니, 이러한 표현에 너무 집착하지 말고 표현하고자 하는 본질을 보라는 말인 셈이다. 물론, 이러한 분별의 상(像)이 일어나는 순간 이미 도에서는 멀어진다는 의미이기도 할 것이고 말이다.

무상의 도는 일상적인 언어로 표현하는 것이 거의 불가능하다고 한다. 표현하고자 하는 의미가 언어들이 가진 의미의 한계를 넘어서기 때문이다. 절대의 무엇을 상대적 구별의 한계를 지닌 언어로 표현하려면 어쩔 수 없이 부분을 말할 수밖에 없게 된다는 것이다. 아마도 예로부터 깨달음을 이룬 이들의 돈오송(頓悟頌)에 역설적인 표현들이 들어가는 이유이기도 할 것이다.

과연 상대적인 분별로서 절대, 혹은 인식 이전의 무엇을 설명하기란 쉽지 않은 일일 것이다. 이름이라는 것 또한 상대적인 분별로부터 비롯되는 표현의 수단 가운데 하나일 터이니 말이다.

당연히 이러한 인식 이전의 무엇을 이름으로써 구별할 수도 없는 일이고, 분별의 비교로써 정의를 내릴 수도 없는 일일 것이다. 굳이 표현하고자 한다면 역설로 표현하거나 표현할 수 없음이라는 말로 표현할 수는 있을지 몰라도 말이다.

그러므로 이처럼 인식 가능한 무엇이 처음으로 나타나게 되는 인식 이전의 어떤 자리를 굳이 언어로 표현하려면 딱히 없음이라는 표현밖에는 달리 표현 수단이 없어 보이기도 한다. 있다고도 말할 수 없고, 그렇다고 없다고도 말할 수 없는 무엇인 셈이니 말이다.

왜 역설이 될 수밖에 없는지를 이해하기 위해 또 다른 시도를 하나 더해 보기로 하자.

천부경의 첫 구절과 표현 방식이 동일한 마지막 구절을 연관 지어서 그 표현의 의미를 이해해 보는 것이다.

일시무 시일(一始無 始一)
일종무 종일(一終無 終一)

시작(始)과 마침(終)이라는 내용물만 다르지, 똑같은 구조와 형식의 표현이다. 이러한 표현의 의미는 시작과 마침이라는 내용물의 이해 방식이 같아야 한다는 표현일 것이다.

또한, 시작이라는 원인과 마침이라는 결과가 모두 하나(一)라는 동일 주체에 의해서 일어나는 현상임을 알 수 있다. 하나에 의한 시작이고, 또한 그 하나의 마침이라는 것이다. 이러한 표현은 시작과 마침이라는 두 가지 요소가 서로 밀접한 연관성이 있음을 암시하는 표현일 것이다.

일시무(一始無)이기에, 일종무(一終無)가 있을 수 있고,
일종무(一終無)이기에, 일시무(一始無)가 있을 수 있다.
없음으로부터 비롯된 하나가 있기에, 없음으로 마쳐지는 하나가 있을 수 있고,
없음으로 마쳐진 하나가 있기에, 없음으로부터 비롯되는 하나가 있을 수 있다.

시일(始一)이기에, 종일(終一)이 있을 수 있고,
종일(終一)이기에, 시일(始一)이 있을 수 있다.
시작된 하나가 있기에, 마쳐지는 하나가 있을 수 있고,
마쳐진 하나가 있기에, 시작되는 하나가 있을 수 있다.

이것은 말장난이 아니다.
우주의 처음과 시작으로 되어서 모든 것의 원인이 됨과 동시에 마침이라는 결과의 주체가 되기도 하는 태초의 의지(一)를 설명하기 위한 표현이며, 나아가 우주의 탄생과 마침이라는 현상이 나타나는 원리에 대한 설명이기도 하다.
또한, 우리의 우주가 창조의 결과물인지, 일회성으로 나타났다가 사라지는 우주인

지, 아니면 반복되거나 순환되는 우주인지, 혹은 어떤 흐름의 과정에서 나타나는 현상으로서의 우주인지에 대한 물음이자 고찰이며 결론이기도 하다.

어째서 그러한가.
이것이 있음으로 저것이 있고, 이것이 없으면 저것도 없다. 이것이 생기면 저것이 생기고, 이것이 변하면 저것도 변한다.
이 말은 인과의 법칙인 연기법의 근간이 되는 말로서 우리의 세상을 이루는 기본 원리라고 한다. 쉽게 말하자면 원인과 조건의 작용이 없는 결과는 있을 수 없다는 말이다. 무엇, 혹은 어떤 현상이 존재한다는 것은 반드시 선행된 원인과 조건의 작용이 있었기 때문이라는 것이다.
이러한 원리는 누군가 지어내거나 만들어 낸 것도 아니며, 새롭게 생겨나거나 사라지지도 않는 세상의 원래 그러한 모습 자체이며, 우주라는 현상의 근간이자 법칙이라고 한다.
따라서 이 두 구절은 이러한 원리의 결과물인 동시에 원인이자 과정이며, 이러한 흐름 자체이기도 한 우주라는 현상이 아무런 원인과 조건의 작용 없이 어느 날 갑자기 생겨났다가 사라지는 것이 가능한 일인가에 대한 의문이고 고찰이며 결론이기도 한 것이다.

우주 물리학자들의 오랜 고민거리 중의 하나는 바로 우리의 우주가 일회성인가에 대한 의문이라고 한다.
만약 일회성이라고 한다면 무(無)에서 유(有)가 나타나게 되는 논리적 모순이 발생하게 되고, 그렇다고 반복되거나 순환한다고 보려고 하니 이미 관찰과 이론으로 증명된 태초의 빅뱅이라는 현상을 부정하거나 설명할 수 없게 된다는 것이다.

신학의 분야에서도 오래된 고민거리가 하나 있다고 한다.
태초의 시작, 즉 모든 것의 최초 원인이 되는 우주의 처음을 만들어 내는 신이라는 존재는 과연 어디로부터 비롯되었는가에 대한 의문이 그것이다.

이에 대하여 천부경은 아득한 세월의 저편에서 이렇게 말하고 있다.
이 우주는 언젠가 세상의 법칙에 따라서 마침이 있게 될 것이다. 그러나 이러한 마침은 또 다른 시작의 원인이 되는 마침이기도 하다. 즉 지금 우주의 시작은 이전 우주의 마침을 원인으로 하여 그 시작이 있게 된 것이다.
이(시작된) 하나는 바로 그(마쳐진) 하나였던 셈이다.
그(마쳐진) 하나는 바로 이(시작된) 하나였던 셈이다.
아마도 이러한 의미로서 하나(一)의 마침이자 하나(一)에 의한 시작이라고 표현한 것으로 보인다. 즉, 하나는 순환되어서 이어지고 있다는 말인 셈이다.
다만, 이러한 이어짐은 연속되는 이어짐이 아니라, 이전 하나의 마침을 원인으로 하여 새로운 하나가 시작되는 이어짐인 셈이니, 이러한 순환의 과정을 거치는 하나는 같지만 다른 하나일 것이되 다르지만 같은 하나이기도 할 것이며, 이전의 하나가 새로운 하나로 거듭난 하나이기도 할 것이다.

일시무 시일(一始無 始一)
일종무 종일(一終無 終一)

또한, 이렇게 시작과 마침의 문장을 같이 놓고 보면, 없음으로부터 시작되어 다시 없음으로 돌아가는 하나(一始無, 一終無)와 마침을 원인으로 하여 다시 시작되는 하나(始一, 終一)를 구분하여 설명하고 있는 것처럼 보이기도 한다.

있음과 없음이라는 현상은 실체라는 속성에게서 일어나는 현상일 것이다. 굳이 표현하자면, 유형의 물질이라는 형태의 속성에 나타나는 상대적 현상인 셈이다. 즉 실체로서의 상대적인 속성은 그 있음과 없음이라는 생과 멸이 반드시 있을 수밖에 없는 속성이기도 한 셈이다.

이러한 실체로서의 우주는 그 실체라는 현상의 있음과 없음을 반복하게 되는 것임을 말하고 있는 것으로 보인다.

태초의 의지라는 것은 일종의 의식으로서의 속성일 것이다. 굳이 표현하자면, 무형의 정보라는 형태의 속성인 셈이다. 즉 의식으로서의 속성은 실체로서의 있음과 없음에 구애받지 않는 절대적인 속성이기도 한 것이다. 비록, 그 인식의 관념적인 분별은 있게 되더라도 말이다.

이러한 의식으로서의 속성인 우주 근원의 의지는 그렇게 실체의 없음, 즉 실체라는 상대적 속성이 모두 마쳐진 인식 이전의 어떤 자리로부터 순환되어서 이어지는 것임을 말하고 있는 것으로 보인다.

결국, 우주의 의식으로서의 속성은 순환하여 이어지고, 실체로서의 속성은 생멸을 반복하게 된다는 말인 셈이다. 그 실체의 없음이라는 인식 이전의 어떤 상태, 즉 무(無)라는 자리를 기점으로 해서 말이다.

이러한 의미를 더하여 두 구절을 이어서 다시 보면, 이전 우주의 실체로서의 상대적인 속성이 모두 마쳐진, 즉 실체의 없음이라는 인식 이전의 어떤 상태로부터 이전 우주의 의식으로서의 속성은 순환되어서 새로운 우주의 근원이 되는 태초의 의지로 나타나게 되는 것이며, 이러한 태초의 의지는 다시 실체의 우주로 거듭나게 되어서 언젠가는 또다시 그 실체라는 현상의 마침이 있게 되니, 그 마침의 형태는 바로 실체의 없음이라는 인식 이전의 어떤 자리로 돌아가는 마침이 된다.

일반적으로 실체로서의 존재함이란 시간과 공간이라는 X, Y축에 의한 좌표값으로 말할 수 있다고 한다. 어느 시간대의 어느 공간에 있음을 표현할 수 있을 때 존재함을 말할 수 있다는 것이다. 물론, 이러한 시간과 공간의 축이라는 것도 사실은 상대적이고 변하는 것이어서 절대적인 기준이 될 수 있는가에 대한 의문은 여전히 있지만 말이다.

결국, 그 없음(無)이라는 자리는 이러한 실체로서의 존재함이라는 현상이 마쳐진 자리, 즉 이전 우주의 마침으로부터 비롯된 실체의 없음이라는 자리였던 셈이다. 동시에 그 실체로서의 상대적인 분별이 모두 사라진 인식 이전의 어떤 상태이기도 하고 말이다.

그렇게 실체의 없음이라는 어떤 자리로부터 이전 우주의 의식으로서의 속성은 순환되어서 새로운 우주의 근원이 되는 의지가 나타나게 되니, 이로부터 우주라는 현상의 처음과 시작이 다시 있게 되는 것이라고 한다.

그러므로 지금 우주의 모든 것은 그 하나가 변한 모습의 다름 아닌 셈이며, 그 실체의 없음으로 돌아가는 우주의 마쳐짐 또한 그 하나의 변함이 마쳐지는 모습의 다름 아닌 셈이다. 즉, 하나에 의한 시작이자 마침이기도 한 것이다.

이러한 의미들을 모두 감안하여 이 첫 구절은 이렇게 해석하기로 한다.

일시무 시일(一始無 始一)
태초의 의지는 그 실체의 없음으로부터 비롯되나니, 태초의 의지는 모든 것의 시작이요.

천부경은 우주가 탄생하고 마쳐지며, 동시에 순환하고 반복되는 원리가 이러하다고 설명하는 것으로 보인다.

다만, 그 실체의 없음으로부터 다시 실체의 있음이 있게 되는 표현의 모순이 문제이다. 마침으로부터 시작이 있게 되는 순환과정에 이어지는 또 다른 모순의 겹침, 즉 유형의 실체와 무형의 의식이라는 속성 간의 모순이 중복되고 있는 형상인 셈이다.

그러나 이러한 모순은 단순히 모순의 상태로 그치는 모순들이 아니다. 모순과 모순이 서로 관계되고 연계되어서 마침내 모순 아님을 이루어 내는 모순이기도 하다. 즉, 의식으로서의 모순이 실체로서의 모순과 겹치고 교차되면서 이러한 모순들이 저절로 사라지게 되는 모순인 셈이다.

천부경에 의하면 모든 것은 태초의 의지로부터 비롯되는 것이라고 하였으니, 이러한 태초의 의지로부터 실체의 우주가 형성되는 것일 터이고, 이렇게 나타나게 된 실체의 우주는 언젠가 다시 그 실체의 없음으로 돌아가는 마침이 있게 된다. 즉, 이전의 우주가 마쳐진 실체의 없음이라는 자리로부터 우주의 의식으로서의 속성은 순환되어서 새로운 우주의 근원이 되는 태초의 의지가 나타나게 되고, 이 태초의 의지로부터 다시 실체의 우주라는 현상이 나타나게 되는 원리가 완성되는 셈이다.

이처럼 의식으로서의 속성과 실체로서의 속성이 교차되고, 실체의 있음과 없음이 교차되며, 순환의 이어짐과 반복의 거듭남이 교차하게 되면서 우주는 같지만 다른 새로운 우주로 거듭나게 되듯이, 그 모순의 논리도 모순이 아닌 모순으로 거듭나게 된다.

이로써 마침으로부터 비롯되는 시작이 실현되고, 실체의 없음으로부터 비롯되는 실체의 있음 또한 실현되니, 그렇게 모순이지만 동시에 모순이 아니기도 한 묘한 원리로써 마침내 새로운 우주의 탄생이라는 현상도 실현된다.

이러한 우주의 탄생에 대한 설명은 무엇을 의미하는 것일까.

우선, 지금 우주의 모든 것은 태초의 의지로부터 비롯된 것이라고 한다. 즉, 유형의 실체라는 현상은 무형의 의식으로부터 비롯되는 것이라고 말하고 있는 셈이다.

또한, 우주의 의식으로서의 속성은 이어지게 되지만, 실체로서의 속성은 그 실체의 있음과 없음, 즉 생멸이라는 현상이 있게 되는 것이라고 한다. 물론, 이러한 이어짐은 연속되는 이어짐이 아니라 순환의 과정으로 이어지는 이어짐일 것이며, 그 생멸이라는 현상 또한 일회성으로 그치지 않는 거듭남의 반복이라는 형태의 생멸일 것이다.

결국, 우주는 이러한 생멸의 반복과 순환의 이어짐이라는 거대한 변화의 흐름, 즉 현상으로서의 존재함인 셈이며, 이러한 흐름 자체가 사실은 우주라는 현상의 실상이기도 한 셈이다.

의식이라는 속성의 관점으로 보면 순환하고 이어져서 연속되는 우주인 셈이고, 실체라는 속성의 관점으로 보면 일회성의 우주가 반복되는 우주인 셈이다. 물론, 이러한 생멸과 이어짐 역시 그 실체가 따로 있는 것이 아니라, 다만 이러한 변화의 흐름 가운데 나타나는 일정한 현상으로서의 생멸이자 이어짐일 터이고 말이다.

놀랍지 않은가.

가히 시대를 초월한 통찰이 아닐 수 없다.

예로부터 보이는 것은 보이지 않는 것으로부터 비롯되는 것이라고 하였다. 지금 세상의 모든 것 역시 이러한 의미로 본다면 우주 근원의 의지로부터 비롯된 현상으로서의 존재함인 셈이며, 우주의 생멸과 순환이라는 거대한 변화의 흐름을 이루어 내는 부분이자 과정으로서의 존재함이기도 한 셈이다.

달리 보면, 이 세상과 우리 모두는 태초의 의지가 꾸는 꿈의 일부일 수도 있는 셈이다. 어쩌면 우리는 이러한 꿈속의 꿈에서 다시 각자만의 꿈을 꾸는 존재들인지도 모를 일이고 말이다.

한편, 이 구절을 조금 더 살펴보면, 이러한 생멸과 순환의 작용이 겹치는 자리에 없음이라는 자리가 위치하고 있음을 알게 된다. 즉, 하나의 마침을 원인으로 하여 새로운 하나가 시작되는 자리가 바로 실체의 없음이라는 자리임을 보게 되는 것이다. 이렇게 보면 무(無), 혹은 숫자 영(0)이 위치하는 지점에 대한 의미는 우주의 탄생과 소멸 그리고 순환과 이어짐이라는 현상의 교차점이자 기준점이라는 의미가 되는 셈이다.

또한, 모순과 모순 아님이 교차되고 합리와 불합리가 만나는 지점이기도 하다. 이른바 탄생과 소멸, 있음과 없음, 과거와 미래, 물질과 비물질, 혼돈과 질서, 논리와 비논리의 교차점이자 기준점이 되는 어떤 자리인 셈이다. 어쩌면, 이러한 수의 논리에 따른 음(-)의 세계와 양의 세계(+)가 나뉘는 기준점이 되는지도 모를 일이고 말이다.

이처럼 실체의 없음, 즉 실체로서의 상대적인 속성에 따르는 분별과 인식 이전의 어떤 상태라는 의미와 더불어서 모든 것의 교차점이자 기준이 되는 의미들은 마치 오늘날 말하는 숫자 영(0)의 개념과 일정 부분 흡사해 보이기도 한다.

따라서 이러한 영(0)의 자리는 존재함으로도 존재함이 아님으로도 표현할 수 없는 무엇인 셈이니, 이러한 적멸(寂滅)의 세계를 굳이 억지로 표현하고자 한다면 무(無)라는 이름으로 표현하여 부를 수밖에 없어 보이기는 하다.

다만, 우리는 이러한 무(無)의 의미가 공허와 허무의 없음이라는 의미가 아니라, 새로운 하나가 시작되는 무이자 그 시작된 하나의 종착점이 되기도 하는 무이며, 이러한 순환과 생멸의 작용이 일어나는 자리이자 기준점이 되기도 하는 무임을 짐작할 수 있을 뿐인 셈이다. 그렇게 실체의 없음이라는 인식 이전의 어떤 자리에서 인식 가능한 무엇이 나타나고 돌아감이니, 그 드러남과 감춰짐의 의미를 짐작할 수 있을 따름인 셈이고 말이다.

달리 보면, 이러한 무와 유의 관계는 없음으로 인하여 있음이 있게 되는 상대적인 관계이기도 하다. 마침이 있기에 시작이 있을 수 있고, 실체의 없음으로 돌아가는 마침이 있기에 실체의 없음으로부터 비롯되는 시작이 있을 수 있듯이 말이다.

그렇게 무에서 유가 나타남이고 유가 다시 무로 돌아감이니, 이처럼 무와 유가 하나로 되어서 우주의 생멸과 순환을 이루어 내는 어떤 자리임을 짐작할 수 있을 뿐인 셈이다.

그리하여 마침내 우주는 마쳐짐이 없는 마침과 시작됨이 없는 시작마저 실현해 낸다. 마쳐졌지만 마지막인 종말의 마침이 아니라 새로운 시작의 원인이 되는 마침이고, 새로 시작되었지만 최초의 시작이 아닌 순환되어서 이어지는 시작일 것이기 때문이다. 그렇게 모순 아닌 모순마저 이루어 내는 것일 터이고 말이다.

상황이 이런 상황이다 보니 우주의 탄생 과정에 대하여 어쩔 수 없이 그렇게 역설에 역설을 더하여 표현할 수밖에 없었던 것으로 보인다. 마치 달을 가리키는 손가락처럼, 노자의 도(道)처럼 말이다.

일시무 시일(一始無 始一)
태초의 의지는 그 실체의 없음으로부터 비롯되나니, 태초의 의지는 모든 것의 시작이요.

세상의 모든 존재는 자신의 유한성을 알기에 본능적으로 영원성을 추구하거나 갈망하는 모습을 보이게 된다고 한다. 심지어는 단 하루 앞의 일조차 장담할 수 없다는 사실을 누구나 뻔히 알면서도 마치 영원히 살 것처럼 행동하기도 한다는 것이다.

그런데 우주의 설계자는 기묘한 방법을 동원하여, 이처럼 모든 이의 바람이라 할 만한 영원성을 이미 세상의 법칙 속에 숨겨서 구현해 놓은 것으로 보인다. 아주 작은 것에서부터 전체(우주)에 이르기까지 모두 말이다.

그 방법이란 바로 유한으로써 무한을 이루어 내고, 불완전함으로써 완전함을 이루어 내는 것이다. 이런 식으로 말이다.

물질 우주의 기본적인 이치이기도 한 상대적인 법칙에 따라서 만물의 실체라는 속성에 생(生)과 멸(滅)이 있도록(유한성) 설계하되, 이러한 실체의 생멸이라는 현상 가운데 의식으로서의 속성은 순환되어서 이어지도록(무한성) 안배해 놓는다. 즉, 실체로서의 속성은 세상의 법칙에 따라서 생멸이 있게 되지만, 의식으로서의 속성은 비록 순환의 과정을 거치기는 하지만 이러한 순환의 과정을 통하여 오히려 정체되지 않고 점점 더 나아지면서 끊임없이 연속되어 가는 것이 가능하도록 설계해 놓은 것이다. 물론, 이렇게 순환되는 의식으로서의 속성은 그 묘한 작용으로부터 다시 실체라는 현상을 이루게 됨으로써, 그 생멸이 일회성으로 그치지 않도록 안배하고 말이다.

또한, 이러한 부분적인 흐름들은 다음 단계의 흐름을 이루어 내는 과정이 되게 함으로써 그 흐름을 확산하고 이어 나가서 마침내 전체의 하나라는 흐름을 완성하도록 한다.

이러한 과정들을 살펴보면, 이 설계자는 생과 멸이라는 현상 자체를 순환의 이어짐을 이루어 내는 과정이 되게 함으로써, 그 유한성을 오히려 무한성을 이루어 내는 수단으로 활용하고 있음을 알게 된다. 혹은 생멸의 불완전함으로써 불멸의 완전함을 이루어 내는 것이거나 말이다.

이렇게 되면 반드시 시작과 마침이 있어야만 하는 현상계의 원리와 법칙을 어기지 않으면서도, 실체라는 현상의 숙명이기도 한 생멸의 과정에 의식의 순환이라는 요소를 끼워 넣음으로써, 결과적으로는 일종의 영속성을 이루어 내는 것이 가능하게 된다. 물론, 이러한 부분적인 흐름들의 합인 전체 또한 당연히 그 생멸과 순환의 이어짐이라는 흐름, 즉 우주의 탄생과 마침이라는 현상이 일어나게 되는 것일 터이고 말이다. 세상의 법칙 자체를 교묘하게 이용하여(법칙으로써) 그 법칙을 초월(법칙을 부정함)하게 함으로써 일종의 영원성을 세상에 구현해 놓은 셈이다.

다만, 이 설계자는 그리 친절하지는 않은 편이라서, 이렇게 순환되는 의식의 주체들에게는 나름의 방법을 동원하여 이러한 사실을 눈치채지 못하도록 잘 숨겨 놓는다. 물론 크게 보면, 이러한 관점 또한 시간과 공간과 같은 상대적 한계에 갇혀 있는 시점에 의한 분별의 착각에 불과할 뿐인지도 모를 일이기는 하지만 말이다.

과연, 이러한 현상들을 설명하는 데 있어서 어느 정도의 역설적인 표현이 필요할 만하지 않겠는가.

우주의 설계자가 이러한 목적(의도)을 이루어 내기 위해 세상에 구현해 놓은 디자인의 기본 콘셉트(concept)는 아마도 프랙털(fractal) 구조와 유사한 형태로 운행되는 흐름을 적용시킨 것으로 보인다.

프랙털 구조는 부분을 이루는 요소들이 전체의 구조 패턴을 유사하게(미세한 부분부터 전체까지) 확대하거나 축소하면서 반복되는 구조라고 한다. 실제로 자연계에서 이러한 유사 프랙털 구조는 비교적 흔하게(꽃잎, 열매, 눈송이, 나무껍질 등) 관찰되는 현상 중의 하나이기도 하고 말이다.

우주의 기본 구성원인 미시 세계에서부터 시작되는 이러한 흐름은 유사(완전히 똑같지는 않아야만 일정한 규칙의 틀 안에서 변화와 다양성이 가능해진다)한 패턴의 흐름을 반복하면서 수렴되고 확산되어 마침내 전체의 하나, 즉 우주라는 이름의 거대한 흐름을 완성하게 된다.

그렇게 부분을 이루는 개체들의 패턴은 반복되고 순환되지만, 단순히 2차원적인 반복이나 순환의 흐름이 아니라, 그 반복되고 순환되는 부분의 흐름 자체가 또 다른 상위의 흐름을 이루어 내는 과정으로 승화되는 것이며, 이러한 과정들이 또다시 서로 관계되고 연계되어서 점점 더 지향적으로 확산되어 가는 흐름을 형성하게 된다.

물론, 이 전체라는 네트워크(우주) 또한 이러한 흐름 속에서 순환하고 반복되는 장대한 흐름을 이어 가게 된다. 어쩌면, 이조차도 사실은 또 다른 상위 차원의 어떤 흐름을 이루어 내는 부분이자 과정으로서 존재하는 것인지도 모를 일이고 말이다. 결국, 이런 방식으로 우주는 사소하고 작은 것에서부터 중요하고 거대한 것을 넘어서, 마침내 우주 전체까지도 그 관계와 연계라는 거대한 네트워크의 흐름으로 이어져 있는 셈이다.

따라서 이러한 관점으로 보면, 전체의 하나와 부분의 하나는 둘이되 하나이기도 한 셈이니, 그렇게 모든 것은 개체이면서 동시에 전체이기도 한 상태로 존재하게 되는 셈이다. 부분과 전체가 따로 있는 것이 아니라, 그 부분이 바로 전체를 이루어 내는 과정으로 존재하는 셈이니 말이다. 일체의 모든 것이 대개 그러하듯이 분별할 수는 있으되, 분리될 수는 없는 관계인 셈이다.

불가(佛家)에서는 이러한 세상의 모습을 중중무진(重重無盡)으로 표현한다고 한다. 사방으로 끝없이 펼쳐진 인과의 그물코에 보배 구슬이 달려 있으니, 어느 한 구슬은 다른 모든 구슬을 비추고, 그 구슬은 동시에 다른 모든 구슬에 비치며, 나아가 이 구슬에 비친 다른 모든 구슬의 영상이 또다시 다른 모든 구슬에 거듭 비치니, 이러한 관계가 끝없이 중중무진으로 펼쳐진다는 것이다.

이처럼 서로 간의 비침에 끝이 없어서 일체가 중중무진 한 관계를 맺고 있음이니, 서로 간의 분별이라는 걸림과 장애도 원래는 있을 수 없는 것이라고 한다.

그렇게 일체의 모든 존재는 무한한 관계로 얽히고설켜서 한 몸을 이루고 있으며, 개체와 개체, 부분과 전체가 서로 영향을 주고받는 하나의 흐름으로 존재하는 것이라고 한다.

어찌 보면, 우리의 세상은 이러한 유비쿼터스(ubiquitous) 시스템이 완벽하게 구현되어 있는 세상이기도 한 셈이다. 우리가 이러한 네트워크의 흐름을 인지해 내건, 그렇지 못하건 상관없이 말이다.

존재하는 모든 것은 그렇게 무수한 빛이 수면에 반사되듯이 여러 단위의 계들이 중첩되어서 출렁이는 모습으로 존재하는 것인지도 모른다고 한다. 중중무진의 세계가 하나의 모습으로, 그 전체의 하나는 각자의 하나라는 모습으로 말이다.

이러한 우주의 설계자가 남긴 묘한 흔적들을 작고 사소한 것에서부터 따라가다 보면, 즉 이 설계자가 세상에 구현해 놓은 네트워크의 흔적들을 추적하다 보면, 어느덧 이러한 설계자의 의도와 수단을 어느 정도는 짐작할 수도 있게 된다고 한다.
세상은 넓고 큰 것이며, 이름 모를 들꽃 한 송이야 작은 것이겠지만, 그 작용하는 이치에 있어서야 크고 작음이 따로 있겠는가. 밤나무에 봄기운이 오르면 창고에 넣어 둔 밤에도 싹이 돋는 법이라고 하였다.
옛말에도 이르기를 "세상의 만물은 본질적인 구별이 없어서 일거일동, 일초일목에 모두 깊은 뜻이 내포되어 있음이라. 천도(天道)는 모호하여 막연하지만 사 처에서 볼 수 있음이니, 하루아침의 돈오(頓悟)로써 온 우주를 이해하고 마음을 훤히 열리게 할 수 있다" 하였다. 비록 사소하고 자그마한 자연 현상일지라도 끊임없이 관찰하고 궁구하여 그 이치를 체득하게 되면, 마침내 자신과 우주의 진면목까지도 엿볼 수 있게 되는 법이며, 어느 정도는 이러한 이치를 현실의 일상에 적용할 수도 있게 된다는 것이다.
서양인들이 난감해하는 개념 중의 하나라는 동양적 직관의 세계를 굳이 설명하자면 이렇다는 말이며, 이 글을 읽으면서 가질 "설마하니 까마득한 옛 고대인들이 과연 이렇게까지?"란 의문에 대한 나름의 답이기도 하다.
옛사람들은 이를 일러, "관(觀)하여 득(得)하고, 감(感)하여 그 치(治)를 깨닫는다. 먼저 각(覺)하고 행(行)한다" 하였다.

一始無 始一(일시무 시일)
태초의 의지(一)는 그 실체의 없음으로부터 비롯되나니, 태초의 의지(一)는 모든 것의 시작이요.

첫 번째 구절에 지나치게 사족(蛇足)이 많았음이다.

그러나 이러한 시작의 의미들이 이후의 배경이 되고, 이러한 배경이 있어야 후속 구절들을 이해하는 데 도움이 될 것으로 보이니 어쩔 수 없는 일이기도 하다. 어찌 보면, 다음 구절들은 이 첫 구절의 내용이 실제로 실현되는 원리와 이치에 대한 부연 설명으로 볼 수도 있기 때문이다.

혹자는 수천 년 전의 낙서 하나에 웬 되지도 않는 짜깁기식의 아전인수(我田引水)인가 할 수도 있을 것이다. 하지만 한편으로는 오히려 이렇게 생각해 볼 수도 있지 않을까 한다.

"이 고대 경전의 한 구절을 이해하기 위해서는 인류의 수천 년 문명의 정화가 다시 필요했다"라고 말이다.

사족을 하나 더하자면, 이 첫 구절에 표현된 무(無)라는 개념은 수준이 조금 높아 보이기는 하지만, 결국 크게 보면 오늘날의 영(0)이라는 숫자의 개념과 유사한 것으로 여겨진다.

또한, 천부경의 저술 당시에는 이미 십진법에 대한 나름의 수론과 수리의 체계가 완성되어 있었음을 알게 된다. 천부경에서는 보이는 그대로 무(無)에서부터 십(十)까지 숫자들의 의미와 조합의 논리로써 우주를 설명하고 있는 것으로 보이기 때문이다.

그렇다면, 이러한 영(0)의 개념이나 십진법에 대한 수론의 기원은 어느 시대의 어디로부터 비롯된 것으로 보아야 하는 것일까.

알 수 없는 일이다.

각설하고 천부경은 이러한 우주의 탄생에 대한 거창한 선언이 실제로 실현되는 구체적인 원리를 상세하고 논리적으로 풀어서 우리에게 들려준다. 물론, 이러한 친절함과는 별개로 그 표현 방식은 지나치게 절제되어 있어서 보는 이로 하여금 절로 머리를 긁적이게 하기는 하지만 말이다.

그렇다면, 무형의 의식이라 할 수 있는 태초의 의지는 어떻게 유형의 실체라는 현상으로 발현되어서 지금의 우주라는 형태로 거듭나게 된다는 것일까.

2) 석삼극 무진본(析三極 無盡本)

석삼극 무진본(析三極 無盡本)
세 가지의 지극한 것으로 나뉘었으나(析三極), 근본은 다함이 없다(無盡本).

무엇이 세 가지로 나뉘는가.
앞 구절의 하나(一)일 것이다. 하나(一)가 삼극으로 나뉘었는데, 이렇게 나뉘어도 근본은 다함이 없다는 말이다.
이러한 전개는 무엇을 설명하고자 함일까.
바로 태초의 의지가 어떻게 실체의 우주라는 현상으로 거듭나게 되는지에 대한 설명일 것이다. 앞 구절에서 이미 우주의 모든 것은 태초의 의지로부터 비롯되는 것이라고 선언하였으니 말이다. 즉, 태초의 의지가 우주라는 현상으로 발현되는 원리에 대한 설명인 셈이다.

하나(一)는 상기한 대로 우주 근원의 의지이며, 모든 것의 원인이자 시작이라는 의미로서의 태초의 의지이다. 그렇다면, 이러한 태초의 의지가 나뉘어서 나타나게 되는 세 가지 지극함(三極)이란 무엇을 말하는 것일까.
많은 이들이 삼태극 사상을 우리의 고유한 우주관을 이루는 기본 사상으로 이해하고 있는 것으로 안다. 보이는 것처럼 천부경에 삼태극의 구성 요소들인 삼극에 대하여 명확히 표현되어 있는 것으로 보아, 그 최초의 연원을 짐작할 수 있어 보인다. 그러나 이에 대한 진지한 연구는 매우 부족한 형편이어서 삼태극에 대한 정의나 의미에 대해서는 말하는 사람마다 조금씩 다른 것이 현재의 실정이라고 한다.
왜 흔히들 알고 있는 음양의 태극이 아니라, 삼극의 삼태극인가에 대해서는 천부경을 이해해 가면서 나름의 근거와 의미를 알아 가 보기로 하자.

세 가지의 지극한 무엇(三極), 역시나 무언가 연상되는 것이 있지 않은가.

환인, 환웅, 단군의 삼위성조

원시천존, 영보천존, 도덕천존(태상노군)의 삼청(三淸)

법신불, 보신불, 화신불의 삼신불(三身佛)

성부, 성자, 성령의 삼위(三位)

굳이 이러한 종교적인 무엇이 아니더라도 방금 동행자가 떠올린 그것을 포함해서 세 가지의 어떤 지극함은 아마도 굉장히 많을 것이다. 수의 의미에서 알아본 것처럼 삼(三)이라는 숫자의 의미에 영향을 받은 탓인지, 예로부터 지고지상한 무엇을 진지하게 설명하려면 동서양을 막론하고 세 가지 정도의 구성 요소를 대입해야만 제대로 된 설명이 된다고 여겼던 것 같다.

어디 지고지상한 것들뿐이겠는가. 가위바위보도 세 가지이고, 이 또한 삼세번은 해야 뒷말이 없는 법이다.

이처럼 삼(三)이라는 숫자는 그 의미와 상징성으로 인하여 예로부터 수많은 신화와 설화들의 주요 구성 요소가 되기도 하고, 무언가를 설명하기 위한 구성 요소가 되기도 하며, 평범한 일상의 무엇을 이루는 구성 요소가 되기도 한다.

그중에서도 천부경의 연원과 관련된 고대의 역사를 살펴보면 환국(桓國) 말기에 지위리 환인(智爲利 桓仁)께서 환웅(桓雄)에게 천부(天符)와 더불어 인(印) 3종을 내려 새 시대를 열 것을 명하시니, 환웅께서 그 명을 받들어 풍백(風伯)과 운사(雲師)와 우사(雨師)와 더불어 무리 삼천을 거느리고 태백산 마루 신단수 아래 신시(神市)를 열고 배달국을 세워 세상을 널리 재세이화(在世理化) 하였다고 전한다. 이 또한 고대의 역사, 혹은 신화의 세 가지 구성 요소들인 셈이다.

이러한 세 가지 요소들 가운데 풍백, 운사, 우사의 의미는 당시 사회의 통치 제도이자 해당 관직명을 의미하기도 하고, 본격적인 농경사회가 도래하였음을 상징하기도 하며, 이외에도 다양한 해석과 의미를 부여할 수 있는 구성 요소라고 한다.

단순하게 세 가지 단어들을 있는 그대로 보면, 바람은 구름을 불러오고, 구름은 비를 불러오며, 비는 바람을 불러오는 관계이기도 하다. 마치 가위바위보처럼 서로 물고 물리는 관계인 셈이다.

달리 보면, 근원과 현상 간의 순환 관계, 혹은 관계와 연계의 작용에 따르는 변화의 흐름에 대한 비유처럼 보이기도 한다. 어쩌면, 재세이화라는 것도 사실은 이처럼 본질과 현상 간의 순환 작용, 혹은 구성원들 간에 일어나는 조화와 어우러짐의 변화로써 실현되어 가는 것인지도 모를 일이다.

어쨌든 천부경에서 말하는 삼극의 의미는 위에서 언급한 종교적인 세 가지의 무엇들과는 그 의미가 조금 다른 것으로 보인다. 여러 종교에서 말하는 세 가지의 지극함이란 대개의 경우 신(神)이나 무엇이 세 가지의 형태로 세상에 현현(顯現)된 모습의 상징일 것이니, 다음 구절에서 언급되는 천(天), 지(地), 인(人)이 오히려 이러한 의미에 더 가까운 개념일 것이다. 실제로도 천지인 삼재를 삼신의 현현, 즉 우주의 근원인 조물주가 현실계에 세 가지의 형태로 자신의 모습을 드러내어 작용하는 것으로 보는 삼신사상이 예로부터 우리에게 전해 오기도 하고 말이다.

어찌 보면 도가(道家)의 우주관이 이와 유사해 보이기도 한다. 도가에서는 일기화삼청(一炁化三淸), 즉 태초의 혼원의 기가 삼청으로 나뉘어서 그 작용과 조화로부터 만물이 나타나는 과정에 대하여 설명하기를, 도생일(道生一), 일생이(一生二), 이생삼(二生三), 삼생만물(三生萬物)이라는 표현으로 설명한다고 한다.

천부경은 이와는 조금 다르게 태초의 의지는 삼극으로 나뉘어서 그 작용과 조화로부터 우주라는 현상이 나타나게 되는 것이라고 한다. 하나(一)로부터 곧바로 세 가지의 무엇(三極)으로 분화되는 전개인 셈이다.

즉, 천부경에서 언급하는 삼극의 의미는 태초의 의지가 우주라는 현상으로 발현되기 위한 근본 요소로서의 의미인 셈이며, 어떤 결과물이 아니라 결과를 이루어 내기 위한 원인이나 조건으로서의 삼극을 말하고 있는 것으로 보인다. 마치, 태극 사상에서 태극을 이루는 음양이라는 두 가지 근본 요소들처럼, 삼태극 사상에서 말하는 삼태극을 이루는 우주의 세 가지 근본 요소로서의 삼극인 셈이다.

그런데 이러한 삼극은 태초의 의지(一)가 세 가지(三極)의 형태로 나뉜 모습이기는 하지만, 그 변함의 본질인 본래의 근본은 다함이 없다고 한다. 하나가 셋으로 나뉘었으니 하나가 곧 삼극이고 삼극이 곧 하나이기는 하지만, 그렇다고 이러한 변함이 본질의 변함을 의미하는 것은 아니라는 말인 셈이다. 혹은, 이러한 세 가지의 변함이 그 변함의 다함을 의미하는 것은 아니라는 말이거나 말이다.

태초의 의지가 삼극으로 나뉘고, 이러한 삼극의 작용과 조화로부터 우주라는 현상도 나타나게 되는 것일 터이니, 크게 보면 이 세상과 만물은 태초의 의지가 변화된 모습으로 볼 수도 있는 셈이다. 그러나 이러한 변함은 본질로부터 비롯된 것이되, 다만 현상으로서의 변함일 뿐, 본질 자체의 변함을 의미하는 것은 당연히 아닐 것이다. 이러한 변함의 작용으로부터 실체의 우주가 형성되는 것일 터이니, 그 나뉨이 곧 변함의 다함을 의미하는 것도 아닐 터이고 말이다.

석삼극 무진본(析三極 無盡本)
세 가지의 지극함으로 나뉘었으나 근본은 다함이 없다.

예로부터 삼신일체(三神一體)라 하여 삼신의 작용은 근원으로 보면 하나이니, 그 우주 본연의 바탕 자리와 현실적인 변화의 원리가 서로 다른 것이 아니며, 다만 우주가 창조와 변화의 운동을 시작하면 일신은 이러한 세 가지 작용의 신묘한 원리로 드러나는 것이다, 하였다.

참고로 이 문장은 천부경만의 독특한 수리 구조를 엿볼 수 있는 구절이기도 하다. 하나로부터 곧바로 세 가지의 무엇으로 나뉘는 전개 과정은 기존의 일반적인 수의 논리와는 체계가 조금 다른 것으로 보이기 때문이다.

一始無 始一(일시무 시일)
태초의 의지(一)는 그 실체의 없음으로부터 비롯되나니, 태초의 의지(一)는 모든 것의 시작이요.

析三極 無盡本(석삼극 무진본)

세 가지의 지극함으로 나뉘었으나 근본의 다함은 없어라.

그렇다면, 이렇게 나뉜 삼극이라는 요소는 어떤 작용과 조화로써 지금의 우주라는 현상을 이루어 낸다는 것일까.

3) 천일일 지일이 인일삼(天一一 地一二 人一三)

천일일 지일이 인일삼(天一一 地一二 人一三)
천(天)은 일(一)과 일(一)이고, 지(地)는 일(一)과 이(二)이며, 인(人)은 일(一)과 삼(三)이다.

천부경의 막막함이 바로 이러함이다. 어떤 의미를 추정할 수 있는 근거나 과정도 없이 갑자기 등장하는 숫자들과 그 조합의 의미에 대한 막연함에서 비롯되는 당혹스러움인 것이다.

동시에 천부경의 놀라운 점도 이러함이다. 흔히 있을 법한 형이상학적인 수사나 화려한 포장도 없이 세상의 심오한 비밀을 담담하게 논리적으로, 마치 무슨 수학 공식처럼 간명하고 적나라한 표현 방식으로 그 진실의 속살을 직설적으로 드러내 보인다.

일시무 시일(一始無 始一)
석삼극 무진본(析三極 無盡本)
천일일 지일이 인일삼(天一一 地一二 人一三)

하나(一)가 나타나서 태초의 시작이 있게 됨을 말하고 나서, 그 하나가 셋으로 나뉜 삼극에 대하여 말하고, 다음 구절에서는 세 가지 숫자들 간의 조합으로부터 천지인

(天地人)이 나타나게 되는 원리를 설명하고 있다면, 이러한 전개 과정은 무엇을 의미하는 것일까.

당연히 하나로부터 비롯된 삼극이라는 요소들이 어떻게 작용하여 천지인으로 발현되는지에 대한 설명일 것이다. 즉 태초의 의지가 천지인이라는 형태의 우주로 발현되는 과정을 순차적으로 풀어서 설명하고 있는 셈이다.

그러므로 이 구절은 삼태극을 이루는 세 가지 구성 요소들이 구체적으로 무엇인지, 나아가 이러한 요소들이 어떻게 작용하여 우주라는 현상으로 거듭나는지에 대한 구체적이고 실질적인 설명이기도 한 셈이다.

앞서 우리는 조금 지루한 과정을 거치기는 했지만, 대신에 나름의 준비를 단단히 마쳤기에, 이제 이러한 숫자들로 인한 막연함과 막막함의 벽 앞에서 망설임 없이 다음 발걸음을 과감하게 내디딜 수 있게 되었다.

천일일 지일이 인일삼(天一一 地一二 人一三)

천일일(天一一)
태초의 의지(一)에 근원의 의지(一)를 더하여 우주의 섭리(天)가 나타나고,
지일이(地一二)
태초의 의지(一)에 법칙과 만물의 근간(二)을 더하여 만물의 이치(地)가 나타나며,
인일삼(人一三)
태초의 의지(一)에 생명의 의식(三)을 더하여 만물(人)이 나타나게 된다.

새벽 강가의 물안개가 아침 햇살에 홀연히 걷히는 듯하다.

이 구절에 이르러서야 우리는 비로소 삼극의 실체와 그 작용 원리에 대하여 알게 된다. 바로 태초의 의지(一)와, 법칙과 만물의 근간(二)과, 생명의 의식(三)이라는 세 가지 요소들이 삼극이라는 말이니, 지금껏 막연히 짐작만 해 오던 삼태극의 실질적인 구성 요소들인 셈이다.

이처럼 천지인을 이루어 내는 세 가지의 지극함을 삼극이라 하니, 이러한 세 가지 근본 요소 간의 작용과 조화로부터 태초의 의지는 새로운 우주로 거듭나게 되는 것이라고 한다.

그런데 이 구절을 조금 더 자세히 살펴보면, 태초의 의지라는 요소는 계속하여 반복적으로 표현되고 있으며, 여기에 삼극의 세 가지 구성 요소들이 다시 한번 더해져서 천지인이라는 각각의 형태로 발현되는 것임을 표현하고 있다.
이러한 표현은 어떤 원리를 의미하는 것일까.
이것이 있으므로 저것이 있고, 이것이 없으면 저것도 없다. 이것이 생기면 저것이 생기고, 이것이 변하면 저것도 변한다.
이러한 연기법(緣起法)은 우리의 세상을 이루는 근본 원리라고 앞서 말한 바가 있다. 이를 조금 더 설명하면 이렇다고 한다.
연기법이란 인연생기법(因緣生起法)을 말하는 것으로서, 이 중에서 인(因)이란 원인, 즉 결과를 생겨나게 하는 근본 원인이 되는 인자를 말하며, 결과의 직접적(1차적)인 원인을 말한다고 한다. 비유하자면 씨앗의 개념인 셈이다.
연(緣)이란 조건, 즉 원인을 결과로 나타나게 하는 조건의 작용을 의미하며, 결과의 간접적(2차적)인 원인을 말한다고 한다. 비유하자면 씨앗을 자라나게 하는 생장 환경(토양의 질이나 온도, 날씨 등)과 같은 개념인 셈이다.
그러므로 하나의 인(因)이라고 하더라도 조건인 연(緣)의 작용에 따라서 나타나는 결과물에는 다소의 차이가 있을 수밖에 없으며, 심하게는 이러한 조건에 따라서 하나의 인(因)이 어떠한 결과로도 나타나지 않고 여전히 인(因)의 상태로 남아 있을 수도 있다고 한다. 즉, 하나의 인(因)에 어떤 연(緣)이 조건으로 더해져서 작용하게 되었는가에 따라서 결과물의 모습이 달라지기도 하는 원리인 셈이다. 물론, 인(因)이 하나라면 콩이 팥으로 되지는 않는다.
실제로 현대의 이론들을 살펴보아도 개인의 타고난 선천적인 능력이나 태생적인 생체 정보들보다 어떤 결과에 더 깊은 영향을 미치는 것은 바로 조건에 해당하는 환경적인 요소들이라고 한다.

태초의 의지(一)는 인(因)으로서의 직접적(1차적)인 근본 원인이다.
여기에 다시 더해지는 삼극의 세 가지 요소들은 태초의 의지라는 직접적인 원인(因)에 조건으로 작용하는 간접적(2차적)인 원인(緣)들이다.
그러므로 태초의 의지라는 근본 원인에 어떤 조건의 작용이 더해졌는가에 따라서, 그 결과물이 천(天)이 되고 지(地)가 되며, 인(人)으로 나타나게 되는 원리인 셈이다.
따라서 근본 원인인 태초의 의지(一)는 당연히 반복되고 중복되어서 표현될 수밖에 없게 된다. 왜냐하면, 이 구절은 우주의 근원인 태초의 의지가 천지인이라는 형태의 우주로 발현되는 원리를 설명하는 구절이기 때문이다. 이것이 해석의 문장에서 더한다는 말의 의미이기도 하고 말이다.
정리해 보면, 태초의 의지(一)라는 근본 원인에 우주 근원의 의지(一)가 다시 한번 조건으로 작용하게 됨으로써 우주의 섭리(天)라는 결과물이 나타나게 되었고, 태초의 의지(一)라는 근본 원인에 법칙과 만물의 근간이라는 요소(二)가 조건으로 작용하게 됨으로써 만물의 이치(地)라는 결과물이 나타나게 되었으며, 태초의 의지(一)라는 근본 원인에 생명의 의식(三)이라는 요소가 조건으로 작용하게 됨으로써 만물(人)이라는 결과물이 나타나게 되었다는 설명이 된다. 그렇게 천지인이라는 형태의 세상이 나타나게 되었다는 것이다.
그렇다면, 이러한 삼극의 조합은 구체적으로 무엇을 의미하는 것이며, 이러한 결과를 낳게 하는 실질적인 작용 원리는 무엇일까.

천일일(天一一)

태초의 의지(一)에 근원의 의지(一)를 더하여 우주의 섭리(天)가 나타나고.

우주의 섭리라는 것은 태초의 의지가 직접적인 원인(因)이 되고, 그 우주 근원의 의지가 다시 한번 조건(緣)으로 작용함으로써 나타나는 결과임을 말하고 있다.

태초의 의지(一)라는 것은 무엇인가.

이전 우주의 의식으로서의 속성이 순환되어서 새로운 우주의 원인으로 거듭나게 된 근원적인 의지일 것이다.

이렇게 태초의 의지가 나타나게 되는 의미는 새로운 우주를 탄생하게 하는 근본 원인이 되어서 모든 것의 처음이 되고 시작이 되는 의미를 갖는다. 즉, 이로부터 이것이 있게 되어서 저것이 있게 되는 인과의 흐름도 시작되니, 이러한 원리는 우주의 시작과 동시에 나타나게 되어서 우주를 이루어 내고 존재하게 하는 근본 바탕이 되는 셈이다. 물론, 이 태초의 의지라는 것 또한 이러한 흐름, 즉 이전 우주의 마쳐짐을 원인으로 하여 나타나게 되는 또 다른 인과의 결과물이기도 할 터이고 말이다.

그런데 우주의 섭리(天)는 이러한 인과의 흐름에 그 근원의 의지가 다시 한번 조건으로 작용함으로써 나타나는 것이라고 한다. 즉, 태초의 의지는 최초의 근본 원인(因)이 됨과 동시에 조건(緣)으로도 작용한다는 것이며, 그 결과 우주를 이루어 내는 근본 원리가 나타나게 되었다는 것이다.

이처럼 태초의 의지가 다시 한번 더해져서 조건으로 작용하게 되었다는 말은 무슨 의미일까.

태초의 의지는 새로 시작된 우주의 유일한 존재일 것이다. 비록 그것이 유형의 실체라는 형태의 존재함은 아닐지라도 말이다. 따라서 이러한 태초의 의지는 현실적으로도 오직 자신의 의지를 다시 한번 조건으로 삼아서 작용할 수밖에 없게 된다. 다시 시작된 우주의 유일한 존재인 셈이니, 어쩔 수 없이 오직 자신의 의지가 다시 한번 조건으로 작용할 수밖에 없는 상황인 셈이다.

그러므로 태초의 의지로부터 우주의 시작이 있게 됨과 동시에 새로운 인과의 흐름도 시작되고, 이러한 흐름에 우주 근원의 의지가 다시 한번 조건으로 작용하게 됨으로써 우주의 근본 원리가 완성되었다는 의미가 된다.

이러한 천부경의 우주론에는 유념해야 할 의미들이 내포되어 있는 것으로 보인다.

먼저, 태초의 의지가 나타나는 과정이나 삼극의 조합에 대한 표현 방식을 보면 모든 것은 인과의 흐름으로 이루어지는 것임을 설명하고 있는 것으로 보인다.

이러한 흐름으로부터 우주의 처음과 시작이 있게 되었으며, 또한 이러한 원리로써 우주의 모든 것을 이루어 낸다는 말은 곧 우주에 나타나게 되는 모든 존재는 바로 이러한 흐름으로 처음부터 모두가 관계되고 연계되어 있음을 의미한다.

즉 태초의 시작에서부터 모든 것이 서로 연결되어 있음으로써 우주는 일종의 거대한 네트워크를 이루고 있으며, 이러한 방식으로 우주가 운행되는 흐름을 형성하고 있음을 의미하는 셈이다. 물론, 이러한 흐름 자체가 만물과 우주라는 현상의 본질이기도 할 터이고 말이다.

천부경은 여기에서 한 걸음 더 나아가 우주의 섭리는 이러한 인과의 흐름에 우주 근원의 의지가 조건으로 작용함으로써 완성되는 것이라고 한다. 우주를 이루어 내는 원리는 단순한 인과의 공식이 아니라, 그 인과의 흐름에 우주 근원의 의지가 조건으로 작용하는 원리라는 것이다. 즉 우주의 섭리는 어떤 공식에 의해서 결과물을 도출해 내는 단순한 원리가 아니라는 말인 셈이니, 결국 이러한 원리의 작용으로 나타나게 되는 우주의 모든 것에는 우주 근원의 의지가 조건으로 반영되어 있는 결과물이라는 의미가 된다.

나아가 이러한 원리에 의해서 형성되는 흐름은 기계적이고 수동적인 흐름이 아니라, 어떤 의지를 품은 채 유기적이고 능동적으로 운행되어 가는 흐름이며, 이러한 흐름을 이루어 내는 원리가 바로 우주의 섭리라고 말하고 있는 셈이다.

물론, 이렇게 조건으로 더해지는 근원의 의지라는 것이 우리가 상상하는 것과 같은 감각적이고 표면적인 형태의 의지는 아닐 것이다. 이러한 분별이 일어나기 이전의 근원으로부터 비롯된 의지, 즉 말 그대로 우주 근원의 의지를 말함일 것이다. 혹은, 이처럼 근원적인 의지가 조건으로 반영되어서 일어나는 흐름이 바로 우주라는 현상의 본질이라는 말인지도 모를 일이고 말이다. 어쩌면, 이러한 본원적인 의식의 의지가 일으키는 파동 간의 겹침, 즉 원인과 조건에 해당하는 의식의 파동 간에 일어나는 관계와 연계의 작용으로부터 우주라는 현상이 나타나게 되는 것인지도 모를 일이다.

천부경은 우리에게 말하길 우주의 섭리라는 것은 어떤 공식의 틀만으로도, 어떤 의지만으로도 형성되는 것이 아니며, 인과라는 질서의 틀에 근원의 의지를 더해서 나타나는 것이라고 설명한다. 즉 우리의 세상은 어떤 고정된 불변의 법칙이 지배하는 결정론적인 세상도, 그렇다고 어떤 주관적인 의지에만 의존하는 임의적인 형태의 세상도 아니라고 귀띔하여 주고 있는 셈이다.

천부경의 놀라운 점 중의 하나가 이처럼 우리가 일상이나 자연 현상들을 대하면서 혹시나 이러하지 않을까 하던 막연한 상상들에 대하여, 여기에서 다시 한 걸음 더 나아가는 통찰과 이러한 통찰에 대한 구체적이고 명확한 논리를 제시하며 우주라는 현상을 설명하고 있다는 점이다.

그렇게 우주의 근본 원리인 우주의 섭리(天)가 나타나게 되었다. 우주라는 현상을 이루어 내는 근본 원리가 탄생하게 된 것이다.

지일이(地一二)

태초의 의지(一)에 법칙과 만물의 근간(二)을 더하여 만물의 이치(地)가 나타나며.

우주라는 현상을 이루는 법칙이기도 한 만물의 이치는 태초의 의지가 직접적인 원인(因)이 되고, 여기에 다시 법칙과 만물의 근간이라는 요소가 조건(緣)으로 작용한 결과임을 말하고 있다.

앞에서와 같이 태초의 의지(一)는 우주 근원의 의지로서 새로운 우주의 처음이 됨과 동시에 새로운 인과의 흐름이 시작됨을 의미하는 것일 터이다.

이(二)라는 삼극의 요소는 수의 의미에서 살펴보았듯이 서로 구별되고 상대적인 무엇(음양)으로서, 만물의 근본 구성 요소인 동시에 모든 법칙의 근간이 되는 요소라는 의미의 숫자이다.

그러므로 태초의 의지(一)는 근본 원인이 되어서 새로운 우주의 시작이 되고, 그렇게 시작된 인과의 흐름에 법칙과 만물의 근간(二)이라는 요소가 조건으로 작용하게 됨으로써 만물의 이치(地)라는 결과물이 나타나게 되었다는 말이 된다. 이러한 원리는 무엇을 의미하는 것일까.

　우주의 실질적인 구성원들이기도 한 만물은 법칙과 만물의 근간이라는 요소(二)에 의해서 나타나게 된다. 즉, 서로 구별되는 상대적인 속성의 근본 요소들 간에 이합집산과 같은 현상이 일어나게 되면 비로소 우리가 무엇이라 이름 지어 부를 수 있는 유의미함을 갖춘 무엇이 되어서 나타나게 되는 것이다. 물론, 이러한 근본 요소들의 상대적인 속성은 이렇게 탄생하게 된 만물에도 서로 구별되는 상대적인 성질, 즉 실체로서의 속성을 갖추게 한다.
　이처럼 서로 상대적인 속성의 만물이 우주에 나타나게 되었다는 말은, 이와 동시에 이러한 속성에 따르는 법칙들이 나타나게 되었다는 말의 다름 아닐 것이다. 왜냐하면, 이러한 법칙들이 바로 그 만물이라는 현상을 이루는 방식이 될 것이기 때문이다. 마치 태초의 의지로부터 우주의 시작이 있게 됨과 동시에 인과의 흐름이 시작되듯이, 그렇게 실체로서의 상대적인 속성을 갖춘 만물이 나타나게 됨과 동시에 이러한 속성에 따르는 만물의 상대적인 법칙들도 세상에 나타나게 되는 이치인 셈이다.
　그러므로 법칙과 만물의 근간이 되는 근본 요소(二)가 태초의 의지로부터 비롯된 인과의 흐름에 조건으로 작용하게 되면, 이러한 근본 요소들의 특성, 즉 서로 상대적인 속성에 따르는 법칙들이 나타나게 되는 원리가 완성된다. 물질 우주의 상대적인 이치와 법칙들은 바로 이러한 과정으로 나타나게 되었다는 것이다.
　그렇게 만물의 이치(地)가 나타나게 되었다. 우주라는 현상을 이루어 내는 근본 원리에 이어서, 그 현상을 이루는 법칙들도 나타나게 된 것이다.

　무명(無名)은 천지지시(天地之始)요, 유명(有名)은 만물지모(萬物之母)이다.
　어찌 보면, 『도덕경』의 이 구절과 유사한 의미가 될 수도 있어 보인다. 무명의 의미를 무(無)의 속성인 이름을 지을 수 없는 인식 이전의 무엇을 말함이요, 유명의 의미를 유(有)의 속성인 이름 지을 수 있는 무엇, 즉 서로 구별되고 상대적인 속성의 무엇을 의미하는 것으로 이해한다면 말이다.

다만, 천부경은 이러한 상대적인 속성의 무엇들은 만물의 근본 구성 요소이기는 하되, 그 만물의 이치를 나타나게 하는 조건이지 만물이라는 현상 자체를 나타나게 하는 조건은 아니라고 한다.

그렇다면, 만물이라는 현상은 어떻게 나타나게 된다는 것일까.

인일삼(人一三)

태초의 의지(一)에 생명의 의식(三)을 더하여 만물(人)이 나타나게 된다.

우주 그 자체이기도 한 만물이라는 현상은 태초의 의지가 직접적인 원인(因)이 되고, 여기에 다시 생명의 의식이라는 요소가 조건(緣)으로 작용한 결과임을 말하고 있다.

마찬가지로 태초의 의지(一)는 우주 근원의 의지로서, 새로운 우주의 처음이자 인과의 시작이라는 의미일 것이다.

생명의 의식이라고 정의된 삼(三)이라는 요소는 존재함이라는 현상, 즉 만물의 생명과 의식의 근간이 되는 요소라는 개념으로 보기로 하였다.

그러므로 태초의 의지(一)는 근본 원인이 되어서 우주의 시작이 되고, 이와 동시에 시작되는 인과의 흐름에 생명의 의식이라는 요소(三)가 조건으로 작용하게 됨으로써 실체의 우주라는 현상, 즉 만물(人)이라는 결과물이 나타나게 되었다는 말이 된다. 이러한 조합은 무슨 의미이며 무엇을 설명하고자 함일까.

현상으로서의 실체, 즉 만물이라는 현상은 법칙과 만물의 근간이라는 요소들이 모태가 되어서 나타나게 된다. 바로 이(二)라는 근본 요소들이 직접적이고 실질적인 만물의 구성 요소들이기 때문이다.

그러나 이러한 법칙과 만물의 근간(二)이라는 요소는 태초의 혼돈에 내재되어 있는 서로 상대적인 속성의 무엇들이라는 개념이다.

이처럼 아직 무엇이라 이름할 수 없는 근본 요소들이 어떤 유의미한 현상으로 거듭나기 위해서는 반드시 이러한 요소들 간에 관계와 연계라는 작용이 있어야만 한다.

즉, 서로 상대적인 속성의 근본 요소들 간에 정보의 교환과 같은 관계의 작용들이 일어나고, 이로부터 이합집산과 같은 연계의 흐름이 형성됨으로써 실체로서의 존재함이라는 현상을 이루어 내는 것이 비로소 가능해지는 것이다.

그렇다면 이러한 작용들은 어떻게 일어나는 것일까.

천부경은 이러한 현상들이 우연이나 확률적으로 일어나는 것이 아니라, 어떤 요소가 조건으로 작용함으로써 일어나는 현상이라고 보고 있는 셈이며, 바로 이러한 관계와 연계라는 유의미한 질서의 흐름을 일어나게 하는 조건으로 작용하는 요소가 바로 생명의 의식(三)이라는 요소로 보고 있는 셈이다.

그러므로 태초의 의지(一)가 근본 원인이 되어서 새로 시작되는 인과의 흐름에 이처럼 생명의 의식(三)이라는 요소가 조건으로 작용하게 되면, 그 작용의 결과로써 이러한 관계와 연계의 흐름이라는 형태의 존재함, 즉 만물(人)이라는 현상이 나타나는 원리가 완성된다. 이로써 우주는 우연이나 확률과 같은 불확실성에 기대지 않고, 이치와 논리에 부합되는 합리적인 과정으로 탄생하는 것이 가능하게 된다.

이러한 방식으로 우주라는 현상을 이해하는 우주론에는 역시나 간과해서는 안 될 의미들이 내포되어 있는 것으로 보인다.

기본적으로 만물의 구성 요소는 법칙과 만물의 근간(二)이라는 요소들일 것이다. 그럼에도 불구하고 천부경은 굳이 생명의 의식(三)이라는 요소에 의해서 만물이 나타나게 되는 것이라고 설명한다. 유의미함과 실체로서의 존재함이라는 현상의 본질은 바로 이러한 관계와 연계의 흐름임을 새삼 강조하고 있는 셈이다.

즉, 이러한 질서의 흐름이 일정한 단위 네트워크를 형성하게 되니, 이것이 바로 실체로서의 생(生)이라는 현상의 본질이고, 그 단위 네트워크의 관계와 연계의 작용들이 흩어지니 이것이 바로 실체로서의 멸(滅)이라는 현상의 본질이라는 말인 셈이다. 만물은 불변의 고정된 형태로 존재하는 것이 아니라, 다만 이러한 관계와 연계의 작용으로부터 일어나는 변화의 흐름, 즉 현상으로서 존재함이라는 것이다. 기본 구성원에서부터 우주 전체에 이르기까지 모두 말이다.

어찌 보면, 이러한 존재함의 본질에 대한 근원적인 성찰은 물질세계의 실상은 불변의 고정된 실체가 아니라고 보는 불가(佛家)에서 말하는 존재함의 실상과 유사한 개념으로 보이기도 한다.

조금 다른 시각으로 보면, 이러한 관계와 연계라는 네트워크의 흐름이 형성되기 전까지 태초의 우주는 여전히 혼돈(chaos)의 상태로 머물러 있게 됨을 짐작할 수 있게 된다. 그 상대적인 속성의 근본 요소들은 아무런 체계도 없이 반응은 있지만 질서는 없는 혼돈의 상태로 여전히 존재할 것이기 때문이다. 이러한 혼돈으로부터 유의미한 질서의 흐름, 즉 관계와 연계라는 네트워크의 흐름을 이루어 내는 조건으로 작용하는 요소가 바로 생명의 의식이라는 요소인 셈이고 말이다. 고대판 천부경식 버전(version)의 카오스 이론(Chaos Theory)인 셈이다.

천부경은 그렇게 가능성에 머무르던 근본 요소들은 생명의 의식이라는 요소가 조건으로 작용하게 됨으로써 현상으로서의 존재함을 이루어 내고, 혼돈의 우주에는 머무르고 나아가는 이치가 나타나게 되니, 이로부터 지향적이고 순환적이며 확산적이기도 한 질서의 흐름, 즉 우주라는 이름의 현상이 나타나게 되는 것이라고 한다.

그 질서는 어떤 질서인가.

태초의 의지로부터 비롯된 인과의 흐름에 근원의 의지를 조건으로 하여 우주의 섭리로 발현된 질서의 틀이고, 법칙과 만물의 근간이라는 요소를 조건으로 하여 상대적인 이치로 발현된 질서의 흐름이며, 생명의 의식이라는 요소를 조건으로 하여 현상으로 발현된 만물의 움직임으로부터 이러한 원리와 이치가 구현되는 질서일 것이다. 바로 우주의 섭리(天)와 만물의 이치(地)와 만물(人)이라는 형태로 구현된 질서인 셈이다.

한편, 이러한 과정으로 탄생하게 되는 만물에는 자연히 생명의 의식(三)이라는 요소로부터 비롯된 의식으로서의 속성이 깃들게 된다는 의미가 된다. 법칙과 만물의 근간이라는 요소로부터 실체로서의 서로 상대적인 속성을 갖추게 되었듯이 말이다.

물론 우주 자체도 당연히 이러한 실체로서의 속성과 의식으로서의 속성을 갖춘 존재일 것이며, 바로 이러한 두 가지 속성 간의 작용과 조화로부터 우주의 생멸과 순환이라는 현상이 일어나는 것 역시 가능하게 된다.

  천부경은 이처럼 우주와 만물에는 실체로서의 속성과 의식으로서의 속성이 모두 갖추어져 있음을 전제로 하여 우주라는 현상을 이해하고 있음을 알게 된다.

  예로부터 만물유생(萬物有生)이라 했으니, 아마도 만물에 생명이 깃들게 되는 원리가 이러하다는 말일 것이다. 옛사람들은 만물을 생명이 없는 무기적인 것들과 생명이 있는 유기적인 것들로 굳이 구분하지 아니하여 존재하는 모든 것에는 생명이 깃들어 있다고 여겼거니와, 그 만물의 존재함이라는 현상, 즉 생명이 깃들게 되는 원리가 바로 이러하다는 말인 셈이다.

  그렇게 우주의 구성원들인 만물(人)이 나타나게 되었다. 우주라는 현상을 이루어내는 근본 원리와, 그 현상을 이루는 법칙과 더불어 우주라는 현상 자체도 나타나게 된 것이다.

  천부경은 우리에게 설명하기를, 모든 것의 근원인 태초의 의지는 삼극으로 나뉘어서, 그 삼극의 작용과 조화로부터 같지만 다른 새로운 우주, 즉 천지인이라는 형태의 우주로 거듭나게 되는 것이라고 한다. 혹은 태초의 의지는 그렇게 천지인이라는 세 가지의 형태로 발현되어서 그 작용과 조화로부터 자신의 의지를 구현하게 된다는 의미가 될 수도 있을 것이고 말이다.

  一始無 始一(일시무 시일)
  태초의 의지(一)는 그 실체의 없음으로부터 비롯되나니, 태초의 의지(一)는 모든 것의 시작이요.
  析三極 無盡本(석삼극 무진본)
  세 가지의 지극함으로 나뉘었으나 근본의 다함은 없어라,
  天一一 地一二 人一三(천일일 지일이 인일삼)

**태초의 의지(一)에 근원의 의지(一)를 더하여 우주의 섭리(天)가 나타나고,
태초의 의지(一)에 법칙과 만물의 근간(二)을 더하여 만물의 이치(地)가 나타나며,
태초의 의지(一)에 생명의 의식(三)을 더하여 세상의 만물(人)이 나타남이니.**

태초의 의지라는 무형 무위의 우주 근원의 의지는 그렇게 유형 유위라는 현상, 즉 물질 우주로 거듭나게 되는 것이라고 한다.

그렇다면, 이처럼 태초의 의지(一)와 더불어서 새로운 우주 탄생의 핵심 요소들이라고 할 수 있는 법칙과 만물의 근간(二)이라는 요소와 생명의 의식(三)이라는 요소는 어떻게 나타나게 되었으며, 이러한 두 가지 근본 요소들만의 독특하고도 특별한 속성들은 어떻게 형성되었을까.

4) 일적십거 무궤화삼(一積十鉅 无匱化三)

일적십거 무궤화삼(一積十鉅 无匱化三)
하나가 쌓여서(一積) 큰 십이 되고(十鉅), 궤에 가둘 수 없는(无匱) 삼이 되었다(化三).

일적십거(一積十鉅)
하나가 쌓여서 큰 십이 되었다.

잠시 십(十)이라는 숫자의 의미에 대하여 다시 한번 짚어 보기로 하자.

십(十)이라는 숫자는 고대 동서양을 막론하고 완결과 완성을 뜻하는 완전수로 보았다고 한다.

고대 서양에서는 이를 완성된 우주, 마무리, 운명, 하늘, 진정한 완전함 등의 의미를 뜻하는 숫자로 보았다고 한다. 십진법(十進法)에서 본 단자리 숫자들의 종착점이기 때문이다. 기본수들의 완성형이자 도착점으로서 최종적인 완성이라는 의미인 셈이다.

또한, 고대 동양에서는 일원(一元)과 양의(兩儀)로부터 전개되어 가는 이치들이 십간(十干)으로 마무리되어 완성되니, 이를 천간(天干)이라 부르고 이로써 우주의 운행과 만사를 헤아리는 기본 틀로 삼았다고 한다.

즉, 동서양을 막론하고 육(六)이라는 숫자의 개념을 구성 요소 간의 조화와 화합으로 완성되는 1차적이고 단위적인 완성을 의미한다고 보았다면, 십(十)이라는 숫자는 전체적인 완성 형태, 즉 모든 기본이 마무리됨을 의미하는 것으로 보았던 셈이다.

그러므로 이 구절은 이렇게 이해하기로 한다.

일적십거(一積十鉅)
태초의 의지가 쌓여서(一積) 우주의 큰 틀이 완성(十鉅)되었다.

태초의 의지가 중첩되어 우주의 근본 원리, 즉 우주의 섭리가 나타나게 되는 것이라고 한다. 이러한 근본 원리에 의해서 다시 중첩된 태초의 의지는 서로 구별되는 상대적인 속성의 무엇, 즉 법칙과 만물의 근간이 되는 요소(二)라는 형태로 나타나게 되니, 이로써 우주라는 현상을 이루어 내기 위한 기본 틀이 완성된다. 상대적인 법칙이 지배하는 물질 우주의 기본적인 큰 틀이 완성(十鉅)된 셈이다.

무궤화삼(无匱化三)
궤가 없는 삼이 되었다.

궤(匱)의 의미는 어떤 한계나 일정한 틀을 의미하는 것으로 보인다. 즉, 태초의 의지의 쌓임에 대한 한계, 혹은 그렇게 완성된 물질 우주의 기본적인 큰 틀(十鉅)에 대한 한계를 말하는 것으로 보인다는 말이다.

그런데 이게 무슨 말일까.

태초의 의지가 쌓여서 물질 우주의 기본적인 큰 틀을 마무리까지 했는데, 그럼에도 불구하고 또다시 그 틀에 가둘 수 없는, 혹은 이러한 틀 자체가 없는(无匱) 삼이 되었다(化三)고 한다.

잠시 고개를 돌려 주변을 기웃거려 보기로 하자.

우주물리학에서 보는 우리의 우주는 기본적으로 물질들의 중력에 의해서 수축되거나 팽창 속도가 줄어들어야 한다고 한다. 그러나 우주에는 끊임없이 새로운 물질들이 만들어지고 있음에도 불구하고 계속해서 팽창하고 있으며, 오히려 그 팽창 속도가 더욱 빨라지기까지 하고 있다고 한다. 그 이유는 바로 암흑에너지(Dark Energy)와 암흑물질(Dark Matter)에 의한 것으로 추정하고 있으며, 심지어는 우리가 인지할 수도 없는 이 암흑물질과 암흑에너지의 정도에 따라서 우주가 계속 팽창하게 될지 혹은 수축하게 될지가 결정될 것이라고 한다.

이러한 암흑에너지는 현재까지 파악하기로 우주의 약 74%를 차지하고 있으며, 그 나머지 중에서도 암흑물질이 다시 22%를 차지하고 있다고 한다. 물질로만 한정 지어서 고려하면 암흑물질은 우주 전체 물질의 84.5%를 차지한다고 한다. 즉 전체적으로 볼 때 우리가 인지할 수 있는 에너지와 물질들을 모두 합해 보아도 겨우 4% 정도인 셈이다.

그렇게 암흑물질과 에너지는 가시적인 물질이나 에너지들과 관계가 있는 것도, 그렇다고 관계가 전혀 없다고도 말할 수 없는 애매한 상태로 우주의 대부분을 차지하며 존재하는 것으로 추정하고 있다고 한다.

이러한 암흑물질과 암흑에너지는 자신들의 생성 과정이나 실체를 아직 우리에게 드러내지 않고 있으며, 현대의 우주물리학에서도 아직은 가설의 단계라고 한다. 우주의 실상을 온전히 이해하기에는 우리가 알고 있는 부분보다 모르는 부분이 더 많음을 인정할 수밖에 없는 실정인 셈이다.

미시 물리학인 양자의 세계에서는 더욱 당황스러운 일들이 일어난다고 한다. 물질의 근간을 이루는 이 작은 세계에서 일어나는 현상들은 기존의 거시 물리학에서의 물리적인 법칙들(뉴턴의 운동법칙이나 상대성의 법칙 등)이 원만하게 통용되지도 않거니와, 이들 법칙만으로는 도저히 설명할 수 없는 현상들이 부지기수로 일어나기 때문이다.

널리 알려진 원자의 구성 요소인 전자들의 움직임도 이러한 경우에 속한다고 한다. 전자들은 원자의 핵 주위에 존재하는데, 우리가 흔히 알고 있는 것처럼 원자의 핵 주위를 일정한 궤도에 따라서 공전하는 것이 아니라, 애매하게 마치 구름처럼(이러한 전자구름 자체도 사실은 통계학적인 확률로 정의되는 존재의 영역에 불과하다) 존재한다는 것이다.

더구나 이러한 전자의 움직임은 그야말로 신출귀몰해서 움직임이나 존재하는 위치를 각각 알아낼 수는 있지만, 두 가지를 동시에 알아내는 것은 불가능하다고 한다. 전자가 한 궤도에서 다른 궤도로 건너뛸 때 그 중간의 공간을 지나가지도 않을뿐더러, 전혀 아무것도 존재하지 않던 곳에서 물질이 갑자기 존재하게 되는 이상한 세계의 비논리적인 세상을 보게 된다는 것이다. 즉 전자가 어느 순간 어디에 있는지는 예측할 수 없으며, 관찰되기 전까지는 어느 곳에나 있으면서 동시에 어느 곳에도 존재하지 않는 것으로 보아야만 한다는 것이다.

더하여 이러한 전자들의 활동 범위는 원자의 핵이 축구공만 하다고 가정할 때, 축구 경기장만 한 크기의 범위를 활동 영역으로 삼는다고 한다. 하나의 원자를 이루고 있는 단위의 대부분은 텅 비어 있는 공간으로 구성되어 있는 것이 실상이라는 것이다. 다만, 이러한 원자의 크기에 비해 터무니없이 작은 원자핵이라는 축구공이 사실은 축구장 전체의 무게보다 수천 배나 더 무겁다거나, 전하들 간의 힘의 역장 관계나 운동 속도와 같은 요소들을 제외한다면 말이다.

물론, 이보다 더 심한 경우들도 존재한다고 한다. 양자론 중에는 배타원리(exclusion principle)라는 것이 있는데, 아(亞)원자 입자들 중에서 어떤 짝들은 아무리 멀리 떨어져 있어도 상대방이 무엇을 하고 있는지 '즉시' 알아차린다는 것이다.

입자들은 스핀이라는 성질을 가지고 있는데, 양자론에 따르면 한 입자의 스핀이 결정되는 순간에 그와 짝을 이루고 있는 다른 입자는 아무리 멀리 떨어져 있어도 동시에 반대의 스핀을 가지게 된다고 한다. 마치 서울에 있는 당구공을 한쪽 방향으로 회전시키면, 제주도에 있는 같은 짝의 당구공이 반대 방향으로 동시에 똑같은 속도로 돌게 되는 것과도 같다는 것이다. 놀랍게도 이 이론은 서로 반대 방향으로 약 12킬로미터를 쏘아 보낸 광자 중에서 어느 하나를 건드리면 다른 쪽의 광자도 동시에 반응한다는 사실을 실험을 통해 밝혀냄으로써 실제로 증명되었다고 한다.

이러한 사실이 의미하는 것은 두 광자 간에는 아인슈타인의 특수 상대성 이론에서 절대로 불가능하다고 선언했던 초광속의 교신(정보의 교환)이 일어났거나, 혹은 두 광자가 애초에 물리적인 거리와는 관계없이 비국소적으로 연결되어 있음을 의미하는 것이라고 한다.[2]

더 나아가 어떤 경우에는 관찰되는 순간 파동이 입자로 수렴되는 것처럼 보이거나 심지어는 관찰자의 의지나 의도, 혹은 인식의 정도에 따라서 결과의 값이 달라지는 것처럼 보이는 현상들마저 일어난다고 한다. 여기에서 더 나아가 쿼크(Quark)나 소립자 혹은 그 이하의 세계로 들어가면, 아예 통상적인 물리법칙이나 물질들에 대한 기존의 관념이나 논리로는 이 세계에서 일어나는 현상들을 설명하는 것 자체가 거의 불가능한 것처럼 보이기도 한다. 예를 들어 일반인들을 위해서 최대한 쉬운 표현으로 설명한 것이 이런 식이라는 것이다.

"에크파이로틱(ekpyrotic) 과정은 무한히 먼 과거에 휘어진 5차원 공간에 서로 평형으로 놓여있던 한 쌍의 비어 있던 브레인에서 시작되었다. 다섯 번째 차원의 벽을 형성하는 두 개의 브레인은 그보다 더 먼 과거에 양자 요동에 의해서 아무것도 없는 것으로부터 갑자기 튀어나와서 서로 떨어져 나갔을 수도 있다."

마치 니체가 꿈결에 적어 놓은 낙서를 보는 것만 같다.

이 난해하기 그지없는 개념들을 필자와 같은 일반인에게 설명하려면 물리학자들에게는 과학적 지식보다 더한 수준의 문학적인 재능이 필요해 보인다.

분명한 것은 우리가 물질세계의 근간에서 일어나는 일들을 이해하려면 기존의 물

---

2 빌 브라이슨, 『거의 모든 것의 역사』, 이덕환, 까치글방, 2011년, 160쪽

질과 에너지들에 대한 선입견, 혹은 일반적인 관념이나 사고의 틀을 탈피해야만 그나마 조금이라도 그 비밀을 엿볼 수 있게 될 것이라고 한다.

불확정성의 원리(Werner Karl Heisenberg)라는 것이 있다고 한다. 앞서 언급한 전자의 움직임과 관련된 연구의 성과물 중 하나라고 한다.

빛은 인식의 극소 단위(빛이 없으면 알 수 없다)인데 빛을 받는 대상이 소립자일 경우 광양자에 의해서 튕겨 나가게 된다고 한다. 결국 위치를 알아내려고 단파(에너지가 크다)를 쪼이면 운동량에 크게 차이가 나게 되고, 운동량이 그대로인 채로 관측하려면 보이질 않으니 위치를 관측할 수 없게 된다는 것이다.

이 말을 다르게 보면, 대상은 대상 자체로 인식될 수 없다는 말이 된다고 한다. 인식을 위한 작용 자체가 이미 대상에 영향을 미치는 셈이니, 인식한다는 행위는 주체와 대상 간의 상호 작용이라는 것이다. 물론, 이러한 의미를 누군가는 진즉에 "내가 그의 이름을 불러 주었을 때, 그는 나에게로 와서 꽃이 되었다"[3] 라고 아름답게 표현하기도 하였지만 말이다.

여기에서 한 걸음 더 나아가면 이러한 인식이라는 행위, 즉 나와 대상의 관계는 어쩌면 나라는 주체가 있어서 대상을 인식하는 것이 아니라, 사실은 대상을 인식함으로써 나라는 관념이 생겨나는 것인지도 모른다고 한다.

어떤 물리학자는 말한다. 당신이 지금 의지를 갖고 눈앞에 정신을 온전히 집중한다면, 그곳에서는 지금 눈에 보이지는 않지만 엄청난 소립자의 소용돌이가 회오리치는 중일 것이라고 말이다.

또 다른 누군가는 이렇게 말한다. "물질은 정신의 가장 낮은 단계이고, 정신은 물질의 가장 높은 단계이다"라고 말이다.

한편, 우리의 우주는 엔트로피(entropy) 증가의 법칙 아래에 놓여 있다고 한다. 우주가 끝없이 확장하게 될지, 아니면 다시 수축하게 될지는 아직 결정되지 않았지만,

---

3 김춘수의 시 '꽃', 시집 「꽃의 소묘」 중에서

아마도 빅뱅 이후에 영원히 확장되다가 결국 이러한 엔트로피(무질서도)의 증가로 인하여 무(無)의 세계로 돌아가게 될 것으로 물리학자들은 예측하고 있다고 한다.

그런데 이처럼 엔트로피 증가의 법칙이 지배하는 우주에서 이를 정면으로 반(反)하는 존재가 있으니, 바로 생명체라는 존재들이라고 한다. 어떤 이유에서인지는 모르겠지만 생명체들은 이처럼 무질서도가 증가하는 세상에서 거꾸로 질서도를 증가시켜서 스스로를 끊임없이 조직화하는가 하면, 오히려 일관되게 점점 더 나은 방향으로 자신을 발전시키려는(진화) 자기 향상의 노력을 게을리하지 않는다는 것이다.

엔트로피 증가의 법칙이라는 측면에서 보면 생명체들은 매우 불가사의하고도 불합리한 존재들인 셈이다. 이러한 현상의 발생 원인 역시 아직은 가설의 단계이며, 설명하기 어려운 영역에 속하는 현상이라고 한다.

이처럼 첨단 과학에 의한 실증 그리고 놀라운 학문적 성과와 뛰어난 이론으로도 아직은 우주의 실상을 온전히 밝혀내기에는 적지 않은 어려움이 있는 것으로 보인다. 인류가 우주를 제대로 이해하기 위해서는 충분히 더 많은 시간을 필요로 하거나, 어쩌면 근본적인 발상의 전환이 필요한지도 모를 일인 것이다.

물론, 지금까지의 눈부신 성과들이 틀렸다는 말이 아니라, 조금 더 열린 시각에 의한 어느 정도의 보정(補正)이 필요한 시점인지도 모른다는 말이다. 지금까지의 성과들은 세상의 원리나 이치 그리고 우주의 구성원들을 이해함에 있어서, 오로지 만물의 실체라는 속성에만 초점이 맞춰져 있는 것으로 보이기 때문이다.

즉, 이러한 혼란은 눈앞에 드러나 있는 부분적인 현상에만 주목하거나, 실체로서의 상대적인 속성에만 의지하여 우주를 이해하고자 함으로써 일어나는 혼란인지도 모를 일인 것이다. 혹은, 그 실체로서의 존재함이라는 현상을 관계와 연계의 흐름이 아닌 별개의 고정된 불변의 실체로 보고, 이를 전제로 하는 분석적인 접근 방식의 한계이거나 말이다. 어쩌면 우리는 한쪽 눈을 감고서 나머지 절반의 세계를 애써 외면하고 있는지도 모를 일이다.

달리 보면, 융합과 통섭은 우주를 이해하는 데에 있어서도 필요한 덕목인지도 모를 일이다. 모든 것이 극에 이르도록 분석된 현재의 시점에서는 더욱더 말이다. 아마도 이러한 각각의 빛나는 구슬들을 하나로 꿰어서 보배로 엮어 낼 만한 튼실한 줄이 필요한 이유이기도 할 것이다.

다시 천부경으로 돌아가 보자.

일적십거 무궤화삼(一積十鉅 无匱化三)
하나가 쌓여서 큰 십이 되고, 궤에 가둘 수 없는 삼이 되었다.

여기에 숫자의 의미를 더하고 조금 더 풀어서 보면, 태초의 의지가 쌓여서(一積) 광대한 물질 우주의 기본적인 큰 틀을 완성(十鉅)하였으나, 그 쌓임에는 한계가 없어서 마침내 이러한 틀에 가둘 수 없는, 혹은 이러한 틀 자체가 없는(无匱) 생명의 의식이라는 또 하나의 우주 근본 요소가 나타나게 되었다(化三)는 말이 된다.

태초의 의지(一)가 중첩되어 우주의 섭리와 더불어 법칙과 만물의 근간(二)이 되는 근본 요소들이 나타나게 되니, 이로써 물질 우주의 기본적인 큰 틀이 완성된다. 그런데 이러한 중첩의 과정은 여기에서 그치지 않고 계속되어, 마침내 이러한 물질 우주의 기본적인 틀의 한계를 벗어난 무엇, 즉 생명의 의식(三)이라는 또 하나의 요소가 등장하게 되었다고 한다.

결국, 태초의 의지의 중첩으로부터 법칙과 만물의 근간(二)이라는 요소와, 생명의 의식(三)이라는 요소가 나타나게 되었다는 말의 다름 아닌 셈이다.

이러한 설명은 무엇을 의미하는 것일까.

바로 삼극이라는 우주의 근본 요소들이 나타나게 되는 과정에 대한 추가적인 설명으로 보인다. 아울러 이러한 근본 요소들만의 고유한 속성과 이러한 속성들이 형성되는 원리에 대한 보완 설명이기도 한 셈이고 말이다.

그렇다면 이러한 중첩의 과정에서 하필이면 서로 구별되고 상대적인 속성(음양)을 갖춘 무엇(二)들이 나타나게 되었을까.

　인과의 흐름은 기본적으로 근본 원인에 대한 조건의 작용에 따라서 서로 다른 결과로 나타나게 되는 흐름이라고 한다. 물론, 이러한 다름은 하나의 원인에 더해진 조건의 작용에 따른 다름일 것이니, 당연히 서로 관련이 없는 전혀 다른 별개의 무엇이 아니라, 하나의 원인을 근간으로 하는 상대적인 다름이라는 결과물로 나타나기 마련일 것이다. 나아가 이처럼 하나의 원인으로부터 나온 다름이므로, 때로는 서로 상쇄되어서 근원으로 돌아가거나 각자의 성질이 극에 이르면 서로의 성질로 바뀌게 될 수도 있을 것이고 말이다.

　그렇다면, 이러한 속성의 우주, 즉 상대적인 법칙이 지배하는 물질 우주의 틀에 갇히지 않는 생명의 의식(三)이라는 요소는 어떤 속성을 갖게 되는 것일까. 또한, 이처럼 틀에 가둘 수 없거나 한계가 없다는 말은 무엇을 의미하는 것일까.

　이 구절의 궤(匱)의 의미는 물질 우주의 특성이자 한계이기도 한 상대적인 속성과 이로부터 비롯되는 분별의 틀을 말하는 것으로 보인다. 동시에 생명의 의식이라는 요소는 이러한 틀에 구속되지 않는 속성의 무엇임을 설명하는 구절이기도 한 셈이고 말이다.

　상대적인 분별은 주로 실체라는 현상, 즉 유형의 상대적인 속성이나 그 상대적인 관념의 틀에 의지하여 일어나는 인식 작용일 것이다.

　그러므로 이러한 틀의 한계를 초월한 생명의 의식(三)이라는 요소는 당연히 상대적인 분별로써 인식되지 않는 무엇, 즉 의식으로서의 속성을 갖춘 무엇일 것이며, 동시에 어쩔 수 없이 이러한 분별을 기반으로 하는 우리의 인식이라는 그물에 제대로 걸리지 않는 존재이기도 할 것이다. 바로 이러한 이유로 인하여 번번이 무시되거나 온갖 상상과 추측을 불러일으키는 존재이기도 하고 말이다.

　즉 생명의 의식(三)이라는 요소는 의식으로서의 속성을 갖춘 무형의 무엇이며, 실체로서의 속성에 따르는 상대적인 법칙이나 생멸의 한계, 혹은 물질 우주의 시공과 같은 틀에 갇히지 않는 무엇이며, 나아가 개체와 개체 또는 개체와 전체 간의 분별도 없는 무엇인 셈이다. 달리 보면 태초 의지의 한없는 중첩으로부터 그 의식의 근간에 태초의 의지를 품은 무엇이기도 한 셈이고 말이다. 바로 상대적인 속성에 대비되는 또 다른 상대적 속성, 즉 절대적인 속성의 무엇인 셈이다.

아마도 이러한 속성에 의지하여 서로 상대적인 무엇들 간에 관계와 연계라는 네트워크의 흐름을 이루어 내는 것이 비로소 가능하게 되는 것일 터이다. 이러한 질서의 흐름으로부터 만물이라는 현상도 있게 되는 것일 터이고 말이다.

더 나아가 이러한 만물의 의식으로서의 속성으로부터 크고 작은 네트워크 간에 관계와 연계라는 흐름이 또다시 형성됨으로써 우주라는 현상 또한 나타나게 되는 셈이니, 그렇게 우주의 생멸과 순환까지도 설명할 수 있게 되는 것일 터이다.

이로써 우리는 우주라는 현상이 비국소적인 형태의 네트워크 연결망임을 짐작할 수 있게 된다. 우주라는 현상 자체가 바로 이러한 속성으로부터 비롯된 관계와 연계라는 변화의 흐름, 즉 만물의 의식으로서의 속성으로부터 비롯된 네트워크의 흐름인 셈이니 말이다.

그렇게 상대적인 분별이나 물리적인 법칙 그리고 시공의 한계나 생멸의 유한성과 같은 틀에 갇혀 있는 세상의 만물은, 바로 그렇기 때문에 이러한 틀의 한계를 초월한 무한의 의식을 품은 존재들일 수밖에 없는 것이라고 한다. 그 실체로서의 존재함이라는 현상 자체가 이러한 틀에 구속되지 않는 생명의 의식이라는 요소로부터 비롯되는 현상일 터이니 말이다.

한편, 이 구절은 일반적인 고대의 수론에 의한 숫자 삼(3)의 개념과는 다른 천부경만의 독특한 수론을 엿볼 수 있는 또 하나의 구절이기도 하다. 더불어서 삼(3)이라는 숫자의 특성과 의미를 유추해 볼 수 있는 구절이기도 하고 말이다. 천부경은 삼(3)이라는 숫자를 일(1)과 이(2)의 작용에 의해서 나타나는 것이 아니라, 오직 일(1)의 중첩으로부터 나타나는 숫자임을 밝히고 있는 구절이기 때문이다.

또한 삼(3)이라는 숫자를 어떤 결과물이 아니라, 일(1)과 이(2)와 마찬가지로 결과를 만들어 내기 위한 원인이나 조건으로서의 개념으로 보고 있음을 알게 된다. 물론,

이(2)라는 숫자와 마찬가지로 아직은 유의미함을 갖추기 이전의 무엇이며, 이(2)라는 숫자와는 또 다른 특성을 갖춘 우주 근본 요소 중의 하나임을 설명하는 구절이기도 하다. 세 가지의 무엇을 뜻하는 숫자의 개념이 아니라, 3이라는 숫자 자체의 본원적인 의미를 규정하는 구절이기도 하고 말이다. 천부경만의 독특하고 특별한 수론과 이에 따른 수리의 체계를 반영하고 있는 구절인 셈이다. 서두에서 알아본 고대 동서양의 삼(3)이라는 숫자의 의미와 천부경에서 규정하는 삼(3)의 의미가 조금 다른 이유이기도 하다.

아울러, 이 구절은 유달리 삼(三)이라는 숫자를 좋아하고 중요하게 생각했던 우리네 정서가 어디로부터 비롯되었는지를 짐작해 볼 수 있는 또 하나의 구절이기도 하다. 기존의 수리 체계와 조금 다른 면이 있기는 하지만 그보다 더한, 즉 모든 변화와 질서의 근간이 되는 숫자로서 우주와 만물이라는 현상을 이루어 내기 위한 근본 요소(三極)이자, 무려 존재함이라는 현상의 근간(人一三)이 되는 숫자인 동시에, 현실의 세상을 이루는 기본 구성 요소(三才)를 상징하는 숫자이기도 하니 말이다.

일적십거 무괘화삼(一積十鉅 无匱化三)
태초의 의지는 쌓이고 쌓여 광대한 우주의 기틀을 완성하였으나, 마침내 그 틀에 갇히지 않는 생명의 의식으로 되었다네.

이와 관련하여 옛사람들은 이렇게 주석하였다고 한다.
일(一)이 있고 삼(三)이 없으면, 그 용(用)이 없고, 삼(三)이 있고 일(一)이 없으면, 그 체(體)가 없다. 그러므로 일(一)은 삼(三)의 체(體)가 되고, 삼(三)은 일(一)의 용(用)이 된다. 천지의 이치는 일(一)을 상(常)으로 하고, 삼(三)을 변(變)으로 한다.

一始無 始一(일시무 시일)
태초의 의지(一)는 그 실체의 없음으로부터 비롯되나니, 태초의 의지(一)는 모든 것의 시작이요.

3. 오르다 83

析三極 無盡本(석삼극 무진본)
세 가지의 지극함으로 나뉘었으나 근본의 다함은 없어라,
天一一 地一二 人一三(천일일 지일이 인일삼)
태초의 의지(一)에 근원의 의지(一)를 더하여 우주의 섭리(天)가 나타나고,
태초의 의지(一)에 법칙과 만물의 근간(二)을 더하여 만물의 이치(地)가 나타나며,
태초의 의지(一)에 생명의 의식(三)을 더하여 세상의 만물(人)이 나타남이니.
一積十鉅 无匱化三(일적십거 무괘화삼)
태초의 의지(一)는 쌓이고 쌓여 광대한 우주의 기틀을 완성(十)하였으나, 마침내 그 틀에 갇히지 않는 생명의 의식(三)으로 되었다네.

이렇게 태초의 시작에서부터 새로운 우주가 완성되기까지의 여정이 일단락되었다. 이러한 모든 현상의 근간이라 할 수 있는 삼극에 대한 보완 설명까지 포함해서 말이다. 태초의 의지가 우주라는 현상으로 발현되는 기적과도 같은 일이 마침내 실현된 것이다.

이처럼 간단한 몇몇 숫자와 단어들의 나열과 조합 속에 시대를 초월한 통찰과 깊은 의미의 장엄함이 녹아 있음이니, 과연 무슨 말을 이 앞에서 덧붙일 수 있겠는가. 덧붙이는 순간 사족(蛇足)이 될 뿐이다.

이렇게 천부경의 첫 번째 단락인 天(우주의 생성원리를 말하다)의 장이 마쳐졌다.

그렇다면, 이어지는 다음 설명은 무엇에 대한 설명들일까.

지금까지의 과정으로 우주의 섭리(天)와 만물의 이치(地)와 만물(人)이라는 형태로 발현된 현상 세계의 구현 원리, 즉 우주의 운행 이치에 대한 설명들이다.

예로부터 선가(仙家)에서는 태초에 무극대도(無極大道)가 있어 처음 도심이 발로하자, 혼원에서 이치가 실상의 옷을 입고 발현되었다 하였으니, 그렇게 현상으로 발현된 현실의 세상이 운행되는 이치에 대한 설명들인 셈이다.

地(세상의 운행 이치를 말하다)

우주 운행의 묘한 이치에 대한 천부경의 우주론을 이어서 들어 보기로 하자.

5) 천이삼 지이삼 인이삼(天二三 地二三 人二三)

천이삼 지이삼 인이삼(天二三 地二三 人二三)
천(天)은 이(二)와 삼(三)이고, 지(地)는 이(二)와 삼(三)이며, 인(人)은 이(二)와 삼(三)이다.

첫 번째 장에서 이미 천지인에 대한 설명들이 있었다. 삼극의 작용과 그 조화로부터 나타나게 되는 천지인에 대한 설명들 말이다. 그런데 이러한 천지인에 대한 또 다른 삼극의 조합이 다시 한번 등장한다.
이것은 무슨 의미일까.
앞에서의 천지인에 대한 설명은 태초의 의지가 천지인으로 발현되는 원리에 대한 설명이고, 지금의 설명은 그렇게 발현된 천지인이 어떻게 세상에 구현되는지에 대한 설명으로 보인다. 같은 천지인에 대한 서로 다른 설명이 아니라, 발현 원리에 이어서 구현 원리로 이어지는 연속되는 설명, 즉 우주의 생성 원리에 이어서 운행의 이치로 전개되어 가는 단계적이고 순차적인 설명들인 셈이다.

그런데 이 구절을 살펴보면, 이러한 구현 원리는 앞에서 설명된 발현 원리와는 문장의 구성 형식에 있어서 약간의 차이가 있음을 발견하게 된다. 첫 번째 장에서 반복하여 표현되었던 태초의 의지(一)라는 핵심적인 요소가 이 구절에서는 제외되고 있으며, 오히려 법칙과 만물의 근간(二)과 생명의 의식(三)이라는 공통의 요소가 반복적으로 표현되고 있음을 보게 되는 것이다.

어찌 된 영문일까.

태초의 의지가 천지인으로 발현됨에 있어서 태초의 의지는 직접적이고 1차적인 원인(因)이 된다. 태초의 의지가 현상의 우주로 발현되는 원리에 대한 설명이기 때문이다. 이러한 우주의 생성 원리, 즉 발현 원리는 하나의 원인에 각각의 다른 요소들이 조건으로 작용하는 원리인 셈이다.

이렇게 발현된 천지인이 세상에 구현됨에 있어서는 천지인 각자가 직접적이고 1차적인 원인(因)이 된다. 천지인이 세상에 구현되는 원리에 대한 설명이기 때문이다. 이러한 운행의 이치, 즉 구현 원리는 이처럼 각각의 원인에 하나의 공통적인 요소가 조건으로 작용하는 원리인 셈이다.

그러므로 이 구절에서는 천지인 각자가 자신들의 직접적이고 1차적인 원인(因)이 되고, 여기에 다시 법칙과 만물의 근간(二)과, 생명의 의식(三)이라는 공통 요소가 간접적인 2차 원인(緣)으로 작용하게 됨으로써, 그 천지인이 세상에 구현되는 원리가 완성된다.

이것이 바로 전 구절에서는 태초의 의지가 반복되어 표현되고, 이 구절에는 제외되어서 표현된 이유인 것으로 보인다.

태초의 의지는 이미 천지인이라는 형태로 발현되었으니, 그 천지인이 세상에 구현됨에 있어서 태초의 의지가 제외되는 것은 어쩌면 당연한 일일 것이다.

실제로 태초의 의지는 그 의지를 현실의 세상에 직접적으로 투영하는 것이 논리적으로 불가능하다고 한다. 태초의 의지와 실체의 세상은 이미 둘이 아닌 셈이니 주체와 대상이 따로 있는 것이 아니기 때문이며, 그렇게 발현된 현상의 세계는 현상계의 원리와 법칙에 의해서 태어나고, 유지되며, 생동하고, 마쳐질 것이기 때문이다.

그러므로 이러한 모든 것의 근원인 태초의 의지는 오직 현실 세계를 이루는 구성 요소들 간의 작용과 조화로부터 그 의지를 완성하게 된다. 이것이 바로 현상의 작용이자 쓰임인지도 모를 일이고 말이다. 어쩌면, 이러한 이유로 인하여 심지어는 야훼께서도 예수의 모습으로 그 의지를 세상에 보이셨다, 라고 표현하는 것인지도 모를 일이다.

대부분의 종교에서 말하는 삼위일체 사상은 이러한 논리와 원리를 배경으로 탄생하게 된다고 한다.

그렇다면, 이러한 천지인이 어떻게 현상 세계에 구현되는지, 그 작용 원리에 대한 구체적인 설명을 들어 보자.

천이삼 지이삼 인이삼(天二三 地二三 人二三)

천이삼(天二三)
법칙과 만물의 근간(二)과 생명의 의식(三)을 더하여 우주의 섭리(天)가 구현되고,
지이삼(地二三)
법칙과 만물의 근간(二)과 생명의 의식(三)을 더하여 만물의 이치(地)가 드러나며,
인이삼(人二三)
법칙과 만물의 근간(二)과 생명의 의식(三)을 더하여 만물(人)은 생동(혹은 생멸)하게 된다.

그렇게 우주의 섭리(天)와 만물의 이치(地)와 세상의 만물(人)은 법칙과 만물의 근간(二)과 생명의 의식(三)이라는 요소 간의 작용과 조화로써 세상에 구현되는 것이라고 한다. 천지인이 어떻게 현상 세계에 구현되는지에 대한 원리의 핵심인 셈이다.

그런데 이러한 두 가지 요소들은 앞에서 이미 천지인으로 발현된 요소들이다. 이미 천지인이라는 형태로 변환된 상태인 셈이다. 그럼에도 불구하고 이러한 두 가지 요소들은 그 천지인이 세상에 구현되는 조건으로 또다시 작용하게 되는 것이라고 한다.

이러한 설명은 무슨 의미일까.

법칙과 만물의 근간이라는 요소(二)는 만물을 이루는 구성 요소로써 그 만물의 상대적인 속성을 이루고, 이러한 속성에 따르는 법칙의 근간이 되는 요소이다. 즉, 만물의 근본 구성 요소이자 상대적인 법칙의 근간이 되는 요소이며, 이러한 물질 우주의 기본 틀과 우주의 생멸을 이루는 요소이기도 한 것이다.

생명의 의식이라는 요소(三)는 만물의 생명과 의식의 근간이 되는 요소로써 그 관계와 연계의 작용으로부터 현상으로서의 존재함을 이루어 냄과 동시에 만물의 의식으로서의 속성을 이루는 요소이다. 즉 분별없는 절대의 속성으로부터 서로 상대적인 속성의 무엇들 간에 관계와 연계라는 네트워크의 흐름을 이루어 냄으로써 우주와 만물이라는 현상을 이루어 내는 요소인 동시에, 그 만물의 의식으로서의 속성을 이루어서 우주의 생멸 가운데 순환의 이어짐을 실현해 내는 요소이기도 한 것이다.

이처럼 상반되는 것처럼 보이는 두 가지의 속성들은 서로 간의 관계를 갈등이나 모순이 아닌 필연과 조화의 관계로 승화시킴으로써 우주와 만물이라는 형태의 흐름을 이루어 낸다.

또한, 세상의 만물은 이러한 실체로서의 상대적인 속성과 그 상대적인 법칙에 따르는 다양한 조합과 반응들 그리고 의식으로서의 속성에 따르는 관계와 연계의 네트워크로부터 천변만화의 움직임으로 구현되어 우주를 생동하게 하고, 이로부터 우주의 순환적이고 지향적인 흐름, 즉 질서의 흐름을 이루어 낸다.

우주의 섭리(天)는 어떻게 구현되는가.
바로 이러한 만물의 두 가지 속성 간의 작용과 조화로부터 그 우주의 근본 원리가 현상 세계에 구현된다.
만물의 이치(地)는 어떻게 드러나는가.
바로 이러한 만물의 두 가지 속성 간의 작용과 조화로부터 그 상대적인 이치와 법칙들이 현상 세계에 드러나게 된다.
만물(人)은 어떻게 생동하게 되는가.
바로 이러한 만물의 두 가지 속성 간의 작용과 조화로부터 천만 가지의 모습과 움직임으로 구현되어 현상 세계에 생동하게 된다.

그렇게 우주의 섭리(天)가 구현되고, 만물의 이치(地)가 드러나며, 만물(人)은 생동하게 된다. 즉, 법칙과 만물의 근간이라는 요소(二)로부터 비롯된 실체로서의 속성과, 생명의 의식이라는 요소(三)로부터 비롯된 의식으로서의 속성 간의 작용과 조화는 이처럼 모든 변화와 움직임의 근간이 되어서 천지인이라는 세상의 구성 요소들이 현실 세계에 구현되는 실질적인 조건으로 작용하게 되는 셈이다. 그 질서적인 변화의 흐름으로서 말이다.

이러한 설명은 아마도 우리의 세상이 단순한 물질 간의 반응이나 기계적인 법칙만으로 운행되는 것이 아니라, 이처럼 만물의 두 가지 속성 간의 작용과 조화로부터 엄정한 질서의 흐름 가운데에서도 유기적이고 능동적으로 운행되어 가는 흐름을 형성한다는 말일 것이며, 이러한 흐름을 이루어 내는 이치가 바로 우주의 운행 이치임을 말하고자 함일 것이다. 어쩌면 이러한 방식으로 태초의 의지가 현실의 세상에 구현되는 것인지도 모를 일이고 말이다.

이로써 천부경이 말하는 우주의 탄생과 마침, 그리고 발현 원리와 구현 원리 모두는 우주와 만물에는 반드시 실체로서의 속성과 의식으로서의 속성이 함께 존재한다고 보아야만 가능한 우주의 탄생이고 마침이며, 생성 원리이고 운행 이치임을 알게 된다. 천부경의 우주론과 세계관의 근간인 셈이다.

天二三 地二三 人二三(천이삼 지이삼 인이삼)
법칙과 만물의 근간(二)과, 생명의 의식(三)의 조화로써 우주의 섭리(天)가 구현되고,
법칙과 만물의 근간(二)과, 생명의 의식(三)의 조화로써 만물의 이치(地)가 드러나며,
법칙과 만물의 근간(二)과, 생명의 의식(三)의 조화로써 세상의 만물(人)은 생동함이요.

세상이 운행되는 이치에 대한 온갖 상상이나 추측들 그리고 이에 따르는 오해와 착각을 단번에 일소하는 명쾌하고 논리적인 설명이 아닐 수 없다.

참고로 앞에서 설명된 발현 원리와 이 구절의 구현 원리를 연결해서 이어 보면 이런 의미가 된다.

천일일(天一一), 천이삼(天二三)
태초의 의지에 근원의 의지를 더하여 우주의 섭리가 나타나고,
법칙과 만물의 근간과, 생명의 의식의 조화로써 그 우주의 섭리가 구현되며,
지일이(地一二), 지이삼(地二三)
태초의 의지에 법칙과 만물의 근간을 더하여 만물의 이치가 나타나고,
법칙과 만물의 근간과, 생명의 의식의 조화로써 그 만물의 이치가 드러나며,
인일삼(人一三), 인이삼(人二三)
태초의 의지에 생명의 의식을 더하여 세상의 만물이 나타나고,
법칙과 만물의 근간과, 생명의 의식의 조화로써 그 만물은 생동하게 된다.

이 놀라운 통찰이 놀라워서 다만 놀라울 뿐이다.
내친김에 또 다른 시도를 하나 더 해 보기로 하자.

천일일 지일이 인일삼(天一一 地一二 人一三)
천이삼 지이삼 인이삼(天二三 地二三 人二三)

이러한 천지인의 발현 원리와 구현 원리를 모두 더해서 그 조합의 의미를 살펴보면 이렇게 된다.

천(天)을 이루는 구성 요소들의 합은 일(一), 일(一), 이(二), 삼(三)이 된다.
지(地)를 이루는 구성 요소들의 합은 일(一), 이(二), 이(二), 삼(三)이 된다.

인(人)을 이루는 구성 요소들의 합은 일(一), 이(二), 삼(三), 삼(三)이 된다.

이 모양을 살펴보면, 천지인 모두는 기본적으로 삼극의 일체를 모두 품고 있는 완전한 존재들이며, 다만 여기에 각자의 특성을 이루는 요소들이 다시 한번 더해짐으로써 자신만의 특성을 갖춘 각각의 형태로 세상에 발현되고 구현되는 것임을 알게 된다.

논리적으로 살펴보아도 별다른 흠이 없어 보이고, 이치를 따져 보아도 딱히 따질 만한 구석이 보이지 않으며, 품은 의미를 생각해 보면 실로 의미심장한 심오함이 된다. 이처럼 단지 몇몇 숫자들의 나열과 조합이라는 단순한 표현 방식으로 이토록 복합적이면서도 깊은 의미를 품을 수 있다는 사실이 차마 믿기지 않을 뿐이다.

6) 삼극과 삼태극

지금까지 설명된 천부경의 우주론을 살펴보면, 우주의 발현 원리와 구현 원리, 즉 우주의 생성 원리와 운행의 이치 모두가 삼극이라는 요소에 의해서 이루어지는 것임을 보게 된다. 그러니 이쯤에서 이러한 우주론의 핵심이라고도 볼 수 있는 삼극의 의미에 대한 정리가 한 번쯤은 있어야 할 것으로 보인다. 일(一), 이(二), 삼(三)이라는 숫자로 표현된 삼극을 제외하고서는 이러한 원리와 이치들이 모두 이루어질 수 없음이니, 삼극 또는 삼태극에 대한 의미의 이해가 있고 나서야 천부경이 설하는 우주의 원리와 이치를 어느 정도라도 이해하는 것이 가능해 보이기 때문이다. 이로써 천부경의 우주론이 품은 의미를 짐작이라도 해 볼 수 있어 보이고 말이다. 아울러 이 기회를 빌려서 삼태극 사상에 대한 나름의 숙고와 정리의 계기로 삼아 보기로 한다.

앞서 말한 대로 삼재(三才)와 삼극(三極)은 다른 개념으로 보인다.

삼재는 이미 설명되었듯이 태초의 의지(一)가 발현된 결과물로서의 천지인(天地人) 삼재이다. 현상으로 발현된 우주의 구성 요소인 것이다.

삼극은 이러한 천지인(天地人)을 나타나게 하는 원인과 조건으로서의 개념이다. 즉,

천부경은 삼극의 세 가지 요소들을 우주라는 현상의 원인과 조건으로 보고 있는 셈이다.

　이러한 세 가지 요소들 가운데 모든 것의 시작이 되고 원인이 되는 태초의 의지를 상징하는 일(一)이라는 요소와 만물의 근간이자 법칙의 근간이 되는 이(二)라는 요소가 우주를 이루어 내는 원인과 조건으로 작용하는 것에 대해서는 그런대로 납득이 되기도 한다. 널리 알려진 태극 사상이 이와 유사한 의미로 보이기도 하기 때문이다.

　의문이 드는 것은 삼(三)이라는 특이한 구성 요소이다. 어떤 기본 요소 간의 합이나 작용에 의한 결과물이 아니라, 우주 생성의 간접 원인으로써 처음부터 전제되는 삼(三)이라는 요소는 어떻게 나타나게 되는가, 또는 어째서 삼(三)이라는 요소가 우주 생성의 또 다른 조건으로 되어야만 하는가에 대한 의문인 것이다.

　우주를 이루어 내는 근본 요소를 태초의 의지(一)와, 법칙과 만물의 근간(二)이라는 두 가지 요소로 보고, 삼(三)이라는 요소를 이들 간의 작용이나 합에 의한 결과물이라는 개념으로 이해하면, 일반적으로 알고 있는 고대의 수론이나 태극도(음양도)로 표현되는 태극 사상과 유사한 의미가 된다.

　그러나 처음부터 삼(三)이라는 요소를 포함한 세 가지를 우주를 이루어 내는 근본 요소로 보고, 이에 따라서 삼(三)이라는 요소를 어떤 결과물이 아닌 우주라는 현상을 이루어 내기 위한 근본 요소 중의 하나라고 이해하게 되면, 이러한 의미가 천부경의 수론과 우주론에 의한 삼태극 사상이 된다.

　기존의 일반적인 수론이나 우주론과 구별되는 천부경만의 독특한 수론이자 우주론인 셈이다.

　이처럼 유사한 사례를 찾아볼 수 없는 특이한 방식으로 우주를 이해하는 삼태극 사상은 보이는 것처럼 천부경으로부터 그 연원을 찾을 수 있는 것으로 보이며, 짐작하기도 어려운 고대 시절에 이미 그 논리의 체계가 완성된 우주론의 핵심 사상으로 보인다.

　그렇다면, 어째서 삼(三)이라는 요소를 결과물이 아닌 원인이나 조건으로 보았으며, 또 그래야만 우주라는 현상을 설명할 수 있다고 보았을까.

모든 것의 시작인 태초의 의지(一)가 우주의 근본 원인이 되고, 법칙과 만물의 근간이라는 요소(二)를 물질 우주의 근간으로 보는 것까지는 기존의 이기론(理氣論)이나 여타의 고대 우주론들과 일정 부분 유사한 개념으로 보인다. 태초의 의지(一)를 무형 무위의 이(理)나 태극의 일원(一元)과 유사한 개념으로 보고, 법칙과 만물의 근간(二)이라는 요소를 유형 유위의 기(氣)나 태극의 음양과 유사한 개념으로 본다면 말이다.

그러나 이처럼 음양으로 상징되는 법칙과 만물의 근간이라는 요소, 혹은 숫자 이(二)의 의미는 이미 언급했듯이 아직은 실체라는 개념이 아니다. 유의미한 현상으로 발현되기 이전의 어떤 상태, 즉 태초의 혼돈(chaos)에 내재되어 있는 우주의 근본 요소라는 개념인 것이다. 유의미한 실체도 아니고, 그렇다고 완전한 관념도 아닌 모호한 상태의 무엇인 셈이다. 그 분별 가능한 상대적인 속성에도 불구하고 말이다.

이러한 요소들이 어떤 실체로서의 유의미함을 갖춘 현상으로 거듭나기 위해서는 반드시 이러한 요소들 간의 반발이나 확산, 수렴이나 결합과 같은 관계와 연계의 작용들이 있어야만 한다. 이러한 작용들이 있고 나서야 그 상대적인 속성의 무엇들은 비로소 우리가 이름으로 부를 수 있는 유의미한 현상으로 거듭나게 되고, 이로부터 혼돈의 우주에는 질서의 흐름이 형성되는 것이기 때문이다.

천부경은 이러한 작용이나 흐름이 아무런 이유 없이 저절로 일어나거나, 우연의 산물이거나, 무한의 실패를 전제로 하는 어떤 확률상의 문제, 혹은 예측할 수 없는 무작위적인 반응 가운데 일어나는 특정한 현상이 아니라, 이러한 체계적인 작용과 질서적인 흐름이 일어날 수 있도록 하는 조건적인 요소가 반드시 존재해야만 된다고 보았던 셈이다. 물론, 이처럼 서로 상대적인 속성의 요소들 간에 이러한 흐름이 일어나려면 그 상대적인 틀을 벗어난 속성, 즉 의식으로서의 속성을 갖춘 무엇이 존재해야만 하는 것일 터이고 말이다.

이러한 우주관은 필연적으로 만물에게 실체로서의 상대적인 속성과 함께 의식으로서의 절대적인 속성이 깃들게 됨으로써, 이로부터 우주의 생멸과 순환 그리고 현실의 우주가 운행되는 흐름까지도 설명할 수 있는 논리의 바탕이 된다.

따라서 숫자 삼(3), 혹은 생명의 의식이라는 요소는 합리적인 우주 탄생의 전제 조건이 되는 셈이며, 나아가 태초의 혼돈으로부터 질서의 흐름을 이루어 내는 조건이자 우주 운행의 근간이 되는 요소이기도 한 셈이다.

세상에는 우연처럼 보이는 것이 있을 뿐, 진정한 우연이란 없다고 한다. 모든 것은 인과라는 형태의 관계와 연계의 산물이며, 다만 알 수 없거나 드러나지 않은 원인과 조건의 작용에 따른 현상이나 흐름의 과정이 있을 뿐이라는 것이다.

현대의 카오스 이론(chaos theory)에서도 무질서하게 보이는 흐름, 혹은 예측 불가능한 현상일지라도 그 배후에는 모종의 정연한 질서가 존재한다는 제3의 이론이 등장하게 되었다고 한다. 이른바 뉴욕에서 나비 한 마리가 날갯짓을 하면 서울에서 비가 올 수도 있다고 하는 소위 '나비 효과'로 널리 알려진 이론이다. 봄부터 울어 대던 소쩍새의 울음소리가 가을이 되어 한 송이 국화꽃으로 피어나는 바로 그 이치 말이다.

이러한 관계와 연계의 흐름은 우주의 시작과 동시에 나타나서 우주라는 현상의 바탕이 되고 근간이 된다. 따라서 우주의 모든 구성원은 필연적으로 이러한 네트워크의 흐름을 이루는 부분이자 과정으로 존재하게 되는 셈이며, 이러한 흐름 가운데 태어나고 마쳐지며, 순환하고 이어지며, 반복되고 거듭나는 현상으로서의 존재함이 있게 된다.

물론 천부경은 여기에서 한 걸음 더 나아가 이러한 흐름을 이루어 내는 근본 원리에는 우주 근원의 의지가 조건으로 작용하고 있으며, 구성원들인 만물의 두 가지 속성 간의 작용과 조화로부터 이러한 원리가 능동적이고 유기적인 형태로 구현되어 가는 것이라고 한다. 그 현상의 작용으로부터 말이다.

단순한 공식이나 기계적인 법칙만으로 세상이 운행된다면, 그 세상은 무미건조한 원리만이 존재하는 수동적이고 결정론적인 세상일 것이다. 즉, 변화와 다양성에 의한 생동함이나 어떤 능동적이고 지향적인 흐름을 이루어 내기 어려운 세상이 되고 마는 셈이다.

필연적인 원리의 틀과 엄정한 법칙의 한계에 갇혀 있는 세상에서 이러한 변화와 생동함 그리고 능동적이고 지향적인 흐름이 일어나는 것은 아마도 이러한 질서의 흐름에 어떤 변수들이 작용함으로써 일어나는 현상일 것이다. 그것이 근원의 의지에 의한 것이든, 세상 만물의 의지에 의한 것이든 말이다.

천부경이 말하는 세상의 원리와 이치는 바로 이러한 변수의 개입을 허용하는 원리이자 이치인 셈이니, 이로부터 우주의 생동함이나 유기적인 흐름이 나타나는 것을 논리적으로 설명하는 것이 가능한 세상이 된다. 물론, 이러한 논리가 성립되려면 우주와 만물에는 반드시 실체로서의 속성과 의식으로서의 속성이 모두 깃들어 있다는 전제가 필요하겠지만 말이다.

이와는 반대로 어떤 절대적이고 주관적인 의지가 주관하는 세상은 원칙과 기준이 사라진 불확실성이 지배하는 임의적인 세상일 것이다. 이렇게 원칙과 기준이 무너진 세상에서는 신의 주사위가 곧 세상의 원리와 법칙이 되어 버릴 것이기 때문이다.

천부경에 의하면 이 세상의 근본 원리는 단순한 공식도, 그렇다고 주관적인 의지에만 의존하는 원리도 아니며, 다만 인과라는 질서의 흐름에 우주 근원의 의지를 더해서 완성되는 것이라고 한다. 그 운행의 이치 또한 만물의 두 가지 속성 간의 작용과 조화로부터 일어나는 흐름이고 말이다.

불변의 고정된 법칙의 틀에만 갇혀 있는 세상도, 어떤 절대적인 의지에만 의존하는 세상도 아니며, 이러한 묘한 원리와 이치에 의해서 매 순간 생생하게 살아 움직이는 세상이라는 것이다.

그렇게 우주는 현재진행형으로 지금 이 순간에도 근원과 현상, 개체와 개체, 부분과 전체가 하나로 되어서 이루어 내는 천변만화의 흐름으로 생동하는, 즉 살아 있는 우주라고 한다.

달리 보면, 이러한 우주의 원리는 생명의 의식이라는 요소로부터 태초의 의지가 현실 세계에 조금 더 능동적인 형태로 구현되는 것이 가능해지는 구조이기도 하다. 생명의 의식으로부터 비롯된 만물의 의식으로서의 속성이 바로 이러한 능동적이고 지향적인 변화의 흐름을 이루어 내는 근간일 터이니 말이다. 어쩌면, 우주의 발현 원리와 구현원리에 생명의 의식이라는 요소가 필요한 또 다른 이유일 수도 있을 것이다.

그렇게 삼극의 하나인 생명의 의식(三)은 우주라는 현상을 이루어 내는 조건이 되고, 태초의 의지를 구현하는 조건이 된다. 필자의 견문이 부족해서인지는 모르겠으나, 이러한 독특한 발상으로 우주를 이해하려는 통찰을 보인 사례는 동서고금을 막론하고 삼태극 사상이 유일한 것으로 알고 있다. 매우 독특하고도 특별한 우주론이며, 그 놀라운 통찰에 의한 논리의 의미는 능히 시대를 초월하여 우리에게 깊은 울림을 주는 세계관이 아닐 수 없다.

그렇다면, 이러한 생명의 의식이라는 요소는 어떻게 나타나게 되는가.

천부경은 이러한 의문을 갖는 이들을 위해서 친절하게 별도의 구절을 추가하면서까지 보완하여 설명해 준다. 일적십거 무궤화삼(一積十鉅 無匱化三)이라고 말이다.

이미 형성된 어떤 기본 요소 간의 결합물이 아니라, 오직 우주의 근원인 태초의 의지(一)의 중첩으로부터 나타나게 되는 것임을 밝히고 있는 셈이며, 나아가 이로부터 실체로서의 유한함이나 상대적인 분별, 혹은 시공의 틀과 같은 물질 우주의 한계를 벗어난 속성이 바로 삼(三)이라는 요소의 특성임을 설명해 주는 셈이다.

천부경은 숫자 삼(三)이라는 요소를 이렇게 설명하고 있는 것으로 보인다.

태초의 의지의 중첩(一積)으로부터 우주 근원의 의지가 또 다른 형태로 분화(析三極)된 존재이며, 물질 우주의 상대적인 틀을 벗어난(無匱化三) 존재이자 이러한 속성으로부터 만물이라는 현상을 나타나게 하는 요소(人一三)이며, 태초의 혼돈으로부터 질서의 흐름을 형성하여 그 태초의 의지를 구현하는 동시에 만물의 의식으로서의 속성을 이루어서 우주의 생멸과 순환을 이루어 내는 요소이다.

과연, 이만하면 우주라는 현상을 설명하기 위한 또 하나의 근본 요소라 할 만하고, 별도의 구절을 추가하여 보완 설명을 해야 할 만큼의 중요한 역할이라 할 만하지 않겠는가.

　삼태극 사상은 그렇게 생명의 의식을 포함한 세 가지 요소를 우주라는 현상을 이해하는 기본으로 삼는다.
　물론, 이러한 우주론의 의미는 단순히 우주라는 현상을 논리적으로 설명하기 위한 하나의 설정 요소가 추가되는 것으로 그치지 않는다. 여기에는 간과해서는 안 될 중요한 의미들이 내포되어 있는 것으로 보인다.
　생각해 보면, 생명의 의식이라는 요소로부터 생명체나 인간이라는 존재가 나타나는 것 역시 가능하게 되는 것일 터이다. 생명의 의식이라는 요소의 작용으로부터 만물이라는 현상이 나타나게 되는 것이고, 이러한 만물 가운데에 생명체가 있는 것이며, 그 생명체 중에 인간이라는 존재가 있는 것일 터이니 말이다. 어떤 의미에서는 이러한 만물 가운데에서도 생명의 의식으로부터 비롯된 의식으로서의 속성이 정점을 이룬 존재가 인간일 수도 있을 것이고 말이다.
　따라서 이러한 원리와 이치 그리고 만물의 두 가지 속성 간의 작용과 조화로부터 일어나는 물질의 진화 과정 중에서도 가히 정점을 이룬 존재라 할 만한 인간이라는 종 역시, 어떤 희귀하고 특이한 환경에 의한 결과물로서 우연히 우주에 나타나게 되는 인간과는 전혀 다른 의미를 갖게 된다.
　즉, 생명체 혹은 인간이라는 존재의 의미가 이미 이루어진 우주에서 우연에 가까운 희박한 확률로 어쩌다 존재하는, 마치 돌연변이와도 같은 희귀한 조건의 결과물로서, 그 조건이 유지되는 동안 한시적으로 살아가거나 살아지다가 덧없이 스러져 가는 무상한 존재가 아니게 되는 것이다.

　그렇게 삼태극 사상은 생명의 의식이라는 요소를 품게 됨으로써 인간이라는 존재의 의미에 있어서도 근원을 거슬러 올라가면 태초의 의지로부터 비롯된 존재이자, 태초의 혼돈으로부터 질서의 흐름으로 발현된 현상 가운데의 하나로서 삼극의 일체를 품어 온 우주와 이미 하나인 존재이며, 나아가 그 실체로서의 상대적인 속성과 의식으로서의 절대적인 속성을 동시에 품고 있는 존재이자, 이러한 두 가지 속성 간의 작용과 조화로부터 세상의 흐름에 능동적이고 지향적인 변화를 더하는 존재들이며, 더 나아가 이로부터 태초의 의지를 현실의 세상에 구현하는 존재로서의 의미를 갖게 된다. 당당한 우주의 주체이자 주인공으로서의 의미를 부여하는 논리적 근거가 되는 셈이다.

물론, 이러한 논리의 근거는 자연히 수준 높은 인간 존중 사상이 탄생하는 바탕이 된다. 먼 고대에 이미 완성되었다는 홍익인간(弘益人間)이나 인내천(人乃天)과 같은 수준 높은 사상들은 바로 이러한 이론적인 근거와 논리의 배경이 있었기에 시대를 초월하여 탄생하는 것이 가능했던 것으로 보인다.

그렇게 삼태극 사상은 인간 존중 사상의 이론적인 기초가 되고, 만물과 세상에 대한 인식의 바탕이 되어 고유한 세계관과 이에 따르는 특유의 가치관을 형성하는 배경이 되는 의미를 갖는다.

물론 단순하게 인간의 관점에서 우주를 바라보는 이기적이고 오만하기만 한 인간 존중 사상은 아닐 것이다. 천부경의 우주관인 삼태극 사상에 따르면, 인간을 포함한 우주의 만물은 모두가 실체로서의 상대적인 속성과 의식으로서의 절대적인 속성을 두루 갖춘 존재들이기 때문이다.

또한, 세상의 만물은 모두가 태초의 의지로부터 현상으로 발현된 존재들이며, 동시에 그 태초의 의지를 구현하고 완성해 내는 존재들이기도 하다. 태초의 의지로부터 비롯된 네트워크의 흐름, 즉 태초의 혼돈으로부터 질서의 흐름으로 세운 우주 근원의 의지는 바로 이러한 만물의 움직임으로 구현되어서 완성되어 갈 것이기 때문이다.

그러므로 이러한 논리를 근거로 하는 인간 존중 사상은 당연히 다른 생명체들은 물론이거니와 일체의 만물에 차별을 두지 않는 사상으로 나타나게 되고, 당당한 우주 운행의 주체로서 합당한 격을 갖춘 인간 존중 사상으로 나타나게 된다.

아마도 이처럼 수준 높은 인식체계와 빼어난 사상의 논리적 근거와 배경이 되는 것이 삼태극 사상이 품은 의미일 것이다. 어쩌면 그래서 천부경도 이러한 세 가지를 지극함(三極)으로 표현하여 강조하는 것인지도 모를 일이고 말이다.

이러한 삼극의 세 가지 요소들이 서로 조화를 이룬 상태를 하나의 이름으로 부르니, 이를 일러 삼태극(三太極)이라 한다. 아마도 이것이 예로부터 우리에게 계승되어 오던 삼태극의 실체일 것이다.

자, 이쯤하고 천부경의 세계로 다시 들어가 보기로 하자.

7) 대삼합육 생칠팔구(大三合六 生七八九)

대삼합육 생칠팔구(大三合六 生七八九)
큰 삼이 합해져서 육이 되니(大三合六), 칠, 팔, 구가 생겨나게(生七八九) 되었다.

대삼합육(大三合六)
큰 삼이 합해져서 육이 되었다.

큰 삼(大三)이란 무엇을 의미하는 것일까.
삼(三)이라는 숫자의 의미는 삼극의 하나로서 생명의 의식을 의미하는 숫자라고 이해한 바가 있다. 그런데, 이 구절에서는 이러한 삼(三)에 대하여 한 걸음 더 나아가 큰 삼(大三)으로 표현하고 있다.

아마도 이러한 표현은 일반적인 삼(三)이라는 숫자의 의미로는 표현이 부족할 만큼 큰 의미의 변화가 있게 된 어떤 상태임을 표현하고자 함일 것이다. 즉, 삼(三)이기는 하지만 크다는 의미를 더하여 표현해야 할 만큼 의미의 질적인 무게가 더해진 삼(三)이라는 말인 셈이다.

여기에 큰 삼(大三)의 의미를 추정해 볼 수 있는 한 가지 요소를 추가해 보기로 하자.
지금까지의 흐름을 살펴보면, 천부경은 일정한 진행 과정에 따라서 순차적으로 전개되어 가는 문장 구조를 갖는 것으로 파악된다. 그러므로 이 구절의 이전 구절을 살펴서 생명의 의식(三)이라는 요소에게 이러한 변화가 일어나는 상황이 어떤 상황인지를 살펴보자는 말이다.

천이삼 지이삼 인이삼(天二三 地二三 人二三)
대삼합육 생칠팔구(大三合六 生七八九)

큰 삼(大三)이라는 존재가 나타나게 되는 상황은 만물의 두 가지 속성 간의 작용과 조화로부터 천지인(天地人)이 세상에 구현되는 상황임을 알 수 있다. 즉, 태초의 의지가 우주의 섭리와 만물의 이치와 만물이라는 형태로 발현되고 구현되어서 생동하는 상황에서 일어나는 어떤 변화인 셈이다.

우주의 섭리와 만물의 이치가 구현되고 만물이 생동하는 과정에서 일어나는 여러 가지의 일 중에서 누구나 인정할 수밖에 없는 우주의 극적인 현상으로는 무엇을 꼽을 수 있을까. 그중에서도 범위를 생명의 의식(三)과 특히 더 관련된 현상으로 한정한다면 말이다.

기적과도 같은 우주의 탄생과 운행의 흐름 가운데 무엇이라도 극적인 현상이 아닌 것이 있겠는가마는 그중에서도 단지 하나를 꼽아야 한다면, 아마 누구라도 생명체의 탄생이라는 특별한 현상을 첫째로 꼽기를 주저하지 않을 것이다.

그렇다면, 이러한 생명체의 정의는 무엇일까.
놀라운 사실은 현재에 이르기까지도 생명체의 정의를 단정하여 말하지 못하고 있다고 한다. 그저 무기물과의 차이점에 대해 열거하는 것으로써 정의를 대신하고 있는 실정이라는 것이다.

이러한 이유 중의 하나는 생명체라는 현상이 우주에 나타나게 되는 원인이나 과정에 대한 합리적인 근거, 혹은 원리나 이치에 대하여 누구라도 공감할 만한 논리적 합의점을 아직 찾아내지 못하고 있기 때문이라고 한다.

천부경에서는 만물의 실체로서의 속성과 의식으로서의 속성 간의 작용과 조화로부터 우주의 섭리와 만물의 이치가 구현되고 만물은 생동하게 되는 것이라고 한다. 아마도 이러한 흐름 가운데 생명체라는 현상 역시 나타나게 되는 것일 터이다. 생명체 또한 우주의 만물 가운데 하나인 것만큼은 분명한 사실일 터이니 말이다.

그렇다면, 이처럼 독특한 관점으로 바라본 생명체는 일반적인 물질들과 비교하여 어떤 특징으로 구별될까.

일반적인 사물이건 생명체이건 모두가 물질이라는 형태의 현상으로 존재한다는 것은 부정할 수 없는 사실일 것이다.

이러한 물질들의 '움직임'이라는 측면에서 그 특징을 구별해 보면, 일반적인 물질들은 대체적으로 물리적인 법칙이나 각자의 물성에 따르는 반응이라는 형태의 움직임을 보인다고 한다. 즉, 크게 보면 물질이나 에너지들의 특성에 따른 반응, 혹은 상대적인 법칙에 따르는 형태에 가까운 움직임을 보이게 된다는 것이다.

바로 만물의 실체라는 속성에 따르는 움직임인 셈이며, 따라서 이러한 움직임들은 물리적인 원리나 상대적인 법칙으로써 어느 정도의 설명이나 예측이 가능한 움직임들이기도 할 것이다.

이러한 현상을 만물의 두 가지 속성이라는 관점에서 보면, 물질의 실체로서의 속성이 주체가 되고 의식으로서의 속성은 다소 단순한 형태로 존재하거나 원초적인 의지와 같은 소극적인 형태의 의지를 드러내고 있는 것으로 보인다. 비록, 이러한 의식으로서의 속성이나 의식의 네트워크를 우리가 인지하지 못하거나 애써 인정하지 않고 있기는 하지만 말이다.

그렇다면, 생명체들의 움직임은 이와 비교하여 어떤 차이점을 보이게 될까.

생명체들은 이러한 기본적인 움직임들에 더하여, 자신의 의지에 따르는 움직임이라는 독특한 형태의 움직임을 자신의 내, 외부에 선보이게 된다. 물리적인 원리나 상대적인 법칙만으로는 설명하거나 예측하기 어려운 스스로의 움직임, 즉 '행위'라는 형태의 움직임을 세상에 선보이게 되는 것이다.

이러한 현상을 만물의 두 가지 속성이라는 관점에서 살펴보면, 일반적인 물질들과는 달리 의식으로서의 속성이 주체가 되어서 자신과 하나인 실체로서의 속성을 어느 정도는 주관하고 있는 것으로 여겨진다. 즉, 의식으로서의 속성이 실체로서의 속성을 주관하여 능동적인 형태의 움직임으로써 자신의 의지를 세상에 구현하고 있는 셈이다. 물론, 이러한 생명체들에 대하여 실체라는 속성에만 의지하여 이해하려고 하거나 일반적인 물질과 별개의 존재로 여기게 되면, 이러한 특이한 행태들에 대하여 온갖 상상이나 추측들이 난무하게 되겠지만 말이다.

이러한 형태의 새로운 움직임은 어떤 원리와 이치에 의해서 나타나게 되는 걸까.
천부경의 우주론에 의하면 그 이유는 분명하고도 명백하다. 바로 만물의 실체로서의 속성과 의식으로서의 속성 간의 작용과 조화에 기인한 현상인 것이다.
그렇다면, 모든 만물에게 갖추어져 있다는 의식으로서의 속성에 대체 무슨 일이 일어났기에 이처럼 스스로의 의지를 적극적이고 능동적인 형태로 드러내 보이는 크나큰 변화가 일어나게 되었을까.
당연한 말이기는 하지만, 이처럼 스스로의 의지를 세상에 드러내게 되었다는 말이 의미하는 것은, 그 의식으로서의 속성에게 마침내 자신의 존재함에 대한 자각, 즉 자의식을 각성하는 변화가 있게 되었음을 의미한다.
이러한 관점에서 본다면 만물의 의식으로서의 속성에게 자의식의 각성이라는 현상이 있게 되었는가와, 실체로서의 속성에게 행위라는 움직임이 있게 되었는가의 여부는 일반적인 물질과 생명체를 구분하는 일종의 기준이 될 수도 있는 셈이다.

물질이라는 형태의 현상들은 그 두 가지 속성 간의 작용과 조화 그리고 의식의 네트워크라는 우주의 지향적이면서 순환적인 동시에 수렴적이고 확산적이기도 한 묘한 흐름 가운데 점점 더 복잡해지고 업그레이드되어 가면서 크고 작은 여러 가지의 복합물로 거듭나게 되는 변화, 즉 일종의 진화와 비슷한 일련의 과정들을 거치게 된다고 한다.
어쩌면, 이러한 거대한 흐름의 과정에서 일정한 조건들이 충족되면 그 흐름의 부분이자 과정이기도 한 일부 단위 네트워크들의 의식에게 어떤 질적인 변화, 즉 자의식을 각성하는 변화가 일어나게 되는지도 모를 일이다. 바로 물질의 의식으로서의 속성에게 단계적으로 구분될 만큼의 큰 변화가 일어나게 된 셈이다.

이처럼 의식으로서의 속성에 특별한 현상이 일어나게 되어서 자신의 의지를 직접적인 형태로 세상에 드러내는 놀라운 일이 일어나게 되었으니, 과연 이러한 모든 현상의 근간인 생명의 의식(三)이라는 요소에게 큰 삼(大三)이라고 표현해야 할 만큼의 크나큰 변화가 있게 되었다고 할 만하지 않겠는가.

그러므로 큰 삼(大三)의 의미는 자의식을 각성하게 된 생명의 의식을 의미하는 것으로 보이며, 바로 생명체들의 특성이기도 한 자성의 의지를 의미하는 것으로 여겨진다.

따라서 삼(三)의 의미를 근본적인 '생명의 의식'을 의미하는 것으로 이해하였다면, 큰 삼(大三)의 의미는 이러한 생명의 의식의 진화 형태인 '자성(自性)의 의지'를 의미하는 것으로 이해하기로 한다.

대삼합육(大三合六)
자성의 의지(大三)가 합해져서 육(合六)이 되었다.

앞에서 언급한 숫자의 정의에서 육(六)이라는 숫자는 구성 요소들 간의 합으로 이루어 낸 1차적이고 단위적인 완성(10보다는 작은)의 의미로 이해하기로 하였다.

그러므로 이 구절의 의미는 이러한 자성의 의지(大三)가 나타나서 합(合)해지니, 하나의 단위를 이루는 세상이 완성(六)되었다는 의미가 된다.

어디에 더하고 합해져서 완성되는가.

앞 구절의 천지인이 구현된 세상이다. 천지인이 삼라만상의 움직임으로 구현된 세상에 생명체들이 나타나게 되고, 이러한 생명체의 특성인 자성의 의지들이 그 단위 세상을 이루는 의식의 네트워크에 합해지니, 이로써 하나의 계(界)가 완성되었다는 말인 셈이다.

천지인이 세상에 구현되고, 이어서 생명체가 나타나서 하나의 계를 완성하기까지의 자연스러운 전개와 순차적인 설명이 된다.

대삼합육(大三合六)
자성의 의지가 나타나 합해지니 하나의 단위 세상이 완성되고,

달리 보면, 이러한 표현은 일종의 인식이라는 문제에 대한 설명처럼 보이기도 한다.
일반적인 물질들만 존재하던 세상에 자성의 의지를 자각한 존재들이 나타나게 되니, 이러한 의식 수준에 따르는 인식의 정도에 따라서 각자는 자신이 인식한 세상을 살아가게 된다고 한다.
어쩌면, 이처럼 각각의 단위 개체들이 인식한 의식의 세계, 즉 각자가 인식한 세상들이 모이고 합해져서 우리라는 세상이 완성되는 것인지도 모를 일이다. 인식하는 주체와 대상 또한 별개가 아니며, 인식함으로써 그 주체와 대상이 존재할 수 있게 되는 것이라고도 하니 말이다.
즉, 이 구절은 일반적인 물질이나 에너지라는 형태로 구성된 단위 네트워크들의 의식 세계로 인식되던 세상과 생명체로 진화된 단위 네트워크들의 의식 세계로 인식되는 세상에 대한 단계적인 구분으로 볼 수도 있는 셈이다.

대삼합육(大三合六)
자성의 의지가 나타나 합해지니 하나의 단위 세상이 완성되고,
생칠팔구(生七八九)
이로부터 칠, 팔, 구가 생겨나게 되었다.

이 산행길에 언덕이 하나 나타났다. 칠(七), 팔(八), 구(九)라는 숫자들의 의미에 대한 해석은 지금까지와 같은 방법만으로는 진정한 의미를 도출해 내기가 어려울 것으로 보이기 때문이다.
일반적으로 문장의 구성이나 표현 방식에 있어서 아무런 설명이나 전조 없이 등장

하는 숫자들은 그 의미를 추정해 볼 수 있는 근거가 전혀 없으므로, 이처럼 숫자 자체의 고유한 의미로써 문장의 뜻을 이해하는 것이 타당하다고 여겨진다.

그러나 이 구절의 칠(七), 팔(八), 구(九)라는 숫자들은 이러한 방법을 적용하는 것이 오히려 불합리해 보인다. 왜냐하면, 이 구절에는 앞뒤 구절 간의 인과 관계가 분명하게 표현되어 있음이니, 이러한 표현의 의미를 간과하고서는 제대로 된 해석의 의미를 도출해 내기가 어려워 보이기 때문이다.

앞에서 고대 동, 서양의 숫자들에 대한 상징과 의미를 알아봄에 있어서 칠(七), 팔(八), 구(九)라는 숫자들이 제외된 이유이기도 하다.

따라서 이 숫자들의 의미를 이해하기 위해서는 먼저 문장에 표현되어 있는 숫자 간의 상관관계를 파악해 보는 작업이 선행되어야 할 것으로 보인다. 그렇게 앞뒤 숫자 간의 관계를 살펴서 연관성을 파악해 보면 칠(七), 팔(八), 구(九)라는 숫자들이 나타나게 되는 원인과 배경을 알 수 있을 것이니, 이러한 방법으로 해석의 근거를 찾는 것이 합리적으로 보이기 때문이다. 물론, 그 해석의 단초는 보다시피 대삼합육(大三合六)이다.

대삼합육 생칠팔구(大三合六 生七八九)
자성의 의지가 나타나 합해지니 하나의 단위 세상이 완성되고, 이로부터 칠, 팔, 구가 생겨나게 되었다.

이 문장을 보면, 무엇인지는 아직 잘 모르겠지만 칠, 팔, 구라는 숫자들이 생겨나는 원인(生七八九)이 대삼합육(大三合六)인 것만큼은 분명해 보인다.

그러므로 이처럼 새로운 숫자들이 더하여 생겨나는 원인이라고 볼 수 있는 육(六)이라는 숫자를 고려하여 그 함의를 찾아내면, 이 수수께끼를 풀 수도 있어 보인다. 일종의 파자(跛子) 놀이와 비슷한 무엇이 필요한 셈이다.

일단, 1차적으로 생명체들의 자성의 의지가 합해져서 완성된 세상(혹은 界), 즉 이를 의미하는 육(六)이라는 단위 세상이 완성되었다.

이렇게 완성된 육(六)의 세상에 일(一)을 더하면 칠(七)이 된다.

이렇게 완성된 육(六)의 세상에 이(二)를 더하면 팔(八)이 된다.

이렇게 완성된 육(六)의 세상에 삼(三)을 더하면 구(九)가 된다.

다행히도 이렇게 더해진 일(一), 이(二), 삼(三)이라는 숫자들은 이미 그 의미가 충분히 파악된 숫자들이다. 바로 근원의 의지(一)와, 법칙과 만물의 근간(二)과, 생명의 의식(三)이 세 가지 숫자들의 의미이다. 즉, 육(六)으로 완성된 단위 세상에 다시 한번 더해진 삼극의 모습인 셈이다. 어쩌면, 이러한 이유로 칠, 팔, 구(七, 八, 九)라는 숫자들을 이렇게 묶어서 한 번에 표현하고 있는 것인지도 모를 일이고 말이다.

그런데 왜 이러한 삼극(一, 二, 三)을 굳이 새로운 숫자들(七, 八, 九)로 달리 표현해야만 했을까.

처음에 언급된 삼극은 우주 탄생의 근본 요소, 즉 태초의 의지가 천지인이라는 형태의 우주로 발현되기 위한 원인과 조건으로서의 삼극이다.

지금의 이 삼극은 이와는 다른 의미의 삼극이라는 것을 설명하기 위한 표현일 것이다.

어떻게 다른가.

태초의 의지가 중첩되고 나뉘어서 나타나게 되는 우주 근본 요소로서의 삼극과, 생명체들이 나타나게 됨으로써 하나의 계(界)로 완성된 단위 세상(六)에 그 자성의 의지들이 중첩되고 나뉘어서 나타나게 되는 요소로서의 삼극에 대한 구분이다. 어찌 보면, 발현 원리로서의 삼극과 구현 원리로서의 삼극에 대한 구분으로 볼 수도 있는 셈이다.

그러므로 이 구절의 의미는 하나의 계로 완성된 단위 세상, 즉 자성의 의지들이 더하고 합해져서 완성된 그 세상(六)의 근원의 의지(一)라는 요소와, 그 세상(六)의 법칙과 만물의 근간(二)이라는 요소와, 그 세상(六)의 생명의 의식(三)이라는 세 가지 요소들이 더하여 생겨나게 되었다는 뜻이 된다.

혹은, 이렇게 진화된 의식들이 인식한 각자의 세상들이 모이고 합해져서 하나의 단위 세상이 완성되고, 이러한 의식의 중첩으로부터 그 세상의 의지와, 그 세상의 법칙과 만물의 근간과, 그 세상의 생명의 의식이 더하여 나타나게 된다는 뜻이거나 말이다.

대략 숫자들의 함의와 앞뒤 구절 간의 연관성으로 본 의미의 흐름이 일치한다.

이렇게 칠, 팔, 구(七, 八, 九)라는 숫자들에 대한 의미를 이해하게 되었으니 이제 정리해 보자.

칠(七)은 그 단위 세상(六)의 근원의 의지(一)라 읽고, 칠(七)이라고 쓴다.
팔(八)은 그 단위 세상(六)의 법칙과 만물의 근간(二)이라 읽고, 팔(八)이라고 쓴다.
구(九)는 그 단위 세상(六)의 생명의 의식(三)이라 읽고, 구(九)라고 쓴다, 로 알아듣는다.

대삼합육 생칠팔구(大三合六 生七八九)
자성의 의지가 나타나 합해지니 한 세상이 완성되고, 그 세상의 근원의 의지와, 그 세상의 법칙과 만물의 근간과, 그 세상의 생명의 의식이 더하여 생겨나게 된다.

앞 구절과 이어서 보아도 문맥의 전개가 그리 어색해 보이지 않고, 의미의 연계가 이어지니 일단 큰 오류는 없어 보인다.

그런데 이 구절이 의미하는 바가 예사롭지 않다.

천부경은 물질에 자의식의 각성이라는 현상이 나타나게 되고, 이러한 생명체들이 내보이는 의지의 합으로부터 하나의 계를 완성해 낸 세상은 일반적인 물질들만 존재하던 세상과는 운행의 이치가 다르게 작용하는 것이라고 말하고 있는 셈이다.

물론, 완전히 다른 별개의 다름은 아닐 것이다. 우주와 만물은 모두가 태초의 의지로부터 비롯된 현상으로서의 존재함이자 두 가지의 속성을 두루 갖춘 존재들일 터이니 말이다.

하지만, 이처럼 생명체로 인하여 특별한 계로 완성된 단위 세상에는 또다시 그 세상만의 근원의 의지(七)와, 그 세상만의 법칙과 만물의 근간(八)과, 그 세상만의 생명의 의식(九)이 더하여 생겨나게 된다고 한다.

천부경은 이른바 단순계에서 복잡계로 진화된 세상에 대하여, 그 진화된 세상에 작용하는 운행의 이치 또한 이렇게 단계적으로 구분하여 설명하고 있는 것으로 보인다. 마치 일반적인 물질과 생명체가 단계적으로 구분되듯이 말이다.

그렇다면, 이렇게 자성의 의지들이 합해져서 완성된 단위 세상, 그래서 나타나게 되는 그 세상 나름의 근원의 의지와, 법칙과 만물의 근간과, 생명의 의식이란 무엇을 의미하는 것일까.

가이아 이론(Gaia 理論)이라는 것이 있다고 한다.

핵심만 요약해서 대략 간추려 보면, 지구가 생명력 넘치는 행성으로 절묘한 조화를 이루며 존재할 수 있는 이유를 아무리 고민해 보아도 매우 불합리해 보이기는 하지만, 마치 지구가 하나의 유기체처럼 의지를 갖고, 즉 하나의 나무와 같이 무기물과 생명체들이 하나로 연결되어서 지구에서 일어나는 온갖 현상들을 스스로 조절하고 있는 것처럼 보인다는 것이다. 또한, 이러한 방식으로 지구에서 발생하는 온갖 오류와 부작용들을 스스로 수정하고 보완하거나, 혹은 치유하는 과정을 통하여 최적화된 항상성을 유지하고 있는 것처럼 보이며, 나아가 이렇다고 보아야만 지구에서 벌어지는 온갖 현상들을 어느 정도라도 설명하는 것이 가능해진다는 것이다.

물론, 이런저런 이론의 도입으로 논리적인 증명을 시도해 보기는 하지만, 아직은 실증이 불가능한 가설(假設)로 보고 있다고 한다.

이러한 독특한 논리는 자연히 수많은 상상을 불러오게 되어서 때로는 흥미 위주의 소재로 이용되거나 전혀 다른 논리를 주장하기 위한 나름의 근거처럼 활용되어서 간혹 논란이 되기도 한다고 한다.

불현듯 이 이론의 제창자(James Lovelock)가 당시에 이 특별한 우주론을 알았더라면 어떤 표정을 지었을지 궁금해지기도 한다.

대삼합육 생칠팔구(大三合六 生七八九)

자성의 의지가 나타나 합해지니 한 세상이 완성되고, 그 세상의 근원의 의지와, 그 세상의 법칙과 만물의 근간과, 그 세상의 생명의 의식이 더하여 생겨남이라.

일반적인 물질들로만 구성된 세상과 생명체로 인하여 복잡계로 진화된 세상의 차이점은 무엇일까.
당연히 생명체들의 존재 여부일 것이다.
그러므로 새로이 나타나게 되는 세 가지 요소들은 바로 생명체들로 인하여 나타나게 되는 현상일 것이며, 일반적인 물질과 생명체가 구분되는 기준에 따른 변수들이 작용함으로써 나타나는 현상들일 것이다.
일반적인 물질과 생명체는 어떻게 구분되는가.
자성의 의지와 행위라는 움직임이 있게 되었는가에 대한 구분이다. 즉, 이러한 자성의 의지와 행위들은 그들이 살아가는 단위 세상의 네트워크에 더하고 합해짐으로써 그 세상만의 특별한 의지(七)를 형성하게 된다는 것이다. 아마도 그 세상의 법칙과 만물의 근간(八)이라는 요소는 이러한 단위 세상의 의지가 중첩되어서 나타나는 요소일 것이며, 그 의지가 다시 한없이 중첩되어 그 세상의 생명의 의식(九)이라는 요소 또한 나타나게 되는 것일 터이다. 그렇게 단순계에서 복잡계로 진화된 특별한 소우주가 우주에 등장하게 되는 셈이고 말이다.
물론, 이러한 세 가지 요소들은 또다시 이 특별한 세상의 의지에 조건으로 작용하여 그 세상만의 독특한 섭리와 법칙과 구성원들을 나타나게 함으로써 그 단위 세상을 더욱 생동하게 하는 요소로 작용하게 될 것이다.
그렇게 생명체로 인하여 특별한 계로 완성된 단위 세상은 바로 그 생명체들로 인하여 이처럼 단계적으로 구분될 만큼 업그레이드되고 진화되어서 변화와 생동함의 절정을 이루게 되는 것이라고 한다.

일반적으로 경사지에 위치하게 된 자갈은 웬만하면 밑으로 구르기 마련일 것이다.
이러한 움직임은 대체적으로 실체라는 속성에 기반한 물리적인 원리와 상대적인 법칙에 의거한 움직임일 것이며, 일반적인 우주 운행의 이치에도 대략 순응하는 움직임일 것이다.

따라서 통상적인 원리나 법칙, 혹은 운행의 이치만으로도 이러한 움직임들에 대하여 어느 정도는 예측 가능하거나 나름의 합리적인 설명을 할 수 있게 된다. 물론 실험실이 아닌 자연 상태에서는 여러 가지 조건들의 작용에 대한 고려도 있어야겠지만 말이다.

생명체들은 이러한 경사지를 애써 거꾸로 오르기도 한다.
먹이를 구하기 위해서일 수도 있을 것이고, 어떤 목적을 이루기 위한 이동일 수도 있으며, 단지 평소보다 조금 더 좋은 경치를 감상하기 위해서라거나, 단순히 기분 전환을 위해서라거나, 심지어는 그저 심심해서라는 세상의 통상적인 원리나 법칙, 또는 운행의 이치와는 별로 관련이 없어 보이는 각자의 이유를 나름대로 대면서 말이다.
이러한 움직임들은 물리적인 원리나 상대적인 법칙만으로는 설명하기가 몹시 곤란해지고, 기존의 통상적인 운행의 이치만으로는 예측하기 어려운 움직임들일 것이다. 물론 만물의 의식으로서의 속성을 고려하면 이러한 현상들에 대하여 고개를 갸웃거리거나, 혹은 끄덕이게 될 수도 있겠지만 말이다.
과연 거창하기 그지없는 우주의 생성 원리와 운행의 이치 그리고 만물의 실상에 대하여 논하려면, 이러함마저 능히 설명할 수 있어야 하지 않겠는가.
어쨌든 생명체와 일반적인 물질들은 이처럼 움직임의 형태에서도 뚜렷하게 구분되는 차이점을 보이게 된다. 따라서 이러한 움직임의 차이는 당연히 기존의 일반적인 물질세계가 운행되던 흐름에 일정한 영향을 미치게 되어서 마치 일반적인 물질과 생명체가 구분되듯이, 이들이 살아가는 소우주가 운행되는 이치 또한 단계적으로 구분될 만큼의 일정한 차이를 보이게 된다.

생각해 보면 당연한 말이기도 하다.
조용하고 순조롭기만 하던 우주에 어느 날 문득 생명체가 나타나서 식물은 중력을 거슬러 위로 자라나고, 물고기는 물결을 거슬러 헤엄치며, 새들은 바람을 거슬러 하늘을 날아다닌다. 어떤 특이한 동물들은 애써 언덕에 올라가서는 괜스레 야호를 외치기도 하고 말이다.

그리하여 마침내 달과 화성에는 우주선이 착륙하고, 우주에는 인공위성들이 돌아다니며, 보이저(Voyager) 탐사선은 이미 한참 전에 태양계를 벗어나 우주를 떠돌아다닌다고 한다.

이러한 수많은 과정에서 어느 유별난 개체들은 지구를 온통 파헤치거나 온갖 난장을 피우기도 하는 등, 또다시 헤아리기 어렵고 예측하기 어려운 수많은 작용이 있게 되어서 이들이 살아가는 소우주의 운행에 직접적인 영향을 크든 작든 분명하게 미치고 있음이니, 이러한 현상들에 대하여 어떻게 물리적인 원리나 통상적인 운행 이치만으로 설명할 수가 있겠는가.

일반적인 물질들은 아직 의식으로서의 속성이 자성의 의지를 자각하는 단계로 개화되지 않은 상태이기에 대개의 경우 부분적으로 보면 실체로서의 속성에 따르는 반응이나 상대적인 법칙, 혹은 우주라는 네트워크의 흐름에 대략 순응하는, 즉 다소 수동적이고 피동적인 형태의 움직임을 보이게 된다.

그러나 의식으로서의 속성이 개화되어서 자성의 의지를 자각하게 된 생명체들은 자신의 의지에 따르는 행위, 즉 능동적이고 적극적인 형태의 새로운 움직임을 보이게 된다.

이러한 독특한 움직임들은 당연히 그들이 살아가는 단위 세상의 흐름에 일정한 변수로 작용하여 어떤 형태로든 그 인과의 흐름에 변화가 일어나기 마련일 것이다. 아마도 이것이 그 세상을 더욱 살아 움직이게 하는 생동함의 원인이자 조건일 것이며, 일정한 질서의 흐름에 변수를 더하는 변화의 근간이기도 할 것이다.

天二三 地二三 人二三(천이삼 지이삼 인이삼)
법칙과 만물의 근간(二)과, 생명의 의식(三)의 조화로써 우주의 섭리(天)가 구현

되고,

법칙과 만물의 근간(二)과, 생명의 의식(三)의 조화로써 만물의 이치(地)가 드러나며,

법칙과 만물의 근간(二)과, 생명의 의식(三)의 조화로써 세상의 만물(人)은 생동함이요.

大三合六 生七八九(대삼합육 생칠팔구)

자성의 의지(大三)가 나타나 합해지니 한 세상이 완성(六)되고, 그 세상의 근원의 의지(七)와, 그 세상의 법칙과 만물의 근간(八)과, 그 세상의 생명의 의식(九)이 더하여 생겨남이라,

참고로 이 특별한 소우주만의 근원의 의지(七)와, 법칙과 만물의 근간(八)과, 생명의 의식(九)이 나타나게 되는 원리가 설명되었으니 우리는 이러한 세 가지 요소들이 다시 그 세상만의 천지인으로 발현되는 과정을 유추해 볼 수 있게 된다.

그 세상의 근원의 의지(七)에 다시 그 세상의 근원의 의지(七)를 더하여 그 세상의 섭리(天)가 나타나게 되고,

그 세상의 근원의 의지(七)에 그 세상의 법칙과 만물의 근간(八)을 더하여 그 세상의 이치(地)가 나타나게 되며,

그 세상의 근원의 의지(七)에 그 세상의 생명의 의식(九)을 더하여 그 세상의 만물(人)이 나타나게 된다.

물론, 그 단위 세상의 천지인이 어떻게 구현되는지에 대하여도 짐작해 볼 수 있게 된다.

그 세상의 법칙과 만물의 근간(八)과, 그 세상의 생명의 의식(九)의 조화로써 그 세상의 섭리(天)가 구현되고,

그 세상의 법칙과 만물의 근간(八)과, 그 세상의 생명의 의식(九)의 조화로써 그 세상의 이치(地)가 드러나며,

그 세상의 법칙과 만물의 근간(八)과, 그 세상의 생명의 의식(九)의 조화로써 그 세상의 만물(人)은 생동(혹은 생멸)하게 된다.

그렇다면, 이러한 생명체들의 의지와 행위는 어떤 원리에 의해서 그들이 살아가는 소우주의 네트워크에 더해지고 합해져서 그 세상의 의지를 형성하게 되는 것이며, 어떤 구체적이고 실질적인 작용 이치에 의해서 이 소우주가 운행되는 흐름에 변화를 더하게 되는 것일까.

물론 천부경은 이러한 의문과 호기심을 외면하지 않는다. 세상에 대한 놀라운 통찰로써 여기에서 한 걸음 더 크게 나아가는 설명을 이어 간다.

그 묘한 운행의 이치에 대한 심오하지만 간결한, 그래서 더욱 의미심장한 설명을 들어 보자.

8) 운삼사 성환오칠(運三四 成環五七)

운삼사 성환오칠(運三四 成環五七)
삼과 사가 움직(運三四)이니, 오와 칠이 고리를 이룬(成環五七)다.

운삼사(運三四)
삼(三)과 사(四)가 움직(運)이니.

앞서 정의한 사(四)라는 숫자의 의미는 실체라는 현상을 이루어서 구체적인 상(象)을 가지고 현실에 구현된 무엇, 즉 '만물'을 뜻하는 것으로 보기로 하였다.

생명의 의식(三)이라는 요소로부터 만물(四), 즉 현상으로서의 존재함을 이루었다면, 이러한 만물 중에서도 의식으로서의 속성이 개화된 모습이 바로 생명체라는 현상

일 것이다. 이러한 생명체의 특성인 자성의 의지가 바로 큰 삼(大三)의 의미인 셈이고 말이다.

앞의 구절은 이러한 자성의 의지 자체를 강조한 표현으로 보인다. 왜냐하면, 이러한 생명체들의 의지가 더하고 합해져서 하나의 계(界)가 완성되는 이치(大三合六)를 설명하고자 함이기 때문이다.

이 구절은 만물(四)이라는 현상 그 자체를 강조한 표현으로 보인다. 왜냐하면, 그렇게 현상으로서의 존재함을 이루어 낸 만물의 움직임(運三四), 즉 현상의 작용에 대한 설명을 하고자 함이기 때문이다.

또한, 이 구절에서 언급하는 사(四)의 의미는 단순한 나열이나 독립된 개념으로서의 만물이 아니라, 이처럼 삼(三)과 사(四)를 연이어서 배치함으로써 숫자 간의 상관관계를 강조한 표현으로 보인다. 아마도 점진적으로 순서를 밟아 앞으로 나아가는 모양을 보라는 의미일 것이다. 혹은 생명의 의식이라는 요소로부터 만물이라는 현상, 즉 실체로서의 존재함이라는 현상이 나타나는 원리에 대한 또 하나의 설명이거나 말이다.

이러한 의미들을 모두 감안하여 이 구절을 다시 보면,

운삼사(運三四)
생명의 의식(三)으로부터 만물(四)이 나타나게 되니, 비로소 움직임(運)이 있게 되었다는 말이 된다.

태초의 의지라는 원인에 생명의 의식이라는 요소가 조건으로 작용하게 됨으로써 만물이라는 현상이 나타나게 되었다(人一三)고 한다. 즉 생명의 의식이라는 요소로부터 서로 상대적인 무엇들 간에 관계와 연계의 작용이 일어나니, 이러한 네트워크의 흐름이야말로 만물이라는 현상의 본질이라는 것이다.

다만, 이러한 현상으로서의 만물은 그저 단순한 현상으로 그치는 현상이 아니라, 그 현상의 작용으로부터 우주의 섭리(天)가 구현되고, 만물의 이치(地)가 드러나며, 만물(人)은 생동하게 되는 것이라고 한다. 즉, 이러한 움직임이야말로 우주라는 현상의 본질인 동시에, 우주의 섭리와 만물의 이치가 구현되어 가는 모습이기도 한 것이다.

성환오칠(成環五七)
오(五)는 칠(七)이 되어 고리를 이루게(成環) 된다.

앞에서 준비한 숫자의 의미에 대한 정의에서 오(五)라는 숫자는 '행위'를 뜻하는 것으로 보기로 하였다. 만물의 움직임 가운데에서도 그 움직임의 진화 형태를 의미하는 숫자인 셈이다.
또한, 칠(七)이라는 숫자는 육(六)과 일(一)의 합이며, 앞에서 이미 '그 세상의(六) 근원의 의지(一)'라는 의미로 이해의 과정을 거친 숫자이다.
이러한 숫자들의 의미를 문장에 대입해서 다시 한번 살펴보자.

성환오칠(成環五七)
행위(五)는 그 세상의 근원의 의지(七)가 되어 고리를 이룬(成環)다.

그 세상이란 앞 구절에서 설명한 생명체들이 살아가는 단위 세상일 것이며, 고리를 이룬다는 말은 감싸안아서 순환한다는 의미일 것이다.
즉 행위는 행위 자체로 자신들이 살아가는 세상의 의지가 되어 그 세상을 감싸안아 순환하는 운행의 흐름을 이루게 된다는 뜻이 된다.
물론, 여기에서의 행위는 당연히 생명체들의 자성의 의지에 따르는 움직임을 의미하는 것일 터이다. 또한 순환의 고리를 이룬다는 표현은 이러한 행위들이 그 세상의 의지를 이룸과 동시에, 그 세상의 의지 또한 이러한 각자의 행위로써 구현되는 것임을 의미하는 표현일 것이다. 행위(五)와 단위 세상의 의지(七)로써 이루어 내는 순환의 고리(成環)이니, 그렇게 행위는 단위 세상의 의지로 거듭나고, 그 의지는 다시 행위로써 구현되는 순환의 고리인 것이다.

생명의 의식이라는 요소로부터 만물이라는 현상이 나타나게 되니, 이로써 우주에는 질서의 움직임이 구현되고, 그 만물 가운데에 다시 생명체라는 현상이 나타나서 행위라는 특별한 움직임을 더하게 되니, 이러한 행위는 그들이 살아가는 세상의 의지가 되어 그 세상을 감싸안아 순환하는 운행의 흐름을 이루게 된다.

실로 놀라운 통찰이 아닐 수 없다. 생각이 많아지는 의미심장한 구절이자 무언가 가슴 한구석이 서늘해지는 말이기도 하고 말이다.

한편, 천부경은 만물의 움직임 가운데에서도 '행위'라는 움직임에 대하여 특별한 의미를 부여하고 있음을 알게 된다. 그 행위는 어떠한 가공이나 희석, 또는 해석이나 판단의 과정도 거치지 않은 채, 행위 그 자체로 자신들이 살아가는 세상의 의지로 승화되는 것이라고 하니 말이다.

어째서 그러한가.

만물의 의식으로서의 속성은 상대적인 분별과 실체의 한계 그리고 시공의 제약과 같은 물질 우주의 틀에 갇히지 않는 의식의 바다에서, 그 관계와 연계라는 의식의 네트워크를 형성함으로써 만물이라는 현상과 우주 운행의 질서를 이루어 내고, 나아가 이러한 흐름으로부터 우주의 생멸 가운데 순환의 이어짐을 실현해 낸다.

만물의 실체로서의 속성은 상대적인 분별과 실체의 한계 그리고 시공의 제약과 같은 물질 우주의 틀에 속한 현상의 바다에서, 그 만 가지의 움직임으로 발현되어 물질 우주라는 현상을 구현해 냄과 동시에 우주의 질서를 구현하고, 나아가 이러한 흐름으로부터 우주의 생멸 가운데 반복의 거듭남을 이루어 낸다.

이러한 만물의 두 가지 속성 간의 작용과 조화의 절정 끝에 마침내 그 자성의 의지를 실질적인 형태로 세상에 드러내는 현상이 바로 행위라는 움직임의 실체이다.

즉 행위라는 움직임이야말로 무형의 의지와 유형의 실체가 온전히 하나로 되어서 이루어 내는 우주 진화의 결과물이자, 태초의 의지로부터 현상으로 발현된 만물의 움직임 가운데에서도 가히 최상의 형태로 구현된 결과물이라 할 만한 현상인 셈이다. 물론, 사실은 이러한 실체로서의 존재함이 있기에 움직임이 있게 되는 것이 아니라,

그 움직임이 있음으로써 실체라는 현상이 있게 되는 것이라고는 하지만 말이다.

또 다른 관점으로 보면, 이러한 행위야말로 태초의 의지를 보다 적극적인 형태로 세상에 구현하는 의미가 된다. 태초의 혼돈으로부터 세운 질서의 흐름, 즉 만물의 움직임으로 발현된 태초의 의지는 바로 이러한 생명체들의 행위로써 그 의지를 보다 능동적인 형태로 구현해 내는 것이 비로소 가능하게 되는 것일 터이니 말이다.

그러므로 자성의 의지를 자각한 모든 존재는 오직 행위로써 자신의 존재함을 우주에 증명하고, 오직 행위로써 자신의 품격과 삶의 질을 결정하며, 오직 행위로써 자신이 살아가는 세상의 의지를 이루고, 오직 행위로써 그 세상의 의지를 구현하며, 오직 행위로써 태초의 의지를 실현하게 된다.

따라서 이러한 각자의 행위는 곧 자신의 격이 되고 자신이 속한 크고 작은 울타리들의 격이 되며, 나아가 지구의 격이 되고 우주의 격이 되며, 더 나아가 태초의 의지의 격이 된다. 즉, 살아 있는 모든 존재는 이러한 행위로써 작게는 자신의 인과에 자업(自業)을 더하게 되고, 크게는 자신들이 살아가는 세상에 공업(共業)을 더하게 되며, 이러한 소우주의 흐름은 또다시 전체의 하나라는 흐름을 이루어 내는 과정으로 확산됨으로써 우주 근원의 의지를 세상에 구현하게 되는 셈이다.

우리가 평소에 무심코 행하는 분방한 행위들의 의미는 실로 이와 같은 것이라고 한다. 과연, 이러한 '행위'에 대하여 어찌 특별한 의미를 부여하여 강조하지 않을 수 있겠는가.

예로부터 이르기를, 사람의 존엄이란 그의 출신이나 생김새, 혹은 가진 것의 많고 적음이나 걸치고 있는 옷의 색깔(지위)로써 드러나는 것이 아니라, 오직 그의 행위로써 드러나는 것이라고 하였다. 행위가 곧 그의 정체성이라는 것이다.

운삼사 성환오칠(運三四 成環五七)
생명의 의식은 만물이 되어 움직임이 있게 되고, 행위는 그 세상의 의지가 되어 세상을 감싸 순환하는 운행을 이룬다.

아마도 우리가 바로 세상을 인식해 내는 주체이자 세상의 흐름에 능동적인 변화를 더하는 우주 운행의 주체이며, 태초의 의지가 지향하는 바도 그렇게 우리의 행위로써 관철되어 간다는 말일 것이다.

어찌 보면 참 냉정하고 무서운 말이기도 하다. 천부경은 우리에게 지금 세상의 모든 것은 어떤 시스템의 탓이나 절대자의 의도가 아니라, 오직 우리의 의지와 행위로써 스스로 지어낸 결과일 뿐이라고 말하고 있는 셈이다.

물론, 이러한 흐름은 '스스로 그러함'으로써 운행되는 우주의 운행 이치에 순응하는 자연스러운 흐름이며, 인과의 흐름에도 부합하는 당연한 현상이기는 하겠지만, 동시에 왠지 모를 서늘함도 느껴지지 않는가.

그렇게 우리의 행위는 우리가 사는 세상의 의지를 이루고, 그 전체의 의지는 다시 우리의 행위로써 구현되는 순환의 흐름을 이루는 것이라고 한다. 이것이 바로 자성의 의지를 품어 복잡계로 진화된 소우주의 운행 이치라는 것이다.

물론, 이러한 이치는 생명체들이 살아가는 단위 세상에만 국한되어서 적용되는 한정적인 이치는 아닐 것이다. 그 만물의 만 가지 움직임으로부터 이처럼 순환적인 동시에 지향적이고 수렴적이며 확산적이기도 한 우주 운행의 흐름이 형성되는 것일 터이니 말이다. 아마도 이러한 큰 질서의 흐름에 대한 변화의 정도, 즉 적극적이고 능동적인 측면이 더욱 두드러지게 나타나는 단위 세상 특유의 흐름에 대한 고찰이자 단계적인 구분일 것이다.

天二三 地二三 人二三 (천이삼 지이삼 인이삼)
법칙과 만물의 근간(二)과, 생명의 의식(三)의 조화로써 우주의 섭리(天)가 구현되고,

법칙과 만물의 근간(二)과, 생명의 의식(三)의 조화로써 만물의 이치(地)가 드러나며,

법칙과 만물의 근간(二)과, 생명의 의식(三)의 조화로써 세상의 만물(人)은 생동함이요.

大三合六 生七八九(대삼합육 생칠팔구)

　자성의 의지(大三)가 나타나 합해지니 한 세상이 완성(六)되고, 그 세상의 근원의 의지(七)와, 그 세상의 법칙과 만물의 근간(八)과, 그 세상의 생명의 의식(九)이 더하여 생겨남이라,

　運三四 成環五七(운삼사 성환오칠)

　생명의 의식(三)은 만물(四)이 되어 움직임이 있게 되고, 행위(五)는 그 세상의 의지(七)가 되어 세상을 감싸 순환하는 운행을 이루나니.

　일상에서의 여행이나 산행에서 마주하게 되는 거대하고 광활한 자연은 새삼 우리가 얼마나 작고 초라한 존재인지를 일깨워 주곤 한다.

　생각해 보면, 이러한 대자연마저도 사실은 우주의 한낱 티끌에 불과할 것이다. 우주라는 별의 바다에서 바라본 이 작은 먼지 위의 생명들은 얼마나 작고 초라해 보일 것인가.

　또한, 우리는 1초에 460m의 속도로 자전하는 지구에 묶여 있고, 지구는 다시 초당 약 30km의 속도로 태양의 주위를 돌고 있으며, 태양계는 또다시 1초에 약 280km의 속도로 은하의 중심을 2억 오천만 년에 한 번씩 나선형 가닥의 대열 속에서 돌고 있다고 한다. 물론, 이러한 은하들은 또다시 거대한 그물망을 이루면서 초속 73km(혹은 67km) 이상의 속도로 목적지도 모르는 곳을 향하여 우주 팽창의 무한 여행에 동참하는 중이고 말이다. 한편으로는 우리의 부족하기만 한 인지능력이 다행스러운 일이 아닐 수 없는 셈이다.

　이러한 거시 세계에서는 절대적이거나 객관적인 입지와 위치라는 것이 따로 있을 수 없으며, 오직 상대적인 시간으로만 겨우 위치를 말할 수 있다고 한다. 이처럼 거대하고 역동적인 우주의 흐름 앞에서 우리의 움직임이란 얼마나 미약하고 보잘것없어 보일 것인가.

　여기에 더하여 우리는 이러한 무수한 계의 하나에서 일어나는 순간적인 찰나의 반짝임에도 못 미치는 일들을 두고서 스스로 지어낸 망상에 사로잡혀 그것이 세상의

전부인 양 매달려서 집착하는 가련한 유정(有情)들일 뿐이라고 한다.

어쩌면, 이러한 모든 것조차도 사실은 우리의 분별심과 착각에 의한 좁은 식견에 불과한지도 모를 일이고 말이다.

그러나 천부경의 우주관으로 보면 이토록 미미하기 그지없는 존재들이 조금은 다른 의미를 갖게 된다.

크거나 넓다고 해서 반드시 더 위대한 것을 의미하는 것은 아닐 것이다. 고정된 실체가 아닌 현상으로서의 존재함, 혹은 공간 좌표로서 자신의 존재함을 증명할 수 없다고 해서 그것이 마냥 허무한 존재임을 의미하는 것도 아닐 터이고 말이다.

존재하는 모든 것에는 반드시 존재해야만 하는 필연적인 이유와 쓰임이 있는 법이니, 그 존재함이라는 현상 자체로 이미 어떤 형태로든 세상에 흔적을 남기기 마련이라고 한다. 그중에서도 특히나 자성의 의지를 자각한 존재들은 행위라는 특별한 형태의 움직임으로써 우주의 흐름에 크든 작든, 혹은 어떤 방향이 되었건 일정한 변화를 더하게 되는 것일 터이다. 그 비국소적인 형태의 네트워크가 이루어 내는 즉각적이고도 지속적인 변화의 흐름과 더불어서 전체와 부분이 따로 없는 존재함의 실상, 그리고 이러한 구성원들의 행위로써 전체의 의지를 형성하고 구현해 내기도 하는 우주 운행의 묘한 흐름 속에서 말이다.

어쩌면, 이것이야말로 위대함일 수도 있을 것이다. 그래서 더욱 우주의 주체이자 주인공들이기도 할 것이고 말이다.

과연, 이토록 광활한 우주와 한량없는 만물 가운데 그 현상의 쓰임을 이처럼 적극적이고 능동적인 형태로 구현해 내는 존재가 몇이나 되겠는가.

그렇다면, 이러한 개체들의 분방한 행위들은 어떤 구체적이고 실질적인 작용 원리에 의해서 그들이 살아가는 세상의 의지로 거듭나게 된다는 것이며, 그 세상의 의지는 어떻게 다시 이러한 개체들의 행위로써 구현된다는 것일까.

만약, 이를 설명할 수 있다면 이 구절의 이해 방식이나 해석의 타당성에 대한 일종의 반증이 될 수도 있어 보인다. 또한, 이 구절이 내포하고 있는 의미는 제법 무겁고도 중요해서 천부경에서 그렇다고 하니 그런가 보다 하고 대충 넘어갈 수가 없는 문제이기도 하다.

그러니 산행의 등반길을 조금 에둘러 가더라도 이 부분을 짚고 넘어갈 필요가 있어 보인다. 이 산행에 동참한 동행자들은 부득이 다시 한번 인내심을 발휘할 마음의 준비가 필요하다는 말이다. 그러기에 산책과도 같은 산행이 아니겠는가.

9) 순환의 고리

필자가 사는 동네에는 메타세쿼이아(metasequoia)라는 나무들로 이루어진 울타리 역할을 겸하는 조경 공간이 있다.

알다시피, 메타세쿼이아라는 수종은 제법 크게 자라는 원뿔형의 낙엽교목이며, 특유의 시원시원한 형상으로 인하여 가로수나 산책로 등에 식재되는 수종이기도 하다.

그런데 어느 날 출근길에 무심코 이 나무들을 보니 꼭대기 일정 부분이 모조리 잘려 있는 게 아닌가.

알고 보니 이웃 주민들과의 일조권에 대한 시비 중에 그렇게 되었다고 한다.

어쩐지 그 모습이 안쓰럽기도 하고 한편으로는 미안한 마음이 들기도 해서 볼 때마다 마음 한구석이 불편해지니 나도 모르게 눈살을 찌푸리게 되고, 언제인가부터는 의식적으로 눈길을 피하게 되었다.

어느 정도 시간이 흐른 뒤에 어느 날 문득 다시 보니 이게 웬일, 어느덧 나무들이 원래의 모습으로 거의 복원되어 있는 게 아닌가.

호기심에 그냥 지나치지 못하고 자세히 들여다보았다. 그 결과 어떤 나무는 작고 여린 곁가지들 가운데 하나를 선택하여 영양분을 집중적으로 공급하고 생장 방향을 조정하여 본체(기둥)를 대신하게 하였고, 어떤 나무들은 두 개 또는 세 개의 가지들을 동시에 키워 냄으로써 본래의 형상을 복원해 놓은 것임을 보게 되었다.

아마도 나무 본래의 전체적인 형상이 이러저러해야 된다는 기본적인 정보들은 나무의 DNA에 각인되어 있는 정보들 가운데 하나일 것이다. 그러나 그 DNA의 정보에 이처럼 각각의 나무들이 불가항력적인 상황에 직면하게 되었을 때의 구체적인 대처 방법까지 일일이 기계적으로 입력되어 있지는 않았을 것이다.

그렇다면, 이런 일들은 어떻게 가능하게 되었을까.

나무들 각자의 의지이고 판단이며, 선택이고 행동일 것이다. 외부의 변화에 대처하고 자신을 가꾸어 완성하고자 하는 의지가 이러한 구체적인 행위로써 구현된 모습인 셈이다.

그런데 일반적으로 이러한 기능과 역할을 담당하는 것으로 알려진 뇌(腦)라는 특정 기관이 따로 존재하지 않는 나무들이 어떻게 이처럼 구체적인 의지를 내어서 외부의 돌발적인 상황에 따르는 최상의 방법을 각자 나름대로 찾아내서 판단하고 결정하여 실행하게 되었으며, 결과적으로는 각자가 아닌 모든 나무가 동시에 비슷한 최종 결과물을 내게 되었을까.

언젠가 이 말을 과수원을 경영하는 지인에게 했더니, 한참을 쳐다보기만 하다가는 이렇게 말한다. "살아 있는 모든 건 원래 다 그래요. 그래서 듣는 귀가 없어도 음악을 틀어 주기도 하는 거예요."

이런 현상들은 어떻게 가능하게 되었을까.

어떤 곤충들의 집단에서는 어떻게 군집 자체가 마치 하나의 생명체처럼 의지를 갖고 처한 상황에 맞는 최적의 해답을 찾아내어 선택하고 결정하며, 이러한 집단의 의지를 다시 개체들의 행위로써 구현할 수 있게 되는 걸까.

어느 동물들의 집단에서는 집단 자체가 어떻게 마치 하나의 생명체처럼 의지를 갖고 가뭄과 홍수와 지진에 대비하거나 개체수를 스스로 조절하는 등의 집단행동을 하게 되는 걸까.

인류는 어떻게 집단 전체가 마치 하나의 생명체처럼 지혜를 모아 수많은 자연의 위기와 생존 경쟁에서 승리하게 되었고, 최적의 방향으로 인류 전체의 진화 방향을 결정하고 선택하게 되었으며, 이러한 집단의 의지를 다시 각자 실현해 내게 되었을까.

모든 생명체는 어떻게 마치 모두가 하나로 연결되어서 서로 합의를 이루거나 약속이라도 한 듯이 개체 간의 절묘한 공생관계를 이루게 되었으며, 이러한 전체의 의지를 다시 각자 실현해 냄으로써 생태계 전체의 균형과 조화를 이루어 내게 되었을까.

나아가 지구는 어떻게 모두 연결되어서 마치 하나의 유기체라도 되듯이 구성원들 간의 절묘한 조화로써 항상성을 추구하거나 최선의 방향으로 스스로를 조율하게 되었으며, 이러한 전체의 의지를 다시 각각의 구성원들이 실현해 내게 되었을까.

더 나아가 우주 또한 이러하지 않을까.

과연 물리적인 특성에 따르는 물질 간의 반응이나 상대적인 법칙에 따르는 움직임들, 혹은 확률적 우연이나 돌연변이와 적자생존과 같은 자연 선택적 현상이라는 말로써 충분히 설명이 가능한 일들일까.

운삼사 성환오칠(運三四 成環五七)
생명의 의식은 만물이 되어 움직임이 있게 되고, 행위는 그 세상의 의지가 되어 세상을 감싸 순환하는 운행을 이룬다.

어쩌면, 이 구절에 해답이 들어 있을 수도 있음일 것이다.

그런데 그 의미들이 막연하게나마 어렴풋이 짐작될 듯도 하지만, 여전히 모호하기만 해서 구체적이고 실질적인 작용 원리에 대해서는 명쾌하게 이해가 되지를 않는다. 아마도 아는 만큼 보이기 때문일 것이다.

그러니 어쩔 수 없이 이러한 의문의 해결을 위해 부득이 다시 한번 기웃거림을 시도해 보기로 한다.

세상에는 변명으로 전락되어서는 안 되는, 이른바 그 자체가 수단인 동시에 목적인 몇몇 단어들이 존재한다고 한다.

그런데 이러한 단어들의 공통점은 그 의미가 말하는 사람마다 조금씩 다르거나 누구도 이것이다, 라고 정의를 내린 적이 없는 것이라고 한다. 설령 그런 적이 있다고 하더라도 누구나 동의하는 정의는 내려진 바가 없다고 한다. 단지 사전적인 의미로서의 정의만이 있을 뿐이라는 것이다.

왜 그럴까.

나름대로 많은 이유가 있겠지만, 그중의 하나는 절대와 상대라는 개념 간의 혼란 때문이라고 한다. 이들 몇몇 개념은 보는 사람이 서 있는 위치에 따라서 각기 다르게 보이기 때문이라는 것이다.

유가(儒家)의 중용(中庸)편을 보면 이런 구절이 있다. "군자는 중용을 지키고 소인은 중용을 지키지 못한다." 즉, 군자란 "한쪽으로 기울거나 치우침이 없고, 법도에 지나치거나 모자람이 없는 중용을 지키는 자"라는 말이라고 한다.

이어서 이런 구절도 나온다. "공자께서 말씀하시길 '중용은 참으로 좋은 것이다. 그러나 능히 이를 지니는 자는 드물다'라고 말씀하셨다." 즉, 중용은 덕의 극치이지만 중용이라는 말의 정의도 어렵거니와, 이를 한결같이 실천하여 지키기는 더욱 어렵다는 뜻이라고 한다.

이처럼 공자께서도 어렵다고 하신 중용의 의미 그리고 이에 따른 절대와 상대의 개념에 대한 어느 과학자의 해설에 귀 기울여 보자.

"절대는 무엇이고 상대는 무엇인가. 또한 양자는 어떤 상호관계를 맺고 있는가.

여기 몹시 고민 중인 한 사람이 있다. 중용이라는 말 때문에 말이다. 그는 지금 좌(左)로도 우(右)로도 치우침이 없이 중심에 서 있는 상태로서의 중용이라는 훌륭한 미덕에 대하여 심각한 의심을 품고 있다. 우선 그의 말을 들어 보자.

좌로도 우로도 치우침이 없는 중심이라니, 그럼 사람들 각자 좌(左)의 한계와 우(右)의 한계를 어떻게 지우느냐에 따라서 그 중심도 달라질 것 아닌가. 가령 어떤 사람은 여기까지가 극단적 생각이요, 또 반대 방향으로는 저기까지가 극단적 생각이므로, 나는 그것들의 중심에서 나를 지키겠다고 하고, 또 다른 사람은 앞서의 사람과 다른 정도에 좌의 한계를, 또한 앞사람이 정한 우의 한계에서 한참 벗어난 정도에 우의 한계를 지운다면, 두 사람이 각각 중용의 도라고 내세우는 지점은 서로 다른 위치일 것이다.

 즉, 그들이 바라보았던 좌우 한계점이라는 것은 그들의 상황과 그들이 애초에 놓여 있던 지점에서의 좌우 한정일 텐데, 그렇다면 중용이란 사람마다 내 생각이 중용이다, 라고 주장해도 좋은 것, 아니 그렇게 될 수밖에 없는 한낱 자신을 주장하고 변호하는 구실밖에 더 되는가. 어떻게 이런 마구잡이식의 이기적 상대주의가 미덕이란 말인가. 중용이란 기껏해야 '내가 나다'라는 말이거나, 혹은 '내가 만물의 척도이다'라는 궤변에 불과하지 않은가.

 그의 생각이 맞기는 하다. 그러나 틀렸다. 맞은 것은 상대성을 잡은 것이요, 틀린 것은 절대성을 놓친 것이다.

 우선, 좌우의 범위(boundary)를 정함에 있어서 그는 절대적인 좌표축을 미리 전제하였다. 미리 설정된 좌표축에 좌우 양쪽의 한계점(점 P1과 점Q1)을 잡고 나서 그들의 중심점 M1을 잡고, 또 다른 두 점(점 P2와 점 Q2)을 잡은 다음 중심점 M2를 잡아서 서로를 비교한 후 그 중심점들이 서로 다르다는 것에 놀라워하고 있다. 절대적 좌표축 위의 무수한 점들이 왜 서로서로 자신을 원점 O로 규정하느냐고, 원점 O가 객관적으로 하나(원래 좌표축 위의 원점)가 아니라 주관적으로 이렇게 많아져도 되는 것이냐며 분개하고 있는 것이다.

 물론, 각 개인 중심으로서의 중용은 맞다. 그러나 그 개인의 중심이라는 것은 외부적으로 주어진 좌표축 위의 헐벗은 이기적인 점들이 아니다. 다시 말하자면 좌표축은 오히려 개인들 안에 있으며 중심은 각자의 내부 좌표축의 원점인 것이다.

 중용은 눈치 보기나 우기기가 아니다. 중용은 사회적 평균에 따르라는 말이 아니라, 세계의 중심으로서 자신이 주체성 속에 중심을 세우고, 거기에 맞추어서 흔들림이 없으라는 뜻이다.

 이 이야기가 너무 관념적이라거나, 혹은 의심자 A보다 더 큰 상대주의적 혼란을 일으킨다고 생각한다면 좀 더 이야기를 개진해 보기로 하자.

사람마다 내부적 좌표축을 갖는다는 것이 곧 극단적인 개체주의일까. 서서 하늘을 바라보았던 경험이 있는 사람들은 하늘이 내 머리 위에서 정점을 이루는 반구 모양을 하고 있다는 것을 쉽게 떠올릴 것이다. 내가 이동해도 그 지점에서 천구는 여전히 정점을 이룬다. 저쪽에 서 있는 사람도 자신의 머리 위가 가장 높다고 하고, 내 옆에 있는 사람도 자기의 머리 위가 가장 높다고 한다. 하늘의 모양이 여러 개의 바가지를 엎어 놓은 모양도 아니고(그런 모양이라면 어느 지점에선 가장 낮게 보일 때도 있어야 한다) 어떻게 이 지점 저 지점 모두에서 반구의 모양으로 보이는 것일까.

우리는 지구가 둥글다는 사실을 알고 있다. 그러면 이제 함께 삽화를 그려 보기로 하자.

우선, 동심원 두 개를 그려 보자. 그리고 내부 원의 접선을 여러 개 그어 보자. 그 접점 위에 표시가 나게 점을 찍어 보자. 내부 원의 접선들은 지평선이요, 접점 위의 점은 하늘을 보고 있는 사람들의 머리이다. 내부의 원은 지구이고 외부의 원은 대기권인 셈이다. 이제 그 위에 서 있는 사람들은 각자 자기의 머리 위가 가장 높다고 말해도 좋을 것이다.

중요한 것은 지금부터이다. 자, 이 동심원들의 중심은 무엇인가. 지구 핵? 좋다. 지구 위에 서 있는 사람들의 발바닥은 지구의 핵을 향하고 있으며 그 지름의 연장선상 위에 머리가 위치해 있다. 그 머리 위에 각자 하늘의 중심이 있다. 이 각자의 하늘에 대한 중심(외부 원 위의 점들)의 중심은 몇 개인가.

각각의 사람들에게 존재하는 자기중심들은 모두 내부 원의 중심으로 통일된다. 그리고 각각의 사람들이 인식하는 자기중심들(자기 하늘의 정점)은 모두 외부 원의 중심으로 통일된다. 그리고 그 양자는 또 서로 합치된다.

뭔가 속은 기분이 든다면 조금 더 들어가 보기로 하자.

평면 위에 좌표축을 설정하고 그 위에 수많은 점을 찍었을 때, 그것은 서로 다른 점들일 뿐이다. 즉, 외부적인 절대가 주어졌을 때, 그들 각자는 서로에 대해 상대적이다.

그러나 구면 위의 각자 위치에서 수평선과 수직선을 그으면(자기 좌표축을 가지면)

어떻게 되는가. 수직선들은 구의 중심에서 만나고 수평선들은 구의 면을 미분한 선들로써, 그것들을 적분하면 구의 면이 나온다.

외부적인 절대를 부정하고 내부적인 절대를 꾀하여 외부적으로는 일견 상대적인 것 같지만, 총체적으로는 그 상대적인 개별들이 창출해 내는 절대에 도달하게 되는 것이다.

이것은 어째서인가. 평면(2차원)에서의 다원은 당연한 일이다. 그러나 구(3차원)에서는 이러한 2차원의 다원들이 필연적으로 3차원의 일원을 만들어 내게 된다. 저차원에서의 상대성과 다원성과 우연성과 개체성은 고차원에서 그들끼리의 관계(관계의 관계, 중심의 중심)를 절대성과 일원성과 필연성과 총체성으로 고양시킨다. 즉, 외부적인 절대에서 시작하게 되면 처음의 의심자처럼 필연적으로 상대성에 봉착하게 되어 그 상대성에 갇힌 채 이미 전제된 좌표축 원점과의 혼돈을 의심하지 않을 수 없게 되는 것이다.

상대성은 자체가 나쁜 것이 아니라, 절대성을 낳을 단초이자 계기이다. 우리는 왜 외적 절대성을 규정하는 잘못된 버릇을 고치지 못하면서 필연적으로 도출되는 상대성에 대해서 회의하거나, 그 자체로 그냥 체념하거나, 혹은 어떻게 받아들일지 몰라서 안절부절하는가.

외적 절대성에서 시작하여 내적 상대성으로 분해되는 것이 아니라, 내적 절대성에서 시작하여 외적 상대성을 거쳐 상대성의 대상화를 통한 총체적(고차의)인 절대를 꾸려 내는 것, 외부로부터 선험적으로 주어지는 것이 아니라, 내부로부터 확산되고 고양되어 가는 절대성에 주목해 보자는 말이다.

상대성을 통해서 상대성을 극복하고, 상대성의 자기 계기들을 부정하고, 그러나 상대성으로부터 나왔으므로 아름다운 상대성을 모두 포괄하는 빛나는 절대성을 우리의 사고와 실천으로 창조해 내는 것이 필요하다는 말이다.

이렇게 중용을 예로 들기는 했지만, 사람들은 저마다 각자의 자기 확실성을 통해 타자와 교통하게 되고, 이러한 수많은 자기 확실성의 무늬들은 필연적으로 절대의 중심으로(동심원의 중심) 통일되어 간다.

또한, 이렇게 통일된 절대의 중심은 다시 상대적인 각자의 중심으로 확산되어서 상대성을 통한 확산과 고양을 이루어 낸다. 다원성을 부정하지 말고 '다원은 다원이기 때문에 오히려 일원'이라는 것을 찾아내야만 하는 것이다."[4]

가벼운 두통이 오는 듯도 하지만, 생각해 보면 실로 명쾌하고 시원한 논리를 갖는 분석이 아닐 수 없다.

이러한 원리는 각자의 자유의지에 따른 분방한 행위들이 어떻게 전체의 중심 의지를 형성하게 되고, 그 중심의 의지는 어떻게 다시 각자의 행위로써 구현되어 가는지에 대한 설명으로 보아도 크게 어색해 보이지 않는다.

물론, 이러한 운행의 고리는 비국소적 형태를 이루는 의식의 네트워크로부터 비롯되는 현상일 터이며, 그렇게 수렴된 전체의 중심 또한 고정되어 있는 점이 아니라, 연속되는 어떤 선을 구성하는 점들일 것이다. 선과 후를 잇는 선, 혹은 단위와 전체를 아우르는 유사 프랙털 구조의 지향적이고 순환적인 흐름을 이루어 내는 선들 말이다.

이처럼 각자의 행위들은 그 행위 자체로 자신들이 속한 단위 네트워크에 수렴되어 중심의 의지를 형성하고, 이러한 중심의 의지는 다시 각자의 행위로 발현됨으로써 그 전체의 의지가 구현되니, 그렇게 세상을 감싸안아 순환하는 운행의 흐름을 이루면서 부분과 전체가 다 함께 고양되어 가는 흐름을 이루게 된다.

그렇게 우리의 행위는 우리가 살아가는 세상의 흐름에 지향적인 변화를 더하게 되는 것이라고 한다. 작은 것은 작은 것대로, 큰 것은 큰 것대로, 각각의 단위와 전체 모두에서 말이다.

일반적으로 집단 지성은 편재성, 지속성, 상호 조정성, 실천성 등의 특징을 갖는다고 한다.

군체의 집단 지성은 이보다 조금 더 치밀하며 즉각적이라고 한다. 집단으로 존재하

---

4 하이텔 연재(2001년), 신과학/신과학 칼럼/절대와 상대 중에서 발췌

고 생각하며 결정하지만, 마치 하나의 개체가 생각하고 결정하는 것처럼 강력한 통합성을 보인다는 것이다.

이러한 현상들은 어떻게 가능하게 되는 것일까.

바로 만물의 의식으로서의 속성으로부터 비롯되는 조화들일 것이며, 그 관계와 연계라는 의식의 네트워크가 집단을 감싸안아서 순환하는 운행의 흐름을 형성함으로써 나타나는 현상들일 것이다. 비록, 이러한 의식으로서의 속성이나 그 네트워크의 흐름이 우리의 감각 기관이나 인식의 그물에 제대로 걸리지 않는다는 것이 문제이기는 하지만 말이다.

물론, 이렇게 일정한 단위를 완성해 낸 네트워크의 흐름은 다시 상위의 단위를 이루는 흐름의 부분이자 과정으로 되어서 또 다른 규모의 단위를 감싸 순환하는 운행의 고리를 형성하게 되는 것일 터이다. 이러한 방식으로 전체와 부분이 효율적이고 상호 보완적으로 조정되고 확산되어 가면서, 즉각적인 동시에 지속적이기도 하고, 개별적인 동시에 통합적이기도 한 묘한 흐름이 형성되는 것일 터이고 말이다.

아마도 개체라는 각각의 크고 작은 단위 집합이나 일정 규모의 집단, 혹은 어떤 군집을 이루어 낸 단위 네트워크들이 마치 하나의 유기체와도 같은 움직임을 보이면서 개별적인 동시에 전체적이기도 하고, 지향적인 동시에 순환적이기도 하며, 수렴적인 동시에 확산적이기도 한 흐름을 이루는 현상은 이로부터 비롯됨일 것이다.

운삼사 성환오칠(運三四 成環五七)
생명의 의식은 만물이 되어 움직임이 있게 되고, 행위는 그 세상의 의지가 되어 세상을 감싸 순환하는 운행을 이룬다.

이러한 네트워크의 흐름은 우주의 기본 구성원에서부터 부분과 전체를 동시에 아우르는 세밀하고도 거대한 지향적 순환구조를 이룸으로써, 이러한 각각의 개체와 단위 세상을 넘어서 마침내 온 우주를 감싸안아서 순환하는 운행의 흐름을 이루어 내게 된다. 즉, 우주의 만물은 모두가 이러한 흐름을 이루는 부분이자 과정으로 존재하는 셈이니, 그렇게 우리는 지금 이 순간에도 현재진행형으로 우주의 흐름에 일정한 변화를 더하고 있는 우주 운행의 주체이자 주인공들인 셈이다. 스스로 그러한 흐름으로서 말이다.

이러한 모습은 바로 삼태극 사상에 내재되어 있던 논리의 씨앗이 자라나고 꽃으로 피어나서 마침내 우리의 존재 의미와 더불어 존중받아 마땅한 당위성을 부여해 주고 있음을 알게 된다.

그렇게 세상의 만물은 둘이되 하나이기도 하고, 각자인 동시에 부분이자 전체이기도 하며, 원인인 동시에 과정이자 결과이기도 한 묘한 흐름으로 온 우주와 한 몸을 이루고 있다고 한다.

그 묘한 운행의 이치를 마저 알아보기 위해 천부경으로 다시 돌아가 보도록 하자.

10) 일묘연 만왕만래(一妙衍 萬往萬來)

일묘연 만왕만래(一妙衍 萬往萬來)
하나는 묘하고도 넓어서(一妙衍), 만 가지의 오고 감(萬往萬來)으로 된다.

만 가지의 오고 감이라는 표현은 전 구절에서 언급한 만물의 움직임과 행위들에 대한 표현일 것이다.

물론 우리는 이렇게 움직임이라는 요소를 거듭 강조하여 표현하는 이유를 알고 있다. 그 만 가지의 움직임이야말로 존재함이라는 현상의 실상인 동시에 태초의 혼돈으로부터 세워진 질서의 구현이자 태초의 의지가 실현되어 가는 모습이기도 할 것이기 때문이다.

어찌 보면, 이 구절은 만물과 우주라는 현상을 고정된 불변의 실체가 아닌 흐름으로서의 현상으로 규정하고 있음을 새삼 확인할 수 있는 구절이기도 하다. 태초의 의지로부터 발현된 우주의 형태를 이처럼 만 가지의 오고 감(萬往萬來)이라는 표현으로 정의하고 있으니 말이다.

태초의 의지는 그 묘한 작용으로부터 만 가지의 오고 감, 즉 우주라는 현상으로 발현되었으니, 이러한 근원과 변함, 본질과 현상, 혹은 전체의 하나와 부분의 하나는 둘이되 둘이 아닐 것이며, 하나이되 하나가 아니기도 할 것이다. 이러한 흐름을 이루어 내는 원리와 이치의 묘한 작용이야 새삼 말할 필요도 없는 것일 터이고 말이다.

천부경은 여기에 더하여 이러한 오고 감에 대한 배경을 넉넉함(衍)으로 표현하고 있다. 그 만 가지의 오고 감에 대한 일체의 강제함이나 간섭함이 없는 그저 넉넉함이라는 것이다.

어쩌면, 이러한 표현은 행위의 자유, 즉 만물 혹은 생명체들의 자유의지에 대한 은유처럼 보이기도 한다. 이렇게 보면, 생명체들의 특성이기도 한 자성의 의지와 이에 따르는 행위의 자유는 무려 우주의 원리와 이치가 보장하는 신성한 권리이기도 한 셈이다.

물론, 무조건적인 방치나 무제한적인 방임은 아닐 것이다. 이 세상은 인과의 흐름에 근원의 의지가 조건으로 작용하는 세상이며, 그 세상을 이루는 만물의 움직임은 그 자체로 자신과 자신들이 살아가는 세상을 감싸 순환하는 운행의 고리를 형성하게 되는 것일 터이니 말이다.

즉, 이러한 흐름 속에서 각자의 의지와 행위들은 필연적으로 자신뿐만 아니라 자신이 속한 세상의 과(果)로 돌아오기 마련인 세상이기도 한 것이다. 아마도 이러한 이유로 인하여 예로부터 아는 이는 원인을 두려워하고, 모르는 이는 결과를 두려워할 뿐이라고 말하기도 하였던 것일 터이다.

그렇다면, 우주의 구성원인 각각의 개체들은 이러한 시스템이나 단위 세상의 의지, 혹은 우주 근원의 의지와 같은 요소들의 간섭과 통제를 받는 피동적인 존재들일까.

천부경에서는 말한다. 모든 것은 태초의 의지로부터 비롯된 만 가지의 오고 가는 모습의 다름 아니며, 개체의 자유의지에 의한 행위들은 그 자체로 전체의 의지를 형성함과 동시에 그 의지를 구현하는 것이다.

근원과 현상, 전체와 개체는 주체와 대상의 관계가 아니며, 그 운행 시스템 역시 스스로 그러함의 관계로써 작동되는 방식이라는 것이다. 즉 본질과 변함, 근원과 현상, 개체와 개체, 전체와 부분을 모두 감싸안아서 순환하는 흐름인 셈이니, 이러한 흐름을 이루는 각각의 요소들은 수직적이거나 일방적인 관계가 아닐뿐더러, 각기 따로 존재하거나 분리되어 있는 것도 아니라는 것이다. 어쩌면, 이처럼 현상적이고 부분적인 요소들이 이루어 내는 변화로부터 전체, 혹은 근원이나 본질 또한 점차 원만해져 가는 것인지도 모를 일이고 말이다.

그렇게 근원과 현상, 개체와 개체, 부분과 전체는 둘이 아니며 선후를 구별할 수도 없음이니, 능히 이러한 만 가지의 오고 감에는 일체의 걸림이나 분별의 장애가 있을 수 없다고 한다. 말 그대로 묘하고도 넉넉한 운행 시스템인 셈이다.

일묘연 만왕만래(一妙衍 萬往萬來)
태초의 의지는 그 묘하고 넉넉함으로 능히 만 가지의 오고 감이 된다.

태초에 근원의 의지라는 하나의 점이 있었으나, 이 하나는 그 묘하고도 넉넉한 작용으로부터 천변만화하여 만 가지의 오고 감으로 거듭나니, 이로써 우주의 섭리가 구현되고, 만물의 이치가 드러나며, 세상의 만물은 생동하게 되어 그 태초의 의지를 구현하는 것이라고 한다.

예로부터 한 알의 조 알갱이에 온 세계가 감춰져 있음이니, 능히 반 되의 솥으로 산천을 삶는다, 하였다. 그러므로 오늘 아침 찬란한 햇살이 나뭇가지 사이로 날개를 펼 때, 허공중에 노닐던 먼지 한 점은 바로 태초의 의지의 그 한 점이요, 분방하던 움직임은 태초의 의지의 그 걸림 없는 오고 감이었던 셈이다.

일즉일체(一卽一切), 일체즉일(一切卽一)이라고 했다. 하나가 곧 일체이고 일체가 곧 하나라는 말일 것이니, 그렇게 티끌 속에 전체가 반영되어 있음이고, 일순간 속에 영원이 깃들어 있음이며, 일체의 세계에 각자의 하나가 있음이고, 그 각자의 하나에 온 우주가 담겨 있음일 것이다.

그렇게 태초의 의지와 우주의 만물은 둘이지만 하나이기도 하다고 한다.

天二三 地二三 人二三(천이삼 지이삼 인이삼)

법칙과 만물의 근간(二)과, 생명의 의식(三)의 조화로써 우주의 섭리(天)가 구현되고,

법칙과 만물의 근간(二)과, 생명의 의식(三)의 조화로써 만물의 이치(地)가 드러나며,

법칙과 만물의 근간(二)과, 생명의 의식(三)의 조화로써 세상의 만물(人)은 생동함이요.

大三合六 生七八九(대삼합육 생칠팔구)

자성의 의지(大三)가 나타나 합해지니 한 세상이 완성(六)되고, 그 세상의 근원의 의지(七)와, 그 세상의 법칙과 만물의 근간(八)과, 그 세상의 생명의 의식(九)이 더하여 생겨남이라.

運三四 成環五七(운삼사 성환오칠)

생명의 의식(三)은 만물(四)이 되어 움직임이 있게 되고, 행위(五)는 그 세상의 의지(七)가 되어 세상을 감싸 순환하는 운행을 이루나니.

一妙衍 萬往萬來(일묘연 만왕만래)

태초의 의지(一)는 그 묘함과 넉넉함으로 능히 만 가지의 오고 감이 되었다네.

이 묘하고 묘함이 묘하고 묘하니, 그 묘하고 묘함이 묘하고 묘하여 묘하고 묘하다.

이로써 地(세상의 운행 이치를 말하다)의 장에서 설하는 우주의 운행 이치에 대한 친절하지만 간명하고, 간명하지만 심오한 우주론이 일단락되었다.

짧은 문장이지만, 그 의미의 여운은 몹시도 길고 긴 설명들이다. 덩달아서 듣는 이의 생각도 마구 길어지고 말이다.

그래서 머리를 조금 식힐 겸, 혹은 나름의 충격에서 벗어나기라도 할 겸 잠시 쉬어 가는 시간을 갖기로 하자.

11) 수(數)의 천부경

옛사람들은 수의 논리로써 우주의 원리와 이치를 헤아릴 수 있다고 믿었다고 한다. 아쉽게도 이러한 독특한 수론들은 자취가 희미해져서 그 진상을 헤아려 보기가 어려운 것이 현실이기는 하지만 말이다.

앞서 숫자 칠(七), 팔(八), 구(九)에 대한 의미를 해석해 봄에 있어서 이를 비록 파자놀이에 비유하기는 했지만, 이러한 해석의 방식은 숫자 간의 관계나 조합의 의미로써 수의 의미를 유추해 보는 하나의 방편이 될 수도 있다고 한다.

기왕에 이러한 전례가 있으니, 떡 본 김에 제사 지내고 넘어진 김에 쉬어 간다고, 이참에 천부경에서 언급되는 모든 숫자의 의미를 이러한 방식으로 풀어 보는 나름의 시도를 해 보기로 한다.

일반적으로 사람들은 자신이 이해할 수 있는 영역의 범위 안에서 이해할 수 없는 영역까지도 애써 규정하려는 성향을 보인다고 한다. 그 규정으로써 혼란을 줄일 수 있다고 믿기 때문이다. 섣불리 예단함으로써 자신만의 고정관념에 갇혀서 더 큰 혼란을 불러오거나, 때로는 이로써 오히려 진실을 외면하는 결과를 불러올 수도 있지만, 대개의 경우 이러한 것까지는 미처 고려하지 못하게 된다고 한다.

그러므로 당시의 진의를 제대로 헤아리지도 못한 상태에서 이처럼 겉모양이나 드러나 있는 일부를 쪼개어서 들여다보는 작업은 부분을 이해하는 방편이 될 수는 있을지라도 전체의 함의나 근원적인 의미를 파악하기에는 무리가 있을 수밖에 없는 일일 것이다.

예로부터 말이나 글로써 풀어내어 이해해 보려는 시도 자체가 가당치도 않음이라 하였거니와, 하물며 이처럼 자취조차 희미한 무엇에 대하여 낱낱의 글자나 자구에 얽매이고 연연함에 있어서야 말해 무얼 하겠는가.

너무 진지해지지는 말자는 말이며, 그저 머리를 식힐 겸 잠시 쉬어 가자는 말이다.

천부경을 구성하는 숫자들은 보이는 것처럼 영(無)에서부터 십(十)까지의 숫자들이다. 눈에 보이는 그대로 천부경의 저술 당시에는 십진법을 사용하고 있었으며, 이에 따르는 수론과 수리의 체계가 완성되어 있었음을 알 수 있다.

비록, 이러한 당시 수론의 진의야 알 수 없는 일이겠지만, 대략이라도 유추하여 추정해 보는 재미는 있을 수 있을 것이다. 그런 의미에서 지금까지의 해석과정을 통하여 이해해 본 의미들을 적용하여 천부경에 표현된 수론과 수리의 체계 그리고 숫자들의 의미에 대하여 나름대로 헤아려 보는 시간을 갖기로 하자.

영(0)

영(0)이라는 수의 의미를 숫자 간의 조합이나 이에 따른 수의 논리로써 표현하는 것이 가능할까.

영(0)의 자리는 분별을 통한 상대적 논리를 초월한 자리일 것이다. 이러한 분별의 인식 이전의 자리일 것이니 말이다. 아마도 그 쓰임으로서의 보임이 있을 뿐일 것이다.

다만, 천부경에서 말하는 현상으로서의 우주라는 관점에서 보면, 영의 자리는 이러한 현상이 다하여 실체로서의 상대적인 속성이 마쳐진 자리인 동시에, 우주의 의식으로서의 속성이 순환되는 자리이기도 할 것이다. 즉 우주의 생멸과 순환이 교차하는 자리이자 기준이 되는 어떤 자리인 셈이다.

이러한 논리를 적용하여 억지로 표현하면 이렇게 표현할 수도 있어 보인다.

1-1=0

이전 우주의 하나(1)에게 현상으로서의 존재함, 즉 실체의 마쳐짐(-1)이 있게 되는 자리가 바로 없음(=0)이라는 자리일 것이니 말이다.

상대적인 분별이 곧 인식의 시작이라 하였으니, 이러한 모든 것이 마쳐진 영(0)의 자리는 분별의 논리에 근거하는 언어를 떠난 적멸의 자리일 것이다. 다만, 이처럼 단순한 없음의 자리가 아니라, 그 실체의 없음이라는 인식 이전의 어떤 상태로부터 우주의 탄생과 소멸, 순환과 이어짐이 교차되는 자리임을 짐작할 수 있을 따름인 것이다.

그렇게 인식 이전의 자리로부터 인식 가능한 현상들이 나오고 돌아감이니, 그 쓰임으로서의 보임이 있을 뿐인 셈이다.

일(1)

모든 것의 시작이자 원인인 일(1)이라는 수 또한, 그 최초의 있음이나 존재함과 같은 본질적인 문제들은 이러한 수리의 문제라기보다는 철학적인 시각으로 접근해야 하는 물음에 가까울 것이다. 다만, 우리는 이러한 현상으로서의 처음을 인식할 수 있을 뿐인 셈이다.

이 또한 굳이 억지로 표현하면 이렇게 되지 않을까.

1+0=1

이전 우주의 하나(1)는 그렇게 실체의 없음이라는 자리로 돌아가서(+0), 그 생멸과 순환의 묘한 작용으로부터 새로운 우주의 원인이자 근원이 되는 하나, 즉 '태초의 의지(=1)'가 나타나게 된다. 이로부터 새로운 우주의 시작이 시작되는 것일 터이고 말이다.

물론, 이러한 이전의 하나(1)와 새로운 하나(=1)는 같으면서 다른 하나이고, 다르지만 같은 하나이기도 할 것이다. 이전의 하나(1)가 영의 자리로부터(+0) 새로운 하나로 거듭난 하나(=1)일 것이니 말이다.

그렇게 이전의 하나가 마쳐진 자리로부터 새로운 하나가 나타남이니, 그 현상으로서의 처음과 시작을 인식할 수 있을 뿐인 셈이다.

이(2)

1+1=2

그렇게 태초의 시작이 있게 된 우주에는 그 태초의 의지(1)가 중첩(+1)되어서 나타나게 되는 무엇, 즉 '법칙과 만물의 근간(=2)'이라는 물질 우주의 근간이 되는 요소가 등장하게 된다.

물론, 이러한 중첩은 우주의 처음이 있게 됨과 동시에 시작되는 인과의 과정으로 이루어지는 중첩일 것이니, 그 중첩의 결과물은 하나의 원인에 대한 조건의 작용에 따른 다름, 즉 서로 구별되는 속성의 무엇으로 나타나기 마련일 것이다. 즉, 서로 상대적인 속성의 무엇이며, 바로 이러한 속성의 만물과 이에 따르는 법칙의 근간이 되는 요소인 셈이다. 이로써 상대적인 법칙이 지배하는 물질 우주의 기본적인 큰 틀이 완성된 셈이기도 하고 말이다.

삼(3)

1+1+1=3

다시 보아도 1+2=3으로 보기는 어려워 보인다.

법칙과 만물의 근간이라는 요소(2)와의 작용에 의한 결과물이 아니기 때문이다.

태초의 의지가 중첩되어(1+1) 법칙과 만물의 근간이 되는 요소가 나타남으로써 광대한 물질 우주의 기본 틀을 완성하였으나, 그 중첩의 과정은 여기에서 그치지 않고 계속되어(+1), 마침내 이러한 물질 우주의 틀과 한계를 넘어서는 무엇, 즉 '생명의 의식(=3)'이라는 또 하나의 우주 근본 요소가 나타나게 된다.

바로 천부경의 수리와 수론의 독특함이다. 3이라는 숫자는 오직 하나로부터 비롯된 숫자로서 하나의 중첩에 중첩을 더하여(1+1+1) 나타나는 숫자이며, 실체로서의 결과물이 아니라 실체라는 현상을 이루어 내기 위한 또 하나의 우주 근본 요소라는 의미의 숫자이기 때문이다.

즉, 이러한 중첩의 겹침으로부터 물질 우주의 상대적인 틀과 한계를 초월한 속성을 갖추게 된 무엇이며, 바로 이러한 속성으로부터 서로 상대적인 속성의 무엇들 간에 관계와 연계라는 네트워크의 흐름을 이룸으로써 현상으로서의 존재함을 이루어 내는 요소이기도 한 것이다.

그렇게 태초의 혼돈으로부터 질서의 흐름을 이루어 냄과 동시에 만물이라는 현상을 나타나게 하고, 그 만물의 의식으로서의 속성을 이루는 또 하나의 우주 근본 요소가 나타나게 된 셈이다.

이처럼 태초의 의지(1)와, 법칙과 만물의 근간(2)과, 생명의 의식(3)이라는 세 가지의 우주 근본 요소들이 나타나게 됨으로써 새로운 우주로 거듭날 준비가 완성된다. 무형의 의지로부터 비롯되는 유형의 물질이라는 현상, 즉 질서적인 변화의 흐름이라는 형태의 우주로 거듭날 준비가 완성된 것이다.

물론, 이러한 발현 과정은 태초의 의지(1)가 근본 원인이 되고, 여기에 다시 세 가지의 근본 요소들(1, 2, 3)이 조건으로 작용하게 됨으로써, 우주의 섭리(天)와 만물의 이치(地)와 만물(人)이라는 형태의 우주로 거듭나게 되는 것일 터이다. 이로부터 태초의 혼돈에는 원리와 이치와 만물이 서로 작용하는 순환적이면서도 지향적으로 확산되어 가는 흐름, 즉 우주라는 이름의 현상이 나타나게 되는 것일 터이고 말이다.

사(4)

1+3=4

즉, 우주 근원의 의지(1)에 생명의 의식이라는 요소가 조건으로 더해짐으로써(+3) 서로 상대적인 무엇들 간에 관계와 연계라는 흐름이 형성되고, 이러한 흐름이 일정한 단위의 네트워크로 결속되니, 이것이 바로 '만물(=4)'이라는 현상의 실체인 것이다.

물론, 이러한 만물이 나타나게 됨으로써 우주에는 비로소 움직임이 있게 되고, 이로부터 원리와 이치라는 질서의 흐름이 실질적인 형태로 구현될 수 있게 되는 것일 터이다. 더러는 이러한 만물 가운데 자성의 의지를 자각한 존재들이 나타나기도 해서 새로운 형태의 움직임으로써 그 질서의 흐름에 또 다른 변수를 더하기도 하고 말이다.

오(5)

2+3=5

그렇게 법칙과 만물의 근간이라는 요소로부터 비롯된 만물의 실체로서의 속성(2)과 생명의 의식이라는 요소로부터 비롯된 의식으로서의 속성이 더해져서(+3), 그 작용과 조화의 절정 끝에 마침내 스스로의 존재함을 자각하여 그 자성의 의지를 능동적인 형태의 움직임으로 구현하니, 이것이 바로 '행위(=5)'라는 특별한 움직임의 실체이다.

물론, 이러한 행위들은 이들이 살아가는 소우주의 운행에 크고 작은 영향을 직접적으로 미치게 된다. 즉, 이러한 행위는 행위 그 자체로 자신들이 살아가는 세상의 의지를 형성하게 됨과 동시에 그 의지의 구현 주체가 되기도 하는 순환의 고리를 형성함으로써 우주 운행의 흐름에 조금 더 적극적이고 능동적인 형태의 변화를 더하게 되는 셈이다.

그러므로 살아 있는 모든 존재는 오직 이러한 행위로써 자신의 존재함과 더불어 그 현상의 작용에 대한 쓰임과 격을 스스로 증명하게 된다.

육(6)

3+3=6

이처럼 생명의 의식이라는 요소로부터 비롯된 만물의 의식으로서의 속성이 자성의 의지를 자각하게 되는 의미는, 결국 이러한 의지들이 더하고 합해져서(3+3) 하나의 특별한 단위 세상을 '완성(=6)'하게 됨을 의미한다. 즉, 이러한 자성의 의지들은 자신들이 살아가는 단위 세상의 네트워크에 더해지고 합해짐으로써, 마침내 하나의 특별한 계(界)로 완성된 소우주가 등장하게 되는 셈이다.

칠(7)

6+1=7

그렇게 완성된 단위 세상에(6) 다시 근원의 의지라는 요소가 더해져서(+1) '그 세상의 근원의 의지(=7)'라는 요소가 더하여 나타나게 된다.

물론, 이렇게 나타나게 된 '그 세상의 근원의 의지'라는 요소(7)는 그 특별한 세상의 근원이라 할 수 있는 구성원들의 의지가 더하고 합해져서 형성되는 것일 터이니, 이 소우주를 더욱 진화시키고 생동하게 하는 원인과 조건으로 작용하게 될 것이다.

팔(8)

6+2=8

이러한 단위 세상에(6) 다시 법칙과 만물의 근간이라는 요소가 더해지니(+2), 이로부터 '그 세상의 법칙과 만물의 근간(=8)'이라는 요소도 따라서 나타나게 된다.

물론, 이렇게 나타나게 된 '그 세상의 법칙과 만물의 근간'이라는 요소는 그 단위 세상의 의지가 중첩되어서 나타나게 되는 것일 터이니, 그렇게 이 특별한 소우주를 생동하게 하는 또 하나의 조건으로 작용하게 될 터이고 말이다.

구(9)

6+3=9

그 단위 세상(6)에는 생명의 의식이라는 요소가 또다시 더해져서(+3) '그 세상의 생명의 의식(=9)'이라는 요소 또한 나타나게 된다.

물론, '그 세상의 생명의 의식'이라는 요소 또한 그 단위 세상의 의지가 한없이 중첩되어서 나타나게 되는 것일 터이니, 그 세상을 더욱 생동하게 하는 또 다른 조건으로 작용하게 되는 것일 터이다.

십(10)

6+4=10

이처럼 하나의 계로 완성된 단위 세상(6)에 현상으로서의 존재함을 이룬 만물의 작용이 더해지는(+4) 의미는 바로 이러한 현상 간의 작용으로부터 형성된 소우주의 흐름이 전체의 흐름을 이루는 과정으로 승화됨으로써 온 우주와 하나로 되어서, 마침내 '모든 것이 완성(=10)'되는 의미를 갖는다. 즉, 이러한 부분의 하나로부터 일어나는 변화의 흐름이 전체의 하나를 이루는 흐름으로 확산됨으로써 부분과 전체가 다 함께 고양되어 가는 흐름을 완성하게 되는 셈이다. 그렇게 우리의 의지와 행위는 온 우주로 확산되어서 우주 근원의 의지가 태초의 혼돈으로부터 세운 질서의 의미를 완성해 가는 것일 터이다.

물론, 이러한 장대한 흐름도 언젠가는 마침이 있게 된다.

왜냐하면, 이러한 우주의 시작, 즉 마침으로부터 비롯된 시작이 있었기 때문이다.

그렇게 실체의 없음으로부터 비롯된 실체의 우주는 언젠가 그 실체의 없음이라는 자리로 다시 돌아가게 되고, 근원으로부터 비롯된 현상의 우주는 다시 근원으로 돌아가는 현상의 마침이 있게 된다. 물론, 이러한 우주의 마침 또한 연속되는 흐름의 부분이자 과정으로써 다음에 나타나게 될 새로운 우주의 원인이 되는 마침이기도 할 터이고 말이다.

이러한 수리의 구조를 전체적으로 살펴보면 다음과 같이 추측된다.

영(0)은 현상으로서의 존재함, 즉 우주의 실체라는 속성이 마쳐진 상태로서의 없음을 나타내는 수이며, 우주의 탄생과 마침이 교차하는 자리이자 바탕이 되는 의미를 갖는 수이다.

일(1), 이(2), 삼(3)이라는 수는 그 실체의 없음(0)이라는 자리로부터 새로운 우주로 거듭나기 위한 근본 요소, 즉 우주 탄생의 원인과 조건의 의미를 갖는 수들이다.

사(4), 오(5), 육(6)은 이러한 원인과 조건의 작용으로부터 현상의 우주로 발현되어 생명체들이 살아가는 특별한 계를 완성하기까지의 역할을 담당하는 숫자들이다.

칠(7), 팔(8), 구(9)라는 숫자는 이렇게 완성된 소우주를 다시 한번 업그레이드하고 고양시켜서 그 생동함의 절정에 이르도록 하는 숫자들이다.

십(10)은 그렇게 진화된 특별한 소우주의 흐름이 온 우주로 확산되고 승화되어서 마침내 모든 것이 일체로 융합되는 완성을 의미하는 수이다.

그리하여 실체의 없음이라는 자리로부터 태초의 의지가 나타나서 새로운 우주로 거듭나고, 생명체를 품은 특별한 계를 완성하여 우주를 생동하게 하며, 이러한 변화의 흐름이 다시 온 우주로 확산되고 융합되어서 모든 것을 완성하기까지의 대장정이 이처럼 숫자들의 의미와 조합으로 모두 설명된다.

매우 독특한 논리와 특별한 의미를 갖는 수론이 완성된 셈이다. 물론, 단지 추정일 뿐이기는 하지만 말이다.

일시무 시일(一始無 始一)하여 만왕만래(萬往萬來)이나, 일종무 종일(一終無 終一)하리라 하였다. 실체의 없음이라는 자리에서 비롯된 태초의 하나로부터 모든 것이 시작되어 만 가지의 오고 감으로 거듭나게 되었으나, 언젠가는 다시 그 실체의 없음으로 돌아가는 마침이 있게 되리라는 것이다.

그러므로 이러한 숫자들과 만 가지의 조합들은 결국 그 하나가 변한 모습이요, 그 하나가 분주하게 오가는 모습의 다름 아닌 셈이다. 즉 근원의 하나가 무수한 상대적 현상으로 분화되었다가, 이러한 현상의 마침으로써 다시 근원으로 돌아가는 모습의 다름 아닌 셈이며, 바로 이러한 흐름으로서의 현상과 그 현상의 작용들에 대한 상대적 구분이 바로 숫자들과 숫자들의 조합이 갖는 의미의 본질이라고 볼 수도 있는 셈이다.

이러한 의미로 본다면, 온갖 숫자들이나 조합의 수식들은 그 현상의 원리와 이치, 즉 우주라는 네트워크의 흐름에 대한 작용 원리를 밝혀내거나 검증하는 역할, 혹은 그 작용의 쓰임에 대한 답을 찾아가는 길이라는 의미가 되는지도 모를 일이다. 어쩌면, 이것이 고대의 수론들이 추구했던 방향인지도 모를 일이고 말이다.

지금까지 천부경에서 언급하는 영(0)에서부터 십(10)까지의 숫자들과 조합의 의미 그리고 이에 따른 천부경의 수론과 수리를 나름대로 추측해 보았다. 물론, 조금 억지스러운 면도 있겠지만 말이다.

비록, 이러한 당시 수론의 진정한 본래 의미와 논리가 어떠하였는지는 지금에 와서야 알 수 없는 일이 되어 버리고 말았지만, 혹여라도 고개를 끄덕일 만한 구석이 조금이라도 있다면 그나마 다행한 일일 것이다.

다만 예로부터 이르기를, 만물은 각기 수(數)를 머금고 있으나 그 수만으로 만물의 신비를 다 나타낼 수 없고, 만물은 각기 변화의 원리를 머금고 있으나 그 원리만으로 만물에 깃든 오묘함을 다 밝힐 수 없으며, 만물은 각기 창조의 힘을 머금고 있으나 그 조화의 창조력만으로 만물의 무궁함을 다 밝혀낼 수 없고, 만물은 각기 끊임없이 생성되고 있으나 그 무궁한 생성만으로 만물의 조화를 다 헤아릴 수는 없다, 하였다.

참고로 옛적 고대의 배달 신시 때에는 수를 계산하는 산목(算木)이 있었고 치우천황 때에는 투전목(鬪佃目)이 있었는데, 그 산목에서 사용하던 숫자는 〈一二三三✕丅丅丅丨〉이었고 전목은 〈ㅗㅜㅉㅍㅊㅇㅠㄷㄴㅎㅌ〉이었다고 한다.

자, 이렇게 잠시 쉬어 가면서 호흡을 가다듬었으니, 이제 얼마 남지 않은 천부경의 정상을 향해 다시 한번 발걸음을 재촉해 보기로 하자.

人(만물의 본래면목을 말하다)

우주와 만물 그리고 사람의 본래면목에 대한 천부경의 우주론을 마저 들어 보자.

12) 용변 부동본(用變 不動本)

용변 부동본(用變 不動本)
변함은 쓰임의 변함일 뿐, 근본의 움직임은 아니다.

지금부터의 설명은 사람에 대한 설명으로 보았다.

물론 우주 자체이자 구성원들인 만물에 대한 설명이기도 하다. 지금까지의 인(人)과 전혀 다르지 않다. 단지 그 만물 사이(人間)에 사람(人間)이 있을 뿐인 셈이다. 다만, 이렇게 천부경이 설하는 우주의 진리에 대하여 이러한 만물 가운데에서도 마땅히 사람이라야만 고개를 끄덕이거나 미소로써 화답할 만하지 않겠는가.

굳이 천부경을 이처럼 3부로 나누어서 살펴보는 이유는 천부경의 전개 순서와 흐름의 방향을 고려하여 이와 같은 구분이 타당하다고 보았기 때문이다. 즉, 우주의 생성 원리를 설하여 세상의 근본 원리(天)를 밝히고, 우주의 흐름에 대한 이치를 설하여 세상의 운행 이치(地)를 드러내며, 만물(人)의 본래면목에 대하여 설함으로써 사람의 존재 의미와 더불어 마땅히 지향해야 할 길을 제시하는 것으로 보았기 때문이다. 결국 사람에 대하여 설하는 것으로써 이 거창한 우주론의 방점을 찍은 것으로 이해한 셈이다.

물론, 이러한 구분은 그저 또 다른 분별의 하나일 뿐, 실제로는 처음부터 끝까지 연속되어서 이어지는 큰 의미의 흐름을 유유히 이어 간다. 어찌 보면, 이러한 구분 또한 일종의 쓰임으로서의 변함일 뿐, 근본의 움직임을 의미하는 것은 아닌 셈이다.

용변 부동본(用變 不動本)
변함은 쓰임의 변함일 뿐, 근본의 움직임은 아니다.

이 변함은 어떤 변함을 말하는 것일까.
앞 구절에서 언급한 만 가지의 오고 감이라는 변함일 것이다. 그 의미를 연동하여 이해해 보면 이렇게 보인다.
이러한 만 가지의 오고 감은 쓰임의 변함일 뿐, 근본의 움직임은 아니다.
모든 것은 태초의 의지가 만 가지의 오고 감으로 변한 모습이지만, 이러한 변함은 어떤 쓰임으로서의 변함일 뿐, 근본의 움직임을 의미하는 것은 아니라는 것이다. 근원으로서의 본질과 변함으로서의 현상은 주체와 대상으로 분리될 수 없는 것이되(애초에 둘이 아니다), 그렇다고 해서 이러한 변함이 곧 본질의 변함을 의미하는 것은 아니라는 말인 셈이다.
아마도 우주와 만물의 실체는 근원으로부터 비롯된 현상으로서의 존재함이지만, 이러한 변화가 근원 자체의 변함을 의미하는 것은 아니며, 다만 어떤 쓰임의 작용이 있는 변함이라는 말일 것이다.
달리 보면, 현상으로서의 만물은 비록 불변의 고정된 실체가 아니지만, 그 현상의 작용은 있다는 말과 다르지 않은 셈이니, 이러한 현상은 그저 단순한 무상(無常)함의 덧없는 현상이 아니라, 그 현상의 작용으로부터 분명한 쓰임의 역할이 부여된 존재함이라는 말이기도 한 셈이다. 마치 작자(作者)는 없으나 업보(業報)는 있다는 말처럼 말이다.

사실 이 구절과 유사해 보이는 구절이 이미 앞에서 한번 등장한 적이 있었다.
석삼극 무진본(析三極 無盡本).
세 가지의 지극함으로 나뉘었으나, 근본은 다함이 없다.

용변 부동본(用變 不動本).

변함은 쓰임의 변함일 뿐, 근본의 움직임은 아니다.

태초의 의지는 삼극으로 나뉘어 그 묘하고 넉넉한 작용으로부터 우주라는 현상, 즉 만 가지의 오고 감으로 발현되지만, 이러한 나뉨이 본질의 다함을 의미하는 것은 아니며, 그 만 가지의 움직임 또한 쓰임으로서의 변함일 뿐, 근원의 움직임을 의미하는 것은 아니라는 것이다.

장주가 꿈에 나비가 된 것인가, 나비가 꿈에 장주가 된 것인가(胡蝶之夢爲周與 周與 胡蝶). 장주와 나비는 겉보기에 반드시 구별이 있기는 하지만 그것이 곧 절대적인 변화를 의미하는 것은 아니니, 이러한 변화를 일러 만물의 변화라고 한다(則必有分矣 此之謂物化), 하였다.

천부경은 여기에 더하여 이러한 변함은 단순한 변함이 아니라 쓰임의 작용이 있는 변함이라고 한다.

물이라는 본질은 구름이 되고, 비가 되며, 강물이 되고, 바다가 되어서 다시 구름으로 변화하는 현상으로서의 변함이 있게 된다. 아마도 이것이 쓰임의 변함일 것이다. 당연히 물이라는 본질은 그저 여전히 물(H_2O)일 뿐, 애초에 변하거나 움직인 바가 없는 것일 터이고 말이다.

삼라만상의 만 가지 오고 감 또한 이러한 현상으로서의 변함일 터이니, 이러한 모든 변함은 어떤 쓰임의 작용이 있는 변함일 것이되, 당연히 근원이나 본질 자체의 변함을 의미하는 것은 아닐 것이다.

세상의 모든 것은 변하기 마련이라고 한다. 단 한 가지만을 제외하고서 말이다. 즉, 모든 것은 변하기 마련이라는 한 가지 사실만을 제외하고서 나머지의 모든 것은 변한다는 것이다. 변한다는 사실만이 오히려 유일하게 변하지 않는 진실인 셈이다.

예로부터 천지는 만물이 머무는 역려(逆旅)이고, 시간은 고금에 지나가는 손님일 뿐이라고 하였다. 나아가 천만 가지의 온갖 변화들도 사실은 고저, 장단, 강약, 완급을 이루는 것에 불과하니, 무언가를 이루었다는 것은 바로 이러한 변화를 이룬 것에 지나지 않는다는 것이다.

절대적일 것만 같은 시간과 공간이라는 세상의 기본적인 틀마저도 사실은 불변의 성질을 가진 무엇이 아니라고 한다. 시간과 공간도 별개의 것이 아니며, 서로 밀접하게 얽혀 있어서 관측자의 운동에 따라서 시간의 흐름이나 공간의 측정값도 달라질 수 있다는 것이다. 크게 보면, 이 또한 관계와 연계의 흐름 가운데 나타나는 현상의 하나로 볼 수도 있는 셈이다. 어떤 쓰임의 작용이 있는 현상으로서 말이다.

이처럼 크고 거창한 것부터 주변의 작고 사소한 것들까지 나름대로 이리저리 대입해 보아도 딱히 반박하기 어려워 보이니 아마도 이는 진실일 것이다.

그렇게 우리가 사는 세상에는 영원하고 불변하며 고정된 실체는 어디에도 없다고 한다. 다만 그렇게 보이는 것 같은 투영된 이미지와 받아들이는 관념이 있어서 그렇게 착각하고 있을 뿐이라는 것이다.

물론, 그렇다고 해서 이러한 변함, 즉 흐름으로서의 현상 자체가 허망하다는 의미는 아닐 것이다. 이처럼 끊임없이 변해 가는 무언가에 지나치게 집착하는 것이 부질없다는 의미일 수는 있어도 말이다. 왜냐하면, 이 또한 분명한 쓰임으로서의 역할이 부여된 변함이자 현상일 것이기 때문이다.

그러므로 모든 것이 변하기 마련이라는 말은 세상의 진실 가운데 하나이지만, 그 쓰임에 있어서는 신중을 기해야 되는 말이라고 한다. 대개의 진실이 그러하듯이 이 또한 잘못 사용하면 때로는 심각한 결과를 불러올 수 있는 말이기도 하기 때문이다.

현상으로서의 변함이 근원이나 본질의 변함을 의미하는 것은 아닐 것이다. 그러나 이러한 변함은 단순히 현상으로 그치는 변함 또한 아닐 것이다. 달리 보면 이러한 현상의 작용, 즉 변함의 쓰임으로부터 전체의 중심 의지를 형성하는 변함이기도 하기 때문이다. 현상과 부분으로서는 별개이지만 근원과 전체로서는 오히려 하나인 셈이니, 바로 이러한 쓰임의 작용으로부터 세상을 감싸 순환하는 흐름에 일정한 변화를 이루어 내는 변함이기도 한 것이다.

그러므로 이러한 진실을 가공하지 않고 그저 있는 그대로 보아서 마땅히 변하기 마련인 어떤 현상들에 대하여 지나치게 집착할 바가 없다고 받아들이거나, 혹은 이로부터 현상으로서의 자신을 이해하거나 그 현상의 바람직한 쓰임의 작용에 대하여 고민해 보는 계기로 삼으면 그만일 것이나, 이를 잘못 이해하여 사사로이 이용하게 되면 더러는 심각한 부작용을 불러올 수 있는 말이 되어 버리기도 한다. 때로는 허무주의에 빠지는 근거가 되기도 하고, 때로는 이기적인 목적을 정당화하기 위한 논리의 근거가 되기도 하며, 때로는 시류에 영합하기 위한 구차한 변명의 수단이 될 수도 있기 때문이다.

즉, 이러한 변함은 당연히 근원의 변함을 의미하는 것은 아닐 것이되, 동시에 근원과 둘이 아니기도 한 변함이며, 전체의 의지로 거듭나는 변함이자 그 의지를 구현해 내는 변함이기도 한 셈이니, 이를 함부로 남용하여 세상을 호도한다면 그 폐해가 자못 심각해질 수도 있다는 말이다. 바로 현상의 잘못된 쓰임에 대한 예인 셈이다.

본질과 현상에 대한 오해와 착각, 혹은 이로부터 비롯된 어긋난 의도나 왜곡이 이러한 쓰임의 오류를 불러오곤 한다.

어쨌든, 이러한 모든 변함은 우주가 탄생하고 생동하며 마쳐지는 흐름의 부분이자 과정으로서의 변함이기도 할 것이다. 즉, 이러한 변함은 만물의 실체로서의 속성에 따르는 생멸의 거듭남이나 의식으로서의 속성에 따르는 순환의 이어짐이 있게 되는 변함이기도 한 셈이니, 작게는 세상 만물의 생멸과 윤회라는 현상을 포함하여 크게는 이전의 우주가 새로운 우주로 거듭나는 현상까지도 포함하는 거대한 쓰임으로서의 변함이기도 한 셈이다.

결국, 이러한 만 가지의 오고 감 자체가 사실은 태초의 의지의 쓰임이기도 한 셈이며, 그 변함 자체가 곧 변함의 원인인 동시에 결과이기도 한 셈이다.

달리 보면, 이러한 변함은 우주의 생멸과 순환의 이어짐이라는 흐름의 과정에서 우주를 더 나은 무엇으로 완성해 가기 위한 쓰임으로서의 변함일 수도 있는 셈이다. 물론, 이러한 흐름의 과정에는 우리의 의지와 행위가 있는 것일 터이고 말이다.

어쩌면 근원의 의지나 전체의 의지, 혹은 우주라는 이름의 네트워크가 지향하는 흐름의 방향도 이러한 방식으로 결정되는 것인지도 모를 일이다. 스스로 그러함(自然)이라는 방식 말이다.

즉 세상의 만물은 태초의 의지로부터 비롯된 쓰임의 변함인 동시에, 이러한 쓰임의 방향을 결정하고 실현하는 것 또한, 그 쓰임으로서의 세상 만물의 의지와 행위에 달린 것이기도 한 셈이다.

주체와 대상, 본질과 현상, 원인과 결과가 따로 있는 것이 아니라, 다만 원래 그러하고 스스로 그러한 관계와 연계의 흐름이 있을 뿐이니, 이러한 변함은 그저 변함으로 그치지 않는 변함인 셈이고, 그 근본의 움직이지 않음 또한 단지 움직이지 않음으로 그치지 않는 움직이지 않음인 셈이다.

그렇게 본래의 하나로부터 비롯된 만 가지의 오고 감은 그 자체로 세상의 의지를 형성하거나 구현해 내기도 하면서 근원의 의지를 실현해 가는 것이라고 한다. 우주는 바로 이러한 크고 작은 변화의 흐름으로써 모든 것을 이루어 내는 셈이니, 그렇게 존재하는 모든 것은 그 묘한 흐름의 소용돌이 속에서 태어나서 생동하다 마쳐지기도 하고, 순환하여 작용하다 이어지기도 하면서 나름의 역할을 다하고 있는 셈이다. 아마도 이러한 방식으로 우주와 만물의 처음과 중간과 끝을 하나로 엮어 내는 것이 바로 태초의 의지의 묘하고도 넉넉한 작용일 것이다.

어쩌면, 이러한 쓰임 가운데 문득 자성의 의지를 자각한 존재들이 우주에 나타나게 되는지도 모를 일이다. 이로부터 세상의 흐름에 조금 더 적극적인 변화를 더하게 됨으로써 그 쓰임의 작용을 보다 능동적인 형태로 구현할 수 있게 되는 것일 터이니 말이다.

그렇게 우리의 우주는 근원과 현상, 부분의 하나와 전체의 하나가 둘이되 하나이기도 하고 하나이되 둘이기도 하며, 원인이자 결과이기도 하고 대상이자 주체이기도 하며, 쓰임이자 쓰임의 본질이기도 한 묘한 형태의 흐름으로 존재하는 것이라고 한다.

한편, 우리의 세상은 비국소적인 형태의 네트워크로 구성된 관계와 연계의 흐름이라고 한다. 시간과 공간은 물론이거니와 이러한 일체의 상대적 분별을 떠난 의식으로서의 속성이 이루어 내는 변화의 흐름이라는 것이다.

그렇다면 이러한 속성을 근원으로 하는 우리는 어찌하여 그 처음과 중간과 끝이 있고 원인과 과정과 결과가 있는 시공의 틀에 갇힌 채, 그 상대적 분별의 세상을 살아가는 것일까.

아마도 그 절대의 네트워크가 이루어 내는 상대적 현상으로서의 존재함이기 때문일 것이다. 마치 2차원의 면들이 부분이 되고 과정으로 되어서 3차원의 세계를 이루듯이, 그 시공을 초월한 상위 차원을 이루는 부분이자 과정으로서 말이다. 즉, 이러한 변함은 쓰임의 변함일 뿐, 근본의 움직임은 아닌 셈이며, 어쩌면 우리는 이러한 차원의 겹침 속에서 그 부분을 이루는 한정된 세계를 살아가는 존재들인지도 모를 일이다. 본질과 현상, 원인과 결과가 둘이되 하나이기도 한 묘한 흐름의 현상으로서 말이다.

아마도 우리가 이러한 현상의 근원과 현상을 이루어 내는 원리와 현상의 이치와 현상 자체를 하나로 인식해 내는 것이 필요한 이유이기도 할 것이다.

세상은 변함으로써 항상성을 이루어 내고, 다양함으로써 일체를 이루어 낸다고 한다. 어쩌면, 이러한 현상의 변함 또한 근본의 움직인 바 없음으로써 변함이 없게 되고, 근본의 움직이지 않음 또한 그 현상의 변함으로써 움직임이 있게 되는지도 모를 일이다.

예로부터 지극한 조화의 기운을 타고 노닐어 스스로 그러함에 오묘하게 부합하니 형상 없이 나타나고 함이 없이 만물을 지으며 말없이 행한다, 하였다. 아마도 그렇게 함이 없으나 하지 않는 것이 없는 것으로써(無爲而無不爲) 스스로 그러한 천의무봉(天衣無縫)의 원만한 흐름을 이루어 내는 것일 터이다. 그 무위(無爲)와 유위(有爲)의 법과 이치를 떠나서 말이다.

용변 부동본(用變 不動本)

변함은 쓰임의 변함일 뿐, 근본의 움직임은 아니요.

깃발이 펄럭인 것인가, 바람이 분 것인가, 마음이 움직인 것인가, 그도 아니면 이러한 분별의 상(像)이 일어난 것인가, 하였다.

근원과 변함, 본질과 현상, 전체와 개체, 원인과 결과, 과거와 미래, 생과 멸, 나와 너, 주체와 대상, 삼매와 번뇌, 안과 바깥이 어째서 모두 둘이되 둘이 아니고, 하나이되 하나가 아니라고 하는가.

태초의 하나로부터 비롯되었기 때문인가.

그 현상으로서의 존재함이기 때문인가.

중중무진한 인과의 그물에 얽혀 있기 때문인가.

세상을 감싸 순환하는 운행의 고리 때문인가.

본래의 하나로 돌아가기 때문인가.

이 또한 분별의 하나이기 때문인가.

만법이 하나로 돌아가니(萬法歸一), 그 하나는 어디로 돌아가는가(一歸何處), 하였다.

用變 不動本(용변 부동본)
변함은 쓰임의 변함일 뿐, 근본의 움직임은 아니요.

파도가 출렁이는 것일 뿐, 물은 본래 움직인 바가 없다고 한다.

다만, 이러한 파도는 쓰임의 변함이며, 그 출렁임에는 사람의 의지와 행위가 있다고 한다.

13) 본심 본태양앙명(本心 本太陽昂明)

본심 본태양앙명(本心 本太陽昂明)
마음의 본성(本心)은 밝음이 드러나 크게 빛남을 근본(本太陽 昂明)으로 한다.

이 본래의 마음(本心)은 무엇의 마음인가.

앞 구절의 하나의 마음이자 쓰임의 변함인 삼라만상의 마음이기도 할 것이다. 즉, 이 본래의 마음(本心)은 근본의 마음(本心)인 동시에 삼라만상의 마음 본성(本心)이기도 한 셈이다.

태초의 의지로부터 비롯된 만 가지의 오고 감 가운데에 생명체들이 등장하게 되니, 그 자성의 의지와 행위들은 우주 운행의 흐름에 지향적인 흐름을 형성하여 일정한 변화를 더하기 마련이라고 한다.

그러므로 생명체라는 존재는 우주의 묘하고도 넉넉한 작용과 조화의 끝에 피워 낸 한 송이 꽃이라 할 만한 존재들일 것이며, 능히 우주의 진화 과정에서 나타난 상위의 결과물이라 할 만한 존재들일 것이다. 쓰임의 변함 중에서도 가히 정점을 이룬 존재라 하여도 크게 틀린 말은 아닌 셈이다.

아메바(amoeba)의 마음이 어떤 마음인지는 잘 모르겠으나, 어쨌든 이러한 생명체 중에서도 다시 정점을 이룬 존재가 사람(일단 그렇다고 가정해 보자)이라고 본다면, 우주의 삼라만상 가운데에 사람이라는 존재를 제외하고서 마음이라는 것을 논하기는 어려워 보인다.

물론, 모든 것은 태초의 의지로부터 비롯된 관계와 연계라는 변화의 흐름, 즉 현상으로서의 존재함일 터이니 근본적으로 만물과 사람의 마음이 다른 마음은 아닐 것이다. 따라서 이 마음은 당연히 근원의 마음이자 만물의 마음 본성일 것이되, 다만 그중에서도 우리는 사람의 마음 본성에 대하여 조금 더 주목해 보자는 말이다.

그런데 과연 사람 마음의 본성 자리는 이처럼 본래의 밝음이 드러나서 크게 빛난다고 할 수 있는가.

예로부터 이러한 마음의 본성에 관한 문제는 수많은 현자들의 고민거리였거니와, 따라서 여러 가지 설들을 낳게 하는 주제가 되기도 하였다고 한다.

유가(儒家)에서는 비록 성선설(性善說)과 성악설(性惡說)로 구분된다고는 하지만,

이러한 두 가지 설들은 결국 배움과 자기 수양의 노력으로써 내면의 선함을 회복하고, 자신의 본래 그러한 참 성품을 고양해 내는 것을 지향하였다고 한다.

선가(仙家)에서는 그 선이나 악이라는 개념 자체가 어떤 불변의 기준에 의해서 정해지는 것이 아니라 주관적이고 상대적인 개념에 불과하니, 이러한 인위와 분별에 휘둘리지 말고 오직 천도를 따라 수행함으로써 무위자연(無爲自然)한 본래의 마음, 즉 만선(萬善)이 동귀(同歸)한 선천성명(先天性命)의 자리에 이르기를 지향하였다고 한다.

또한, 불가(佛家)에서는 "본래 한 물건이 있어 그 크고 밝고 충만함이 능히 삼계를 비추어 포용하고도 남음이 있는데, 다만 이는 길러서 이루는 것도 아니요, 쌓아서 이루는 것도 아니요, 채워서 이루는 것도 아니요, 오직 비우고 비워서 드러냄이라" 하였다. 이른바 불성(佛性)에 관한 여러 비유 중의 하나라고 한다.

중요한 것은 이미 갖춰져 있다는 것이다. 모두가 사람 마음의 본성에는 이미 완전함이 갖춰져 있으며, 이러한 본래의 참 성품을 고양하거나 회복해 내는 것이야말로 마땅히 지향해야 할 최고의 가치로 보았던 것이다.

성현들의 가르침인 유불선(儒佛仙)이 모두 이와 같다고 한다. 과연 걷는 길의 이름이 무엇이 되었든 최종적인 목적지는 한결같았던 셈이다.

예로부터 근본을 찾아 변화에 응하고 이치에 순(順)하여, 도(道)가 사람에게 이르지 못하여 생긴 공백을 채우고 일깨우는 것이 유가의 가르침이요, 삼라만상에는 전후가 있으며 제과(諸果)에는 시인(始因)이 있음을 바로 보아서 전도된 망상과 헛된 집착을 버리고 자신의 본성 자리를 알아 가는 것이 불가의 가르침이며, 작위로써 구별하지 말고 무위로써 행하여 스스로 그러하고 본래 그러한 자리에 이르는 것이 선가의 가르침이니, 유(儒)로써 생각하는 힘을 기르고, 불(佛)로써 마음을 밝히며, 선(仙)으로써 양생하라 하였다.

과연 옛사람들의 지혜는 이와 같았다고 하거니와, 그 한결같았던 지향점의 방향에 어찌 어긋남이 있겠는가.

천부경에서는 이렇게 말한다.

본래 그러하다. 어떤 인위가 더해져서 만들어지는 밝음이 아니라, 본성 자체가 그러하다. 즉 근원으로부터 비롯된 본래의 밝음이 드러나서 크게 빛나는 이 마음은 만물의 원래 그러한 마음의 본성(本心) 자리이다. 선악이나 어둡고 밝음의 상대적인 밝음, 혹은 원인과 조건에 의한 밝음이 아니라, 이러한 분별이 일어나기 이전인 근원으로부터 부여된 본성(本心)의 드러남이다. 아마도 세상 만물은 모두가 태초의 의지로부터 비롯된 현상으로서의 존재함인 동시에 그 태초의 의지와 둘이지만 하나이기도 한 존재들이기 때문일 것이다.

옛말에 이르기를, 육주(六洲)는 억만 생령을 모두 용납할 만큼 크고, 오양(五洋)은 천하의 물을 모두 용납할 만큼 크며, 하늘은 세간의 만물을 모두 용납할 만큼 크고, 우주는 일월성신을 모두 용납할 만큼 크지만, 마음은 이러한 대천세계를 모두 용납할 만큼 크다. 만도천법(萬道千法)이라 하지만 사람의 마음이 제일 위로서, 그 마음이 밝으면 세상이 밝아지고, 그 마음이 어지러우면 세상도 어지러워지며, 그 마음이 맑으면 세상이 맑아지고, 그 마음이 탁하면 세상도 탁해진다, 하였다.

그렇다면 이러한 본래의 밝은 마음은 어찌하여 있는 그대로 현실의 일상에 드러나지 않아서 평범한 우리는 여전히 어둠 속 미망의 세계를 벗어나지 못하는 것일까.

불가에서는 이를 해인일심(海印一心)으로 표현한다고 한다. 마음이란 온갖 커다란 격랑들을 겪은 후 잔잔해진 바다 위에서 둥근 달이 일그러지지 않은 채 도장이 새겨지듯이, 즉 그 바탕이 고요하고 평온해져야 드러나게 된다는 것이다.

거기에는 일체의 생각이 모두 사라져서 거울처럼 고요한 바다만이 남아 있어야 한다고 한다. 거친 격랑이 치는 바다에는 온전한 달의 모습이 비칠 수 없기 때문이다. 그때에야 비로소 있는 그대로의 본래 그러함이 드러나게 된다는 것이다.

그렇다면, 어떻게 해야 그 거친 마음의 파도에서 고요함을 이룰 수 있을까.

응무소주 이생기심(應無所主 而生其心)이라고 한다. 응당 머무는 바 없음에 마음을 내라는 것이다. 그 고요하고 평온해지고자 하는 마음에서조차 말이다. 아마도 이처럼 마음을 일으키되 능히 머무르지 않을 수 있을 때 일체의 분별을 떠날 수 있게 된다는 말일 것이다.

그렇게 마음의 걸림이 없는 상태에 이르러야 자신의 원래 그러한 본래면목도 드러나게 된다고 한다.

천부경에서는 이러한 마음의 본성 자리를 선악이나 좋고 나쁨, 혹은 맑고 흐림이나 거칠고 고요함이 아닌, 단지 본래의 밝음이 드러나서 크게 빛나는 모습으로 표현하고 있다.

그렇다면 왜 하필 그 마음의 본성 자리를 이처럼 본래의 밝음이 드러나서 크게 빛난다는 표현으로 정의하였을까.

예로부터 빛은 지혜의 상징이었다고 한다. 우리가 살아가는 어둠 속 미망의 세계, 즉 오해와 착각의 세상은 이러한 지혜의 밝은 빛으로만 밝힐 수 있다고 보았기 때문이다.

태양의 빛은 만물에 생명을 불어넣기도 하지만, 너무 과하거나 모자란 빛은 오히려 생명을 살 수 없게 하거나 해치게 될 수도 있다고 한다. 또한, 중도에 장애물을 만나면 통과하지 못하며, 그렇게 도달한 빛도 대략 수심 200m를 넘지 못한다고 한다. 즉, 적당한 밝음과 한정된 범위가 유익함의 조건인 셈이다.

그러나 지혜의 빛은 밝으면 밝을수록 더욱더 만물을 이롭게 하고 어떠한 장애나 걸림도 없어서 온 세상에 미치지 않는 곳이 없다고 한다. 크게 빛날수록 자신과 남과 세상을 두루 이롭게 하는 빛이라는 것이다.

그렇다면, 이러한 지혜의 밝은 빛을 본성으로 하는 우리는 어째서 여전히 오해의 혼돈과 착각의 어둠 속을 헤매는 것일까.

어느 날 밤 가족이 거실에 모여서 담소를 나누던 중 갑자기 전등이 꺼졌다고 가정해 보자.

비록 어둠에 가려서 보이지는 않지만, 그 자리에 거실이나 부모 형제가 존재한다는 것은 분명한 사실일 것이다. 어둠이나 밝음과는 상관없이 원래 그 자리에 있었던 것들이니 말이다.

문득 전등이 다시 켜졌을 때, 즉 어둠이 문득 사라졌을 때 우리는 본래 그 자리에 있던 모든 것이 명백하게 드러남을 보게 된다.

어둠은 실체가 있는 것이 아니라, 다만 빛의 부재 상태를 일컫는 말이라고 한다. 이른바 무명(無明)의 상태인 셈이다.

지혜의 빛이 밝게 빛나는 순간 이러한 무명의 세계는 저절로 사라지게 된다고 한다. 우리의 본래 그러한 참 성품을 가리고 있던 온갖 오해와 착각이라는 무명의 사라짐도 이와 같으며, 그렇게 자신의 본래면목도 저절로 드러나게 된다는 것이다.

아마도 그래서 밝음일 것이다. 이러한 어둠과 밝음이라는 분별이 일어나기 이전, 즉 근원으로부터 비롯된 본래의 밝음이 드러나서 크게 빛나는 지혜의 밝음 말이다.

천부경은 말한다. 이러한 본래의 밝음이 드러나서 크게 빛나는 자신의 마음 본성을 바로 아는 순간, 즉 자신이 원래 이러한 존재임을 자각하는 순간, 그렇게 마음의 눈을 가리고 있던 온갖 무명들은 저절로 사라지게 될 것이며, 자신의 본래 그러한 참 성품 또한 그렇게 저절로 드러나게 될 것이다.

예로부터 지혜는 헤아리고 견주어 봄으로써 얻어지는 것이 아니라, 이러한 분별 자체를 뛰어넘는 것으로부터 나오는 것이라고 하였다. 천부경의 말처럼 그야말로 이러한 일체의 분별이 일어나기 이전인 근원으로부터 비롯된 밝음의 드러남인 셈이다. 그래서 더욱 크게 빛나는 지혜의 밝음일 터이고 말이다.

用變 不動本(용변 부동본)
변함은 쓰임의 변함일 뿐, 근본의 움직임은 아니요,
本心 本太陽昻明(본심 본태양앙명)
마음의 본성은 밝음이 드러나 크게 빛남을 근본으로 함이라,

사람이란 마음의 본성 자리가 본래 이러한 존재들이라고 한다. 이를 스스로 알아채어 체득하기만 한다면 말이다.

그렇다면, 이러한 마음의 본성 앞에서 드러나는 우주와 만물 그리고 사람의 진면목은 어떤 모습일까.

14) 인중 천지일(人中 天地一)

인중 천지일(人中 天地一)
만물 가운데(人中) 천지가 하나(天地一)이다.

일(一)의 의미를 단순한 숫자의 역할인 하나로 이해하면 이렇게 해석된다고 한다.

하지만, 이제 와 새삼스레 이 구절에 나오는 일(一) 하나만큼은 문맥상의 숫자를 의미하는 단순한 하나라고 말할 필요는 없어 보인다. 지금까지 살펴본 바에 의하면 하나라고 표현된 태초의 의지(一)는 천부경의 처음과 끝을 함께하는 단어이며, 천부경 전체를 관통하는 핵심 단어(Keyword) 중의 하나이기 때문이다.

그 하나에게 원래의 의미를 부여하면 이런 의미가 된다.

인중 천지일(人中 天地一)
만물 가운데(人中) 우주의 섭리(天)와 만물의 이치(地)와 태초의 의지(一)가 깃들어 있다.

이렇게 보는 것이 타당하다고 여겨진다. 혹은 천부경의 재치와 해학으로 볼 때 이러한 두 가지의 쓰임 모두를 의미하는 것이거나 말이다.

만물(人) 가운데 우주의 섭리(天)와 만물의 이치(地)가 하나라면, 아마도 현상 가운데 현상을 이루어 내는 원리와 현상의 이치가 둘이 아니라는 의미가 될 것이다.

여기에서 한 걸음 더 나아가 태초의 의지(一)마저도 하나라면, 이러한 현상 가운데 현상을 이루어 내는 원리와 현상의 이치와 더불어 그 현상의 근원까지도 본래 둘이 아니라는 의미가 될 것이다.

근원과 변함이 둘이 아니라는 말인 셈이니, 그렇게 본질은 현상 너머의 것이되 그렇다고 현상을 떠나서 따로 있는 것도 아니라는 말인 셈이다. 혹은 태초의 의지와 우주의 섭리와 만물의 이치와 만물이라는 것의 실체가 따로 있는 것이 아니라, 다만 지금 여기에서 있는 그대로의 이것뿐이라는 의미이거나 말이다. 단지 그 이름이 태초의 의지이고 우주의 섭리이며 만물의 이치이고 만물일 뿐이라는 말일 수도 있는 셈이다.

달리 보면, 원인과 조건과 결과가 모두 하나라는 말일 수도 있는 셈이니, 어쩌면 그래서 더욱 만물 가운데 태초의 의지와 우주의 섭리와 만물의 이치는 하나일 수밖에 없는 것인지도 모를 일이다.

그러므로 이 구절은 이렇게 이해하기로 한다.

인중 천지일(人中 天地一)
만물 가운데 우주의 섭리와 만물의 이치와 태초의 의지가 하나이다.

그렇게 사람은 누구라도 온 우주를 오롯이 품은 존재들일 수밖에 없다고 한다. 우리가 바로 우주의 주체이자 주인공들이라는 것이다. 지금 여기에서의 있는 그대로 말이다.

과연 이보다 더한 인간 존중의 찬사를 겸한 당위성을 세상 어디에서 다시 찾아볼 수 있겠는가.

당연한 말이지만, 단지 사람뿐만 아니라 우주와 삼라만상이 모두 이러한 존재임을 말하는 것일 터이다.

아무튼 천부경은 끝내 이 한마디를 하고 싶었던 것으로 보인다. 어쩌면, 이 한마디를 위해서 우주의 처음과 끝이 필요했는지도 모를 일이다.

달리 보면, 이 구절은 그렇게 씨앗이 되어서 자라나고 꽃으로 피어났던 삼태극 사상이 마침내 열매를 맺는 광경이기도 하다.

어째서 만물 가운데에 우주의 섭리와 만물의 이치와 태초의 의지가 하나인가에 대하여 새삼스레 다시 언급할 필요는 없어 보인다. 앞의 문장들이 이를 향해 달려왔기 때문이다. 필요하다면 천부경의 이전 구절들을 다시 한번 돌아보면 되는 일일 것이다.

우리의 몸을 이루는 원자들의 98%는 1년 안에 거의 교체된다고 한다. 물론, 이러한 교체 주기는 신체의 부위마다 조금씩 다르다고 한다. 뇌세포의 일부와 심장 근육의 일부, 눈의 수정체 일부는 태어났을 때의 원자가 그대로 유지되지만, 다른 부위는 모두 바뀐다고 한다.

세포의 단위에서 보면, 세포 전체가 바뀌는 기간은 내장의 표면 세포는 5일, 피부는 2주, 핏속의 적혈구는 120일마다 바뀌며, 간의 경우에도 1, 2년 정도면 모두 교체되고, 뼈는 10년, 근육이나 다른 내장들도 대략 15년에서 16년 정도면 남김없이 모두 교체된다고 한다.

결국, 연세 지긋하신 어르신들도 실제의 원자나 세포의 나이로 보면, 어린아이와 크게 다르지 않은 셈이다. 물론, 이러한 세포들의 염색체 끝단에 자리하고 있다는 텔로미어(Telomere) 염기쌍과 같은 요소들을 고려하지 않는다면 말이다.

다르게 보면, 이러한 세포 간에 일어나는 생멸의 반복과 순환의 이어짐이라는 변화의 흐름 가운데 각 세포들의 의지와 행위의 합이 우리의 의지가 된다. 또한, 이러한 중심의 의지는 다시 각 세포들의 의지와 행위로 발현되어서 우리 몸의 상태를 결정하거나, 그 전체의 의지를 구현하게 된다.

즉, 우리의 몸에서는 끊임없이 세포들의 생멸(이러한 순리를 거부하는 세포가 암세포라고 한다)과 순환의 이어짐이 일어나고 있으며, 이러한 세포들의 의지와 행위의 합이 우리의 몸을 감싸 순환하는 운행의 고리를 이루고 있는 셈이다. 전체를 이루는 부분이자 과정으로서의 존재함과 부분으로서의 각자는 서로 다르지만 전체로서는 오히려 하나인 관계와 연계라는 네트워크의 흐름으로서 말이다.

이러한 관점에서 보면 의학계의 일부 의사들 사이에서 제기되는 '장기(臟器)의 기억(장기를 이식받은 환자가 장기를 이식해 준 사람의 일부 기억이 떠오르거나 성격을 닮아 가는 현상)'에 관한 의문도 어쩌면 당연한 현상으로 보이기도 한다.

 아무튼 이러한 현상들을 조금 더 들여다보면, 기본 구성 인자라 할 수 있는 원자들의 합인 분자, 분자들의 합인 세포들, 그 세포들의 합인 신체의 여러 부위와 기관들(우리의 뇌도 맡은 역할과 중요도를 떠나서 임무를 수행하는 기관 중의 하나이다) 그리고 이러한 각각의 부위와 기관들의 합이 바로 우리가 몸이라고 부르는 것의 실체라고 한다. 부분을 이루는 각각의 개별적이고 단위적인 흐름들이 상위의 흐름을 이루어 내는 과정이 되는, 즉 유사 프랙털 구조의 지향적이고 순환적인 흐름을 이루면서 말이다. 즉, 이 중에서 딱히 어느 것 한 가지만을 꼭 집어서 나라고 부를 만한 것이 사실은 존재하지 않는다는 것이다.
 마찬가지로 이렇게 한순간도 머물러 있지 않고 1초에 수만 개의 세포가 생멸을 반복하거나 순환되어서 이어지는 변화의 흐름 가운데 딱히 어느 한순간만을 꼭 집어서 나라고 주장할 만한 근거도 사실은 없다고 한다.
 물론, 이처럼 나라고 할 만한 것이 따로 없기에 내가 아닌 것도 없으며, 나라고 할 만한 순간이 따로 없기에 내가 아닌 순간 역시 없는 것이라고는 하지만 말이다.
 과연 불변의 고정된 실체로서의 존재함이 아니라, 다만 이러한 관계와 연계의 작용으로부터 일어나는 변화의 흐름, 즉 현상으로서의 존재함인 셈이다.

 그렇게 우리의 몸에는 무려 삼십조 개가 넘는 세포들이 의식의 네트워크로 연결되어서 하나의 군체, 혹은 하나의 단위 세상을 완성해 낸 것이 우리가 몸이라고 부르는 것의 실체라고 한다. 물론, 이러한 세포들과 맞먹는 수의 온갖 미생물들이 우리의 몸에서 하나의 생태계를 이루며 활동하고 있기도 하고 말이다.
 어쩌면, 이러한 단위 네트워크의 운용 시스템이 서서히 흐려지는 현상이 바로 노화라는 현상의 본질이고, 이러한 네트워크의 조화와 균형이 깨진 상태가 질병이라는 현상의 본질이며, 마침내 그 단위 네트워크의 시스템이 정지되는 것이 바로 실체로서의 죽음이라는 현상의 본질인지도 모를 일이다.

물론, 이러한 현상으로서의 존재함, 즉 실체로서의 속성이 마쳐진 가운데 의식으로서의 속성은 순환되어서 같지만 다른 새로운 단위 네트워크의 집합으로 거듭나는 것이 바로 탄생이라는 현상인지도 모를 일이고 말이다.

이러한 단위 집합들의 초기 결합 과정을 살펴보면, 배아의 세포 분열 과정에서부터 특정 단계에 잠시 멈추었다가 다시 분열하거나, 혹은 뚜렷한 경계선을 긋기 어려운 연속 과정으로 인간의 진화 역사를 그대로 반복하게 된다고 한다. 마치 순환되어서 새로 출발하게 된 어떤 정보의 집합체, 혹은 의식의 단위 네트워크가 지금이 있기까지의 과정을 압축하여 진행함으로써 그 네트워크의 지나온 인과를 반영하여 진화의 정도를 어느 단계까지 진행할지, 혹은 어떤 상태로 거듭날지에 대하여 확인 절차라도 거치듯이 말이다.

물론, 이러한 초기 단계에서부터 각 세포들 사이에는 긴밀한 관계와 연계 그리고 이에 따르는 각자의 역할 분담이 이루어진다고 한다. 마치 하나의 군체가 내부 조직화를 통한 협력과 분업 체계를 구축하여 각자의 쓰임을 부여함으로써 전체의 효율을 높이거나, 이로부터 부분과 전체가 다 함께 고양되어 가는 어떤 순환적이고 지향적인 시스템을 구현해 내기라도 하듯이 말이다.

한의학에서는 인간의 감정과 장부(五臟六腑)의 건강 상태는 서로 밀접한 연관이 있는 것으로 본다고 한다.

예를 들어 오장 중의 '신장'과 육부 중의 '방광'은 오행의 수(水)에 해당하는 기운을 가진 장기이므로 이러한 속성에 따르는 두려움이나 공포라는 감정을 주관하게 된다는 것이다.

따라서 이러한 장기들에 이상이 생기거나 선천적으로 약하게 타고나면 그 장기에 속한 감정들 역시 일정 부분 영향을 받을 수밖에 없게 된다고 한다.

이렇게까지 구체적이지는 않더라도 현대의 서양의학 역시 어떤 정신적 이상 상태와 특정 신체 기관의 건강 여부(호르몬 분비와 같은)는 직접적인 연관이 있는 것으로 본다고 한다.

만약 자신의 특정 감정 상태가 근래에 지나치게 과도하거나 저하되었다고 느낀다면 스스로의 멘탈(mental)을 자책하기에 앞서 자신의 건강 상태를 한 번쯤은 돌아볼 일이다. 어쩌면, 이 또한 우리 몸의 실체로서의 속성과 의식으로서의 속성 간의 균형과 조화, 혹은 의식의 네트워크라는 연결망의 상태 이상에서 기인한 문제인지도 모를 일이니 말이다.

어쨌든 우리는 이러한 다양한 현상들이 수시로 일어나는 변화의 흐름 속에서 오늘보다 나은 내일을 꿈꾸며 앞으로 나아가게 된다. 물론, 이러한 각자의 의지와 행위는 또 다른 규모의 네트워크를 이루는 단위계(界)로 수렴되어서 그 단위 세상을 이루는 흐름의 부분이 되고 과정으로 될 것이며, 이러한 흐름들이 또다시 수렴되고 확산되어서 마침내 온 우주를 아우르는 거대한 네트워크의 흐름으로 승화되어 자신과 우주를 고양해 가게 될 것이다. 그 즉시적이면서 지속적이기도 한 하나의 흐름, 즉 비국소적인 형태의 네트워크가 이루어 내는 흐름의 부분이자 과정으로서 말이다.

한편, 이러한 현상들의 기본 단위라고 할 수 있는 원자의 입장에서 보면, 이와는 또 다른 모습으로 비쳐 보인다고 한다. 수명이 아주 긴 원자들은 정말 여러 곳을 돌아다니기 때문이다.[5]

우리의 몸에 있는 원자들은 모두 우리의 몸속에 들어가기 전에 이미 몇 개의 별을 거쳐 왔을 것이며 수많은 물질과 생물들의 일부였을 것이 거의 확실하다고 한다. 우리는 정말 엄청난 수의 원자들로 구성되어 있을 뿐만 아니라, 우리가 죽고 나면 이 원자들은 모두 재활용될 것이 분명하기 때문이다.

따라서 우리의 몸속에 있는 원자들 가운데 상당수는 한때 단군이나 치우천황, 광개토대왕은 물론이고, 부처와 예수와 공자와 노자와 소크라테스를 포함하여 세종대왕이나 이순신, 안중근 등 우리가 기억하는 거의 모든 역사적인 인물들로부터 물려받은 원자들도 각각 수십억 개씩은 충분히 될 것이라고 한다. 물론, 이렇게 원자들이 재분

---

5   빌 브라이슨, 『거의 모든 것의 역사』, 이덕환, 까치글방, 2011년, 148쪽

배되기까지는 최소한 수십 년 이상의 시간이 필요하기 때문에 반드시 근래의 인물이 아닌 역사 속의 인물들이라야만 한다고 한다.

마찬가지로 우리가 생멸되고 순환하는 과정에서 우리의 몸이었던 원자들은 또다시 모두 흩어져서 다른 곳의 어떤 무엇으로 거듭나게 된다고 한다. 다른 사람의 일부가 될 수도 있고, 어느 산기슭의 이름 모를 들꽃으로 피어날 수도 있으며, 그 꽃잎에 맺힌 새벽녘 한 방울의 이슬이 될 수도 있음이다. 그러던 어느 날엔가 이 들꽃 한 송이는 문득 조심스레 말을 걸어오는 동향 출신의 원자들이 다수 포함된 누군가를 만나게 될지도 모르는 일이고 말이다.

세상의 만물이 생멸하고 순환하는 실제의 모습이 이와 같다고 한다. 과연 마음이나 영혼육백(靈魂肉魄)의 작용과 같은 고차원적인 문제가 아니라, 단순히 겉으로 드러나 있는 우리의 몸만을 대충 살펴보아도 가히 우주의 축소판이라 할 만하지 않은가.

어째서 사람들이 한 사람을 이해하는 것은 온 우주를 이해하는 것과 같다고 했는지 알 듯도 하다.

인중 천지일(人中 天地一)
만물 가운데 우주의 섭리와 만물의 이치와 태초의 의지가 하나라네.

이 구절은 만물과 사람의 실상에 대한 과감하고도 명쾌한 정의로 보인다. 한 점의 치장이나 보탬도 없이 진실을 날것 그대로 과감하게 드러내 보이는 천부경 특유의 거침없는 표현인 셈이다.

여기에 더하여, 천부경은 이러한 진실에 이르기까지의 과정을 하나하나 논리적으로 풀어서 자세히 설명해 주는 친절함마저 보여 준다. 그 지나치게 간결한 표현들에 대한 불만을 잠시 접어 둔다면 말이다.

태초의 의지는 그 묘하고도 넉넉한 작용 가운데 만 가지의 오고 감, 즉 우주라는 현상으로서의 변함이 있게 된다. 이러한 변함 중에 일부 개체들은 문득 자성의 의지를 자각하여 행위라는 특별한 형태의 움직임을 선보이기도 하고 말이다. 바로 자신의 존재함에 대한 1차적인 각성이 이루어진 상태인 셈이다.

그러던 어느 날엔가 이러한 생명체 중에서도 어떤 특이한 개체들은 기어이 현상으로서의 자신 가운데 우주의 섭리와 만물의 이치와 태초의 의지가 본래 하나임을 자각하여, 마침내 원래 그러하고 스스로 그러한 자신의 진면목을 문득 알아채게 되기도 한다. 바로 자신의 존재함에 대한 2차적인 각성이 이루어진 상태인 셈이다.

혹시 천부경은 이렇게 만물의 실상에 대하여 정의해 줌으로써 우리에게 그 2차적인 각성을 마저 촉구하고자 함은 아니었을까.

예로부터 자신을 바로 아는 것이야말로 진정한 자립을 구하는 유일한 길(知我求獨之一道)이라고 하였다. 땅속 굼벵이는 허물을 벗어 하늘을 나는 매미로 거듭나고, 갇혀 있던 번데기는 고치를 탈출하여 자유로운 나비로 거듭나게 되지만, 아마도 사람은 그렇게 다만 꿈속의 꿈에서 문득 깨어나 진정한 자신과 우주 주체로서의 격을 갖추게 되는 것일 터이다.

태초의 의지는 세 가지의 지극함으로 나뉘었으나 근본의 다함이 없고, 그 만 가지의 오고 감 또한 쓰임의 변함일 뿐 근본의 움직임은 아니라고 한다.

그러나 이러한 변함 중의 일부가 어느 날 문득 자신의 존재함에 대한 자각을 넘어서, 마침내 현상으로서의 자신을 자각해 내고, 그 현상 가운데 현상의 원리와 현상의 이치와 현상의 근원이 모두 둘이 아님을 바로 보게 되니, 아마도 이로부터 그 변함의 진정한 쓰임에 대한 의미까지도 알아채게 되는 것일 터이다. 그렇게 그의 의지와 행위는 하늘의 섭리에 부합되고, 만물의 이치에 어긋남이 없게 될 것이며, 진정한 의미로서 우주 근원의 의지를 세상에 구현하게 되는 것일 터이니 말이다. 어찌 보면, 현상으로서의 자신을 알아챈 현상들과, 자신을 여전히 고정된 불변의 실체로 착각하고 있는 현상들 간의 차이기도 한 셈이다.

과연 고래(古來)로부터 성현들은 한결같이 자신의 본래면목에 이르는 길을 각자의 방식과 표현으로 설해 왔거니와, 이러한 주제에 대하여 한 번쯤은 진지하게 고민해 볼 필요가 있어 보인다. 태초의 의지로부터 시작되어 헤아릴 수 없는 인과의 중첩으로 마침내 그 1차 각성을 이루어 냈으며, 이러한 존재들 가운데에서도 기어이 이렇게 천부경을 조금이라도 알아듣는 상태에까지 어렵게 도달하게 되었으니, 어쩌면 우리는 그 2차 각성이라는 자리에서 생각보다 그리 멀리 떨어져 있지만은 않은 것인지도 모를 일이다. 쌀은 이미 익었거니와, 지금은 다만 뜸을 들이는 중인지도 모를 일인 것이다.

만물 가운데 우주의 섭리와 만물의 이치 그리고 이러한 모든 것의 근원까지도 하나로 되고, 마침내 이러한 것들에 대한 일체의 분별이나 인위마저 사라져서 다만 본래 그러함이 되고 스스로 그러함이 되는 어떤 자리에 대해서는 감히 섣부르게 입에 담아 논할 바가 아닐 것이다.

다만 천부경은 이처럼 만물의 실상에 대하여 명확히 정의해 줌으로써, 우리에게 오해와 흔들림 없는 확실하고 구체적인 지향점, 혹은 업그레이드(upgrade)된 새로운 출발점을 제시하고 있음을 어렴풋이 알아볼 수 있을 따름이다. 더하여 이로써 자신과 우주의 당당한 주체로서의 존재 의미를 밝히고 있음을 짐작할 수 있을 뿐이고 말이다.

아울러 무조건적인 인간 존중의 의미가 아니라, 이러한 본래면목의 회복에 의미를 둔 인간 존중의 의미임을 짐작해 볼 수 있게 된다. 어쩌면, 이를 당부하는 것이야말로 이 구절의 진정한 뜻일 수도 있을 것이고 말이다.

설사 우리가 이를 온전히 실현해 내지는 못한다고 하더라도 천부경의 이러한 통찰을 조금 이해하고 활용하여 일상의 토대로 삼을 수만이라도 있다면, 아마도 이것만으로도 충분히 자신과 남과 세상을 크게 이롭게 하는 성과라고 할 수 있을 것이다. 어쩌면, 이 구절은 이러한 전환점을 우리에게 제시하고 있는 것인지도 모를 일이다.

그렇게 태초의 의지는 만 가지의 오고 감이라는 네트워크의 흐름으로 발현되어 전체의 하나라는 달의 모습으로 하늘에 걸리고, 이 밝은 달은 개체의 하나라는 각각의 단위 네트워크로 구현되어서 천만 개의 연못에 비친 달그림자의 모습으로 투영된다.

천부경은 우리에게 이르기를, 저 현현한 하늘과 빛나는 달과 뜰 앞의 연못과 그 연못에 비친 달그림자와 그것을 지켜보는 나 또한 본래 둘이 아님을 바로 보고, 자신과 우주의 진정한 주체이자 주인공으로서의 삶을 당당히 살아가라고 한다.

用變 不動本(용변 부동본)
변함은 쓰임의 변함일 뿐, 근본의 움직임은 아니요,
本心 本太陽昂明(본심 본태양앙명)
마음의 본성은 밝음이 드러나 크게 빛남을 근본으로 함이라,
人中 天地一(인중 천지일)
만물(人) 가운데 우주의 섭리(天)와 만물의 이치(地)와 태초의 의지(一)가 하나라네.

하늘의 달은 본래 원만하여 그 둥근 모양이 한 번도 이지러진 적이 없다고 한다. 다만, 이러한 본래의 모습을 가리고 있는 그림자로 인하여 반달이 되고 그믐달이 되는 것으로 착각하고 있을 뿐이라는 것이다.

이러한 무명의 그림자로부터 누군가는 욕망이 최선인 세상을 살아가고, 누군가는 물질적인 것이 전부인 세상을 살아가며, 누군가는 정신적인 가치가 모든 것인 세상을 살아가게 된다고 한다.

그러나 안타깝게도 이러한 세상은 모두가 잘못된 전제, 즉 오해와 착각으로부터 비롯된 세상이라고 한다. 그저 손대면 부스러질 어떤 아련한 것에 지나지 않는다는 것이다.

이러한 오류의 근원을 단칼에 베어 버리는 심검(心劍)이 바로 인중 천지일(人中 天地一)이라는 한마디일 것이다. 과연 우주의 섭리와 만물의 이치와 우주의 근원마저도 내 안에 하나인 앞에서 어떤 오해와 착각이 일어날 수 있겠으며, 어떤 걸림이나 분별의 장애가 있을 수 있겠는가.

예로부터 '하늘에 땅과 나를 담고, 땅에 하늘과 나를 품어, 내 안에 하늘과 땅을 함께한다. 그리하여 하늘은 하늘이되 땅이고 나이며, 땅은 땅이되 하늘이고 나이니, 나

는 나로되 하늘이자 땅이기도 하다. 모든 것이 하나이되 하나가 아니며, 하나가 아니되 하나이기도 하니, 그렇게 모든 것은 하나에서 비롯되어 하나로 돌아간다' 하였다.

  세상은 원래 구원되어 있다고 한다. 다만 이처럼 원래 그러하고 본래 그러한 세상과 자신의 참모습을 알지 못하여 마치 물고기가 물을 찾아 헤매듯이 엉뚱한 곳에서 구원을 갈구하게 된다는 것이다. 성현들의 가르침은 바로 이를 일깨워 주려 함이라고 한다.
  천부경에 의하면 태초의 의지와 우주의 섭리와 만물의 이치와 세상의 만물은 본래 둘이 아닌 셈이니, 그렇게 애써 구원하고 말고 할 것도 없는 세상인 셈이다.
  그렇게 무명의 그림자에 가려져 있을 뿐, 태초의 시작에서부터 우주는 본래 하나가 아닌 적이 한 번도 없었다고 한다. 옛말에도 이르기를, 태초에 이미 완성되어 있거니와, 새삼 다시 알아내고 말고 할 것이 어디에 있겠는가, 하였다.

  어찌 보면, 천부경의 결론이라고도 볼 수 있는 이 구절이 내용의 중요도에 비하면 지나치게 짧다고 느껴지기도 한다.
  하지만, 한편으로는 이처럼 시대를 초월한 지혜의 일성(一聲) 앞에서 어떤 치장을 위한 화려한 문구나 수식어들이 굳이 필요치 않아 보이기도 한다.
  사족을 하나 더하자면, 인중 천지일(人中 天地一)이기에 천중 지인일(天中 地人一)이고, 지중 천인일(地中 天人一)이며, 일중 천지인(一中 天地人)일 수밖에 없다.
  그러므로 매우 오만한 표현으로 보일 수도 있는 인중 천지일(人中 天地一)이라는 표현이 결코 오만해 보이지 않는다. 홀로 위대한 인중 천지일(人中 天地一)이 아니기 때문이다. 우주의 섭리와 만물의 이치와 태초의 의지와 더불어 다 같이 위대할 수밖에 없는 품격 높은 인중 천지일(人中 天地一)인 셈이다. 그래서 더욱 진정한 인중 천지일(人中 天地一)이 된다.
  바로 천부경의 묘함이다.

삼태극으로부터 전개되어 온 논리는 그렇게 세상 만물의 차별 없음을 넘어서, 우리의 행위가 우주 운행의 주체가 됨을 넘어서, 마침내 자신 안에 천지와 더불어 태초의 의지마저 품게 됨으로써 그 의미의 정점을 이루게 된다.

이처럼 수준 높은 품격을 품은 인간 존중 사상이 세상에 다시 있다는 말은 미처 들어 본 적이 없거니와, 이러한 놀라운 사상이 그 먼 고대에 이미 완성되어 있었다는 사실을 어찌 차마 믿을 수 있겠는가.

아마도 천부경이 예로부터 보전(寶篆)의 경(經)이라 불리는 이유일 것이다.

15) 일종무 종일(一終無 終一)

일종무 종일(一終無 終一)
하나는 없음으로의 마침이 있게(一終無) 되니, 하나는 그 마쳐짐이 있게(終一) 된다.

우주 근원의 의지인 하나(一)는 결국 실체의 없음으로 돌아가는 변함의 마침이 있게 된다. 왜냐하면 마침으로부터 비롯된 시작이 있었기 때문이며, 실체의 없음으로부터 비롯된 하나가 있었기 때문이다,

다만, 이러한 마쳐짐은 실체로서의 속성에 일어나는 현상일 것이며, 우주의 의식으로서의 속성인 근원의 의지는 그 실체의 없음이라는 자리로부터 다시 순환되고 이어져서 다음에 출현하게 될 새로운 우주의 씨앗인 태초의 의지로 거듭나게 될 것이다.

일종무 종일(一終無 終一)
처음에 언급한 대로 첫 구절과 동일한 표현 방식의 문장이다.
그러므로 이 마지막 구절의 없음(無)이라는 표현 또한 실체의 없음을 의미하는 것으로 이해하기로 하며, 따라서 이렇게 해석하기로 한다.

일종무 종일(一終無 終一)

태초의 의지는 실체의 없음으로 돌아가니, 태초의 의지는 그 마침이 있게 된다.

그런데 이러한 의미를 감안하여 조금 더 자세히 들여다보면, 이 구절의 표현 자체가 단순한 마무리를 위한 표현이 아님을 알게 된다. 즉, 이 마지막 구절과 첫 구절이 실제로 연결되어서 이어지는, 그래서 더욱 기묘한 형식의 끝맺음인 것이다.
이렇게 말이다.

일종무 종일(一終無 終一)
일시무 시일(一始無 始一)

이렇게 마지막 구절과 첫 구절을 이어 놓고, 그 의미를 해석의 문장으로 이해해 보면 이런 전개가 된다.

태초의 의지는 실체의 없음으로 돌아가나니, 태초의 의지는 그 마침이 있게 된다네.
태초의 의지는 그 실체의 없음으로부터 비롯되나니, 태초의 의지는 모든 것의 시작이요.

이처럼 마지막 구절과 첫 구절을 이어 보아도 그 뜻이 무리 없이 연결된다. 아니, 오히려 이렇게 보아야만 제대로 된 의미가 연결되어서 진정한 뜻이 전달된다.
천부경의 문장 자체의 구성도 내용의 의미처럼(우주의 실상처럼) 마침으로부터 새로운 시작이 있게 됨으로써 생멸을 반복하게 됨과 동시에 순환되어서 이어지도록 안배해 놓은 것이다. 즉, 이 마지막 문장으로부터 첫 문장이 다시 시작되는 구조인 셈이다.
천부경에서 설하는 내용과 이를 표현하는 문장의 구성이 일체를 이룸이니, 들여다 보면 볼수록 참으로 묘한 표현 방식이 아닐 수 없다. 과연, 이 놀라운 재치와 해학이 무척 재미있으면서도 보는 이로 하여금 감탄을 자아내게 한다.
이처럼 마지막과 첫 문장이 서로 연결되어서 이어지는 모양이 마치 고대 연금술의 상징이었다는 자기 꼬리를 문 뱀의 형상(ouroboros)을 보는 것만 같고, 태극도의 물고 물리는 음양어(陰陽魚)를 보는 것만 같다.

예로부터 일체가 무시무종(無始無終)이라 했다.
태초의 하나는 그렇게 실체의 없음으로 돌아가는(一終無) 하나의 마침(終一)이 있게 되니, 이 하나는 다시 그 실체의 없음으로부터 시작되는(一始無) 시작의 하나(始一)가 된다고 한다.
그러므로 그 시작된 하나는(一始) 시작됨이 없는 하나(無始一)일 것이요, 이 마쳐진 하나(一終) 또한 마쳐짐이 없는 하나(無終一)일 것이다.
그렇게 시작과 끝이 따로 없고 생멸이 따로 없어서, 가히 유생어무(有生於無)이자 무중생유(無中生有)인 셈이니, 과연 이러한 시작과 마침을 일러 무시무종(無始無終)의 원융(圓融)을 이룸이라 할 만하지 않은가.

물론, 이러한 흐름은 2차원적인 반복의 순환이 아니라, 그 생멸의 반복과 순환의 이어짐 가운데에 어떤 지향성을 갖춘 순환의 흐름을 형성하게 된다고 한다. 작은 것에서부터 전체에 이르기까지 모두 말이다.
아마도 이러한 지향성의 방향은 모든 것이 이전보다 나아지고 향상되어 가는 방향으로의 지향성일 것이다. 그것이 부분으로서의 하나이든 전체로서의 하나이든, 혹은 근원으로서의 하나이든 현상으로서의 하나이든 간에 말이다.
어쩌면, 지금의 우주가 이번 회차에 그 완성의 정도를 어느 수준까지 이루어 낼지, 혹은 다음번의 우주가 어떤 수준의 우주로 거듭나게 될지는 이러한 흐름에 지향적인 변화를 더하는 우리의 의지와 행위에 달린 것인지도 모를 일이다. 이것이 바로 현상의 작용, 즉 변함의 쓰임인지도 모를 일이고 말이다.
예로부터 이르기를, 세상에 머무름이 생명이요 하늘로 돌아감은 죽음이니 죽음이란 곧 영원한 생명의 근본이기도 하다. 그러므로 죽음이 있으면 반드시 생명이 있고, 생명이 있으면 반드시 이름이 있고, 이름이 있으면 반드시 말이 있고, 말이 있으면 반드시 행동이 뒤따른다. 살아 있는 나무에 비유한다면, 뿌리가 있으면 반드시 싹이 트고, 싹이 트면 반드시 꽃이 피고, 꽃이 피면 반드시 열매를 맺고, 열매를 맺으면 반드시 쓰임이 있는 것과 같다. 태양의 운행에 비유해 보면, 밤의 어둠이 있으면 반드시 낮의 밝음이 뒤따르고, 대낮의 광명이 비추면 반드시 만물을 볼 수 있고, 만물을 볼 수 있으면 반드시 어떤 일을 하게 되고, 일을 하게 되면 반드시 공(功)을 이루게 되는 것과 같다, 하였다.

저 가을 들녘 시린 미소로 피어난 구절초꽃은 내년에 다시 피어날 꽃과 같은 꽃일까, 다른 꽃일까.

굳이 표현하자면 이렇게 표현할 수밖에 없다고 한다.

다르지만 같은 무엇이고, 같지만 다르기도 한 무엇이다. 마치 새로 태어난 우주가 이전의 우주와 같으면서도 다른 우주이고, 태초의 의지와 세상의 만물이 같으면서도 다른 것처럼 말이다.

다만, 그것이 무엇이 되었건 지금 일어나는 어떤 변화가 다음에 나타날 결과의 조건으로 작용하게 될 것만큼은 분명하다고 한다. 그 현상의 작용으로부터 말이다.

이 마지막 문장에서 표현하는 마침의 의미는 아마도 이러한 세상만사와 마찬가지로 우주의 윤회 또한 이와 같으리라는 의미의 표현으로 볼 수도 있어 보인다. 실제로 우리의 우주가 작은 것에서부터 전체까지 하나의 흐름으로 연결되어 있고, 그 네트워크의 흐름은 비국소적인 형태의 연결망이며, 이러한 흐름이 프랙털 구조와 유사한 형태로 운행되는 것이 사실이라면 말이다.

만약, 우주의 운행 시스템이 이러한 흐름을 이루고 있음이 사실이라면 우리는 평범한 일상과 주변의 사소한 것들로부터 많은 힌트를 얻을 수도 있어 보인다.

사실 진리나 진실은 그리 멀리 있는 것이 아니라고 한다. 주변의 일상과 사소한 것들에 모두 깃들어 있지만, 단지 우리가 알아채지 못하고 지나칠 뿐이라는 것이다.

그렇게 세상의 모든 존재와 움직임에는 우주의 섭리와 만물의 이치와 근원의 의지가 배어 있으며, 이미 소리 없이 작동하면서 나름의 쓰임을 구현하는 중이라고 한다.

아마도 옛적의 지혜로운 이들은 이로부터 열쇠를 얻어서 때로는 아카식 레코드(Akashic records)에 접속하게 되기도 하고, 불현듯 세상의 이치를 체득하게 되기도 하며, 더러는 그렇게 자신의 본래면목마저 문득 알아채게 되기도 하는 것일 터이다. 그렇게 어느 아득한 고대에 이처럼 세상을 놀라게 할 만한 경전이 나타나기도 하는 것일 터이고 말이다.

세상의 만물은 두 가지 속성 간의 작용과 조화 속에서 생멸을 반복하며 거듭나기도 하고, 순환하고 이어져서 연속되기도 하면서 부분의 하나이자 전체의 하나이기도 한 묘한 흐름을 이루고 있다고 한다.
아마도 이 구절은 우주 또한 이러한 변화의 흐름 가운데 생멸의 거듭남과 순환의 이어짐이 있게 되리라는 의미일 것이다.
그러므로 이러한 흐름의 부분이자 과정이며, 원인이자 결과이고, 주체이자 대상이며, 나아가 이러한 흐름 자체이기도 한 만물이라는 현상 가운데 우주의 섭리와 만물의 이치와 근원의 의지는 하나일 수밖에 없는 것인지도 모를 일이다.
다만, 불가에서는 마음에 부처가 있는 것이 아니라, 부처가 마음의 공부에 달린 것이라고 말하기도 한다고 한다. 본래 그러한 존재라고 해서 그 본래면목이 저절로 드러나는 것은 아니라는 것이다.
과연, 세상과 만물의 실상 그리고 이러한 모든 것들에 대한 인식의 주체이기도 한 자신의 내면을 가끔은 진지하게 들여다볼 필요가 있어 보인다. 사춘기 시절의 감성이나 거창한 무엇이 아니라, 자신의 정체성이나 가치관, 혹은 평범한 일상의 작은 의미들을 위해서라도 말이다. 최소한 살아가면서 자신이 진정한 자신으로서의 삶을 살아가지 못한다면, 이 또한 억울한 일이 아니겠는가.
밖을 보면 꿈을 꾸게 되고, 안을 보면 깨어나게 된다고 한다.

세상은 내가 없어도 여전히 잘 돌아갈 것이라고 한다.
하지만, 한편으로는 세상이 나의 인식을 벗어나는 순간 나의 세상은 실체가 사라지고 만다고 한다. 모두의 세상은 여전하겠지만, 나만의 세상은 사라지고 마는 셈이다.

이처럼 의식의 인식 작용에 따라서, 즉 의식의 눈을 감고 뜨는 순간순간에 나의 세상은 존재하거나 존재하지 않게 되기도 한다.

인식되지 않은 세상을 있다고 말할 수 있을까.

최소한 나에게는 존재하지 않는 세상일 것이다. 살아있는 모든 것은 이처럼 각자의 인식에 따르는 각자의 세상을 이루고 있는 셈이니, 어쩌면 이러한 각자의 세상들이 모이고 합해져서 모두의 세상이 있게 되는 것인지도 모를 일이다. 그렇게 하나의 계(界)가 완성되는 것인지도 모를 일이고 말이다.

어쩌면 우주의 탄생과 마침이라는 현상 또한, 그렇게 태초의 의지라는 우주 근원의 의식에 의해서 문득 그 시작과 마침이 있게 되는 것인지도 모를 일이다.

현상으로 발현된 우주는 언젠가 그 현상의 다함이 있게 되어서 다시 근원으로 돌아가는 마침이 있게 된다고 한다. 이러한 흐름의 와중에 어떤 개체들은 1차 각성을 이루어서 그 자성의 의지와 행위로써 이러한 운행의 흐름에 변화를 더하기도 하고, 더러는 2차 각성마저 이루어 냄으로써 그 현상의 바른 쓰임을 세상에 구현하기도 하고 말이다. 어찌 보면, 이러한 2차 각성을 이루어 내는 과정이 마치 천부경의 처음과 마지막 구절의 표현처럼 보이기도 한다.

생각이란 있으면 있고, 없으면 없다고 한다. 만들면 있지만, 지우면 사라지게 된다는 것이다.

그렇게 몸을 잊고 생각을 지울 때 고요해질 수 있다고 한다. 즉, 상대적인 분별로부터 비롯된 온갖 미망(迷妄)을 여읜 자리, 이러한 공(空)과 적멸(寂滅)의 자리에 이르러서야 자신의 본래 그러함을 보게 되고, 만상이 본래무일물(本來無一物)임을 알아채게 된다는 것이다. 어찌 보면 실체라는 속성의 상대적 현상이나, 이러한 관념들에 대한 일체의 분별심이 사라진 어떤 상태인 셈이다.

과연, 이처럼 인식과 분별 이전의 어떤 자리로부터 같지만 다른 새로운 무엇으로 거듭나는 과정이 마치 우주가 실체의 없음이라는 상대적 인식과 분별 이전의 어떤 자리로부터 같지만 다른 새로운 우주로 거듭나는 모습과 흡사해 보이지 않는가.

근원의 의지로부터 무수한 상대적 현상으로 분화되고 변환된 상태가 지금의 우주라고 한다. 어쩌면, 이러한 세상이기에 우리는 어쩔 수 없이 그렇게 상대적인 분별심과 이로부터 비롯되는 오해와 착각의 세계를 살아가게 되는지도 모를 일이다. 정작 현상으로서의 자신은 까마득히 잊은 채, 그 현상의 흐름에 휩쓸려서 말이다.

어찌 보면, 이 마지막 구절의 의미는 이러한 온갖 현상들의 다함인 셈이며, 이로부터 비롯된 분별의 그침인 동시에 그렇게 본래의 근원으로 돌아가는 모습이기도 한 셈이다.

用變 不動本(용변 부동본)
변함은 쓰임의 변함일 뿐, 근본의 움직임은 아니요,
本心 本太陽昂明(본심 본태양앙명)
마음의 본성은 밝음이 드러나 크게 빛남을 근본으로 함이라,
人中 天地一(인중 천지일)
만물(人) 가운데 우주의 섭리(天)와 만물의 이치(地)와 태초의 의지(一)가 하나라네.
一終無 終一(일종무 종일)
태초의 의지(一)는 실체의 없음으로 돌아가나니, 태초의 의지(一)는 그 마침이 있게 된다네.

이렇게 우리 모두는 태초의 의지로부터 쓰임의 변함으로써 세상에 구현된 존재들이며, 본래의 밝음이 드러나서 크게 빛나는 존재들이며, 우주의 섭리와 만물의 이치와 태초의 의지를 품은 존재들이며, 무시무종의 원융을 이루는 존재들이라고 한다.

예로부터 이르기를, '천부의 뜻을 밝히는 까닭은 하늘이 사람에게 명운을 맡긴 것과 같다. 삼라만상에 인과의 그물이 널리 퍼져 있다고는 하나, 그 인과의 그물을 잇대는 것은 사람의 의지요, 그 인과를 엮는 것은 하늘의 뜻이라. 사람이 만일 이러한 하늘의 뜻을 알고, 그 행함이 지극한 도에 합치된다면, 마땅히 그의 의지를 온 세상이

따르고 조력할 것이다' 하였다.

이렇게 세 번째 단락인 人(만물의 본래면목을 말하다)의 장도 마침내 그 마침이 있게 되었다. 천부경이라는 산의 산행도 어느덧 마쳐짐이 있게 된 셈이다.

다만, 예로부터 모든 만물은 끝난 곳에서 다시 새롭게 시작된다(終而復始) 하였으니, 아마도 이러한 마침의 의미 역시 마지막의 마침이 아니라, 같지만 다른 새로운 의미의 씨앗으로 거듭나는 마침이기도 할 것이다. 그렇게 새로운 무엇으로 순환되어서 다시 시작된 이 산행의 의미는 어쩌면 또 다른 만 가지의 오고 감으로 되어서 조금쯤은 더 고양되고 확산되어 감으로써 어떤 거대한 의미의 흐름을 이루는 부분이자 과정으로 승화될는지도 모를 일이다. 물론, 그 의미가 어떤 격을 갖춘 무엇으로 거듭나서 어떤 쓰임을 다하게 될지는 오로지 이 산행의 동행자들에게 달린 것이기도 할 터이고 말이다.

보기에 따라서 천부경은 마치 무슨 수학 공식처럼 보이기도 하고, 현기를 품은 한 편의 시처럼 보이기도 한다. 간명하면서도 논리적인 특유의 표현과 한 점의 숨김이나 포장도 없이 곧바로 핵심만을 짚어서 들려주는 진솔함과 이러한 모든 것을 가능케 하는 통찰의 지혜가 이처럼 절제되고 함축된 표현 속에 모두 녹아 있기 때문이다. 이에 후대는 그저 머리를 긁적이거나, 애꿎은 무릎만 치게 될 뿐이고 말이다.

한편으로는 그래서 더욱 보고 듣는 이들에게 고민거리를 제공하기도 한다. 각자의 입장이나 관점에 따라서 천태만상으로 다가올 수많은 의미도 감히 짐작하기 어렵다. 조금 과장하여 표현하자면 한 구절 한 구절이 모두 한 갈래 사상의 기조가 됨직하다.

그런데 한 가지 특이한 점은 다음 수순으로 흔히 예상할 수 있는 이러저러해야 된다는 최소한의 지침의 말이나, 이래저래 살아가라는 작은 충고의 말도 없으며, 어떤 찬탄이나 경배의 표현, 혹은 이러한 것들에 대한 언급 비슷한 것도 없다. 천부경의 또 다른 묘함이기도 하다.

천부경은 그저 우주의 생성 원리와 운행의 이치 그리고 만물과 사람에 대하여 들려준다. 그게 전부이다.

사실 무언가를 가르치거나 배운다는 것이 이런저런 설명이 곁들여진 규정이나 일정한 규범의 틀을 의미하는 것은 아니라고 한다. 아마도 보고 듣고 느껴서 스스로 발심하는 것이 배움의 시작일 터이니, 천부경의 가르침은 이러한 측면에서 본다면 일반적인 가르침보다 더 큰 가르침일 수도 있어 보인다. 어떠한 틀이나 한계도 그어 놓지 않기 때문이다. 아마도 그래서 더욱 모든 것을 포용할 수 있는 넉넉함 또한 갖추게 되는 것일 터이다. 특정 집단이나 민족, 혹은 인간이나 생명체라는 단위를 넘어서, 그야말로 온 우주와 만물을 포용하는 큰 가르침인 셈이니 말이다.

생각해 보면 "사람이란 이토록 대단한 존재이다"라고 선언하고 나서 새삼스레 이에 대하여 다시 중언부언하는 것이 그리 어울리지 않는다고 여겼는지도 모르겠다. 어떤 의미에서는 사람의 분방한 자유의지에 대한 천부경식의 존중이라는 의미가 될 수도 있어 보이고 말이다.

예로부터 세상이 구족(具足)하다는 것은 그 구족하다는 기준이 본래 없다는 뜻이라고 하였다. 아마도 이러한 분별의 상(像)이 따로 없어 다만 그 이름이 구족이라는 말일 것이니, 그렇게 무엇을 하라거나 하지 말라는 가르침 또한 그저 인연 따라 생기거나 사라지는 것에 속한 것인지도 모를 일이다.

사실 천부경이 설하는 우주론의 의미들을 생각해 보면, 그것이 무엇이 되었든 이미 우리에게 답을 들려준 것과도 같은 셈이니, 새삼 이래저래 살아가라고 선을 긋거나, 일정한 규범의 틀로 한정 지어서 사족을 붙이는 것 또한 그리 어울려 보이지 않기는 하다. 예로부터 완전한 것은 이지러진 것 같다(大成若缺) 하였으니, 어쩌면 그 분방한 만 가지의 움직임 그대로가 세상의 원래 그러한 모습일 수도 있는 셈이며, 부족하면 부족한 대로, 아쉬우면 아쉬운 대로 자연스러운 흐름일 수도 있는 셈이고, 그 모습 그대로가 나름의 원만한 쓰임일 수도 있는 셈이다.

천부경에 의하면 우리의 세상은 결정론적인 세상도, 그렇다고 임의적인 세상도 아니라고 한다. 질서라는 틀에 갇혀 있는 것 같지만 오히려 그 틀에 의해서 자유롭고 분방한 세상이고, 혼란스럽고 임의적인 것 같지만 오히려 그 분방하고 임의적인 것들이 변화의 질서를 이루어 내는 세상이며, 사실은 이러한 분별조차 굳이 필요치 않은 여여(如如)한 흐름 자체가 바로 우주와 만물이라는 현상의 실상이라는 것이다.

결국, 세상은 지금 이대로 순리 아닌 것이 없고 원만하지 않은 것도 없는 셈이니, 그 만 가지의 오고 감에 대하여 굳이 더하고 빼는 말을 더할 일도 없는 셈이며, 새삼스레 이리저리로 오고 가라는 말을 보탤 일도 없는 셈이다. 이처럼 세상사가 순리인지 아닌지, 혹은 원만한지 아닌지를 굳이 따질 일도 아닐 터이고 말이다.

다만, 천부경은 이러한 만 가지의 오고 감은 어떤 쓰임으로서의 변함이라고 한다. 혹시 천부경은 우주의 실상을 이렇게 있는 그대로 밝혀 줌으로써 우리에게 그 올바른 쓰임의 기회를 부여하고자 함은 아니었을까.

대개의 경전들은 크게 보면 믿음을 통한 이해와 실천, 실천을 통한 체득과 각성, 각성을 통한 회향과 세상에 전함과 같은 구조를 갖추고 있다고 한다. 물론 모두가 그런 것은 아니겠지만 말이다.

천부경은 오로지 이해 하나를 강조한 것으로 보인다. 자신을 포함한 우주의 모든 것에 대한 이해 말이다.

오직 이에 대한 담담한 설명만이 전부로서 처음과 끝이 한결같다. 그저 이러한 본질적인 것들에 대한 바른 이해로부터 온갖 오해와 착각, 혹은 전도몽상의 허망한 소견으로부터 깨어나기를 은근히 권할 뿐, 다른 어떤 사연도 말하지 않는 가르침인 셈이다.

길을 가리켜 따르도록 함이 아니라, 다만 올바른 판단과 선택의 기회를 부여하는 가르침인 셈이며, 이를 위한 도움이자 조언이기도 한 셈이다. 혹은, 이로부터 자신과 우주 주체로서의 합당한 격을 우리에게 촉구하는 것이거나 말이다. 혹시 천부경은 이처럼 무명으로부터 벗어날 수 있는 근원적인 단초를 제공함으로써 우리에게 새로운 출발점을 제시하고자 함은 아니었을까.

한편으로는 이처럼 원래 그러할 뿐을 말하는 모습이야말로 천부경이 설하는 세상의 흐름과 부합하는 것으로 보이기도 한다. 우주는 이러한 묘한 흐름으로 모든 것을 다만 스스로 그러함으로써 엮어 낸다고 하니 말이다.

마치 천부경은 그저 묵묵히 지켜보는 것만 같다. 우리가 어떤 선택을 하던 그것이 바로 세상의 의지가 되고 지향하는 바가 될 것이기 때문이다. 과연 천부경답다고나 할까.

필자는 이렇게 생각한다.

이 우주의 진리에 대한 한편의 대서사시 자체가 하나의 질문이자 답이라고 말이다. 혹은 위안이자 충고이거나 말이다. 즉, 이 천부경에서 어떤 의미를 찾아내고 실행하여 무엇을 향해 나아갈 것인지는 온전히 보고 듣는 이들의 몫인 셈이다.

그리하여 천부경은 마치 우리에게 이렇게 묻고 있는 것처럼 보이기도 한다.

우주의 실체는 원래 이러하고, 만물의 실상은 본래 그러하다.
자, 여기에서 그대들이 보아 낸 의미는 무엇인가.

이에 대하여 우리의 선조들은 그 까마득한 고대 시절에 이미 이렇게 화답하였다고 한다.

신령한 하나로부터 부여받은 만물의 참된 성품이 광명으로 통하여(性通光明) 천지인이 조화의 생동함을 이룸이니, 우리는 마땅히 이로써 재세이화(在世理化), 홍익인간(弘益人間) 하리라.

과연 태초의 혼돈으로부터 세운 질서의 바로 세움이자 현상의 바람직한 쓰임이라 할 만하고, 진리로써 세상을 깨우치고 만물 간을 두루 이롭게 함이니 능히 세상의 토대를 다지는 응답이라 할 만하며, 가히 천부의 가르침으로부터 지혜를 완성한 이들의 마땅한 회향(廻向)이자 서원(誓願)이라 할 만하지 않은가.

天符經(천부경)

一始無 始一(일시무 시일)

태초의 의지(一)는 그 실체의 없음으로부터 비롯되나니, 태초의 의지(一)는 모든 것의 시작이요,

析三極 無盡本(석삼극 무진본)

세 가지의 지극함으로 나뉘었으나 근본의 다함은 없어라.

天一一 地一二 人一三(천일일 지일이 인일삼)

태초의 의지(一)에 근원의 의지(一)를 더하여 우주의 섭리(天)가 나타나고,

태초의 의지(一)에 법칙과 만물의 근간(二)을 더하여 만물의 이치(地)가 나타나며,

태초의 의지(一)에 생명의 의식(三)을 더하여 세상의 만물(人)이 나타남이니,

一積十鉅 无匱化三(일적십거 무괘화삼)

태초의 의지(一)는 쌓이고 쌓여 광대한 우주의 기틀을 완성(十)하였으나, 마침내 그 틀에 갇히지 않는 생명의 의식(三)이 되었다네.

天二三 地二三 人二三(천이삼 지이삼 인이삼)

법칙과 만물의 근간(二)과, 생명의 의식(三)의 조화로써 우주의 섭리(天)가 구현되고,

법칙과 만물의 근간(二)과, 생명의 의식(三)의 조화로써 만물의 이치(地)가 드러나며,

법칙과 만물의 근간(二)과, 생명의 의식(三)의 조화로써 세상의 만물(人)은 생동함이요.

大三合六 生七八九(대삼합육 생칠팔구)

자성의 의지(大三)가 나타나 합해지니 한 세상이 완성(六)되고, 그 세상의 근원의 의지(七)와, 그 세상의 법칙과 만물의 근간(八)과, 그 세상의 생명의 의식(九)이 더하여 생겨남이라.

運三四 成環五七(운삼사 성환오칠)

생명의 의식(三)은 만물(四)이 되어 움직임이 있게 되고, 행위(五)는 그 세상의 의지(七)가 되어 세상을 감싸 순환하는 운행을 이루나니,

一妙衍 萬往萬來(일묘연 만왕만래)

태초의 의지(一)는 그 묘함과 넉넉함으로 능히 만 가지의 오고 감이 되었다네.

用變 不動本(용변 부동본)

변함은 쓰임의 변함일 뿐, 근본의 움직임은 아니요,

本心 本太陽昂明(본심 본태양앙명)

마음의 본성은 밝음이 드러나 크게 빛남을 근본으로 함이라,

人中 天地一(인중 천지일)

만물(人) 가운데 우주의 섭리(天)와 만물의 이치(地)와 태초의 의지(一)가 하나라네.

一終無 終一(일종무 종일)

태초의 의지(一)는 실체의 없음으로 돌아가나니, 태초의 의지(一)는 그 마침이 있게 된다네.

4
둘러보다

천부경이라는 산에서
이런저런 세상의 모습을 둘러보다

천부경(天符經)과 세상

새삼스러운 말이지만, 천부경은 모든 면에서 참으로 놀라운 경전이다. 어찌 보면, 그 모습이 마치 거울과 같아 보이기도 한다. 일체의 강요나 시비의 주장도 없이 그저 진실이라는 거울로써 세상의 원래 그러한 모습을 묵묵히 비추고 있는 것처럼 보이기 때문이다.

혹은, 일종의 배경처럼 보이기도 한다. 이러한 바탕 위에 무슨 그림을 마저 그려 넣어서 어떤 그림으로 완성할 것인지를 오로지 보고 듣는 이들에게 맡기고 있는 것처럼 보이기도 하기 때문이다. 어쩌면, 이러한 방식으로 완성되어 가는 것이야말로 천부경이 설하는 원래 그러하고 스스로 그러한 세상의 흐름에 맞는 것처럼 보이기도 하고 말이다.

그래서 한편으로는 문득 이런 생각이 들기도 한다. 이 놀라운 고대의 우주론에 현대의 첨단 문명으로 밝혀지는 다양한 모습들을 비춰 보면 어떤 모습으로 비쳐 보일까. 나아가 평범한 일상이나 사소한 의문들까지도 비춰 보면 어떤 모습으로 비쳐 보이게 될까. 혹여, 지금까지와는 그 의미가 조금은 달라 보이지 않을까. 마치 어떤 안경이나 거울을 통해서 바라보는가에 따라서 보이는 모습이 조금은 달라지듯이, 혹은 산에 올라서 내려다보는 풍경이 지금껏 그 풍경 속에 속해 있던 시점과는 다가오는 의미가 조금은 달라지듯이 말이다.

예로부터 산속에서는 산의 모습을 알기 어렵다고 하였다. 기왕 이렇게 천부경이라는 산에 어렵게 올랐으니, 이참에 이러한 시각으로 세상의 이런저런 모습들을 한 번쯤 돌아보는 것도 나름의 의미 있는 일일 것이다.

어찌 보면, 이러한 시도는 천부경에 대한 또 다른 이해 과정의 연장으로 볼 수도 있어 보인다. 이 고대의 우주론이 현실에 적용된 모습에 나름의 합당한 면이 있는가를 짚어 봄으로써 해석이나 이해의 타당성에 대한 검증의 기회가 될 수도 있어 보이기 때문이다. 어쩌면 천부경이 우리에게 던지는 질문에 대한 답을 찾아가는 여정이 될 수도 있을 것이고 말이다.

달리 보면, 이러한 작업은 일종의 융합과 통섭을 향한 나름의 시도이기도 하다. 현실의 다양한 분야와 온갖 현상들에 대한 다채로운 해석들이 천부경의 세계관에 의지하여 새로운 모습으로 거듭날 수 있는지에 대한 나름의 의문이자 호기심이기도 한 셈이다. 이(理)와 사(事)는 따로 있는 것이 아니며, 실상에 적용되지 못하는 진리란 허망한 것이라는 말도 있다고 하니 말이다.

어쩌면, 우리는 세상과 만물, 혹은 자기 자신을 인식함에 있어서 지나치게 실체로서의 속성에만 의지함으로써 유물론적인 세상이라는 거대한 바벨탑을 쌓아 온 것인지도 모른다고 한다.

물론, 이러한 관점이 눈부신 물질문명의 바탕이 된 것은 부인할 수 없는 사실일 것이다. 하지만 한편으로는 모두가 이 거대한 탑의 일부가 되어서 그 안에 갇히거나 함몰됨으로써, 어쩌면 우리는 나머지 절반의 세상을 잃어버리게 되었는지도 모를 일이다. 만물의 의식으로서의 속성에 속하는 분별없는 절대성과 관계와 연계의 흐름이라는 세상의 본질을 외면하게 됨으로써 부분적이고 표면적인 현상에만 매몰된 채 자신과 세상의 진실한 모습을 애써 외면하고 있는지도 모를 일인 것이다.

그렇게 우리는 스스로 그 탑에 갇혀서 진정한 소통방식을 잃어버리게 된 것인지도 모를 일이다. 하늘의 분노가 아닌, 스스로 지어낸 오해와 착각에 의한 집착이나 교만, 혹은 어리석음에 의해서 말이다.

이러한 절반의 속성은 결코 실체라는 속성과 대립하거나 갈등을 일으키는 요소가 아니라고 한다. 오히려 둘이 하나로 되어야만 그 실체로서의 존재함이라는 현상을 이루어 낼 수 있는 필연적인 관계라는 것이다. 나아가 이러한 두 가지 속성 간의 작용과 조화로부터 우주의 섭리와 만물의 이치가 구현되고 세상의 만물은 생동하게 되니, 이로써 태초의 의지가 구현되고 우주의 생멸과 순환의 이어짐까지도 가능하게 되는 것이라고 한다. 비록, 이러한 의식으로서의 속성에 대한 우리의 인지능력의 한계가 문제이기는 하지만 말이다.

물론, 이러한 인식의 어려움에도 불구하고 나머지 절반의 속성에 대한 이해의 시도들이 없었던 것은 아닐 것이다. 그러나 이처럼 온전한 하나를 이루어 내는 관계로 이해하지 않는다면 현실과의 괴리로 인하여 설득력을 잃게 되거나 그 안에 다시 갇히게 됨으로써, 오히려 또 다른 오해를 불러오게 될 수도 있다고 한다. 더러는 이로써 세상에 또 다른 분별을 더하여 새로운 갈등을 보태기도 하고 말이다.

예로부터의 지혜로운 이들이 이를 몰랐을까. 아마도 우리가 듣고 싶은 것만 가려서 들었기 때문일 것이다. 사실은 이미 알아들었으면서도 애써 외면하고 있는 것이거나 말이다.

이러한 현명한 조언들에도 불구하고 세상이 지금의 모습으로 나아가게 된 것은, 아마도 그 바벨탑에 지나치게 익숙해져 있는 것이거나, 혹은 너무 높이 올라와 있어 내려오는 것에 대한 막연한 두려움으로 인함일 수도 있을 것이다.

굳이 모든 것을 버리고 바닥에 내려오지 않아도 되는 일이라고 한다. 무엇을 바꾸거나 버리고서 새롭게 시작하여 어렵게 이루어 내는 것이 아니라, 다만 원래 있던 본래의 모습을 회복하는 일이기 때문이며, 단지 바로 알아서 이해하고 체득하기만 하면 되는 일이기 때문이다.

원래 그러한 본래의 자리를 찾아가는 일일 뿐인 셈이니, 오히려 이로써 더욱 올바르게 쌓아 좀 더 완전에 가깝게 보완되거나 더 높이 쌓을 수 있는 토대가 마련되는 일이라고 한다. 혹은 지나치게 한쪽으로 쏠려 있는 균형을 이제라도 바로잡아 참담한 붕괴의 위험을 막아 내는 일이 되거나 말이다.

어쨌든 이번 회차의 인류가 범하고 있는 오류의 원인이라 할 수 있는 오해와 착각의 상당 부분은 이로부터 비롯된 것으로 보인다.

지극한 진리는 분별에 의한 논리의 추구만으로는 답을 내기가 어렵다고 한다. 어찌 보면 현상에 갇힌 시야로써 그 현상의 너머를 보고자 하는 어려움인 셈이다.

이유와 과정을 언어로 풀어서 밝히는 것이 설명이겠지만, 언어라는 것이 어떤 구체적인 실제의 사물을 대상으로 하는 것이 아닌 경우에는 대개 추상과 개념화라는 과정을 거치게 된다고 한다. 이러한 개념화 또한 관념적인 구별에 근거하는 것일 터이고 말이다. 과연, 이러한 상대적 분별로써 절대의 분별없음을 말하기가 쉬운 일이겠는가.

아마도 그 절대를 직접 맛보고 씹어 삼켜서 소화해 낸 이가 아니라면 어려운 일일 것이다. 어쩌면, 그 너머의 무엇에 대한 역설적인 표현들은 이로부터 비롯되는 것인지도 모를 일이다.

실체의 세상은 연못에 비친 달그림자와 같고, 그 만 가지의 오고 감 또한 새벽녘 대나무 그림자가 마당을 쓰는 것과 같다고 한다. 아마도 이는 현상으로서의 자신을 자각하라는 말이거나, 오해와 착각으로부터 스스로 지어낸 허망한 것들에 대한 집착을 경계하는 말일 것이니, 이러한 비춰 봄의 작업 또한 이와 같이 대하면 되는 일일 것이다.

이러한 시도 자체가 그저 막연한 의문과 호기심에 대한 주관적인 단상이자 한낱 졸견일 뿐이니 너무 진지하거나 심각해지지는 말자는 말이다.

그럼에도 불구하고, 지금껏 이해해 본 우주의 탄생에서부터 물질과 생명체들의 출현 그리고 만물이 생동하는 세상의 모습을 나름대로 재현해 보면 혹여 이러하지는 않을까.

드러내 보다

천부경에 비친 세상의 모습을 대략 드러내 보다.

1) 우주

태초에 알 수 없고 이름 지을 수 없는 무엇이 있었다.

실체의 있음 이전의 무엇이고, 이로부터 비롯되는 분별의 인식 작용이 일어나기 이전의 어떤 자리이기 때문이다. 실체라는 현상과 이에 따르는 상대적 분별이 모두 마쳐진 공(空)과 적멸(寂滅)의 세계인 셈이다.

아마도 이러한 상태는 이전 우주의 실체라는 속성, 즉 이전 우주의 현상으로서의 존재함이 마쳐진 결과로서의 어떤 상태이기도 할 것이다. 이러한 무엇 역시 어떤 원인과 조건의 작용에 의한 결과로서의 어떤 상태일 터이니 말이다.

그렇게 이전 우주의 실체라는 속성이 마쳐진 어떤 상태로부터 우주의 의식으로서의 속성이 순환되어서 이어진 근원적인 무엇, 즉 우주 근원의 의지가 나타나게 되니, 이러한 근원의 의지는 다시 시작되는 우주의 근본 원인이 되고 처음이 되었으며, 이로부터 새로운 우주의 모든 것이 다시 시작되었다.

어쩌면 엔트로피가 쌓여서 어떤 임계점에 도달하게 됨으로써 실체라는 현상이 모두 마쳐진 어떤 상태에서는 이처럼 근원의 의식이라는 우주의 본질만이 남게 되는지도 모를 일이다. 즉, 현상이 마쳐져 본질이 드러나고, 변함이 다하여 근원이 드러나게 되는 상황인지도 모를 일인 것이다. 이러한 우주 근원의 의식이 문득 의지를 발하여 새로운 우주의 시작이 있게 되는 것일 터이고 말이다.

그렇게 나타나게 된 태초의 의지로부터 우주의 모든 것이 다시 시작되었다.

이러한 과정으로 거듭나게 된 우주는 필경 이전의 우주와는 같지만 다른 우주일 것이며, 다르지만 같은 우주이기도 할 것이다. 실체로서의 속성에 따르는 생멸의 반복과 의식으로서의 속성에 따르는 순환의 이어짐으로부터 새로운 우주로 거듭난 우주인 셈이니 말이다.

또한, 이러한 우주의 시작은 처음이 아닌 시작일 것이며, 그 마침 또한 마지막이 아닌 마침이기도 할 것이다. 그 마침이 곧 새로운 시작의 원인이 되는 마침이며, 그 시작 또한 순환되어서 이어지는 과정으로서의 새로운 시작일 터이니 말이다.

나아가 이러한 우주의 시작은 동시에 이것이 있으므로 저것이 있게 되는 새로운 인과의 시작을 의미하는 것이기도 할 터이다. 물론, 이러한 시작 역시 마침으로부터 시작이 있게 되는 또 다른 인과에 따른 결과이기도 할 터이고 말이다. 즉, 크게 보면 이러한 생멸의 반복과 순환의 이어짐이라는 변화의 흐름 자체가 사실은 우주와 만물이라는 현상의 본질이라고 볼 수도 있는 셈이다.

기본적으로 이러한 흐름은 근본 원인에 대한 조건의 작용으로부터 일정한 결과가 나타나게 되는 흐름일 것이다.

그런데 이렇게 새로 시작된 인과의 흐름으로 무언가를 이루어 내기 위해서는 근본 원인인 태초의 의지가 다시 한번 조건으로 작용할 수밖에 없게 된다. 다시 시작된 우주에 존재하는 것이라곤 오직 근원의 의지가 전부인 상황일 터이니 말이다. 어쩌면, 이렇게 원인과 조건에 해당하는 의식의 파동, 즉 우주 근원의 의지가 일으키는 파동 간의 겹침이나 간섭 작용으로부터 새로운 우주 최초의 현상이 나타나게 되는 것인지도 모를 일이다.

아무튼 이러한 과정으로 나타나게 된 최초의 결과물은 새로운 우주의 첫 사례가 되는 셈이니, 자연히 이후에 나타나는 모든 것을 이루어 내는 원리가 되는 의미를 갖게 된다. 왜냐하면, 이러한 결과는 단순한 결과물로 그치는 것이 아니라, 연속되어서 이어지는 흐름의 또 다른 원인과 조건으로 작용하는 요소일 것이기 때문이다.

물론, 이러한 근본 원리, 즉 우주의 섭리는 단순히 입력에 의해서 결과물을 도출해 내는 어떤 공식이라는 개념은 아닐 것이다. 그 인과의 흐름이라는 질서의 틀에 이처럼 우주 근원의 의지가 조건으로 작용하는 원리인 셈이니 말이다.

이러한 원리의 흐름으로 다시 중첩된 근원의 의지는 결국 서로 구분되어서 구별되는 무엇들로 나타나기 마련일 것이다. 하나의 원인에 대한 조건의 작용에 의한 결과물들일 것이기 때문이다. 즉, 서로 다르기는 하지만 하나로부터 나왔으며, 이러한 이유로 때로는 그 상대적인 짝들이 하나로 되어 근원으로 돌아가기도 하고, 극에 이르면 서로의 상태로 뒤바뀌기도 하는 등의 상대적인 성질을 갖춘 무엇으로 나타나게 되는 셈이다. 예를 들어 아직 무엇이라 이름할 수는 없지만, 질량과 입자라는 음의 성질을 갖춘 파장의 무엇들이나 에너지라는 양의 성질을 갖춘 파장의 무엇들처럼 말이다.

이로써 만물이라는 현상의 실질적인 모태가 됨과 동시에 그 만물의 상대적인 속성을 이루고, 이러한 속성에 따르는 법칙들의 근간이 되는 무엇이 광대한 규모로 나타나게 된다. 바로 물질 우주의 기본적인 큰 틀이 형성된 셈이다.

물론, 이러한 무엇들은 아직 유의미함과 실체로서의 존재함을 갖추기 이전의 무엇일 것이며, 여전히 혼돈의 상태로 존재하는 무엇이기도 할 것이다. 태초의 의지라는 무형의 의식이 중첩되어 서로 상대적인 성질의 무엇으로 응결, 혹은 변환되었으나, 아직은 이 무엇들 간에 체계적인 관계와 연계의 작용, 즉 유의미한 질서의 흐름이 일어나기 이전의 어떤 상태인 셈이며, 이러한 흐름으로부터 비롯되는 현상으로서의 존재함을 이루어 내기 이전의 무엇들일 것이기 때문이다. 무형의 관념과 유형의 실체 사이의 애매한 무엇인 셈이며, 무작위적인 반응만이 존재하는 무의미함과 유의미함 사이, 즉 혼돈의 상태로 존재하는 모호한 형태의 무엇인 셈이다.

그런데 이러한 중첩의 과정은 여기에서 그치지 않고 계속되어 마침내 이처럼 서로 상대적이고 구별되는 속성의 틀을 넘어서는, 즉 이러한 중첩의 겹침으로부터 근원의 의지와 좀 더 유사한 형태의 속성을 갖춘 또 하나의 무엇이 나타나게 된다. 서로 상대적인 속성의 무엇들에 이어서 우주라는 현상의 근간이 되는 또 하나의 근본 요소가 나타나게 된 셈이다.

하지만 안타깝게도 이 무엇은 우리의 분별이라는 인식의 그물에 걸리지 않는 무엇이기도 할 것이다. 그 상대적인 속성에 따르는 분별이라는 틀의 한계를 초월한 속성의 무엇일 터이니 말이다.

물론, 이 무엇은 이러한 형성 과정상 근원의 의지를 근간으로 하는 의식으로서의 속성을 갖춘 무엇으로 나타나기 마련일 것이다. 바로 이러한 속성으로부터 서로 상대적인 무엇들 간에 관계와 연계라는 네트워크의 흐름을 이루어 냄으로써 그 현상으로서 존재함을 이루어 내는 것이 비로소 가능하게 되는 것이기도 할 터이고 말이다. 바로 만물의 존재함이라는 현상, 즉 생명과 의식의 근간이 되는 의미를 갖는 요소인 셈이다.

이러한 과정들이 일어나는 상황은 당연히 지금과 같은 시간과 공간이라는 개념이 아직 존재하지 않거나 모호한 상태였을 것이다. 원리와 이치에 의한 유의미한 질서의 흐름이 생성되어 가는 과정, 즉 태초의 혼돈 속에서 질량과 에너지가 마치 음에서 양이 나오고 양에서 음이 형성되듯이 서로 교차되어 수시로 변하기도 하고, 서로 상대적인 무엇들 간의 반응에 의해서 순간적으로 나타났다가 소멸되기도 하는 등, 말 그대로 혼돈의 상태일 것이기 때문이다.

바로 생명의 의식이라는 요소가 조건으로 작용하여 서로 상대적인 속성의 무엇들 간에 모이고 흩어지며 머물고 나아가는 흐름이 형성됨으로써 나타나는 일정한 현상, 즉 질서적인 변화의 흐름으로부터 비롯되는 시공의 축이 완성되기 이전의 어떤 상태인 셈이다. 아마도 지금의 시간과 공간이라는 개념으로 보면 상상하기 어려울 정도의 짧은 순간으로 보이거나, 터무니없이 작은 공간에서 일어나는 현상으로 보이는 이유이기도 할 것이다.

그렇게 모든 것의 근원이자 시작인 태초의 의지라는 요소와, 만물의 구성인자이자 상대적인 법칙의 근간이 되는 요소와, 관계와 연계라는 질서의 흐름을 형성하여 현상으로서의 존재함을 이루어 내는 생명의 의식이라는 세 가지 근본 요소들이 나타나게 됨으로써, 마침내 새로운 우주로 거듭나기 위한 준비 과정이 완성된다.

2) 물질

즉, 이러한 세 가지 요소 간의 작용으로부터 아직 이름할 수 없는 상대적인 속성의 무엇들 간에 정보의 교환과 같은 관계의 작용들이 일어나게 되고, 이로부터 서로 간에 반발이나 확산, 혹은 수렴이나 결합과 같은 연계의 흐름이 연속적으로 일어나게 됨으로써 태초의 우주에는 이러한 작용들이 거대한 규모로 확산되어 가는 흐름이 형성되는 셈이다. 그렇게 태초의 혼돈에는 질서의 흐름이 나타나고, 이로부터 우리가 무엇이라 이름 지어 부를 수 있는 유의미한 흐름, 즉 실체라는 현상도 나타나게 되는 것일 터이고 말이다. 바로 우주와 만물이라는 이름의 현상이 나타나게 된 셈이다.

물론, 이러한 흐름은 그 인과의 과정에 생명의 의식이라는 요소가 조건으로 작용함으로써 일어나는 현상들일 터이니, 그 네트워크의 흐름이 형성되는 과정에 대하여 우연이나 확률에 의지하지 않아도 되는 필연의 과정으로써 이러한 모든 것을 이루어 내는 것이기도 할 터이다.

그렇게 우주에는 현상으로서의 존재함을 이루어 낸 물질과 에너지들이 등장하게 되고, 이러한 현상 간에 또다시 관계와 연계의 작용들이 끝없이 연속되면서 거대하고도 급격한 확산 현상이 일어나게 된다.

결국, 이러한 변화의 흐름 가운데 우주의 모든 것이 결정되고 형성되는 셈이니, 사실은 이러한 흐름 자체가 바로 우주와 만물이라는 현상의 실상이기도 한 셈이다. 그 생멸과 순환을 이루어 내는 거대한 흐름의 부분이자 과정으로서 말이다.

어쩌면, 강력이나 약력, 전자기력이나 중력과 같은 힘들, 혹은 시간이나 공간과 같은 물질 우주의 기본적인 틀마저도 사실은 별개의 고정된 형태로 존재하는 것이 아니라, 이러한 네트워크의 연결 방식이나 형태에 따른 결합력, 혹은 그 관계와 연계라는 질서의 흐름 가운데 일어나는 일정한 현상들에 대한 구분인지도 모를 일이다.

달리 보면, 이러한 관계와 연계의 작용들이 일정한 단위 네트워크로 결속되는 것이 바로 만물의 실체로서의 생(生)이라는 현상의 본질이고, 그 단위 네트워크의 연결고리가 흩어지는 것이 바로 만물의 실체로서의 멸(滅)이라는 현상의 본질로 볼 수도 있는 셈이다. 즉, 세상의 만물은 불변의 고정된 실체로서 개별적이고 독립적으로 존재하는 것이 아니라, 다만 이러한 관계와 연계라는 흐름의 단위 집합인 동시에 전체의 흐름을 이루는 부분이자 과정이라는 형태로 존재하게 되는 셈이다. 결국 존재하는 모든 것은 그렇게 처음부터 모두가 이어져서 연결된 하나의 거대한 네트워크의 부분일 수밖에 없는 셈이며, 부분의 하나인 동시에 전체의 하나라는 형태로 존재할 수밖에 없는 셈이다.

물론, 이러한 네트워크의 형태는 필연적으로 비국소적인 형태의 연결망이기도 할 것이다. 왜냐하면, 그 네트워크를 형성하는 생명의 의식이라는 요소의 속성이 바로 물질 우주의 상대적인 틀과 한계를 초월하는 특성을 갖춘 속성의 무엇일 터이니 말이다. 즉, 이러한 의식의 네트워크 또한 당연히 시공의 한계나 상대적인 분별의 틀에 구애되지 않는 형태의 네트워크일 수밖에 없는 셈이다.

한편, 이처럼 서로 구별되는 상대적인 속성의 무엇들 간에 이합집산과 같은 흐름이 일어나게 됨으로써 만물이라는 현상이 나타나게 되었다는 말은, 이러한 만물에도 서로 구별되는 상대적인 속성, 즉 실체로서의 속성을 갖추게 됨을 의미하는 것일 터이다. 물론, 이와 동시에 이러한 속성에 따르는 상대적인 법칙들이 우주에 나타나게 되는 의미이기도 할 것이고 말이다. 태초의 의지로부터 우주의 시작이 있게 됨과 동시에 인과의 흐름이 시작되듯이 만물이라는 현상이 나타나게 됨과 동시에 그 현상을 이루는 법칙들도 나타나게 되는 셈이다. 물론 생명의 의식이라는 요소의 작용으로부터 이러한 현상들이 나타나게 되었으므로, 그 만물에는 필연적으로 의식으로서의 속성 또한 갖추게 되는 것일 터이다.

　결국 우주와 만물은 그 현상으로서의 존재함을 이루어 내는 순간부터 실체로서의 상대적인 속성과 의식으로서의 절대적인 속성을 동시에 갖추고 있는 존재들일 수밖에 없는 셈이다. 나아가 이로부터 우주의 생멸과 순환의 작용들이 일어나는 것까지도 가능하게 되는 것일 터이니, 이러한 만물의 두 가지 속성이야말로 우주라는 현상의 핵심이자 근간이기도 한 셈이다.

　이러한 모든 과정을 조금 압축하여 표현하면, 이전 우주의 실체로서의 속성이 모두 마쳐진, 즉 실체의 없음이라는 인식 이전의 어떤 자리로부터 우주의 의식으로서의 속성은 순환되어서 태초의 의지가 나타나게 되었고, 그 태초의 의지의 중첩으로부터 법칙과 만물의 근간이 되는 요소와 생명의 의식이라는 요소가 나타나게 되었으며, 이러한 세 가지 근본 요소 간의 작용과 조화로부터 새로운 우주의 탄생, 즉 근본 원리인 우주의 섭리와 상대적인 법칙인 만물의 이치와 우주의 구성원들인 만물이라는 형태의 우주로 거듭나게 되었다고 표현할 수도 있는 셈이다.

　그런데 이러한 과정들을 살펴보면, 태초의 의지가 쌓여서 서로 상대적인 속성의 무엇들이 나타나게 됨으로써 광대한 물질 우주의 기틀을 완성하였으나, 그 쌓임의 중첩으로부터 이러한 틀의 한계를 벗어난 또 하나의 우주 근본 요소가 출현하게 되었다고 한다.

　즉 생명의 의식이라는 요소는 이러한 생성 과정상 서로 상대적인 속성의 무엇들보다 시기적으로 보면 뒤늦게 출현된 요소인 셈이며, 수량적으로 보면 하나, 혹은 매우 적은 양으로 생성될 수밖에 없는 셈이다. 따라서 아직 무엇이라고 이름할 수 없는 상대적 속성의 근본 요소들 중에서도 극히 일부에게만 조건으로 작용할 수밖에 없는 상황인 셈이고 말이다.

　결국, 이렇게 실체로서의 존재함이라는 현상을 이루어 낸 물질과 에너지들 또한, 아직 이름할 수 없는 광대한 규모의 무엇들에 비하면 매우 작은 규모로 생성될 수밖에 없는 실정인 셈이다.

그렇다면, 이렇게 유형의 실체라는 현상, 즉 네트워크의 흐름이라는 형태의 존재함을 이루어 내지 못한 나머지의 광대한 무엇들은 어떻게 되는 것일까.

아마도 이 무엇들은 어쩔 수 없이 이러한 물질이나 에너지들과는 정상적인 관계를 주고받지 못하는 상태로 여전히 남아 있을 수밖에 없게 될 것이다. 왜냐하면, 이러한 실체로서의 존재함이라는 현상의 본질인 관계와 연계의 흐름은 저절로 이루어지거나, 우연히 일어나거나, 혹은 어떤 확률상의 문제가 아니라 바로 생명의 의식이라는 요소가 조건으로 작용함으로써 일어나는 현상들일 것이기 때문이다. 결국, 이렇게 일정한 단위의 네트워크를 이루어 낸 소수의 물질과 에너지들은 아직 이름할 수 없는 다수의 무엇들과는 정상적인 관계를 형성하는 것이 불가능할 수밖에 없는 상황인 셈이다.

다만, 이러한 네트워크들의 의식으로서의 속성과는 다소의 반응이 있을 수도 있을 것이다. 즉 만물의 실체로서의 속성에 의한 반응은 없게 되지만, 의식으로서의 속성에 의한 네트워크의 흐름이나 단위 네트워크들의 의지와 같은 요소들과는 다소의 반응이 있을 수 있게 되는 셈이다. 물론, 이러한 단위 네트워크들의 전체 합인 우주의 의식으로서의 속성과도 일정한 작용이 있을 수 있을 것이고 말이다.

달리 보면, 이러한 물질이나 에너지들 또한 그 존재함이라는 현상의 본질이라 할 수 있는 관계와 연계의 네트워크가 해체되면, 이러한 네트워크가 형성되기 이전의 무엇들로 다시 돌아가게 되는지도 모를 일이다. 끝없이 확산되어 가는 흐름에 따른 엔트로피의 증가, 혹은 일정한 임계점에 이르도록 중첩되는 수렴적인 흐름으로부터 말이다.

물론, 이 무엇들 역시 일정한 단위의 네트워크를 이룸으로써 물질이나 에너지라는 형태의 현상으로 거듭나게 되거나, 혹은 기존의 네트워크에 편입되는 것인지도 모를 일이다. 실제로 우주의 물질과 에너지들은 이러한 생멸의 반복과 순환의 이어짐으로부터 계속하여 소멸하기도 하고 생성되기도 한다고 하니 말이다. 어찌 보면, 이 또한 일종의 순환을 이루는 운행의 고리가 형성되는 셈이다. 어쩌면, 그렇게 우주의 큰 틀에는 변함이 없게 되는지도 모를 일이다. 마치 에너지 보존의 법칙처럼 말이다.

따라서 아직 이름할 수 없는 광대한 규모의 이 무엇들은 우주라는 네트워크의 흐름에 적극적으로 개입하거나 주도적인 흐름을 만들어 내기보다는 일종의 배경과도 같은 역할을 하며 계속 존재할 수밖에 없게 되는 셈이다. 혹은, 그 네트워크의 흐름이 생성되고 흩어짐에 따라서 실체와 실체 아님을 오가게 되거나 말이다.

결국, 이 무엇들은 존재함도 존재함이 아님도 아니고 관념도 실체도 아닌 모호한 형태로 여전히 머물러 있을 수밖에 없는 셈이며, 물질이나 에너지들과의 관계에 있어서도 그 관계함이 있다고도, 그렇다고 전혀 없다고도 말할 수 없는 애매한 상태로 우주의 대부분을 차지하며 존재할 수밖에 없는 셈이다.

이처럼 일정한 현상으로서의 존재함은 아니지만 온 우주에 두루 존재하고, 오직 만물의 의식이라는 속성과의 반응이 있을 수 있으며, 나아가 그 실체라는 현상의 모태가 되어서 실체와 비실체를 오고 가기도 하고, 때로는 알 수 없는 에너지의 원천이 되기도 하는 등의 특징들은 아직 실체를 드러내지 않은 우주의 무엇이나 예로부터 반드시 존재한다고 믿어 왔으나 증명할 수는 없었던 무언가를 연상시키기도 한다.

물론, 이러한 현상들의 근간이라 할 수 있는 생명의 의식이라는 요소 또한 그 자체로는 아직 유의미함을 갖춘 존재가 아닐 것이다.

아직 이름할 수 없는 상대적인 속성의 무엇들과 작용하여 관계와 연계라는 네트워크의 흐름을 형성함으로써, 즉 현상으로서의 존재함으로 거듭나야만 비로소 우리가 인식하는 세상에서의 유의미한 의미를 갖게 되는 셈이다. 바로 이러한 이유로 인하여 만물에는 의식으로서의 속성이 깃들게 되는 것이기도 할 터이고 말이다.

하지만, 이러한 초기 단계에서는 그 네트워크의 단순함으로 인하여 어떤 기본적인 조합의 경우에는 두 가지 속성 간의 구분, 혹은 입자와 에너지 간의 구분이 명확하지 않은 모습을 보이게 될 수도 있을 것이다.

또한, 이러한 이유로 인하여 초기의 물질과 에너지들은 그 네트워크의 조합에 따라서 극히 짧은 기간 동안에만 실체로서의 존재함이라는 현상을 유지하게 되거나, 혹은 그 조합의 단순함으로 인하여 오히려 대단히 강력한 결속력과 매우 긴 수명을 자랑하게 되기도 하지만, 이러한 네트워크의 근간인 물질의 의식으로서의 속성은 다소 단순한 형태로 존재하게 되는 셈이다.

이러한 기본적인 형태의 초기 물질과 에너지들은 다시 그 단위 네트워크들 간의 반응과 이합집산의 작용에 따라서 또 다른 규모의 흐름을 형성하게 된다. 즉 물질의 실체로서의 속성에 의한 반응이나 상대적인 법칙들 그리고 의식으로서의 속성에 의한 관계와 연계의 흐름이 다양한 원인과 조건으로 작용하게 됨으로써 물질들의 단위와 형태는 점점 더 거대해지면서 조금 더 복잡하고 다양한 형태를 이룬 복합물들로 거듭나게 되는 셈이다. 물론, 이러한 현상의 근간인 의식의 네트워크 또한 점점 더 복잡하고 다양한 형태의 연결망을 형성하게 되는 것일 터이고 말이다.

이러한 단계의 물질들은 초기의 물질들에 비하여 좀 더 뚜렷한 개성을 갖추게 된다고 한다. 아마도 이러한 특성들은 그 네트워크의 연결망이 조금 더 복잡한 형태로 구성됨으로써 나타나는 현상들일 터이니, 그 네트워크의 고유한 조합 형태에 따라서 나타나는 개성이자 특성들이기도 할 것이다. 물론, 이러한 특성들은 그 네트워크의 형태가 유지되는 기간에 한해서 나타나는 현상들이기도 할 터이고 말이다.

이처럼 조금 복잡한 형태를 이룬 단위 네트워크들의 흐름은 또다시 이러한 각자의 특성에 의한 반응과 관계와 연계의 작용에 따른 흐름에 의해서 서로 반발하고 합해지며 모이고 흩어지는 작용들이 연속적이고 거대한 규모로 일어나게 된다. 이로써 우주는 점점 더 다양하고 복잡해지면서 거대한 계(界)로 확산되어 가는 흐름을 이어 가는 것일 터이고 말이다. 물론, 이러한 모든 현상의 근간인 의식의 네트워크 또한 점점 더 다양하고 복잡한 네트워크의 흐름을 형성하게 되는 것일 터이다.

3) 생명체

이러한 흐름이 거대한 규모로 순환되고 확산되어 가는 와중에 어느 이름 모를 은하계의 한구석에서는 우주 전체로 보아도 조금은 희귀한 조건하에서 조금 특이한 단위 네트워크가 형성되니, 바로 아미노산(amino acid)이라는 형태의 물질이 그것이라고 한다.

그런데 이처럼 다소 특이한 네트워크를 구성해 낸 개체들은 그동안 경험된 네트워크 간의 다양한 교류에 의한 정보의 축적, 혹은 관계와 연계라는 인과의 중첩과 같은 양적 변화들이 어느 단계에 이르러서는 질적인 변화를 일으키게 됨으로써, 마침내 그 의식으로서의 속성이 스스로의 의지를 능동적인 형태로 드러내 보이는 수준으로까지 진화하게 된다. 즉, 의식(정보)이라는 속성 자체의 저장과 활성화에 조금 더 적합하면서도 다양한 특성과 기능을 갖춘 수많은 조합물(다양한 단백질의 조합)에 이르도록 서로를 복잡한 순서로 배열하여 연결하는 특별한 네트워크의 흐름을 이루어 내기에 이른 것이다.

이처럼 다양한 특성과 기능을 갖춘 단백질로 거듭나기 위한 아미노산들의 복잡한 배열순서와 조합 형태는 어떤 능동적이고 적극적인 의지의 개입이라는 요소가 배제된 자연 상태에서는 절대로 일어날 수 없는 현상이라고 한다. 예를 들어 수많은 아미노산의 조합물 중에서도 가장 흔한 단백질에 속한다는 콜라겐(collagen)의 경우에도 무려 1,055개의 아미노산이 정확한 순서와 배열로 조합되어야만 한다는 것이다.

만약, 이러한 현상을 자연 상태에서 우연히 일어나는 일이라고 가정하고 그 경우의 수를 확률로 계산해 보면, 이렇게 결합되는 아미노산들의 개수를 이보다도 훨씬 적은 200개로 낮추어서 계산하더라도 10^{260}이라는 현실감 없는 극악한 수치가 나온다고 한다.

이 10^{260}이라는 숫자의 크기는 우주 전체에 존재하는 모든 원자의 개수를 합한 것보다도 큰 숫자라고 한다. 어느 천문학자의 비유처럼 마치 회오리바람이 어느 자동차

폐차장을 한번 휩쓸어 지나가고 나서, 그 자리에 최신형 점보제트기가 완벽한 상태로 조립되어서 나타날 확률이라는 것이다.[6]

한마디로 공허한 확률이고, 현실적으로 불가능한 일이라는 말의 다름 아닌 셈이다.

어떤 실험실에서 일정한 환경적 조건을 조성하여 아미노산이라는 형태의 물질이 만들어지는 과정을 재현하는 것은 그리 어려운 일이 아니라고 한다. 특정한 조건에 의해서 일어나는 물질 간의 반응만으로도 충분히 가능한 일이기 때문이다.

그러나 이처럼 아미노산들을 정확한 순서로 배열하고 결합하여 특별한 기능을 갖춘 수많은 종류의 단백질로 조합되는 과정을 재현하는 것은 전혀 다른 별개의 문제라고 한다.

이러한 현상들이 의미하는 것은 이 단계의 물질들(특별한 단위 네트워크를 이루어 낸)은 전 단계의 일반적인 물질들과는 달리, 물질의 의식으로서의 속성이 주체가 되어서 자신과 하나인 실체로서의 속성이나 네트워크의 흐름에 보다 능동적인 형태로 관여하고 있음을 의미하는 것으로 여겨진다.

이처럼 조금 특별한 네트워크의 조합을 이루어 낸 단위 의식은 그렇게 스스로의 의지로 주변에 존재하는 몇 가지 유용해 보이는 물질들을 결합하거나 활용하는 모습을 보인다고 한다. 즉 주변의 환경적 요소들을 조건으로 활용하여 자신의 생존성, 혹은 항상성을 위해서 적극적으로 내부 조직화에 관여하거나 외부의 위협 요소에 대응하는 모습을 보이기도 한다는 것이다. 이러한 과정에서 온갖 기발하고 참신한 창의성을 유감없이 발휘하여 보는 이들을 감탄하게 하는 천태만상의 행태를 세상에 선보이기도 하고 말이다.

누군가는 이러한 기묘한 행태들이 이루어 내는 조화로운 모습에 대하여 말하기를, 어떤 새로운 아이디어에 의한 막연한 창조의 결과물, 혹은 우연이나 확률에 의해서 일어나는 현상이라기보다는, 마치 여러 차례 선험된 어떤 경험을 바탕으로 한 보완이

---

6 빌 브라이슨, 『거의 모든 것의 역사』, 이덕환, 까치글방, 2011년, 303쪽

나 수정의 과정을 거친 결과물이라고 보아야만 겨우 납득 가능한 현상이라고 말하기도 한다.

나아가 이러한 각각의 행태들이 이루어 내는 전체의 절묘한 균형과 조화, 혹은 개체와 전체의 진화와 같은 지향적인 흐름 역시 어떤 세상을 아우르는 시스템이 존재함으로써 그 흐름의 방향을 조정하는 것처럼 보이거나, 혹은 처음부터 이미 부분과 전체가 하나여서 그 전체와 부분 간의 상호 작용으로써 스스로 방향성을 조정하고 있는 것처럼 보이기도 하고 말이다.

결국, 이러한 현상들이 의미하는 것은 비록 우리가 제대로 인지할 수는 없지만, 어떤 형태가 되었든 각각의 개체와 그 개체들의 합인 전체가 하나의 네트워크로 연동되어 있음을 의미하는 것으로 여겨진다. 어쩌면, 이러한 흐름으로부터 단위 의지들의 움직임이 수렴되어 일종의 중심점을 형성함으로써 전체의 의지를 형성하고, 이렇게 형성된 전체의 의지는 다시 개체들의 움직임으로 확산되어서 구현되는 현상, 즉 스스로 그러함으로써 형성되는 운행의 흐름에 따른 현상들일 수도 있을 것이고 말이다.

즉, 이 의식의 네트워크 시스템은 기본적인 단위에서부터 전체를 동시에 아우르는 형태의 네트워크로 보이며, 어쩌면 태초의 의지로부터 비롯된 하나의 네트워크에 대하여 단지 우리가 각각의 단위라는 협소한 시각으로 바라봄으로써 이러한 현상들에 대하여 신비하게 여기거나 당혹스러워하고 있는지도 모를 일인 것이다. 혹은, 이러한 현상들에 대하여 겉으로 드러나는 실체로서의 속성이나 부분적인 현상에만 주목하는 관점의 차이이거나 말이다.

물론, 이러한 네트워크의 흐름은 최초의 유의미한 질서의 흐름을 이루어 내는 순간부터 시작되는 것일 터이니, 이러한 현상 역시 어느 특이한 단백질의 조합들에만 국한되어 나타나는 새삼스러운 현상은 아닐 것이다.

그런데 이처럼 의식으로서의 속성이 실체로서의 속성을 주관하여 활용하는 단계에 이르도록 진화된 물질들은 바로 이러한 특성으로 인하여 일반적인 물질들과 대비되어 구분될 만큼의 특별한 움직임을 세상에 선보이게 된다. 즉, 스스로의 의지에 따르는 움직임이라는 새로운 형태의 움직임이 우주에 등장하게 되는 셈이다.

　이러한 특징이 의미하는 것은 이 특별한 단위 네트워크의 의식에게 스스로의 존재함에 대한 자각 현상이 일어나게 됨으로써, 그 자성의 의지를 능동적인 형태로 구현해 내는 단계에 이르도록 성장하게 되었음을 의미하는 것으로 여겨진다. 그렇게 물질이라는 현상 가운데 생명체라는 이름으로 부를 만한 특별한 현상이 더하여 나타나는 것일 터이고 말이다.

　물론, 이러한 구분은 어떤 별개의 새로운 물질이라거나 새로운 의식의 탄생이라는 의미는 아닐 것이다. 우주와 만물이라는 현상은 처음부터 이러한 두 가지 속성 간의 작용과 조화로부터 나타나게 되었으며, 다만 이러한 변화의 흐름 가운데 나타나는 조금 더 특별한 현상들에 대한 단계적 구분이라는 의미일 것이니 말이다.

　누군가는 이러한 현상, 즉 만물의 의식으로서의 속성이 그 의지를 드러내는 정도에 대하여 표현하기를, "광물에서는 잠들어 있고, 식물에서는 꿈꾸고 있으며, 동물에서는 깨어 있고, 사람에서는 활동한다"라고 표현하기도 한다.

　일반적으로 진화의 흐름은 경사로보다는 계단의 형태에 가깝다고 한다. 어쩌면 생명체라는 현상 역시 그렇게 물질의 의식으로서의 속성에게 어떤 질적인 변화가 일어나게 되어서, 즉 단계적으로 구분될 만큼의 진화와 비슷한 일련의 변화가 일어나게 됨으로써 나타나게 되는 현상인지도 모를 일이다. 어찌 보면, 현상으로 존재하는 만물에 특별한 현상이 더해진 모습이기도 한 셈이다.

　달리 보면, 이러한 현상은 태초의 의지로부터 비롯된 우주 운행의 거대한 흐름 가운데 나타나는 현상, 즉 우주라는 전체 네트워크의 의식에 단위 네트워크들의 의지가 조건으로 작용함으로써 나타나는 현상이거나 단위 네트워크들의 의식에 전체를 이루는 의식의 의지가 조건으로 작용한 결과인지도 모를 일이다. 즉, 근원과 현상 간의 작용, 혹은 부분의 하나와 전체의 하나가 이루어 내는 지향적이고 순환적인 흐름 가운데 나타나는 일정한 현상인지도 모를 일인 것이다. 우리의 우주는 바로 이러한 근원의 의지를 조건으로 하는 질서의 흐름이며, 그 흐름은 부분과 전체가 하나로 되어서 이루어 내는 변화의 흐름, 즉 부분과 전체를 동시에 감싸안아서 순환하는 방식의 흐름이라고 하니 말이다.

인간의 눈과 오징어의 눈은 해부학적으로 보면 놀라울 정도로 흡사하다고 한다. 각자 다른 조건에서 다른 방식으로 진행된 진화의 경로를 거쳐 왔음에도 불구하고 신기할 정도로 유사한 구조와 기능을 갖추고 있다는 것이다.
물론, 조금 더 자세히 살펴보면 오징어의 눈이 조금 더 합리적인 구조를 갖추고 있기는 하다고 한다. 오징어의 눈은 시신경과 실핏줄이 망막의 뒤편에 붙어 있어서 사람의 눈처럼 시각의 맹점이 없는 구조이기 때문이다.
인간의 눈은 망막에 구멍을 뚫고 시신경과 실핏줄을 동공 안으로 끌어들여서 망막의 내부에 붙여 놓았다고 한다. 따라서 이 부위에는 색조 감각과 물체의 형태를 감지하는 간상세포나 원추세포가 존재할 수가 없기 때문에 시선의 방향으로부터 약 20도 지점에 위치한 사물은 보이지 않게 된다고 한다. 이러한 작은 차이점을 제외하면 놀라울 정도로 유사한 진화의 결과물인 셈이다. 바로 진화의 신비 중 하나인 수렴진화의 구체적인 예 가운데 하나라고 한다.
이처럼 진화 경로의 상이함에도 불구하고 유사한 형태의 결과를 보이는 예는 이외에도 제법 있다고 한다. 물론, 이러한 현상들은 그저 자연 선택에 의한 적응의 결과일 뿐이며, 단지 형태적인 유사성을 의미할 뿐이라고 애써 말하기도 하지만, 만물의 의식으로서의 속성이나 이에 따른 관계와 연계라는 네트워크의 흐름, 혹은 전체와 부분이 하나로 되어서 이루어 내는 순환적이고 지향적인 변화의 흐름이라는 관점을 고려해 보면, 이러한 현상들 역시 어느 정도는 납득 가능한 현상으로 보이기도 한다.

한편, 이러한 온갖 형태와 행태들이 지켜보는 이들을 감탄케 하는 또 다른 이유는 그 아이디어의 기발함과 더불어 자신의 목적을 이루고자 하는 분명한 의도가 반영된 행위들임에도 불구하고 이러한 각각의 행태들이 어우러지는 과정에서 어떠한 편법도 동원되지 않고 있으며, 나아가 일체의 불합리함도 없어 보이기 때문이다.

또한, 이러한 온갖 행태들의 합을 전체적인 관점으로 보면, 부분과 전체가 완전한 조화를 이루고 있어서 어느 한 개체에도 편중되지 않는 절묘한 공생관계를 이루고 있음을 확인할 수 있게 된다고 한다. 나아가 이러한 흐름의 과정에서 개체와 전체 모두가 점점 더 향상되어 가는 방향으로 끊임없이 나아가는(진화) 모습을 보이기도 하고 말이다.

더 나아가 이러한 흐름에는 어떠한 인위적 간섭이나 강제함도 없이 오직 '스스로 그러함(自然)'의 관계로써 이러한 모든 것을 이루어 내고 있음이니, 과연 이러한 모습들에 대하여 어찌 감탄이 절로 나오지 않을 수 있겠는가.

이러한 생명체들의 행태나 자연 현상들이 보여 주는 조화로운 모습은 옛사람들로 하여금 찬탄의 대상이 되기도 하여 마땅히 인간이 본받아야 할 하늘의 도리에 부합하는 행위로 받아들이기도 하였다고 한다. 나아가 이러한 행위의 격에 이르기를 소원하여 이를 성인(聖人)의 경지에 오른 이들의 행위로 보기도 하였다고 한다. 심지어는 공자(孔子)께서도 '나이 일흔이 되어서야 비로소 마음이 하고자 하는 바를 따라도 세상의 이치와 법도에 어긋남이 없게 되었다' 하였으니 말이다.

노자(老子)께서도 이르기를, "성인의 행함은 함이 없음으로써 일을 처리하고, 말하지 않음으로써 가르침을 행한다. 만물이 일어나도 간섭하지 아니하고, 낳으면서도 소유하지 아니하며, 행하면서도 뽐내지 않고, 공이 이루어져도 스스로 공이 있다고 생각하지 않는다. 대저 오로지 머물지 아니하니, 그러므로 떠나지 아니한다" 하였다. 과연 원래 그러하고 스스로 그러함으로써 운행되는 세상의 흐름이 이와 같지 아니한가.

유가(儒家)의 성인의 경지에 오른 이의 행함이 이와 같고, 불가(佛家)의 성불의 경지에 오른 이의 행함이 이와 같으며, 선가(仙家)의 무위자연의 경지에 오른 이의 행함이 이와 같고, 진정으로 세상과 하나가 된 모든 이들의 만 가지 오고 가는 모습들이 이와 같다고 한다.

하지만 우리는 이러한 이들을 너무 부러워만 할 필요는 없어 보인다. 이러한 행위의 격은 저 높은 곳에 도달해야만 가능해지는 것이 아닐 것이기 때문이다. 어찌 보면 너무나 당연한 일이기도 할뿐더러, 우리 모두는 애초에 이렇지 않다면 세상에 존재할 수도 없는 이들이기 때문이다.

세상의 만물은 바로 이러한 과정으로 우주에 나타나서 이러한 모습으로 존재하고 있으며, 이러한 운행의 흐름을 이루어 내는 존재들인 동시에 이러한 흐름의 과정이자 결과이며 이러한 흐름 자체이기도 한 셈이니, 결국 우리의 존재 자체가 이미 이러함을 온전히 갖추고 있는 존재들임을 증명하는 셈이기도 한 것이다.

그렇다면, 평범한 우리의 움직임들은 어째서 이러한 행위의 격을 갖추지 못하게 되는 것일까.

그 이유는 이처럼 원래 갖추어져 있는 '본래 그러함'이 온갖 오해와 착각이라는 티끌에 묻혀서 가려져 있기 때문이라고 한다. 어찌 보면, 그 성인의 경지라는 것은 저 높은 곳에 도달함으로써 이루어지는 것이 아니라, 단지 이러한 원래 그러함을 가리고 있던 온갖 티끌을 닦아 내어 '본래 그러한 상태로 거듭난 이'이거나, 혹은 '이를 알아채고 이해하여 체득한 이'라는 의미로 볼 수도 있는 셈이다. 즉 스스로의 본래면목(本來面目)이 회복된 상태인 셈이다.

과연, 예로부터 한결같이 도(道)는 이루는 것이 아니라 닦는 것이라고 표현하였거니와, 어쩌면 아폴론과 스핑크스와 소크라테스 역시 이러한 이유로 인하여 진정한 본래의 자신을 제대로 아는 것이야말로 중요한 일이라고 거듭 강조하였던 것인지도 모를 일이다.

한편, 이러한 생명체들의 독특한 행태에 대한 의미의 범위를 확장해 보면, 이들이 살아가는 소우주 또한 일반적인 물질들로만 구성되어 있던 우주와는 조금 다른 특별한 계(界)로 거듭나는 것을 의미하는 것일 터이다. 왜냐하면, 이러한 행위라는 특별한 형태의 움직임들이 그들이 살아가는 세상의 흐름에 더해지게 됨으로써, 그 단위 세상 또한 단순계에서 복잡계로 한 단계 업그레이드되는 것을 의미하는 것일 터이기 때문이다. 물론, 그 단위 세상에는 이처럼 새로운 형태의 움직임들이 더해진 흐름에 대한 특유의 운행 이치가 나타나게 되는 것일 터이고 말이다.

일반적인 물질들로만 구성된 우주는 부분적으로 보면 실체라는 속성에 따르는 상대적인 법칙들에 대략 순응하는 형태의 흐름을 보이게 된다고 한다. 그러나 생명체들이 살아가는 소우주에는 이러한 생명체들의 특성이기도 한 행위라는 또 다른 형태의 움직임들이 이러한 흐름에 더해지게 된다. 따라서 전에는 없던 이러한 독특한 움직임들로 인하여 그 소우주(생명체들이 살아가는)만의 특별한 흐름의 이치가 적용될 수밖에 없는 상황이기도 한 셈이다. 물론, 우리가 인식하든 인식하지 못하든 간에 일반적인 물질들 역시 이러한 의식으로서의 속성이 깃들어 있는 존재들일 것이며, 전체의 하나라는 네트워크의 흐름을 이루는 부분이자 과정으로 존재하는 것은 매한가지일 터이지만 말이다.

그러므로 이 특별한 운행의 이치라는 것은 일반적인 우주 운행의 흐름에 행위라는 움직임들이 변수로 작용하여 형성되는 흐름에 대한 설명일 것이며, 바로 이러한 차이점에 대한 단계적인 구분이라는 의미일 것이다. 즉, 일반적인 물질과 생명체가 단계적으로 구분되듯이, 이 소우주가 운행되는 흐름 또한 이렇게 단계적으로 구분될 만큼의 변화가 있게 된다는 말인 셈이다.

그렇게 생명의 의식이라는 요소로부터 만물이라는 현상이 나타나게 됨으로써 우주에는 그 현상의 작용, 즉 움직임이 있게 되고, 이로부터 우주의 운행이라는 질서의 흐름이 구현되는 것이라고 한다. 물론, 이러한 흐름 가운데 때로는 조금 특별한 단위 네트워크들이 출현하기도 하여 그 행위라는 새로운 형태의 움직임으로써 이러한 흐름에 또 다른 변화를 더하기도 하고 말이다.

즉, 이러한 독특한 움직임들은 그들이 살아가는 단위 세상의 네트워크에 수렴되고 중첩되어서 일종의 중심 의지를 형성하게 되고, 그 단위 세상의 의지는 또다시 이러한 구성원들 각자의 행위로 확산됨으로써 전체의 의지가 구현되는 순환적이면서도 지향적인 흐름이 형성되는 셈이다. 바로 스스로 그러함으로써 이루어 내는 변화의 흐름이 더욱 활성화된 단위 세상이 우주에 등장하게 되는 셈이다.

물론, 이처럼 수렴적인 동시에 확산적이기도 하고 지향적인 동시에 순환적이기도 한 흐름이 형성될 수 있는 것은 바로 만물의 의식으로서의 속성으로부터 비롯된 관계와 연계의 작용 때문일 것이며, 이러한 흐름이 프랙털 구조와 유사한 형태를 이룸으로써 나타나는 현상들이기도 할 것이다. 주체와 대상이 따로 없고 부분과 전체의 분별도 없이 모두를 동시에 감싸안아서 순환하는 네트워크의 원래 그러한 흐름 말이다.

아마도 이로써 언덕을 기어오르던 어느 개체들(단위 네트워크들)의 움직임이나 일정한 군집을 이룬 단위 의식의 의지와 움직임, 나아가 그들이 살아가는 단위 세상의 의지가 어떻게 형성되고 구현되는지에 대하여 짐작해 볼 수 있게 되는 것일 터이다. 더 나아가 우주 근원의 의지나 의식의 네트워크가 작동되는 방식, 혹은 태초의 의지로부터 비롯된 변함의 쓰임에 대하여 고민해 볼 수도 있게 되는 것일 터이고 말이다.

물론, 이처럼 조금 특별한 형태의 소우주가 우주에 등장하게 되는 의미는 이러한 소우주를 품게 된 전체의 우주 또한 한 단계 업그레이드된 우주로 거듭나게 됨을 의미하는 것이기도 할 터이다. 우주라는 현상 자체가 바로 이러한 개별적인 흐름들이 전체의 흐름을 이루어 내는 과정으로 승화됨으로써 부분과 전체가 함께 고양되어 가는 하나의 흐름이며, 이러한 흐름을 이루는 의식의 네트워크는 비국소적인 형태의 연결망일 터이니 말이다.

어쩌면 그렇게 생명체라는 특별한 현상이 나타나게 됨으로써 우주라는 현상 자체도 단계적으로 구분될 만큼의 큰 변화가 있게 되는지도 모를 일이다. 그 업그레이드된 현상의 작용으로부터 말이다.

그렇게 각자의 하나인 동시에 전체의 하나라는 형태로 운행되는 네트워크의 흐름이 바로 우주와 만물이라는 현상의 실체라고 한다. 물론 우리는 이러한 흐름에 지향적인 변화를 더하는 쓰임의 주체이기도 하고 말이다.

결국 생명체라는 현상이 우주에 나타나는 의미는 그렇게 우주 전체에 있어서도 중요한 의미를 갖는 매우 극적인 현상 가운데 하나일 수밖에 없는 셈이다.

들여다보다

천부경에 비친 세상을 들여다보다.

4) 의식의 네트워크

이러한 생명체들의 독특한 움직임들을 조금 더 들여다보면, 자신의 존재함을 유지하기 위한 것으로 보이는 본능적인 행위들을 일반적인 물질들과 비교하여 다소 특이한 방식으로 이행하는 모습을 보게 된다고 한다. 또한, 스스로 인식하든 인식하지 못하든 간에 일반적인 물질들에 비하여 조금 더 적극적인 방식으로 개체 간의 공생관계를 이루어 내고 있으며, 이러한 어우러짐의 조화로부터 전체의 모습 또한 생동감 넘치는 모습으로 완성해 내고 있음을 확인할 수 있게 된다고 한다. 여기에 더하여 이러한 과정에서 자기 향상으로 향하는 지향성을 추구하는 방식 역시 일반적인 물질들에 비하여 조금 더 능동적인 형태로 구현하고 있음을 보게 되기도 하고 말이다.

어찌 보면, 일반적인 물질들의 경우에는 자신의 항상성을 최대한 길게 유지하려고 노력하는 것처럼 보이기도 한다. 즉 존재함이라는 현상의 근간인 단위 네트워크의 조합을 최대한 훼손하지 않음으로써 자신의 현재 상태를 최대한 보존하려는 방향으로 본능의 의지를 발휘하고 있는 셈이다. 물론, 크게 보면 이 또한 생멸의 반복과 순환의 이어짐이라는 큰 틀 안에서 일어나는 현상, 즉 변화의 흐름 가운데 드러나는 부분적인 모습이기는 하겠지만 말이다.

반면에 생명체들은 단백질들의 다양한 기능을 적극 활용하여 DNA를 통한 자기복제라는 기묘한 방법을 동원하여 자신의 불멸성을 이루려고 노력하는 것처럼 보이기도 한다. 어찌 보면, 이러한 행태는 전체를 이루는 네트워크의 흐름(지향적 순환구조의 흐름)을 개체, 혹은 집단 내에서 유사하게 모방하여 구현하고 있는 것처럼 보이기도 한다. 그 생멸의 반복과 의식의 순환으로 이어지는 흐름을 말이다. 물론, 이러한 현상들에 대하여 대단히 신비롭고 경이로운 일이기는 하지만, 어떻게 이러한 본능적인 행위들을 실제로 실현하게 되었는지는 논리적으로 전혀 납득할 수 없는 일이라고 불만을 토로하기도 하지만 말이다.

하지만 생명체들에게 이러한 본능의 의지나 행위들이 나타나는 현상은 어쩌면 당연한 일이기도 할 것이다. 프랙털 구조와 유사한 형태를 보이는 우주 운행의 흐름 속에서 이처럼 부분을 이루는 요소들이 전체의 패턴을 유사한 형태로 반복하는 현상은 지극히 자연스러운 현상일 것이며, 어찌 보면 필연적인 일이기도 할 것이기 때문이다. 이것이 바로 프랙털 구조의 특성인 셈이니 말이다.

물론, 이러한 본능의 의지들은 만물의 의식으로서의 속성으로부터 비롯되는 것일 터이다. 그 의식으로서의 속성은 생명의 의식이라는 우주 근본 요소로부터 비롯되었으며, 이러한 생명의 의식이라는 요소는 우주 근원의 의지로부터 비롯된 것이고 말이다.

그러므로 이처럼 근원의 의지로부터 현상으로 발현된 우주가 그 실체라는 현상의 생멸 가운데 순환의 이어짐을 이루어 내는 방식을 전체의 하나이자 부분의 하나로 존재하는 단위 네트워크들이 모방하거나 따라 하려는 현상은 자연스러운 현상일 수도 있는 셈이다. 즉 자의식을 각성하는 단계에 이르도록 성장한 단위 의식들이 이러한 적극적인 방식으로 자신의 의지를 구현하게 되는 것 또한 자연스러운 현상으로 볼 수도 있는 셈이다.

그러나 이처럼 겉으로 드러나는 모습의 차이로 인하여 서로 구별되는 것처럼 보이기는 하지만, 일반적인 물질이건 생명체이건 모두가 자신의 존재함을 어떤 방식으로든 유지하려는 본능의 의지를 공통적으로 드러내는 것으로 보인다. 나아가 단위 네트워크 간의 공생관계나 전체의 균형과 조화를 이루는 절묘한 흐름, 그리고 이러한 흐름의 과정에서 나타나는 지향성 역시 어느 정도는 공통적으로 나타나는 현상처럼 보이기도 한다.

생각해 보면 생명체와 일반적인 물질들이 서로 다른 별개의 존재는 아닐 것이니, 이렇게 본능의 의지들이 유사한 방향으로 발현되는 것 또한 어찌 보면 당연한 현상이기도 할 것이다. 비록, 그 의지의 발현 정도나 구현방식, 혹은 이러한 변화의 과정이나 속도에 일정한 차이가 있게 됨으로써 겉으로 드러나는 현상이나 모습들 역시 다소의 다름으로 나타나게 되고, 바로 이러한 차이로 인하여 서로 구별되는 것이기는 하지만 말이다.

보통은 생명체가 아닌 일반적인 물질들에는 이러한 현상들이 전혀 일어나지 않는 것처럼 보이지만, 이 또한 착각이거나 오해일 수 있다고 한다. 아마도 이러한 착각은 만물이라는 현상을 실체라는 속성의 관점으로만 바라보는 전제의 오류로 인한 착각일 수도 있을 것이며, 이렇게 제한된 시각으로 사물을 대함으로써 현실에 실재하지만 납득하기 어렵다는 이유로 사실을 외면하거나 인정하지 않음으로써 일어나는 오해일 수도 있을 것이다.

실상이 그러한지를 확인하는 일도 그리 어렵지만은 않은 일이라고 한다.

현재의 시점으로 우주의 모습을 살펴보면, 지금의 우주가 있기까지의 생성 과정이나 운행의 흐름에 있어서 수많은 조건적 요소들이 어처구니없을 정도로 일방적이고 유리한 방향으로 작동하고 있음을 알게 된다고 한다.

실제로 우주의 시작 단계에서부터 중력이 아주 조금만 더 강하거나 약했더라면, 또는 팽창 속도가 조금이라도 더 느리거나 빨랐더라면 지금의 우주가 존재하는 것은 도저히 실현 불가능한 일이 되었을 것이라고 한다. 마치 우주가 구멍 난 풍선처럼 쪼그라들어 버렸거나, 아니면 아무것도 뭉쳐지지 못해서 무미건조하게 흩어진 빈 공간으로 영원히 남아 있게 되었을 거라는 것이다.

지금의 우주와 우리라는 현상이 실재하기까지의 과정에서 발생되는 이러한 예는 실로 한두 가지가 아니라서, 거의 모든 것이 아주 미세한 것에서부터 전체에 이르기까지 한 치의 오차도 없이 절묘한 조화를 이루어 내야만 지금의 우주나 우리라는 현상이 존재하는 것이 가능하게 된다고 한다.

이런 현상들은 어떻게 가능하게 되었을까.

누군가는 그저 기적이라거나, 혹은 무한의 실패를 전제로 하는 확률상의 결과물이라고 말하기도 하지만, 이러한 생각들은 지나치게 안이하고 낙관적인 생각일 것이며, 장엄하고도 신비한 우주라는 현상과 구성원들의 존재 의미를 경시하는, 어찌 보면 자기 비하적인 생각으로밖에는 보이지 않는다.

또한, 이러한 설명은 우주를 이루어 내는 원리나 이치에도 어긋나게 됨으로써, 결과적으로는 우연이나 모순, 혹은 불합리함으로써 우주가 이루어졌다는 말이 되어 버리고 만다.

우주가 탄생하고 존재하며 생동하고 마쳐지는 원리와 이치에 대한 논리적 오류를 인정하는 말의 다름 아닌 셈이니, 이에 대한 진지한 논의가 없어 보이는 현재의 실정이 오히려 어리둥절할 뿐이다.

존재하는 모든 것에 대하여 우연에 의한 결과물이란 적어도 현상계에는 존재할 수 없다고 한다. 단지 그런 것처럼 보이는 흐름의 과정이나 부분적 현상이 있을 뿐이라는 것이다.

모든 것은 원리와 법칙이라는 질서의 흐름 가운데 나타나는 현상들이라고 한다. 물론 우주의 구성원들은 이러한 질서의 흐름에 속한 존재이자 흐름 자체이기도 하며, 나아가 이러한 질서를 이루어 내는 원인이자 과정인 동시에 결과물이기도 하고 말이다.

만약, 이러한 질서의 틀을 임의로 어그러뜨리는 무언가가 있다면, 그것은 질서와 필연보다도 상위에 존재하는 무엇이 있다는 말이 된다고 한다.

이로써 모든 것이 흐트러지게 된다고 한다. 우연이나 기적, 혹은 초월적인 무엇과 같은 요소들을 이처럼 정연한 질서의 흐름에 개입시키면, 이러한 요소들은 질서와 필연을 무시하는 치트 키(cheat key)와도 같아지기 때문이다. 알 수 없거나 드러나지 않은 것들, 혹은 인식할 수 없는 것들에 대한 적당한 구실이 되기도 하고 말이다.

정밀하게 구성된 세계를 임의로 어긋나게 하는 무언가가 존재한다면, 그 세계는 이미 정밀한 시스템을 유지하며 존재할 수 없게 된다고 한다. 제멋대로 어긋나는 것이 아니라 어떤 질서에 의해서 어긋나는 것이라면, 그것은 이미 우연이 아닐 것이고 말이다.

보통 어느 산이건 산행을 하다 보면, 누군가의 소원을 담아 쌓아 놓은 크고 작은 돌탑들을 보게 된다.

이 돌무더기에 가까운 돌탑을 어느 정도의 규모로 직접 쌓아 본 이들은 알 것이다. 생긴 모양이 천차만별인 몇몇 돌들을 쌓으면서 서로 간의 균형과 조화를 이루어서 보기 좋은 모양으로 만들어 내거나, 이러한 일정 형상을 장시간 유지하고자 한다면, 이 조그만 돌무더기에 불과한 결과물에 이르기까지 얼마나 많은 시행착오와 정성이 필요한지를 말이다. 설마하니 마이산의 돌탑들이 우연히 생겨나기야 했겠는가.

하물며 우주의 탄생과 운행에 있어서야 말해 무얼 하겠는가. 이러한 우연이란 도저히 불가능한 일이며, 있을 수도 없는 일인 것이다.

또한, 여기에 그치지 않고 이러한 흐름 가운데 물질들은 점점 더 복잡하고 다양한 특성을 갖춘, 즉 점점 더 향상되어 가는 형태의 복합물로 거듭나게 됨을 보게 된다고 한다. 이러한 흐름의 과정에서 어떤 특이한 물질들은 마침내 문득 자성의 의지를 자각하게 되기도 하고 말이다.

더 나아가 이러한 부분적인 흐름의 합으로부터 우주 또한 점점 더 정밀하고 복잡한 체계를 갖추면서 조화로운 모습으로 완성되어 가는 모습을 확인할 수 있게 된다고 한다. 즉, 우주 자체도 이러한 구성원들 간의 절묘한 작용과 조화로부터 지향적이고 순환적이며 수렴적인 동시에 확산적이기도 한 질서의 흐름을 이루어 내고 있음을 확인할 수 있게 된다는 것이다.

물론, 이러한 과정에는 관점에 따라서 실패나 시행착오로 보이는 현상들도 더러 존재한다고 한다. 크게 보면 이 또한 어떤 흐름을 이루어 내는 부분이나 과정, 혹은 쓰임으로서의 현상인지도 모를 일이기는 하지만 말이다.

과연, 이러한 일들이 우연히 일어나는 것이 현실적으로 가능한 일일까.

만약, 지금의 우주가 단지 운이 좋아서 우연히 이렇게 모든 것이 체계적이고 조화로운 모양으로 완성되어 가는 것이 실제로 가능하다고 말한다면, 아마도 이는 질 나쁜 농담 이상도 이하도 아니게 되어 버리고 말 것이다.

또한, 우주가 단순히 개체 간의 물리적인 특성이나 이에 따르는 반응, 혹은 물리적인 법칙에 따르는 작용들만으로 이처럼 체계적이고 정밀한 관계와 연계의 흐름을 이루는 것이 가능하게 되었으며, 이러한 과정에서 물질들 역시 점점 더 다양한 복합물들로 거듭나게 되었고, 나아가 이러한 부분의 합으로부터 전체의 모습 또한 절묘한 조화를 이루어서 우주의 질서를 완성해 내게 되었으며, 더 나아가 이로부터 어떤 지향적인 흐름을 이루어 내거나 우주의 생멸과 순환의 이어짐까지도 일어나는 것이 실제로 가능하다고 말한다면, 아마도 이는 너무 무책임한 말이 되어 버리고 말 것이다.

여기에 더하여, 이러한 흐름의 와중에 생명체라는 현상 역시 나타나게 되는 셈이니, 어떻게 이러한 물질들에게 의식으로서의 속성이 전혀 존재하지 않는 단순한 무기물에 불과하다고 말할 수 있을 것이며, 이러한 현상들에 대하여 오직 생명체에게만 국한되어 나타나는 현상이라고 단정하여 말할 수 있겠는가. 더구나 이러한 문제는 이해와 납득의 문제가 아니라 우주라는 현상의 본질적인 원리와 이치에 관한 문제이기도 한 셈이니, 그 현상의 부분적인 겉모습만으로 어찌 현상의 본질을 단정하여 말할 수 있겠는가.

아마도 이러한 모든 현상은 우주의 원리와 이치라는 질서의 흐름 가운데 일어나는 변화들일 것이며, 만물의 두 가지 속성 간의 작용과 조화에 기인한, 즉 현상으로서의 존재함이기 때문일 것이며, 나아가 이러한 개체와 전체가 하나의 네트워크를 이루고 있음으로써 일어나는 현상들이기도 할 것이다. 즉, 이러한 모든 것은 태초의 혼돈으로부터 질서의 흐름으로 발현된 의식의 네트워크가 부리는 조화들일 것이며, 그렇게 부분과 부분, 부분과 전체, 근원과 변함, 본질과 현상이 둘이되 하나이고, 하나이되 둘이기도 한 묘한 흐름으로 어우러지는 조화의 모습이기도 할 것이다. 우리의 이해나 납득과는 상관없이 말이다.

신은 주사위 놀음을 하지 않겠지만, 그렇다고 우주가 간단한 공식만으로 단순하게 돌아가는 것도 아니라고 한다. 모든 것은 인과라는 형태의 질서적인 흐름에 근원의 의지가 조건으로 작용하는 원리 그리고 구성원들의 의지에 따른 움직임들이 세상을 감싸 순환하는 흐름을 형성하는 이치에 따르는 변화들이라는 것이다.

과연 만물의 의식으로서 속성이나 이로부터 비롯되는 의식의 네트워크를 배제하고서 이러한 현상들을 설명하는 것이 가능한 일이겠는가. 비록 우리의 감각기관에 이러한 의식으로서의 속성이나 네트워크의 흐름이 제대로 인지되지 않는다고 해서, 이처럼 눈에 보이는 현실마저 외면하는 것이 바람직한 일만은 아닐 것이다.

결국 우주와 만물은 스스로의 존재함과 존재하는 방식으로써 이미 자신의 진실한 모습을 우리에게 설명해 주고 있는 셈이다. 존재가 곧 증명이라고도 하였으니 말이다.

우리가 무언가를 인지하는 것은 기본적으로 우리의 몸에 존재하는 몇몇 감각기관들에 의해서일 것이다.

하지만, 이러한 감각기관들은 누구나 알고 있고, 인정하듯이 분명한 성능적 한계가 있기 때문에, 우리가 인지하는 색, 소리, 냄새, 맛, 촉감 등의 감각들은 실재하는 여러 정보 중에서도 지극히 제한된 정보만을 감지할 수 있다고 한다. 그 실체로서의 속성에 속하는 절반의 정보 중에서조차 말이다.

또한, 이러한 정보들을 인식하는 우리의 특정 기관은 그 인지된 정보들을 있는 그대로 받아들이는 것이 아니라 주관적인 관점이나 느낌에 의한 구별, 혹은 의도를 거쳐서 식별하게 된다고 한다. 즉, 실제로 우리가 인식하게 되는 정보의 대부분은 실상과는 상당한 차이가 있는 부분적인 정보, 혹은 왜곡되거나 가공된 정보일 수도 있다는 것이다. 현실적으로 우리가 인지할 수 있는 정보의 질에는 일정한 한계가 있음을 인정할 수밖에 없는 실정인 셈이다.

인식의 근본은 무언가를 분별하는 것으로부터 비롯되는 것이라고 한다. 바로 만물의 실체로서의 속성이 이처럼 서로 상대적이고 구별되는 속성일 터이고 말이다. 과연, 이러한 틀에 갇히지 않는 의식의 네트워크를 우리가 있는 그대로 인식해 내기란 쉽지 않은 일일 것이다.

여기에 더하여, 사실은 이러한 인식의 주체가 따로 있어서 그 대상을 인식하는 것이 아니라, 어떤 대상을 인식함으로써 인식의 주체라는 관념이 형성되는 것일 수도 있다고 한다. 식(識)이 있어서 상(像)을 보는 것이 아니라, 상을 봄으로써 식이 일어나는 것일 수도 있다는 것이다. 이러한 가상의 식들이 쌓여서 자신과 세상에 대한 오해와 착각, 혹은 편견들이 생겨나는 것일 터이고 말이다. 조금쯤은 겸허한 태도와 열린 시각으로 세상을 있는 그대로 바라보려는 노력이 필요한 이유일 것이다.

그렇다면, 이러한 의식의 네트워크 시스템은 어떻게 개체 간의 절묘한 공생관계를 이루어 내고, 나아가 전체의 균형과 조화까지도 원만한 과정으로 이루어 내게 되었을까.

당연하다면 당연한 일일 것이다. 우주의 구성원들이 최초의 유의미함과 실체로서의 존재함이라는 현상을 이루어 내는 방식이 바로 그러했기 때문이다. 즉, 관계와 연계의 작용으로부터 서로 상대적인 요소들 간에 이합집산과 같은 흐름이 일어나게 되고, 이러한 흐름 가운데 일정한 단위 네트워크를 형성해 낸 상태가 바로 실체로서의 존재함이라는 현상일 것이기 때문이다. 이러한 현상들이 또다시 관계되고 연계되어서 거대한 규모로 확산되어 가는 흐름이 바로 우주라는 현상인 셈이고 말이다. 즉, 이러한 어우러짐과 조화의 흐름 자체가 바로 우주라는 현상의 본질이기 때문이며, 이러한 흐름의 부분이자 과정으로 존재하는 것이 바로 만물이라는 현상이기 때문인 것이다. 물론, 이 또한 만물과 우주가 존재함으로써 공생과 조화의 흐름을 이루어 내는 것이 아니라, 사실은 이러한 흐름 가운데 만물과 우주라는 현상이 나타나는 것이기도 할 터이지만 말이다.

그렇다면 만물의 그 지향적인 성향들은 어떻게 나타나게 되었을까.

이 또한 우주와 만물이라는 현상의 본질인 네트워크의 흐름으로부터 비롯되는 것일 터이다.

그런데 이러한 네트워크의 흐름은 단순하게 반복되거나 2차원적으로 순환되는 형태의 흐름이 아니라, 끊임없이 변화하는 흐름으로부터 지향적으로 확산되어 가는 순환구조의 흐름을 이루게 된다고 한다. 이러한 변화의 흐름이야말로 현상을 일으키는 원천이기도 하거니와, 그 흐름을 이루어 내는 운행의 이치 또한 구성원들로부터 비롯되는 일정한 변수가 조건으로 작용하는 방식의 흐름이라는 것이다.

즉, 구성원들 각자의 움직임이라는 요소가 조건으로 작용하게 되면서 일정한 질서의 틀에 지향적인 변화들이 일어나는 것이 가능하게 되는 셈이며, 이러한 부분과 부분들이 다시 서로 관계되고 연계되어서 하나의 흐름을 이루어 냄으로써 우주 또한 유기적으로 운행되어 가는 흐름을 형성하는 것이 가능해지는 셈이다.

따라서 이러한 흐름의 부분이자 과정으로 존재하는 각각의 단위 네트워크들은 당연히 이러한 전체의 흐름과 유사한 패턴을 반복하게 되는 것일 터이다. 즉, 유사 프랙털 구조의 부분으로 존재하는 각각의 구성원들에게 이러한 성향이 나타나게 되는 것 또한 자연스러운 현상으로 볼 수도 있는 셈이다. 혹은, 이러한 개체들의 성향이 모이고 합해져서 전체의 지향성이 형성되는 것이거나 말이다. 물론, 이러한 개체들 역시 좀 더 작은 규모를 이루는 부분적인 흐름들이 이러한 방식으로 관계되고 연계되어서 그 개체라는 단위계(界)를 형성하고 있는 것이기도 할 터이다.

그 지향성은 어디로 향하는 지향성인가.

아마도 모든 것이 이전보다는 조금이라도 향상되어 가는 방향으로의 지향성일 것이다. 그것이 개체이든 전체이든, 혹은 근원이든 현상이든 말이다. 어쩌면, 이러한 방향의 지향적 변화를 이루어 내는 것이야말로 현상의 작용이자 쓰임인지도 모를 일이고 말이다.

그렇다면, 이처럼 특이한 방향성은 어떻게 우주의 시작에서부터 나타나게 되어 세상의 만물에 작용하게 되었을까.

5) 지향적 순환구조

　태초의 의지로부터 우주의 처음과 시작이 있게 되니, 이로부터 이것이 있어 저것이 있게 되는 인과의 흐름도 시작되었으며, 그렇게 우주와 만물이라는 현상도 나타나게 되는 것이라고 한다. 물론, 이러한 흐름의 근간이라 할 수 있는 의식의 네트워크는 비국소적인 형태의 유비쿼터스 시스템이고 말이다.
　이러한 네트워크를 이루는 기본 틀이라고 할 수 있는 인과의 흐름은 어떤 원인(因)에 대한 조건(緣)들의 작용에 따라서 다양한 형태의 결과로 나타나는 흐름이라고 한다. 그런데 이러한 결과는 단지 하나의 결과물로 그치는 것이 아니라, 또 다른 원인이나 조건으로 작용하게 되면서 이러한 과정들이 연속적으로 이어지며 확산되어 가는 흐름을 형성하게 된다고 한다. 즉 예전의 원인이 지금의 조건으로 작용하기도 하고, 지금의 결과가 또 다른 무엇의 원인이나 조건으로 작용하기도 한다는 것이다. 비슷한 의미로 이숙(異熟)이라 하여 과거와 현재의 결과가 원인이 됨으로써, 미래의 결과가 생겨날 때 그 결과가 인(因)과는 다른 형태로 나타나게 될 수도 있다고 한다. 아마도 이처럼 선과 후가 연결되어서 서로 영향을 주고받으며 연속되어 가는 과정들의 합은 결과적으로 모든 것이 점차로 보완되어 가는 방향의 흐름을 형성하게 되는 것일 터이다.

　물론, 이러한 흐름의 과정에는 각자의 움직임이나 행위와 같은 변수들과 시공이나 상대적인 법칙과 같은 물리적인 제약들, 그리고 이처럼 과거의 원인이나 결과가 지금의 조건으로 작용하기도 하고, 근원과 현상, 개체와 개체, 부분과 전체 간의 상호작용이 또 다른 원인과 조건으로 작용하여 서로 영향을 주고받기도 하는 등, 실로 헤아릴 엄두가 나지 않는 수많은 경우의 수들이 변수로 작용하게 된다고 한다.
　그러나 이처럼 수렴적이면서 확산적이기도 하고, 지향적이면서 순환적이기도 한 묘한 흐름으로부터 새로운 무엇으로 거듭나는 과정들의 합은 조금이라도 더 나아지고 완성되어 가는 방향의 흐름을 형성하게 되리라는 것은 예상할 수 있게 된다. 나아가 이러한 개체들의 분방한 움직임 자체가 그 지향성의 방향이나 속도에 영향을 주어서 변화를 더하게 되거나, 그 부분적인 흐름들이 전체의 흐름을 이루어 내는 과정이 되는 것임을 짐작할 수도 있게 되고 말이다. 물론, 이러한 흐름을 이루어 내는 네트워크의 시스템이 비국소적인 형태의 유비쿼터스 시스템이기에 비로소 이러한 일들이 실제로 가능하게 되는 것이기도 할 터이다.

우주와 만물의 실상은 바로 이러한 변화의 흐름, 즉 현상으로서의 존재함이라고 한다. 따라서 이러한 만물에게 자기 향상이라는 방향의 지향성이 나타나는 현상은 그 지향적 순환구조의 네트워크 시스템이 세상에 구현되는 과정에서 나타나는 자연스러운 현상으로 볼 수도 있는 셈이다. 물론, 우리의 행위야말로 이러한 흐름의 원인이자 조건이며 결과이기도 할 터이고 말이다.

불가(佛家)에서는 이러한 만물의 실상을 인과의 흐름 자체로 보고, 그 흐름에 대한 근원적인 성찰로부터 온갖 부정적인 오류들을 그치게 할 수 있음을 가르친다고 한다.

아마도 그렇게 고정된 한 모양으로 머물러 있지 않음이니 제행무상(諸行無常)이라 하는 것일 터이고, 그렇게 인과의 흐름으로 얽히고설켜서 자신이라 부를 만한 실체가 따로 없음이니 제법무아(諸法無我)라고도 하는 것일 터이다.

물론, 그렇다고 해서 이러한 현상으로서의 존재함이 마냥 허망하기만 하다는 의미는 아닐 것이다. 한 모양으로 머물러 있지 않음이니 오히려 무엇이라도 될 수 있음이고, 자신이라 부를 만한 실체가 따로 없음이니 오히려 내가 아닌 것도 없음일 것이기 때문이다. 나아가 이러한 모든 변함은 태초의 의지로부터 비롯된 현상으로서의 변함인 동시에 분명한 쓰임의 역할이 부여된 변함이기도 하고 말이다. 아마도 그래서 더욱 지금 여기에서의 행위야말로 자신이 누구인지를 세상에 증명하는 것이라고 말하기도 하는 것일 터이다.

장구한 우주의 흐름 가운데 이처럼 물질이 생명체의 단계로 진화하는 현상은 아마도 이런 일이 다시 있을까 싶을 정도로 희귀한 현상 가운데 하나일 것이다. 물질의 의식으로서의 속성이 그렇게 자성의 의지를 자각하게 되는 현상 또한 우주의 지향적인 흐름 속에서도 가히 절정이라 할 만한 현상 가운데 하나일 터이고 말이다. 그중에서도 특히 지금의 '나'라는 현상은 이러한 흐름 가운데에서도 과거에도 없었고 미래에도 없을 유일무이한 반짝임일 것이니 어찌 소중하지 않다고 할 수 있겠는가.

어쩌면, 이러한 말들은 본래 태초의 의지와 더불어 우주의 섭리와 만물의 이치와 하나이기도 한 대단한 존재들이 자신의 원래 그러한 본질을 잊은 채 엉뚱한 미망의 꿈속에서 헤매는 것에 대한 안타까움의 표현일 수도 있을 것이다. 혹은, 이러한 성찰로부터 그 2차적인 각성을 촉구하는 말이거나 말이다.

만약, 이처럼 지향적이고 순환적인 흐름이 우주의 차원에서 일어나는 것이 사실이라고 한다면, 어쩌면 기적이라고 불러도 어색하지 않을 만한 과정으로 지금의 우주를 이루어 내는 일이 어떻게 가능하게 되었는지에 대하여도 어느 정도는 짐작해 볼 수 있게 된다.

즉, 이전 우주에서 선험된 오류나 시행착오의 경험을 축적한 우주 근원의 의식이 그 의지를 드러냄으로써 지금의 우주라는 현상을 원만히 이루어 내게 되었는지도 모를 일인 것이다. 어찌 보면, 이러한 근원의 의지가 우주를 이루어 내는 원리의 조건으로 작용하게 됨으로써, 이전의 우주보다 조금 더 나아진 형태로 거듭난 우주가 지금의 우주일 수도 있는 셈이다. 어쩌면, 이러한 거대한 흐름마저도 사실은 일정한 단위가 되어서 더 큰 차원의 어떤 지향적인 흐름을 이루어 내는 부분이자 과정, 즉 어떤 쓰임으로써 지금의 우주가 탄생하고 생동하며 마쳐지는 것인지도 모를 일이고 말이다.

달리 보면, 서로 상반되는 것처럼 보이는 만물의 두 가지 속성들을 이처럼 조화로운 흐름으로 버무려 내는 방식이 바로 지향적 순환구조의 네트워크 시스템임을 알게 된다. 이러한 흐름으로부터 만물의 실체로서의 속성은 생멸이라는 현상이 일회성으로 그치지 않게 되고, 그 의식으로서의 속성은 순환되어서 이어지는 것이 가능하게 되는 셈이니 말이다.

세상의 만물은 바로 이러한 변화의 흐름 속에서 오늘보다 나은 내일을 향해 모든 것이 고양되어 가는 흐름의 부분이자 과정으로 존재하는 것이라고 한다.

그렇게 우리는 이러한 흐름에 휩쓸려서 때로는 아무런 생각 없이 오고 가기도 하고, 때로는 이러한 흐름에 오류를 더하거나 맑은 향기를 더하기도 하며, 더러는 이러한 흐름의 진정한 주체가 되어 온 세상과 하나로 되기도 하면서 우주에 존재하는 것이라고 한다. 태초의 의지로부터 비롯된 변함의 어떤 쓰임으로서 말이다.

6) 엔트로피

그런데 이러한 흐름의 와중에 일반적인 물질들과 생명체들이 그 의지를 드러내는 방식에 있어서 다소의 차이가 있게 됨으로써 또 다른 오해가 생겨나기도 한다. 마치 일반적인 물질들은 엔트로피 증가의 법칙에 순응하는 것처럼 보이고, 생명체들은 이러한 법칙에 역행하는 반골 기질이 있는 것처럼 말이다.

아마도 그런 것이 아닐 것이다. 속사정을 들여다보면, 일반적인 물질이건 생명체이건 모두가 이러한 엔트로피의 증가를 가능한 한 지연하거나 회피해 보려고 의지를 갖고 노력하는, 동정심을 가지고 보면 안쓰러운(실제로 그렇다는 말은 아니다) 존재 그 이상도 이하도 아닌 셈이다.

만물의 실체로서의 속성은 그 상대적인 법칙에 의해서 존재하는, 즉 이러한 법칙에 속한 존재이자 법칙의 근간이기도 하기 때문에 애초에 생멸이라는 현상을 피해 갈 수가 없는 셈이며, 다만 의식이라는 속성에 따른 의지들이 나름의 방법을 강구해 내는 방식에 있어서 다소의 차이가 있게 되는 것일 뿐인 셈이다.

어쩌면, 일반적인 물질들의 경우에는 원초적인 본능의 의지에 따라서 자신의 존재함을 가능한 한 길게 유지하려고 하지만, 그 실체로서의 존재함이라는 현상의 근간인 단위 네트워크의 결합력이 무질서도의 증가로 인하여 점차 흐려지거나 훼손되어 감으로써 자신의 특성을 서서히 잃어 가는 모습이 마치 엔트로피 증가의 법칙에 순응하는 것처럼 보이는 것인지도 모를 일이다. 혹은, 이러한 현상 자체를 엔트로피의 증가라는 측면으로 이해하는 것이거나 말이다.

반면에 생명체들의 경우에는 그 생멸의 반복과 순환의 이어짐이라는 우주의 운행 방식을 모방하는, 즉 조금 더 적극적이고 능동적인 방식으로 이러한 법칙을 피해 가고 있는 것처럼 보이지만, 결국에는 생명체를 포함한 세상의 모든 만물은 이러한 흐름 가운데에 생멸을 반복하기도 하고 순환하여 이어지기도 하면서 우주라는 장대한 흐름의 부분이자 과정으로 존재하는 것은 매한가지일 것이다.

우주는 엔트로피가 증가하는 방향으로 흐르고 있다고 한다.
아마도 이것은 큰 질서 가운데 하나일 것이다. 이러한 흐름에 의해서 의식의 네트워크 또한 서서히 결속력을 잃어 가는 현상이 바로 실체로서의 만물이 멸해 가는 현상일 터이고 말이다.
다만, 이처럼 무질서도가 실제로 크고 작은 단위에서 오직 한 방향으로만 일방적으로 흐르는 것이 사실이라고 한다면, 지구는 진즉에 무미건조한 구체로 변하였을 것이며, 더구나 생명체의 탄생과 같은 특별한 현상이 나타나는 것은 도저히 실현 불가능한 일이 되었을 것이라고 한다.
하지만 현실의 우주에는 이처럼 실체라는 현상의 마침도 있게 되지만, 동시에 새로운 탄생의 거듭남도 여전히 실현되고 있으며, 그렇게 때로는 생동하기도 하고 때로는 사멸하기도 하면서 장대한 흐름을 유유히 이어 가고 있다고 한다. 즉, 전체적으로 보면 엔트로피의 증가라는 큰 흐름 속에서 순환의 이어짐과 생멸을 반복하면서 서서히 마침을 향해 나아가는 중인 셈이다. 더러는 이러한 흐름의 와중에 문득 자성의 의지를 자각한 존재들이 나타나서 이러한 흐름에 또 다른 변화를 더하기도 하고 말이다.
큰 질서의 틀 안에서 일어나는 작은 질서들인 셈이며, 동시에 이러한 작은 질서들이 모여서 큰 질서의 흐름을 이루는 모습이기도 한 셈이다.
이러한 관점에서 보면, 결국에는 일반적인 물질이건 생명체이건 모두가 엔트로피 증가의 법칙에 순응하는 존재들인 동시에 반발하는 존재들이기도 한 셈이다. 다만, 그 생멸이 있게 되는 실체로서의 속성과 영속을 향한 의식으로서의 속성들이 지향적 순환구조라는 우주 운행의 흐름 가운데 조화를 이루며 잘 버무려지고 있을 뿐인 셈이다.

　이러한 작은 질서들은 어떻게 생겨나는가.
　기본적으로 이러한 모든 변화는 우주의 질서라는 큰 틀 안에서 일어나는 흐름일 것이다.
　그런데 이러한 질서의 틀이라고 할 수 있는 우주의 섭리와 운행의 이치는 기계적이거나 수동적인 방식으로 작동하는 경직된 시스템이 아니라고 한다. 인과의 흐름에 근원의 의지를 더한 질서의 틀에 다시 구성원들의 움직임이 부분과 전체를 감싸안아서 순환하는 운행의 고리를 형성하는 흐름이라는 것이다.
　매 순간 생생하게 살아 움직이는 질서인 셈이니, 결국 이러한 변화는 우주의 질서에 의해서 일어나는 흐름이기도 한 셈이다.
　모든 것은 그렇게 변화의 흐름이라는 형태로 존재하는 것이라고 한다. 나아가 이러한 흐름에는 전체와 부분이 따로 있는 것이 아니며, 근원과 현상이 따로 있는 것도 아닐 터이니, 이러한 큰 질서와 작은 질서 또한 분별할 수는 있으되 분리될 수는 없는 관계이기도 한 셈이다. 물론, 그 작은 질서들 또한 우주의 큰 질서와 별개로 존재하거나 순리에 역행하는 현상들이 아닐 터이고 말이다.
　어쩌면, 엔트로피와 생명체들에 대한 오해는 이러한 흐름의 부분적인 현상이나 실체로서의 속성에 일어나는 생멸의 주기와 기간에 대한 차이, 또는 의식으로서의 속성에 따른 네트워크의 흐름이 구현되는 방식의 차이에 대한 오해일 수도 있을 것이다. 혹은, 이러한 생멸과 순환의 엇갈림 그리고 일반적인 물질과 생명체들을 별개의 존재로 여김으로써 생겨나는 착각일 수도 있을 것이고 말이다.
　결국 크게 보면 이 또한 만물의 두 가지 속성들에 의해서 일어나는 현상 가운데 하나인 셈이니, 이렇게 보아도 만물의 두 가지 속성은 엔트로피의 증가라는 큰 질서의 흐름 가운데 우주의 생동함을 이루어 내는 바탕이자 근간이 되는 요소이기도 한 셈이다.

이러한 두 가지 속성은 결코 서로를 배척하는 관계가 아니라고 한다. 오히려 하나로 되어야만 유의미함과 실체로서의 존재함이라는 현상으로 거듭날 수 있게 되는 것이라고 한다.

이러한 모습은 마치 동전의 양면성과도 같아서, 두 가지의 상호 대립하는 요소들이 자신의 존재함을 이루는 전제가 됨으로써 온전한 진체(眞體)를 이루어 내게 된다고 한다. 서로 대비되는 특성 간에 필연적인 상호 의존 관계를 형성함으로써 온전한 하나를 이룰 수 있게 된다는 것이다.

바로 이러한 작용들이 변화와 다양성의 근간이 된다고 한다. 서로 대립하는 성질을 갖는 두 가지 요소들이 상호 의존 관계로 통일되는, 즉 일종의 내적 모순 관계를 형성하게 되기 때문이다. 이러한 내적 모순의 조합들이 변화의 원인이 되고, 외적인 반응들은 변화의 조건으로 작용하게 되면서 만 가지의 움직임으로 발현되게 된다는 것이다.

또 다른 의미로 그렇게 만물의 두 가지의 속성들은 큰 질서의 흐름 가운데 변화의 작은 질서들을 이루어 내는 핵심 요소들인 셈이다.

아마도 이러한 변화의 흐름, 즉 만 가지의 오고 감이 있기에 비로소 우주의 섭리와 만물의 이치 또한 구현될 수 있게 되는 것일 터이다. 그렇게 무질서도가 증가하는 우주에서 만물 또한 생동할 수 있게 되는 것일 터이며, 나아가 이로써 태초의 의지가 현실의 세계에 구현될 수 있는 것이기도 할 터이고 말이다.

어쩌면, 그 무질서도의 증가라는 현상도 사실은 이러한 흐름의 과정에서 나타나는 일정한 현상 가운데 하나인지도 모를 일이다. 우주의 절대적인 불변의 질서가 아니라, 우주의 생멸과 순환을 이루어 내는 큰 흐름의 부분이자 과정, 즉 쓰임으로서의 변화에 속하는 현상인지도 모를 일이다.

7) 인간

한편, 이러한 온갖 변화의 흐름 가운데에 그 생동함의 결정체라 할 만한 생명체들의 독특한 행태들을 조금 더 자세히 살펴보면, 이 특이한 조합물들은 자신을 이루는 단위의 세부 네트워크들을 조직화하는 과정에서 다소 특이한 행태를 선보이기도 한다고 한다. 즉 개체 내에 각각의 전문적인 역할을 담당하는 분업화를 실현함으로써 개체 전체의 효율성을 극대화하는 모습을 보이기도 한다는 것이다. 나아가 자신을 이루는 구성 물질들의 다양한 조합과 더불어, 이러한 단위 네트워크(개체)들 간의 교류와 연계를 적극적으로 활용하여 자기복제를 위한 DNA를 만드는 과정에 개입함으로써 자신들이 속한 종의 진화 과정을 주도하는 것처럼 보이기도 하고 말이다.

그런데 이처럼 자기 조직화를 실현하여 개체의 효율성을 높이려는 시도 중에는 실로 기발한 창의성을 발휘하여 보는 이를 감탄케 하기도 한다. 즉, 이러한 시도 중에는 놀랍게도 의식으로서의 속성 자체의 활성화를 위한 전문 기관을 만들어 내어 자신의 내적 구성 요소들을 효율적으로 통제함으로써 개체의 항상성을 추구하거나 외부의 환경적 요소로부터 생존성을 높이고자 하는 등의 구체적인 의도를 실질적인 형태로 구현해 내기에 이른 것이다.

이러한 전문성을 갖춘 특정 기관을 개체 내에 만들어 내니, 비록 한정적이고 제한적이기는 하지만 적극적인 표면 의식의 온갖 작용들이 일어나는 특별한 기관이 바로 그것이라고 한다.

하지만, 이러한 특정 기관의 존재로 인하여 또 다른 오해와 착각이 생겨나기도 한다. 이 특정 기관에서 일어나는 한정적이고 표면적인 의식 활동이 마치 자의식의 전부인 것처럼 오해하는 경우가 생겨나기도 한다는 것이다. 나아가 이러한 기관 자체가 진정한 의식의 주체이자 실체인 것처럼 착각하게 되기도 하고 말이다.

심지어는 이 특별한 기관의 여러 부위 중에서 개체의 단위 의식, 즉 진정한 자성의 의지를 이루어 내는 부위를 찾아내려 애쓰기도 하고, 결국에는 이러한 특정 부위를 찾아낼 수가 없으니 이게 어찌 된 영문인가 하기도 한다. 더 나아가 이러한 특정 기관이 없거나 왜소한 조합물들에게 어떻게 자성의 의지가 존재하는 것이 가능하겠는가 하는 다소 당황스러운 의문을 제기하기도 한다. 물론, 이러한 의문을 제기하거나, 혹은 그런 것이 아닐 거라며 또 다른 의문을 제기하는 등의 경우들 또한, 이 특정 기관에서 일어나는 의식 작용의 하나이기는 하겠지만 말이다.

그런데 문제는 이러한 오해와 착각이 단순한 해프닝을 넘어서 다른 생명체들에 대한 차별의 근거가 되거나 자신의 정체성에 대한 오해를 넘어서 때로는 오만과 교만의 원천이 되기도 하는 것이 문제라고 한다.

어찌 보면, 이러한 특정 기관이 유달리 발달된 어느 개체들에게 있어서, 이 특별한 기관의 존재는 마치 에덴동산의 선악과처럼 보이기도 한다. 다른 개체들보다 유난히 기능이 향상된 특정 기관의 존재는 이 조합물들의 사고 기능을 월등히 발달시킴으로써 높은 지성을 갖추게 하는 긍정적인 기능의 주체가 되기도 하기 때문이다.

하지만, 다른 한편으로는 지나치거나 한정적인 표면 의식의 작용으로부터 온갖 오해와 착각이 일어나게 됨으로써 자신과 남과 모두를 불행하게 하거나 세상에 온갖 분란을 일으키는 등 부정적인 역할의 주범이 되는 것 또한 부정할 수 없는 사실이라고 한다. 물론, 선악과에는 선악이 들어 있지 않고 특정 기관에는 죄가 없음이니, 아마도 그러한 어느 단백질의 조합물들이 있음일 뿐이기는 하겠지만 말이다.

그러므로 이에 해당하는 개체들은 되도록이면 자신의 중심을 특정 기관에서 일어나는 일부 표면 의식에만 두지 말고, 나름의 방법을 찾아내어 원래 그러하고 본래 그러한 자신의 진면목에 두어야 한다고 많은 현명한 이들이 충고하기도 한다. 이로부터 오해와 착각에서 비롯된 온갖 부작용에서도 벗어날 수 있게 된다는 것이다.

실제로 우리가 자신의 마음이나 의식의 실체라고 믿고 있는 것들의 대부분은 특정 기관에서 특정한 목적으로 일어나는 의식 작용의 일부이거나, 이로부터 비롯되는 감정이나 기억의 합, 혹은 주관적인 인식이나 경험치의 집합에 불과할 수도 있다고 한다. 이러한 표면 의식 너머의 무엇, 즉 감각적이고 표면적인 의식 작용이 일어나기 이전의 본래 그러한 무엇이야말로 진정한 자신의 실체라는 것이다.

 이러한 모든 것을 가능케 하고 실현해 내는 만물의 두 가지 속성과 이에 따르는 의식의 네트워크는 그 관계와 연계의 작용으로부터 현상으로서의 존재함을 이루어 냄을 넘어서, 자신의 존재함에 대한 1차 각성으로부터 세상의 흐름에 또 다른 형태의 변화를 더하게 됨을 넘어서, 더러는 자신의 본래 그러함에 대한 2차 각성마저 이루어 냄으로써 자신과 우주의 진정한 주체로 거듭나게 되기도 한다.
 물론, 이러한 광대한 흐름의 과정에는 이 밖에도 온갖 별난 일들이 일어난다고 한다. 심지어는 이처럼 흐름이라는 형태의 현상으로 잠시 존재하는 어떤 조합물(특정 기관의 의식 작용이 조금 과하거나 모자란)들의 경우에는 마치 자신이 우주의 지배자라도 되는 양 으스대기도 하는 등의 경미한 부작용마저 간혹 생겨나기도 한다는 것이다.
 실제로 이러한 본질적인 것들에 대한 오해와 착각은 한 치 앞을 못 보는 오만함으로까지 이어져, 자신들이 직접 살아가는 터전이나 자신들과 필연적인 공생관계로 엮인 또 다른 조합물들에게 심각한 민폐를 끼치는 등의 경우까지도 발생하게 된다고 한다. 그리하여 마침내는 서슴없이 자신들 스스로를 서로 자해하는 지경에 이르는 등, 마치 한편의 질 나쁜 농담과도 같은 일들마저 간혹 일어나기도 한다는 것이다. 어찌 보면, 특별한 기관의 기능이 조금 과하거나 모자라게 작용함으로써 결과적으로는 자신의 생성목적과 상반되는 길로 본체들을 역주행시키고 있는 셈이다.

 광대하고도 장구한 우주의 흐름 속에서 어쩌다 잠시 생겨나기도 하는 이러한 희극인지 비극인지 모를 경미한 오류나 부작용들을 대함에 있어서 지나치게 관대하거나 낙관적으로 대하는 안이한 태도, 혹은 이와는 반대로 마치 무슨 암세포를 바라보는 것처럼 혐오스러운 시각으로 보아서 말살되어야 할 존재처럼 여기는 과도하고 극단적인 생각들은 모두 바람직한 태도가 아닐 것이다.
 전체와 개체가 연동되어서 하나의 흐름으로 운행되는 우주의 네트워크 시스템은 이러한 개체들의 분방한 오고 감에 걸림이 없을 정도로 넉넉한 동시에 어떠한 강제함도 없기 때문에, 보통의 경우에는 이처럼 문제를 일으키는 개체들에게 비록 한정적이기는 하지만 충분한 자정의 기회를 부여하기도 하기 때문이다.

다만 도덕경(道德經)에 이르기를 "하늘의 그물은 크고 넓어서 성긴 듯하지만 결코 빠트림이 없다" 하였으니, 이러한 넉넉함에만 너무 기대지 말고 한정되게 주어진 자정(自淨)의 기회를 놓치지 않으면 되는 일일 것이다.

미세한 것에서부터 전체에 이르기까지 정밀하게 운용되는 우주의 운행 시스템에서 이런 농담과도 같은 해프닝들이 간혹 일어나는 것이 가능한 이유는, 역설적으로 이 네트워크의 묘한 작동 방식 때문이라고 한다. 이 네트워크의 운용 시스템은 한 치의 틈도 없이 엄밀한 계산에 의해서 결과를 도출해 내는 어떤 공식이라거나, 같은 것을 무한히 반복하는 수동적이고 기계적인 방식으로 작동하는 경직된 시스템이 아니며, 그렇다고 어떤 주관자의 냉정하고 엄격한 기준이나 일방적인 의지에 따라서 작동되는 절대적이고 임의적인 시스템 또한 아니라는 것이다.

이 시스템의 작동 방식은 오히려 이러한 네트워크를 이루는 구성원들의 분방한 움직임 자체가 전체의 의지를 만들어 감과 동시에 그 의지를 구현해 내는 방식으로 작동하는 시스템이라고 한다. 즉, 이처럼 묘하고 넉넉한 작용으로부터 지향적이면서도 순환적인 변화의 흐름을 이루어 내는 방식이며, 이러한 방식으로 전체와 부분, 혹은 근원과 현상이 다 함께 고양되어 가는 흐름을 이루어 내는 시스템이라는 것이다.

그러나 이렇게 넉넉함이 보장된 시스템에는 이와 동시에 전체의 하나라는 입장에서 보면 당연한 일이지만, 부분의 하나라는 입장에서 보면 가혹하기 그지없는 방식으로 이러한 오류를 수정하기 위한 자정 시스템 역시 장착되어 있는 것으로 보인다고 한다.

또한, 이러한 자정 작업을 과감하게 실행하여 스스로 시행착오를 수정한 전례가 이미 몇 차례 있었던 것으로 추측된다고 하니, 이러한 일부 오류들에 대하여 자신들의 우월함이나 우주의 다양성에 대한 증거라고 오판하여 지나친 오만이나 탐욕을 부리는 일을 경계하고 삼가면 되는 일일 것이다. 대개의 경우 이러한 부작용들은 그것이 무엇이 되었든 부족함보다는 늘 지나침으로부터 나오는 것이라고 하니 말이다.

예로부터 '하늘의 도는 여유로운 데서 덜어 내어 부족한 데를 채우는 것으로 한다' 하였으니 이를 잊지 않으면 되는 일일 것이다.

한편, 이 네트워크의 운행 시스템은 모든 것을 다만 '스스로 그러함'으로써 이루어낸다고 한다. 그 자정 시스템의 작동 방식마저 말이다.

이처럼 조금 특이한 개체들이 오해와 착각에 의해서 저지르는 모든 행위는 바로 자신들이 직접 숨 쉬며 살아가는 터전에 가하는 행위들이요, 자신과 필연적인 공생의 네트워크로 엮인 또 다른 자신들에게 가하는 행위들이라는 것이다. 물론, 이러한 행위들은 당연히 인과라는 관계와 연계의 흐름에 의해서 그 과보 역시 자신들 스스로 감당하게 되는 것일 터이고 말이다. 결국, 이러한 모든 것은 스스로 지어낸 모습의 다름 아닌 셈이니, 굳이 누구를 탓하거나 원망할 일도, 남에게 기대거나 하소연할 일도 아니라는 것이다.

그러므로 이토록 파괴되는 자연환경이 안타까워서, 혹은 자신과 유사한 조합물들의 처지가 애처롭고 가련하니 자비심을 내어서 사랑으로 대하자 하는 말들은 한편으로 생각해 보면 대단히 안일하고 낙관적인 말로 들릴 수도 있음이며, 혹은 오히려 매우 오만한 말이 될 수도 있는 셈이다.

사실을 말하자면, 이러한 경미한 오류들을 정정하는 일은 이들 스스로가 조금 겸손해지기만 한다면 그리 어려운 일도 아닐뿐더러, 지극히 상식적이고 당연한 일이기도 할 것이다. 이러한 오류를 조장할 만큼의 능력이 있다는 말은, 동시에 스스로 그 오류를 바로잡을 수 있을 만한 지성 또한 겸비하고 있다는 말의 다름 아닐 것이기 때문이다.

이미 갖추어져 있는 지성과 능력의 작은 실천만으로도 이미 충분한 일이며, 다른 누군가를 위해서가 아니라 스스로를 이롭게 하는 지극히 상식적이고 당연한 일이기도 한 것이다. 이러한 문제의 근본을 제대로 인식할 수 있고, 이로부터 내면의 작은 변화라도 있게 되어서 그 의지를 실제의 행위로 실천할 수만 있다면 말이다.

물론, 요즘의 몇몇 사태들처럼 겉으로 드러나는 현상의 급박한 문제들을 기술로 대처하여 치유하는 일이 시급한 일이기는 할 것이다.

그러나 분명한 사실은 이러한 치유가 표면적인 현상의 개선을 목적으로 하거나, 이러한 단기적인 효과에만 만족하게 된다면 진정한 자정의 길은 멀고도 험한 길이 될 것이라고 한다. 이는 마치 심하게 앓고 있는 병의 근본 원인에 대해서는 아무런 대책도 없이 방치한 상태에서 단지 밖으로 드러난 일부 병증의 겉 치료에만 전념하는 것과 다르지 않은 일이기 때문이다.

예로부터 병증이 깊어진 후에야 치료하는 것을 하책(下策)이라 하였고, 그나마 병증을 초기에 치료하는 것을 중책(中策)이라 하였으며, 애초에 이러한 질병이 생겨나지 않도록 하는 것이야말로 상책(上策)이라 하였다. 모든 병은 마치 매듭과도 같아서 풀지 못할 매듭은 없을 것이나, 제일 좋기로는 애초에 묶지 않으면 애써 풀 일도 없다는 것이다. 즉, 이러한 오류 자체가 일어나지 않도록 하거나, 같은 오류들이 반복해서 일어나지 않도록 하는 것이야말로 진정한 해결책이 되는 셈이다.

현재의 실정은 마치 냄새가 난다고 하여 씻지는 않으면서 향수를 반복적으로 뿌려대고 있는 것처럼 보이기도 한다. 점점 더 독한 것으로 말이다.

때로는 섣부른 처방이 오히려 질병을 악화시키는 경우도 더러 있다고 한다.

이러한 오류들은 어떻게 생겨나게 되었을까.

물론, 이 개체들의 타고난 본성이 악해서이기 때문은 아닐 것이다. 더구나 세상에는 원래 자체로 악한 것은 없다고 하며, 대개의 경우 악한 것이라고 알고 있는 것들의 실체는 다만 절제되지 못한 것일 경우가 대부분이라고 한다.

이러한 절제하지 못함은 어디로부터 오는가.

겉으로는 표면 의식의 한정적이거나 과도한 작용에 의한 지나친 탐욕이나 집착이 원인일 것이며, 안으로는 자신과 세상의 본질에 대한 그릇된 인식으로부터 비롯된 관점의 오류, 즉 오해와 착각으로부터 비롯된 가치관의 오류가 이러한 부정적인 현상들의 원인일 것이다.

　그러므로 이러한 치유의 시작은 자신과 세상의 실상을 바로 아는 것으로부터 출발되어야 한다고 한다. 이러한 성찰로부터 비롯되는 내면의 변화와 이에 따르는 실천의 행위로써 세상의 변함을 이루어 내는 것이야말로 우주의 운행 이치에 걸맞은 해결책일 것이기 때문이다. 즉, 외부의 조건이나 타인들로부터가 아닌, 오직 나 자신의 의지와 행동만이 이러한 오류에 대한 치유와 자정의 출발점인 동시에 과정이자 도착점이기도 한 것이다.

　따라서 작금의 일부 부정적인 현상들을 남이나 세상의 탓으로 돌리기만 하거나, 내가 아닌 남이 먼저 변하여 실천해 주기를 바라기만 한다면, 그 진정한 자정의 길은 멀고도 험한 길이 되고 말 것이라고 한다.

　개체의 의지에 따르는 각자의 분방한 행위들은 자신들이 살아가는 세상의 의지가 되어 그 세상을 감싸 순환하는 흐름을 이루는 것이 우리가 사는 세상의 운행 이치라고 한다. 그렇게 세상의 의지를 구현해 내는 주체들이기도 하고 말이다.

　이처럼 오직 각자의 변화와 이에 따르는 행위만이 세상의 변화를 이루어 내는 유일한 방법이라고 하니, 이러한 문제들의 해결 방식 또한 남이 아닌 오직 나 자신의 변화와 실천만이 유일한 해결책이 되는 셈이다. 무려 우주의 운행 이치가 그렇다고 하니 달리 무슨 뾰족한 방법이 따로 있을 수 있겠는가.

　다행스럽게도 우리에게는 먼 고대로부터 전래되어 온 어느 묘한 경전이 곁에 있었거니와, 그 놀라운 세계관은 능히 시대를 초월하여 이러한 인식의 오류를 바로잡거나 그릇된 가치관에서 벗어나는 근간이 되기에 부족함이 없어 보인다.

　그러나 아무리 뛰어난 가르침이 있으면 무얼 하겠는가.

　가까이 있는 제 눈썹은 안 보이기 마련이고, 천하의 미인 옆에는 늘 등 돌리고 자는 남자가 있는 법이라고 하니 말이다.

　지금 눈앞에 직면한 몇몇 상황들 역시 결국에는 이러한 세상의 부분이자 과정이며 결과이기도 한 나의 어리석음 탓일 것이니, 내가 아닌 무엇을 따로 원망할 일도 아닐 것이며, 하물며 어떤 시스템이나 겉모양만 조금 다른 또 다른 나를 탓할 일은 더욱 아닐 것이다.

알게 되면 늦었기가 십상이라고는 하지만, 한편으로는 늦었다고 생각될 때가 가장 적당한 때라고도 하였으니, 지금이라도 이러한 오류의 원인을 스스로 알아차리기만 한다면 지금껏 이들이 보여 온 뛰어난 역량으로 보건대 그 자정의 가능성은 충분히 열려 있는 것으로 믿어진다.

다만 도덕경에 이르기를, "천지는 인자하지 아니하여 만물을 풀로 엮은 강아지 다루듯 한다" 하였으며, 또한 "하늘의 도는 특별히 친애하는 바를 없음으로 한다" 하였다.

과연, 온 우주와 본래 하나이기도 한 대단한 존재들이 스스로 어떻게 처신하여 이러한 실없는 농담과도 같은 웃픈 상황들이 장구한 우주의 흐름 속에서 어쩌다 생겨나기도 하는 한순간의 해프닝으로 지나가게 될지, 혹은 스스로 자멸의 길을 걸어가게 될지는 두고 볼 일이다.

1885년 미국의 대통령 프랭클린 피어스(Franklin Pierce)는 현재의 워싱턴주에 살고 있던 인디언 스와미 부족의 추장에게 그 땅을 미국 정부에 팔아 달라고 제안하였다고 한다.

이에 대하여 당시 부족장이던 시애틀 추장의 답서에는 이런 말들이 있었다고 한다.

"당신은 어떻게 하늘을, 땅의 체온을 사고팔 수가 있습니까. 그와 같은 생각이 우리에게는 매우 낯설고 생소합니다. 우리는 신선한 공기 한 줌과 물의 거품조차 소유하지 않습니다.

이 땅의 구석구석은 신성합니다. 저 빛나는 솔잎과 해변의 모래톱과 숲속의 안개와 노래하는 곤충들은 모두 우리의 기억과 경험 안에서 성스럽습니다.

우리는 백인들이 우리가 사는 법을 이해하지 못한다는 것을 알고 있습니다. 당신들에게 한 조각의 땅은 그저 아무런 의미 없이 곁에 머무는 무엇과 다르지 않습니다. 당신들은 한밤중에 와서 그 땅으로부터 필요한 것을 약탈해 가는 타인일 뿐이기 때문입니다. 그 땅을 정복한 다음에도 당신들은 전진을 멈추지 않습니다. 그렇게 게걸스러운 당신들의 식욕을 채우다 보면, 그 뒤에는 오로지 사막만이 남게 됩니다.

짐승들이 없는 곳에서 인간은 무엇이겠습니까. 숲속의 짐승들이 모두 사라진다면 인간은 커다란 외로움 끝에 끝내 죽게 될 것입니다. 그 짐승들에게 일어난 일이 인간들에게도 일어날 것이기 때문입니다.

들소들이 모두 살육되고, 야생마들이 모두 길들여지며, 숲의 신성한 구석구석들이 모두 인간의 체취로 손상된다면, 그것은 삶의 종말이자 죽음의 시작을 의미합니다. 그렇게 마지막 인디언이 이 땅으로부터 소멸되고 광야를 가로지르는 구름의 그림자만이 남아 있을 때, 그때에도 이 해변과 숲은 우리의 정신을 간직할 것입니다.

우리의 신은 여러분의 신과 다르지 않습니다. 그의 연민은 백인과 인디언에게 한결같습니다. 이 땅은 그분에게도 소중합니다. 그러므로 이 땅을 해롭게 하는 것은 그분을 모독하는 것이 됩니다.

내가 만약 당신의 제안을 받아들이기로 한다면, 하나의 조건을 더하겠습니다. 당신에게 우리가 살던 땅을 넘겨준 후에도 이 땅을 우리가 사랑하듯 사랑하고, 우리가 보살피듯 보살필 것을 당신의 마음에 늘 간직하십시오. 당신이 이 땅을 차지한 후에도 당신의 마음과 힘과 능력으로 당신의 자녀들을 위해 이 땅을 사랑하십시오."

약간의 논란이 있기도 하고 글의 일부이기도 하지만, 실로 많은 생각을 불러일으키는 말이 아닐 수 없다.

예로부터 땅을 딛고 있으니 땅에 감사하라. 하늘이 보듬어 주니 하늘에 감사하라. 태어난 모든 것에는 쓰임이 있으니, 다만 사랑으로 대하라, 하였다.

인간이 이루어 낸 것도 아닌 46억 년의 역사를 지닌 천연의 대자연이나 그 안의 무수한 생명들에 대하여, 이를 잠시 이용할 권리도 아니고 대대로 소유하거나 사사로이 사고팔 수 있는 권리는 대체 어디의 누구로부터 주어지는 것일까.

세상에서 말하는 산천의 주인은 그 산천을 가진 것이 아니라, 단지 산천의 주인이라는 이름만을 가진 것이라고 한다.

사람이 산에 오르면 그가 산을 정복한 것일까. 산이 그에게 오르도록 잠시 허락한 것일까. 사람들은 높은 산에 오르면 그 산을 정복했노라고 말한다.

　아메리카 대륙의 최초 발견자는 콜럼버스(Christopher Clumbus)라고 한다. 이미 그곳에는 엄연히 옛적부터 인디언들이 뿌리를 내리고 살아가고 있었음에도 불구하고 말이다.

　세상에 어리석음과 슬픔을 보태는 일은 자기가 그 세상에서 살아가는 한, 자신의 방에 오물을 뿌리는 것과 같다고 하였다. 세상에는 이미 어리석고 슬픈 일들이 넘쳐났거니와 지금도 여전히 충만하도록 넘쳐나고 있다고 하니, 굳이 여기에다 더하여 애써 보탤 필요까지야 있겠는가.

　우리 모두는 태초의 혼돈으로부터 질서의 흐름이 나타난 이래 헤아릴 수 없는 인과의 중첩 그리고 우주의 온갖 오류와 시행착오를 극복한 끝에 마침내 한 송이 꽃으로 피워 낸 크게 빛나는 존재들이며, 태초의 의지로부터 쓰임의 변함으로써 세상에 구현된 존재들이라고 한다.

들여와 보다

천부경을 실상의 안으로 들여와 보다.

8) 오해

이러한 크고 작은 오류나 부작용들의 원인은 무엇일까.
바로 근원적이고 본질적인 것들에 대한 오해와 착각이 문제의 시작이라고 한다. 이로부터 온갖 부작용들도 따라서 일어나게 된다는 것이다.

세상의 만물은 의식으로서의 속성과 실체로서의 속성을 두루 갖춘 존재들이며, 그 두 가지 속성 간의 작용과 조화로부터 현상으로서의 존재함도 있게 되는 것이라고 한다.
이러한 만물과 세상에 대하여 겉으로 드러나는 한쪽 면만을 바라보는 편향적인 사고의 체계는 자칫하면 자신과 세상을 상대적인 틀에 갇힌 유물론적인 관점으로만 인식하게 될 수 있다고 한다.
물론, 우리가 인지하는 세상은 실체로서의 서로 상대적인 모습들일 것이다. 그러나 그 실체라는 현상의 근본은 의식으로서의 속성에 의한 관계와 연계의 집합이며, 사실은 이러한 네트워크의 흐름 자체가 바로 만물과 우주라는 현상의 실체라고 한다.
그런데 이러한 의식이라는 속성의 분별없는 절대성과 무한성이 우리의 상대적인 분별에 근거하는 인식의 그물에 제대로 걸리지 않는다는 것이 문제라고 한다.
실체로서의 상대적인 속성, 즉 현상의 이치를 이해하기 위해서라면 그 상대적인 법칙이나 이에 따르는 분별의 논리로써 충분히 가능한 일일 것이다. 하지만 실체의 근원은 실체의 없음으로부터 나온 것이며, 그 인식의 분별 또한 인식 이전의 분별없음으로부터 비롯되는 것이라고 한다.

그러므로 이러한 현상의 근원과 현상을 이루어 내는 원리와 현상의 이치와 현상 자체를 하나로 이해하기 위해서라면 이러한 상대적 분별의 탐구만으로는 이해의 한계가 있을 수밖에 없는 일일 것이다.

당연한 말이기는 하지만, 이러한 상대적 분별에 따른 인식의 틀은 그 인식의 한계를 벗어나지만, 엄연히 현실에 실재하는 크고 작은 현상들에 대하여 당혹스러운 결론에 도달하게 되거나 설명하기 곤란한 지경에 처하기 마련일 것이다.

문제는 이처럼 제한적이고 편향적인 사고의 틀이 자신과 세상에 대한 오해와 착각을 불러일으켜서 왜곡된 가치관을 형성하는 것이라고 한다. 이로부터 본의 아니게 자신과 남과 세상에 거리낌 없이 부정적인 오류를 더하니, 실제로 우리가 남과 세상을 탓하거나 스스로 불행하다고 느끼는 것도 사실은 이로부터 비롯되는 부작용 가운데 하나일 수 있다는 것이다.

예로부터 세상의 진실이 무엇인가에 대한 근원적인 의문은 과학이나 철학과 같은 학문적인 영역의 구분 없이 이루어지는 순수한 탐구와 사유의 대상이었다고 한다. 뉴턴의 운동 역학 이후에 이러한 사고의 영역이 분리되어 한때는 대립의 구도가 형성되기도 했지만, 양자론의 등장 이후에는 이러한 구분이 다시 애매해지는 상황이 도래할 것으로 예측된다고 한다.

이러한 예측이 의미하는 것은 아마도 지금의 상황이 각각의 분야에서 거의 정점에 근접하게 된 상황이거나, 혹은 어느 한 가지의 관점만으로는 이해와 설명의 한계에 봉착한 상황임을 의미하는 것으로 보이기도 한다.

물론, 이러한 학문적인 영역과는 별개로 현상 너머의 무엇에 전적으로 의지하여 세상을 이해해 보려는 시도들도 당연히 생겨나기 마련일 것이다. 어찌 보면 태초의 의지나 만물의 의식으로서의 속성, 혹은 의식의 네트워크라는 관점으로 세상을 이해해 보려는 시도로 볼 수도 있는 셈이다.

그러나 근원과 변함, 본질과 현상은 따로 있는 것이 아니며, 만물의 두 가지 속성 또한 하나로 되어야만 비로소 유의미함을 갖출 수 있게 되는 것이라고 한다.

따라서 이러한 편향적인 관점들 역시 자칫하면 또 다른 혼란을 불러오게 될 수도 있다고 한다. 인식되지 않는, 즉 현상의 논리나 합리로써 증명할 수 없는 것들에 대한 일방적이고 자의적인 주장으로 비칠 수도 있기 때문이다. 어쩌면, 이로부터 근원의 의지나 의식의 네트워크를 이해의 대상이 아닌 찬탄과 경배의 대상으로 여기는 또 다른 길들이 생겨나는 것인지도 모를 일이고 말이다.

물론, 이러한 찬탄과 경배의 행위들은 스스로를 하심(下心)하게 하여 진실한 마음을 내게 하거나 일심(一心)을 이루게 함으로써 세상과 하나로 되는 또 다른 길이 될 수 있다고 한다. 때로는 이로부터 의식의 네트워크와 접속하게 되거나 자신의 본래면목을 자각하게 되기도 하고 말이다. 나아가 이러한 행위들이 순수할 수만 있다면 전체의 하나가 지향하는 흐름에 부합하는 삶을 살아가는 계기가 될 수도 있다고 한다.

그러나 이러한 본래의 지향점들이 어떤 명분이나 수단으로 이용되거나, 그 접속하게 되는 의식의 네트워크가 협소한 단위의 네트워크일 경우에는 이로부터 온갖 부작용들이 일어나는 것 또한 부정할 수 없는 사실이라고 한다. 더러는 그 틀에 갇혀서 오히려 이러한 지향점의 반대편으로 사람들을 몰아가기도 하고 말이다.

물론, 이러한 길들이 초심으로 돌아가 본래의 지향점을 회복하거나 그 길의 정점, 혹은 근원에 도달하게 된다면 이러한 분별 자체가 실없는 농담거리가 되기는 하겠지만 말이다.

일엽지추(一葉知秋)라고 하였다. 나뭇잎 하나로 가을을 알 수 있다는 것이다. 그러나 그 잎새 하나가 눈을 가리면 눈앞에 가을 산이 있어도 보지를 못하게 된다고 한다.

절대적이거나 맹목적인 믿음도 이와 같다고 한다. 나뭇잎에 얽매여서 숲을 보려고 하지 않기 때문이다.

생각해 보면, 이러한 길들은 마치 달을 가리키는 손가락과도 같은 것이어서 그 손가락에 집착하지 않고 달을 향한 시선의 중심을 유지하려는 노력을 게을리하지 않는다면, 어느 정도는 해결 가능한 문제이기도 할 것이다. 물론 나름의 습(習)이나 관성에 의한 흐름을 바꾸기가 말처럼 쉬운 일은 아니겠지만 말이다.

그러나 근본과 초심을 돌아보려는 성찰의 노력과 이를 바탕으로 하는 내면의 작은 변화라도 있게 된다면 마냥 불가능한 일만은 아닐 것이다. 어쩌면, 이러한 외길들을 모두 포용할 만한 대로를 만나게 되어서 그 묘하고 넉넉한 품으로부터 본래의 모습을 회복하거나 새로운 무엇으로 거듭나게 될 수도 있을 것이고 말이다.

옛적에 네 명의 왕자들이 서로 다른 시기에 여행을 떠나서 한 나무를 보았다고 한다.

어느 날 왕자들이 모여서 자신이 본 나무의 모습을 말하게 되었는데, 첫째 왕자는 잎이 작고 앙상한 나무를 말했고, 둘째 왕자는 큰 잎들이 무성한 나무를 말했으며, 셋째 왕자는 꽃이 핀 나무를 말했고, 넷째 왕자는 열매가 열린 나무를 말했다고 한다.

서로 자기가 본 모습이 나무의 진실한 모습이라며 다툼이 시작되자 듣고 있던 왕이 말하였다고 한다. "너희의 말은 다 맞는 말이다. 그러나 가장 올바른 것은 그 네 가지 모두를 합한 말이다."

일반적으로 하나의 대상에 대하여 서로 다른 주장을 하고 있다면, 대개의 경우 부분이나 과정을 말하고 있을 가능성이 크다고 한다. 혹은 바라보는 관점의 차이이거나 말이다.

지극한 진리는 일체의 모든 것을 포용한다고 한다. 우리가 볼 수 있고 느낄 수 있는 모든 것은 그 일부분으로서, 크고 작음의 구별 없이 삼라만상은 모두 이에 속한다는 것이다. 유일한 구별은 그것을 바라보는 시선의 폭과 각도가 다를 뿐이라고 한다.

누구에게는 신이(神異)와 기이(奇異)로 보이는 것들이 누구에게는 당연한 것으로 보이기도 한다. 빛의 세상을 본 적이 없는 이에게 꽃의 모양이나 색깔은 신비한 것이겠지만, 보는 눈이 있는 이에게는 당연한 것처럼 말이다. 그렇게 실상을 있는 그대로 바로 보아 처함이 없고 분별의 장애가 없다면 기이와 상식, 신이와 합리가 다르지 않아서 하나로 말하게 된다고 한다.

우리가 사는 상대적인 세상은 선(先)이 있어야 후(後)가 존재하고, 원인이 있어야 결과가 존재하며, 무가 있어야 유가 존재할 수 있는 세상이라고 한다.

이러한 세상의 이면에서는 그 구별이 조금 모호하다고 한다. 선이 후일 수 있고 후가 곧 선일 수도 있으며, 원인이 결과일 수 있고 결과가 곧 원인일 수도 있으며, 유가 무일 수 있고 무가 곧 유일 수도 있어서 무엇이 선이고 후인지, 무엇이 원인이고 결과인지, 무엇이 무이고 유인지 도통 알 수가 없다는 것이다. 그렇게 우리는 모두 우물 안의 개구리로서 이러한 묘한 흐름에 갇힌 채 진실의 지극히 작은 한 단면밖에 보지 못하는 존재들이라고 한다.

진도(眞道)는 이러한 우물 밖으로 뛰쳐나와 더 높은 각도에서 바라보는 것이라고 한다. 이른바 높이 설수록 멀리 볼 수 있고, 깊이 생각할수록 명백하게 볼 수가 있다는 말은 아마도 이를 두고 하는 말일 것이다.

이 세상은 3차원의 공간이 시간의 흐름에 따라서 나열된 모습일 수도 있다고 한다. 이러한 흐름 속에서 모든 것은 지금이라는 순간의 연속으로 존재하는 것일 터이니, 만약 이러한 제약을 넘어선다면 그때에야 비로소 처음과 끝을 확인하는 것이 가능할 것이라고 한다.

또한, 3차원의 구(球)를 2차원에서는 원으로 표현할 수밖에 없듯이, 상위의 개념을 하위 차원에서 제대로 이해하거나 설명할 수도 없을 것이라고 한다. 모든 것은 그저 저물녘의 서산 그림자처럼 흐릿할 뿐, 한정적이고 제한된 지식과 관념의 틀 안에서 해석하고 이해할 수 있을 뿐이라는 것이다.

그렇게 오늘날의 눈부신 학문적 성과에도 불구하고, 아직은 우리의 눈앞에 존재하는 현상들조차 제대로 이해하거나 설명하지 못하는 것이 현실이라고 한다. 심지어는 그 대상이 자기 자신일지라도 말이다. 아마도 이러한 분별의 틀에 갇히지 않는 의식으로서의 속성이나 관계와 연계라는 네트워크의 비국소적인 흐름 그리고 이러한 현상으로서의 존재함을 인식해 내는 것이 필요한 이유일 것이다.

대개의 경우 이성과 지식에 기반하는 관점들은 어느 한계선을 넘어서는 순간, 이러한 이성이나 지식으로는 건너지 못하는 어떤 경계선에 도달하게 된다고 한다. 지식이나 일정한 관념을 진리라고 여겨서 그 안에 갇혀 버리게 되면, 어떤 대상을 본래의 있는 그대로 볼 수 없게 된다는 것이다. 마치 눈을 가리는 그 잎새처럼 말이다. 즉, 분별에 의거한 지식이란 상대적인 세상을 이해하는 데에는 더할 나위 없지만, 이러한 현상들의 이면이나 전체, 혹은 근원적인 무엇을 보는 데에는 오히려 걸림돌로 작용할 수도 있다는 것이다.

예로부터 채우고 채우는 것은 배움의 길이요, 비우고 비우는 것은 지혜의 길이라고 하였다. 또한 밝은 지혜란 박제되어 있지 않고 생생하게 살아 있으며 일체의 분별 또한 없어서 모든 것을 포용하기에 말과 글로써 전하기 어렵다고 하였다.

그러나 이처럼 말과 글에 있지 아니하지만, 그렇다고 그것을 떠나서 있는 것도 아니라고 한다. 형식에 기반함으로써 형식에서 자유로울 수 있는 법이며, 말과 글로부터 말과 글이 없는 경계로 나아가는 것이 교학(教學)의 길이라고도 하고 말이다.

그러므로 지금껏 파 오던 지식의 우물 또한 언젠가는 수원(水源)에 도달하여 그 논리를 뛰어넘는 논리로써 현상과 본질을 하나로 말할 날이 반드시 오게 될 것이다. 현상이 곧 본질은 아닐 것이나 본질로부터 나온 것이며 현상과 본질이 따로 있는 것도 아니라고 하였으니, 이러한 현상의 탐구 역시 필연적으로 그 현상과 더불어 현상의 근원과 현상의 원리와 현상의 이치를 하나로 말하게 될 날이 있을 것이기 때문이다.

한편, 일정한 조건이 충족된 의식의 네트워크는 간혹 질적인 변화를 일으키게 되어서 일종의 의식과 비슷한 무엇을 갖춘 형태로 거듭나게 될 수도 있다고 한다. 더하여 이러한 단위 네트워크가 긴 세월 동안 인과의 풍파에 흩어지지 않고 오히려 더욱 조밀한 형태로 쌓이게 되면, 그 네트워크는 일종의 의지와 유사한 무엇을 갖춘 상태로까지 성장하게 될 수도 있다고 한다. 물론, 이러한 사례가 흔하게 일어나는 일은 아닐 것이며, 어떤 의식의 단위 네트워크가 이처럼 질적, 양적 조건을 모두 충족하게 되는 경우 또한 그리 흔한 경우는 아닐 것이다. 하지만, 여기에 다시 외부의 믿음과 같은 지향적인 의지들이 조건으로 더해져서 중첩되면 점차 영역을 확대하여 제법 큰 규모의 단위를 아우르는 네트워크가 형성될 수도 있다고 한다. 이렇게 진화된 네트워크는 그 구성원들에게 어느 정도 무형의 영향력을 발휘하기도 하고 말이다.

때로는 구체적인 유형의 실체가 아닌 구성원들의 믿음에 의한 의지의 결합만으로도 이러한 네트워크가 형성될 수도 있다고 한다. 일종의 군체 의식과 비슷한 무엇이 형성되는 셈이다.

그러나 어떤 형태와 규모의 네트워크를 이루었건 이러한 단위 의식의 의지가 온전히 세상에 실현되지는 않는다고 한다. 이 네트워크 또한 세상을 이루는 수많은 단위 네트워크들 가운데 하나일 뿐이며, 독립된 무엇이 아니라 전체의 흐름을 이루는 부분이자 과정으로서 존재하는 것이기 때문이다. 더불어 이러한 온갖 네트워크들이 이루어 낸 세상, 즉 현상으로서의 우주는 인과의 원리와 상대적인 법칙들이 작용하는 세상이며, 나아가 이러한 부분의 움직임들이 순환의 고리를 형성하는 이치가 작용하는 세상이기도 하고 말이다.

문제는 이러한 단위 네트워크들의 의지가 전체의 네트워크가 지향하는 바와는 다른 방향으로 작동될 수도 있다고 한다. 때로는 그 지향성의 방향이 단위 의식 자체의 생존이나 항상성, 혹은 이익에 치중된 이기적인 방향으로 작동될 수도 있기 때문이다. 여기에 더하여 구성원들의 오해와 착각으로 인한 어긋난 중심들, 혹은 맹목적인 믿음에 의한 왜곡된 의지와 같은 변수들이 더해지면, 가끔은 엉뚱한 방향으로 지향점이 형성되기도 하고 말이다.

이러한 일들은 실제로 고대에서부터 지금까지 종종 있어 온 일이라고 한다.

예로부터 삿된 삼매도 신통을 일으켜 본질을 잊게 하고, 때로는 잘못된 집념이 세파에 간섭을 일으켜 세상에 풍파를 불러오기도 하며, 더러는 하늘이 내린 복연이 오히려 더 큰 문제를 일으키기도 하는 것이 세상의 일이라서, 한순간의 착각이나 방일함의 대가치고는 그 후과가 실로 만만치 않다, 하였다.

손가락이 아닌 달을 보려는 성찰의 노력이 필요한 이유일 것이며, 때때로 초심을 돌아보고 지향점을 살펴서 각자의 중심이 바로 서는 것이 무엇보다 중요한 일일 것이다. 결국에는 이러한 구성원 각자의 의지에 따르는 행위의 합이 그 단위 네트워크의 의지가 될 것이며, 그 전체의 의지 또한 이러한 구성원 각자의 행위로써 구현되어 가는 것일 터이니 말이다.

물론, 이러한 단위 네트워크들을 통하여 전체의 하나가 지향하는 바를 체득하게 되거나, 이로부터 자신의 2차적인 각성을 마저 이루어 낼 수만 있다면 더할 나위 없는 일일 것이다. 이로써 그 단위 네트워크 또한 전체의 하나와 진정한 의미로 하나가 되어서 태초의 의지로부터 비롯된 변함의 바른 쓰임을 구현하는 또 다른 길이 되는 것일 터이니 말이다.

태초의 의지는 만 가지 움직임으로의 변화, 즉 현상의 우주로 거듭나는 것이라고 하였으니, 크게 보면 태초의 의지와 우주의 삼라만상은 본래 둘이 아니라고 볼 수도 있는 셈이다. 결국, 이러한 분화와 변화의 정점이라 할 만한 인간이라는 존재 역시 조금 과장하여 표현하면 태초의 의지의 화신이라 표현하여 부를 만한 존재이자, 그 태초의 의지를 구현하는 존재들이기도 한 셈이다.

조금 더 심하게 빗대어 비유하면, 우리 모두는 태초의 의지의 자녀라고 표현하여 부를 수도 있어 보인다. 그러한 의미에서 특별하고 선택된 존재들이라 부를 만한 존재들이기도 한 셈이며, 반대로 하심(下心)하여 표현하면 하인이라 부를 만한 존재들이기도 한 셈이다.

나아가 이러한 모든 것의 실상은 의식의 네트워크라는 관계와 연계의 흐름 자체이기도 한 셈이니, 어찌 보면 그 하나로부터 나온 형제자매들이라 표현하여 부를 수도 있어 보인다. 그 구체적인 비유의 표현이나 묘사의 사례들이야 어떠하건 말이다.

아마도 이러한 비유들은 현상의 모습 그대로가 실제로 그러한 것이 아니라 본래 그러한 본성을 품고 있다는 표현일 것이며, 선택된 일부가 아니라 삼라만상 모두가 그러하다는 비유이고, 나아가 이러한 변함의 쓰임 자체가 사실은 쓰임의 본질이기도 하며, 더불어 이러한 근원과 변함, 본질과 현상은 수직적인 관계가 아닐뿐더러 주체와 대상이 따로 있는 것도 아니라서, 일방적인 관계가 아니라 그 여여한 흐름 자체가 이미 원만함이라는 의미를 품은 표현들일 것이다.

어쩌면, 이러한 비유들에 대한 성찰로부터 2차 각성을 이루어 내는 것이야말로 태초의 의지의 온전한 자녀로서의 격을 갖추게 되는 것인지도 모를 일이다. 이로써 그 태초의 의지와 진정한 의미로 하나가 되는 것일 터이니 말이다.

한편, 이와는 다른 관점으로 이러한 모든 것에 대한 근원적인 원리와 이치를 직접 성찰하여 만물의 실상과 허상을 스스로 꿰뚫어 보고, 이로부터 자신의 참 성품을 바로 보고자 하는 적극적인 시도들도 생겨나기 마련일 것이다.

어찌 보면, 이러한 또 다른 길들은 스스로의 힘으로 자신과 세상의 본래면목을 알아채고 체득하여 온전한 자각, 즉 2차 각성이라는 자리에 이르고자 하는 능동적인 형태의 또 다른 길들로 볼 수도 있는 셈이다.

아마도 이러한 탐구와 성찰로부터 원래 그러한 세상의 흐름이나 본래 그러한 자신의 참 성품, 혹은 이러한 분별마저 떠난 어떤 자리를 말하게 되는 것일 터이다. 나아가 이러한 성찰의 지혜로부터 고통의 벗어남이나 무위자연의 삶, 혹은 자비의 서원이나 조화의 어울림을 말하기도 하는 것일 터이고 말이다.

어찌 보면, 이러한 여러 갈래의 길들은 그렇게 자신과 세상을 이해함에 있어서 실체라는 상대적 현상에 주목하는 길과 의식의 네트워크에 주목하는 길과 근원의 의지에 주목하는 길과 세상의 원리와 이치에 주목하는 각각의 길들에 대한 구분으로 볼 수도 있는 셈이다. 물론, 사실은 이러한 현상 가운데 그 현상의 근원과 현상을 이루어 내는 원리와 현상의 이치가 본래 하나라고 먼 고대로부터 일러 오기는 하였지만 말이다.

아마도 이러한 길들의 지향점은 자신과 세상에 대한 진실이라는 자리일 것이며, 이러한 자각으로부터 현상의 바람직한 작용, 즉 변함의 바른 쓰임을 찾아가는 길들이기도 할 것이다.

그렇게 세상의 모든 것을 허상으로 바로 본다면, 일상의 파도와 언덕은 그저 스쳐

가는 것에 불과하고 모든 것은 잠시 빌려 온 것에 불과함을 알게 된다고 한다.

그렇게 세상의 모든 것을 실상으로 바로 본다면, 일상의 파도와 언덕은 물론이거니와, 모든 것이 나와 한 몸이 아닌 것이 없음을 알게 된다고 한다.

그렇게 허상과 실상을 바로 보아 마침내 이러한 분별마저 없게 되면, 비로소 무언가를 이루거나 의지할 만한 무엇이 되어 진정한 자유를 누릴 수 있게 될 것이라고 한다.

세상은 진실과 거짓, 실제와 환상, 사실과 의도들이 마구 뒤섞여 있어서 실로 그 엉킨 실타래를 풀기가 불가능해 보일 지경이라고 한다. 그 와중에 사람들은 자기가 믿고 싶은 것들만 골라 믿으면서 그것이 조금이라도 의심당하면 순식간에 공격적으로 돌변하여 이를 드러내기도 하고 말이다.

예로부터 위대한 성현들의 가르침이야 분에 넘치도록 충분하였거니와, 그럼에도 불구하고 세상의 어리석음 또한 여전히 넘쳐나도록 충만한 것 또한 부정할 수 없는 현실이라고 한다.

원래 진정으로 옳은 것은 남과의 비교를 필요치 않는다고 한다. 만약 자신의 옳음으로써 상대를 공격하거나 비하한다면, 그것은 곧 그만큼의 부족함을 의미한다는 것이다. 함께 사는 법을 제거한 논리는 오롯이 혼자서는 설 수가 없기에 굳이 이러한 비교나 갈등이라는 지지대를 필요로 하는 것이기 때문이다.

모두가 서로에 대하여 나 외에는 모두가 그르다고 주장한다면, 결국은 모두가 틀렸다는 말이 되어 버리고 말 것이다.

서로의 다름을 인정하는 것은 내가 남에게 인정받을 수 있는 필요조건이며, 함께 어울려 살아가기 위한 최소한의 바탕이라고 한다. 자기도 모르게 일어나는 이기심이나 질투심을 다스리는 근간이 되기도 하고 말이다.

서로의 다름이 있기에 각자는 고유함으로 빛날 수 있으며, 서로의 다름이 있기에 각자의 하나는 전체의 하나를 이룰 수 있다고 한다.

서로의 다름이 있기에 각자의 행위는 모두의 중심으로 수렴될 수 있으며, 서로의 다름이 있기에 모두의 중심은 각자의 행위로 구현될 수 있다고 한다.

서로의 다름이 있기에 현상으로서의 존재함이 있을 수 있으며, 서로의 다름이 있기에 그 현상으로서의 존재함은 쓰임의 작용이 있을 수 있다고 한다.

어쩌면, 그렇게 서로의 다름이 있기에 이러한 각각의 길들도 하나의 지향점으로 향할 수 있게 되는지도 모를 일이다.

예로부터 근원으로 돌아가는 성품에는 나뉨이 없으나, 방편 따라 오가는 길에는 여러 개의 문이 있다고 하였다.

과연 옛 성현들의 가르침이야 어찌 조금의 부족함이라도 있겠는가. 받아들이고 따르는 우리의 어리석음이 이 귀한 향목(香木)을 애써 화목(火木)으로 쓰고 있음인 뿐일 것이다. 각자가 해석하여 인식한 무엇만을 진실이라고 믿기 때문이며, 우리는 저마다 자신이 원하는 것만을 골라서 듣는 특별한 재주가 있기 때문이다.

대기설법(對機說法)이라고 하였다. 예로부터 성현들은 그 가르침의 방편으로써 받아들이는 사람의 눈높이나 근기(根器)에 따라서 단계적으로 표현을 달리하거나 여러 가지 비유를 들어서 전하기를 즐겨 하였거니와, 이는 오직 듣는 이들이 바로 알아듣기를 바라는 마음에서였을 것이다.

그 표현하는 이름에 얽매이지 말라고 당부하거나, 손가락이 아닌 달을 보라고 굳이 이르는 까닭은 아마도 이러한 방편들로 인한 후세의 또 다른 오해와 착각을 염려했음일 것이다.

일반적으로 믿음이라는 것이 어떤 인식의 경로를 통해 형성되어 굳어지고 나면, 나름의 독자적인 지향성을 갖추게 되기 때문에 또 다른 논리를 수용하기가 힘들어진다고 한다. 비록 그것이 논리적이고 합당한 것일지라도 이러한 관념의 틀에 맞추어서 재단되거나 배척되어 버리고 만다는 것이다. 때로는 그것이 진실이라는 것을 알면서도, 단지 다른 입을 통해서 나왔기에 인정할 수 없게 되기도 하고 말이다. 그렇게 하나의 나무는 전혀 다른 여러 개의 나무로 변해 버리고 만다.

손가락이 달보다 무서울 때가 있고, 비슷한 것이 진실보다 더 무서울 때가 있다고 한다. 끝내 잘못된 전제로부터 뒤바뀐 무엇을 유일한 등불로 삼아 앞으로 나아가게 될 수도 있기 때문이다.

때로는 이로부터 초심을 잊거나 중도를 벗어나게 되기도 하고, 상식과 도리를 거스름에 거리낌이 없게 되기도 하며, 자신만의 뜻에 매몰되어 애꿎은 사람들을 곤란한 지경으로 몰아넣기도 하고, 더러는 이로써 세상을 피로 물들이기도 한다.

예로부터 성현께서 이르기를 오직 진리와 스스로의 참 본성을 등불로 삼아 앞으로 나아가되, 다만 방일함과 맹신을 경계하라 하였다.

9) 착각

그렇다면, 이처럼 본래의 밝음이 드러나서 크게 빛나는 등불이 되어야 할 우리의 참 성품은 어째서 있는 그대로 현실에 드러나지 않는 것일까.

바로 인식의 오류로부터 비롯된 오해와 착각이 1차적인 원인이라고 한다. 어찌 보면 특정 기관에서 일어나는 표면 의식의 한정되거나 지나친 작용이 바로 문제의 시작인 셈이다.

물론, 그렇다고 해서 이러한 표면 의식의 작용들이 온통 거짓된 존재라거나, 혹은 배제되어 마땅할 부정적인 존재라는 의미는 아닐 것이다. 이러한 표면 의식 역시 엄연히 개체를 이루는 단위 네트워크의 일부이며, 심지어는 대단히 중요한 역할을 담당하는 의식 작용 중의 하나일 것이기 때문이다. 다만 오해와 착각에 의해서 일어나는 일부 인식 작용, 혹은 특정한 목적을 위해서 일어나는 부분적이고 한정적인 표면 의식의 작용이라는 측면에서 자신의 진정한 의식의 진체(眞體)가 아니라는 말일 것이다.

중요한 것은 이러한 표면 의식을 탓하는 것이 아니라, 그 표면 의식에 휘둘리지 않은 채 주인이 되어서 활용하는 것이며, 나아가 이를 통해서 진실을 바로 보고자 하는 마음을 내는 것일 터이다. 이것이 바로 길을 찾아가는 여정의 시작일 터이니 말이다.

달리 보면, 이러한 표면 의식과 본래 의식이라는 것 역시 둘이 아닐 것이니, 크게 보면 이 또한 본래의 의식으로부터 비롯된 쓰임으로서의 변함이자 현상일 수도 있는 셈이다. 어쩌면, 본래의 의식을 이루는 부분이자 과정으로 존재하는 것이 그 표면 의식의 작용들인지도 모를 일이고 말이다.

다만, 이러한 부정적인 방향의 일부 표면 의식들을 그대로 방치하여 그것에 갇혀 버리거나 끌려다니게 되면, 결국에는 이러한 것들이 쌓여서 끝내 스스로를 불행의 늪으로 몰고 가거나 인생을 헛되이 낭비하게 될 수도 있는 것이 문제라고 한다. 오해와 착각에 의한 2차적인 폐해가 일어나게 되는 셈이다.

실제로 이러한 각자의 인식에 따르는 가상의 의식들이 쌓여서 아뢰야식(阿賴耶識)에 종자(種子)로 저장되기도 하고, 이러한 아뢰야식의 씨앗이 현실의 인식이라는 조건을 만나서 새로운 의식으로 발현되기도 한다고 한다. 표면적이고 양적인 변화들이 쌓여서 본질적인 것의 질적인 변화를 일으키게 될 수도 있는 셈이다.

어찌 보면, 그렇게 본래의 의식과 표면 의식을 감싸 순환하는 운행의 고리가 형성되는 셈이니, 아마도 그래서 더욱 이러한 표면 의식에 끌려다니지 말고 본래 그러한 무엇, 즉 자신의 참된 성품을 회복해 내는 것이야말로 중요한 일이라고 거듭 강조하기도 하는 것일 터이다.

생각해 보면, 이렇게 애꿎은 표면 의식을 탓하거나 그 표면적이고 감각적인 의식 작용으로부터 탈피하여 자신의 본래 그러한 참 성품을 회복하려는 의지를 내는 것 또한 표면 의식의 여러 작용 가운데 하나일 것이다.

그런데 역설적으로 자신의 참 본성을 회복하거나 인식해 내고자 한다면 그 표면 의식을 넘어서야만 한다고 하니, 이러한 양자 간에는 일종의 모순이 생기게 된다.

이러한 관계는 마치 달걀과 병아리, 혹은 씨앗과 나무의 관계와 비슷하다고 한다. 병아리가 되고자 한다면 달걀의 상태를 벗어나야 하지만, 애초에 달걀이 없다면 병아리 역시 존재할 수 없는 것이며, 이러한 달걀이라는 존재에 의지하지 않고서는 병아리가 되는 것 또한 불가능한 일이기 때문이다. 상자를 열기 위해서는 열쇠가 필요한

데, 그 열쇠가 상자 안에 들어 있는 것과도 같은 난감한 상황인 셈이다.

그러나 분명한 사실은 달걀의 상태로 머물러 있어서는 결코 병아리로 거듭날 수 없음이니, 이러한 자신의 현재 실정을 알아채고 이로부터 달걀의 상태를 탈피하고자 하는 마음을 내는 것으로써 첫걸음을 떼어야만 한다는 것일 터이다.

아마도 꽃잎이 지고 나서야 열매가 맺히는 이치일 것이다. 혹은 열매가 맺어지면서 화려한 꽃잎들은 자연히 스러지기 마련이거나, 본디 꽃과 열매는 하나인데 다만 품은 것과 드러남의 차이인지도 모를 일이고 말이다. 어찌 보면, 이 또한 쓰임으로서의 현상일 수도 있는 셈이다.

더하여 스스로 알을 깨고 나오면 병아리가 되지만, 남이 깨 주면 계란프라이가 되는 법이라고 했으니, 이 또한 마냥 농담으로만 들을 일은 아닐 것이다. 예로부터 머리로써 얻어들은 지식은 언젠가 벽에 부딪히기 마련이지만, 스스로 깨달아서 마음에 새긴 지혜는 그 벽을 허무는 법이라고 하였으니 말이다.

거울은 스스로의 모습을 비출 수 없고, 눈동자는 자신의 모습을 스스로 볼 수 없다고 한다. 자신의 표면 의식으로써 스스로의 본래면목을 인식해 내는 일도 이와 같다고 한다. 그 표면 의식 이전의 자리이고, 몸과 생각 이전의 자리이며, 이러한 분별이 일어나기 이전의 어떤 자리이기 때문이다. 어쩌면, 그 본래면목을 드러내는 과정에 이러한 논리적 모순이나 생각의 틀을 단번에 깨 버리는 돈오(頓悟)가 필요한 이유인지도 모를 일이다.

그런데, 이러한 표면 의식이 일어나는 과정들을 살펴보면 의외로 허술한 구석들이 많아서, 오히려 이러한 특성들을 긍정적으로 활용하고자 하는 여러 가지 방편들이 생겨나기도 한다. 예를 들어 표면 의식이 진행되는 특유의 연상 작용을 거꾸로 이용하는 방법들이 그것이다.

보통은 웃을 일이 생겨서 웃게 되고, 감사할 일이 생겨서 감사해하는 것이 일반적이겠지만, 거꾸로 먼저 웃으면 웃게 될 일이 생기고, 먼저 감사하는 마음을 갖게 되면 감사해야 될 일도 따라서 생겨나게 된다고 한다.

이러한 현상들은 어떤 원리에 의해서 가능하게 되는 것일까.

기쁨과 감사와 같은 마음은 사람을 행복으로 이끄는 긍정적인 감정들일 것이다.

걱정과 분노와 같은 마음은 사람을 불행으로 이끄는 부정적인 감정들일 것이다.

그런데 새삼 놀라운 사실은 단지 하나의 사실이나 주어진 상황 앞에서 이러한 느낌이나 감정이 정반대로 작용하게 되는 경우가 실제로 허다하다고 한다. 짚신 장수와 우산 장수를 자식으로 둔 부모의 심정이 이러한 예가 된다. 즉 기쁨과 걱정, 감사와 분노와 같은 감정들은 어떤 외부의 조건으로부터 부여되는 것이 아니라, 스스로 지어 내는 것에 가깝다는 것이다.

이러한 심리적 작용들은 일종의 '칵테일파티 효과'와 관련이 있는 것으로 보인다.

칵테일파티 효과란 사람이 다수 모인 파티장에서 나의 귀는 사방에서 들려오는 수많은 대화를 받아들이지만, 실제로 두뇌 속에 남는 대화는 겨우 한두 사람(주로 나와 대화를 나누었던)의 대화만 기억에 남는다는 것에서 착안된 용어라고 한다. 즉 사람의 인식 작용은 사물이나 물리적인 현상을 있는 그대로 받아들이는 것이 아니라, 감각기관에서 수용한 뒤에 선택적으로 감응하는 선택주의에 가깝다는 것이다.

실제로 대부분의 사람들은 현상을 있는 그대로 받아들이지 않는다고 한다. 예를 들어 모든 소리를 있는 그대로 받아들이는 AI는 혼란한 파티장에서 흘러나오는 곡이 무슨 곡인지 맞힐 수 없지만, 사람은 그 곡이 자신이 아는 곡이거나 좋아하는 곡이라면 순식간에 음을 분리해 내서 무슨 곡인지를 맞혀 낼 수 있다고 한다. 좀 더 극단적으로 표현하면 지극히 주관적인 입장에서 보고 싶은 것만 보고, 듣고 싶은 것만 듣는다는 것이다.

이러한 특성을 활용하여 자신의 표면 의식에 기쁨과 감사와 같은 긍정적인 지향점들을 설정해 주면, 우리의 특정 기관은 그 주어진 방향에 따라서 특유의 연상 작용을 이어 가게 된다고 한다. 주어진 명제에 대한 선택적이고 일방적인 연상 작용으로부터 확대 재생산되는 표면 의식의 특성을 긍정적으로 활용하는 지혜인 셈이다. 실제로도 이런 감사와 같은 긍정적인 연상 작용은 특정 기관의 내측 전전두피질(mPFC)의 네트워크를 활성화하여 셀프 정보처리 효과를 증진시킴으로써 감정 조절 장애를 치료하거나 부정적인 생각을 전환하게 하는 등의 효과를 보인다고 한다.

또한, 이러한 표면 의식의 작용들은 그 특정 기관의 생성 목적상 자신의 신체와 감정에 직접적이고 강력한 영향력을 발휘하기 때문에, 그 효과 역시 탁월하게 나타난다고 한다. 플라세보 효과(Placebo effect)와 같은 것들도 이러한 예 중의 하나가 되는 셈이다.

이처럼 표면 의식의 작동 원리를 지혜롭게 활용하는 여러 방편은 삶의 질을 높이거나 마음을 풍요롭게 하는 수단이 될 수 있다고 한다. 원래 마음의 그릇은 비어 있는 것이라서 여기에 무엇을 채워 넣을지는 온전히 본인의 선택에 달린 문제라는 것이다. 그것이 원망과 분노이든, 기쁨과 감사이든 말이다.

여기에서 한 걸음 더 나아가면 이러한 감정의 조절뿐만 아니라, 자신이 원하는 바를 어느 정도 실제로 이루는 데에도 도움이 될 수 있다고 한다. 예를 들어 자신이 어떤 복을 받고자 한다면, 먼저 남에게 그 복을 지으라는 것이다. 그렇게 되면 자신이 원하던 복도 저절로 따라오게 된다고 한다.

이러한 지혜의 방편은 자신의 마음을 긍정적으로 통제하는 유용한 수단이 되기도 하지만, 내가 당하기 싫은 일을 남에게 가하지 말며, 내가 남에게 바라는 것으로써 먼저 남에게 베푸는 이른바 유가(儒家)의 최고 가치인 인(仁)을 행하는 자세, 즉 충서(忠恕)를 이루는 지혜의 방편이 될 수도 있다고 한다.

달리 보면, 이러한 방편들은 표면 의식의 특성과 더불어 세상의 이치를 일정 부분 활용하는 것이 작동 원리의 핵심으로 보이기도 한다. 일종의 원인이나 조건, 혹은 결과를 거꾸로 이용하는 지혜인 셈이다.

원인과 조건의 작용이 없는 결과는 없다고 한다.

그러나 인에 의한 연, 연에 의한 인에 의해서 결과가 바뀔 수도 있다고 한다. 즉, 원하는 결과를 선행하여 원인으로 삼고, 필요한 조건을 스스로 실행함으로써 자신이 원하는 결과를 능동적으로 유도해 내는 이치인 셈이다.

누구라도 자신이 행한 일에 일정한 결과가 따라오는 것은 세상의 당연한 이치일 것이니, 이러한 선업(善業)이 좋은 결과를 낳게 되는 현상 또한 당연한 일일 것이다. 물론 반대의 경우 또한 마찬가지일 터이고 말이다. 즉 세상의 원리나 운행의 이치에도 어긋남이 없는 지혜의 방편들인 셈이다.

그렇게 자신의 표면 의식에 감사와 행복과 같은 긍정적인 지향점들을 잘 새겨 넣어주면, 우리의 특정 기관은 그 입력된 코드에 따라서 자신이 감사하고 행복해야 할 이유를 무수히 생산해 내게 된다고 한다. 물론, 이러한 내면의 변화에 실천의 행위를 더하게 되면, 이로부터 세상을 감싸 순환하는 운행의 고리에 일정한 변화를 일으키는 것 또한 어느 정도는 실현 가능한 일일 것이고 말이다.

나아가 이러한 표면 의식의 활용법은 자신의 감정 조절이나 어떤 실제의 유의미한 결과를 유도해 내는 것에서 한 걸음 더 나아가 수행의 방편이 될 수도 있다고 한다. 즉 표면 의식의 부정적인 작용에 휘둘리지 않거나 자신의 복락을 심는 것에 그치지 않고, 이러한 자애와 연민, 동락과 평등심이 자신과 주변 그리고 이름 모를 타인을 넘어 마침내 세상의 모든 존재에게 두루 이루어지도록 기원하고 나눔으로써, 나와 세상을 완성해 가는 수행의 방편이 될 수도 있다는 것이다.

그렇다면, 이러한 표면 의식의 여러 감정은 왜 생겨나게 되었을까.

생물학적으로 보면 감정이라는 의식 작용은 대개의 경우 외부의 환경이나 어떤 내적 위기에 대응하기 위한 목적으로 일어나는 것일 수 있다고 한다. 즉 감정이라는 자극을 통하여 호르몬의 분비를 조절함으로써 자신의 신체 상태를 처한 상황에 맞도록 조정하기 위한 목적, 혹은 일종의 정신적 방어기제에 의해서 일어나는 현상일 수도 있다는 것이다.

실제로 우리의 뇌는 시상하부에서 발생하는 각종 충동, 기쁨, 고통 등의 연상과정을 통하여 뇌하수체 전엽(前葉)의 분비를 통제하는 아드레날린(adrenalin)이나 코르티솔(cortisol)과 같은 호르몬들을 만들어 냄으로써 우리 몸의 상태를 조절하여 특정 상황에 대처하게 된다고 한다.

생각해 보면, 이 특별한 기관의 생성 목적이 바로 이러한 작용으로써 자신의 신체를 효율적으로 통제하여 생존성을 높이거나 항상성을 유지하기 위한 목적으로 만들어 낸 기관인 셈이니, 이처럼 자신의 생성 목적에 충실한 의식 작용들이 일어나는 것 또한, 어찌 보면 당연한 일일 수도 있는 셈이다. 이것이 표면 의식의 쓰임인지도 모를 일이고 말이다.

그런데 문제는 이러한 위기 대응 시스템이 선사시대의 험난한 자연환경이나 수렵시대의 치열한 생존 경쟁에서 살아남기 위한 극한의 위기 상황에 여전히 그 시계의 바늘이 머물러 있다는 것이 문제라고 한다. 즉, 이러한 부정적인 감정들 가운데 일부는 현재 상황에서는 거의 불필요한 감정의 낭비이거나, 혼자만의 상상 속 가정에 의한 가상의 스트레스에 해당하는 경우들도 상당수 존재한다는 것이다.

이와는 조금 다른 관점으로 보면, 기본적으로 상대적인 분별에 근거하는 초기 인식 작용으로부터 이러한 감정들이 따라서 일어나게 된다고 한다. 즉, 무언가를 분별하는 것이 인식의 시작인데, 이러한 분별을 위한 주관적인 느낌이나 자신과의 이해관계에 따르는 자의적인 해석과 판단 과정에서부터 이러한 감정들이 시작된다는 것이다. 분별에 따른 상대적인 문제이자 자신의 인식 방향과 수용하는 관점에 따라서 수시로 달라지는 문제이기도 한 셈이다. 아마도 이러한 인식 작용들에 대한 그때그때의 알아차림이나 모든 것을 있는 그대로 바라보려는 성찰의 노력이 필요한 이유일 것이다.

하지만, 이러한 의식 작용의 근원으로 여겨지는 만물의 의식으로서의 속성은 분별이라는 상대적인 틀에 갇히지 않는 속성일 것이다. 그런데 우리의 특정 기관에서 일어나는 표면 의식이나 인식 과정에는 어찌하여 이러한 상대적 분별심과 이에 따르는 감정과 같은 의식 작용들이 일어나게 되었을까.

어쩌면, 이 또한 실체와 의식이라는 두 가지 속성 간의 작용에 따른 현상인지도 모를 일이다. 실체로서의 현상, 즉 신체를 이루는 특정 부위에서 일어나는 의식 작용들이 바로 표면 의식인 셈이니 말이다.

실제로 이러한 감정과 같은 표면적인 정신 작용의 대부분은 특정 기관인 대뇌(大腦, cerebrum) 부위에서 주로 일어나는 것으로 파악된다고 한다.

대뇌는 정보의 기억과 추리, 판단과 언어, 감정과 의지와 같은 정신 활동의 중추로서, 이러한 대뇌의 표면에 형성된 주름 모양의 겉질에는 뉴런이 가득 차 있다고 한다. 이 뉴런들이 바로 신경계를 이루는 기본 단위세포인데, 일정한 자극을 받아들이고 신호를 전달하는 시냅스(synapse)라는 특수하게 분화된 구조를 갖추고 있다고 한다. 즉, 감각 세포들이 받아들인 자극을 전기 신호로 전환하고 시냅스를 통한 화학 물질의 분비로써 그 정보를 다른 세포에 전달하게 된다는 것이다.

조금 극단적인 시각으로 보면, 우리의 생각이나 감정과 같은 정신적 활동의 대부분은 결국 이러한 뉴런의 전기적, 화학적 신호들의 집합에 불과하다고 볼 수도 있는 셈이다.

이처럼 신체의 특정 기관에서 일어나는 생화학적 작용에 의지하여 인간의 정신세계를 이해해 보려는 일종의 유물론적이고 기계론적인 생각들은 인간의 자유의지나 본질적인 존재 의미에 대한 기존의 통념과는 사뭇 다른 개념이어서 우리를 혼란스럽게 하기도 한다. 나아가 이러한 특정 기관이 없거나 왜소한 또 다른 생명체들에 대한 선입견이나 오해의 근간이 되기도 하고 말이다.

어쩌면, 이렇게 실체라는 현상에게서 일어나는 또 다른 현상, 즉 신체의 일부 특정 기관에서 일어나는 의식 작용이기에, 그 실체로서의 상대적인 속성에 따르는 분별심이 일어나게 되는 것인지도 모를 일이다. 바로 이러한 이유로 인하여 그 표면 의식의 연상 작용들이 어느 정도 잠잠해진 자리에서야 자신의 진정한 의식의 진체가 드러나게 되는 것이라고 말하는지도 모를 일이고 말이다.

그렇게 우리의 표면 의식은 때로 삶의 부정적인 요소로 작용하기도 하고, 때로는 긍정적인 요소로 작용하기도 하면서 우리의 삶을 수시로 요동치게 만든다고 한다.

결국, 이러한 표면 의식이나 감정 자체에는 좋고 나쁨이 있는 것이 아니라, 단지 각자 받아들이고 반응하는 정도, 혹은 쓰임으로서의 호불호가 있을 뿐인 셈이다. 아니면 주객이 전도되어서 오히려 내가 이러한 표면 의식의 쓰임을 당하고 있는 것이거나 말이다.

이러한 각자의 선택에 따라서 표면 의식의 여러 작용은 고통과 불행의 원인이 되기도 하고, 기쁨과 행복의 근간이 되기도 하며, 때로는 무명의 원천이 되기도 하고, 더러는 본래의 진정한 자신을 찾아가는 길이 되기도 하는 셈이다.

언젠가 때늦은 봄추위가 찾아와 매화꽃이 만발한 가운데 함박눈이 내린 적이 있었다. 자고 있던 아이를 두드려 깨워서 이 설중매(雪中梅)를 보여 주니 "어 봄꽃이네" 한다.

내심 어떤 불굴의 기상이나 고매한 성품의 상징에 대하여 말해 주려다가 그만 말문이 막히고 말았다. 일상의 고단함에 찌든 이의 눈에는 역경을 이겨 내는 가상함으로 보이고, 티 없이 맑은 아이의 눈에는 다가올 봄에 대한 기대나 희망으로 보였던 것이다.

물론 매화는 매화이고, 눈은 눈이며, 설중매는 설중매일 뿐, 무슨 위로도 아니고 희망도 아닐 것이다. 그저 그렇게 보려는 이들이 있을 뿐인 셈이다. 혹은, 그 분별의 인식 작용이나 표면 의식 특유의 연상 작용으로부터 저마다 각자의 의미를 애써 찾아내는 것이거나 말이다.

각자 서 있는 곳에서 바라보는 세상은 각자가 서 있는 장소나 시간, 혹은 입장에 따라서 다르다고 한다. 어쩌면 우리는 그렇게 각자 인식한 자신만의 세상을 살아가는 것인지도 모를 일이라고 한다. 그 표면 의식의 한정된 인식 작용의 틀에 갇힌 채 자신과 자신을 둘러싼 세상에 대하여 자신만의 해석과 의미를 부여하면서 말이다.

사람들은 그것이 무엇이 되었든 어떤 대상에 일정한 의미를 부여하고 그것에 의지하여 살아간다고 한다. 이러한 관점의 변화가 감정의 상태를 이끌기도 하고, 다가오는 것들에 대한 의미를 바꾸기도 한다는 것이다. 우리는 이러한 것들에 여전히 매달리거나 끌려다니면서 그것이 전부인 세상을 살아가는 중이고 말이다.

업식소견(業識所見)이라는 말이 있다고 한다.

식물에게는 식물의 세계가 곤충에게는 곤충의 세계가 있으며, 닭에게는 닭의 세계가 소에게는 소의 세계가 있고, 나에게는 나의 세계가 너에게는 너의 세계가 있으니, 그렇게 우리는 단지 하나의 세상을 하나의 흐름으로 살아가면서, 각자 지어낸 각자의 꿈속에서 각자만의 세상을 살아가는 셈이다. 자신만의 관점이나 입장에서 받아들이고, 말하고, 행동하는 소통 아닌 소통들을 열심히 주고받으면서 말이다.

　이처럼 오해와 착각으로부터 스스로 지어낸 가상의 세계에서 또다시 각자 지어낸 허상의 자신에게서 실체의 독자성을 바라니, 아마도 이를 두고 아상(我相)이고 아집(我執)이라 하는 것일 터이며, 그 가상의 무아(無我)에서 아상(我相)을 꿈꾸니, 그것이 바로 오류의 시작이자 고통의 원인이라고 말하기도 하는 것일 터이다.

　이것이 바로 무명의 시작이고, 소통 장애의 원인이자 갈등의 원천이며, 탐욕과 분노와 어리석음과 이로부터 비롯되는 온갖 괴로움의 근간이라고 한다.

　그렇게 현상으로 존재하는 세상에서 그 현상의 조각들이 또다시 각자 지어낸 허상 속 자신만의 인식 세계에 갇혀서 살아가니, 가히 꿈속의 꿈에서 꿈을 꾸는 격인 셈이다. 혹은, 이처럼 불변의 고정된 실체로 착각할 만큼 구체적이고 리얼(real)하며 정밀한 메타버스(metaverse)의 세계에서 각자 지어낸 아바타(Avatar)로서의 삶을 살아가는 것이거나 말이다.

　허공이 그대의 마음속에 생기는 것이 마치 한 조각의 구름이 맑은 하늘에서 문득 생기는 것과도 같거늘, 하물며 그 허공 속에 있는 세계이겠는가, 하였다.

　어쩌면, 우리는 그렇게 또 다른 형태의 통 속의 뇌(brain in a vat)가 되어서 스스로 지어낸 오해와 착각의 세계를 살아가는지도 모른다고 한다. 아마도 진즉에 이러한 세상의 진실을 알아챈 이들이 있어서, 이제는 그만 그 꿈속의 꿈에서 깨어나라고 그토록 2차 각성을 촉구하곤 하였던 것일 터이다. 좋은 꿈을 꾸려고 하기보다는 먼저 그 꿈에서 깨어나라고 말이다.

　어찌 보면, 이러한 표면 의식의 인식 작용은 마치 거울을 보는 것처럼 보이기도 한다. 생각해 보면 거울을 거울 자체로 보는 경우는 드문 일이며, 대개는 거울이 아니라 거울에 비친 상(象)에 시선의 초점을 맞추기 마련일 것이다. 그 보이는 상은 대개 자신만의 시점으로 투영된 모습의 다름 아닐 것이고 말이다. 그렇게 우리는 어떤 대상을 있는 그대로가 아닌 자신만의 관점에 투영된 이미지에 초점을 맞춰서 인식하고 있는지도 모를 일이라고 한다.

실제로 이러한 인식의 문제는 일상에서 다양한 정보들이 넘치는 가운데 오히려 점점 더 편협해지고 외골수가 되어 가는 현상에 대한 설명이 되기도 한다고 한다. 본인의 기대와 추측에 맞는 정보들만을 취하고 상반되는 정보들은 무시하는 무의식적 사고, 즉 확증 편향적 사고가 이러한 모순적인 상황을 불러오기도 한다는 것이다.

때로는 그렇게 의도된 정보들에 의해서 자신의 중심을 잃고 이리저리 휩쓸리거나 휘둘리게 될 수도 있다고 한다. 정보의 바다라는 기회의 장이 진실을 추구하거나 사고의 균형을 이루기 위한 도서관이 아니라, 오히려 편협과 왜곡의 수렁으로 점점 빠져드는 늪으로 작용하게 될 수도 있다는 것이다. 자신의 중심을 잊은 방일함과 인식의 허점이 불러온 정보화 사회의 아이러니인 셈이다.

각자의 관점이나 가치관에 따라서 자신이 사는 세상도 달라진다고 한다. 그렇게 마음을 내니 그 낸 마음의 의도대로 살아지는 것이며, 눈앞의 온갖 현상들도 결국에는 이러한 자신의 마음이 투영된 모습의 다름 아니라는 것이다. 보다 근원적이고 본질적인 것들에 대한 성찰과 이해, 혹은 이러한 자신과 세상을 있는 그대로를 바라보려는 노력이 필요한 이유일 것이다.

과연, 모든 것을 있는 그대로 보거나 받아들이는 이가 세상에 몇이나 있겠는가. 그 있는 그대로라는 것조차도 사실은 있는 그대로라는 형식의 창을 통하여 보는 것에 불과할 수도 있다고 하니 말이다. 아마도 중요한 것은 이러한 것들에 대한 그때그때의 알아차림이나, 그 깨어 있음을 지향하는 시선의 방향을 놓치지 않는 것일 터이다.

사람의 말에는 힘이 있다고 한다. 말은 마음의 그림자로써 자신의 의지에 대한 표현이자 1차적인 행위이며, 듣는 이에게는 인식과 믿음이라는 현상을 불러오기 때문이다.

이러한 언령의 근원인 진실한 의지는 훨씬 더 위대한 힘을 갖는다고 한다. 보이는 현상들은 보이지 않는 본질로부터 비롯되는 것이기 때문이다.

자신과 세상의 본질에 대한 인식의 변화는 바로 이러한 의식의 변화를 일으키게 된다고 한다. 나아가 이러한 내면 의식의 변화로부터 비롯된 실천의 행위가 세상을 이루는 의식의 네트워크에 작용하게 되면 실체로서의 현상 또한 어느 정도는 바뀔 수도 있을 것이고 말이다. 어쩌면, 이것이 구성원들의 의지와 행위의 개입을 허용하는 우주 운행의 배려이자 현상의 작용, 혹은 쓰임인지도 모를 일이다.

다만 향나무가 귀하기는 하지만, 화목으로 쓰면 소나무만 못 한 법이라고 하였다. 귀한 향목을 어렵게 구하여 밥 짓는 화목으로 쓰니, 그 화력이 약하고 더디어서 오히려 나무꾼에게 나쁜 나무를 주었다고 원망하기도 한다.

분명한 것은 이러한 세상의 원리나 이치, 혹은 표면 의식의 활용법에 대한 고민에 앞서, 그 쓰임의 방향이나 목적에 대한 고민이 선행되어야만 하는 것일 터이다.

때로는 잘못된 전제로부터 전도된 욕망이 투사된 것들을 진실로 가치 있는 것이라 착각하여 평생의 노력을 기울이니, 그 성공이 곧 실패가 되어 버리기도 한다. 목표보다 중요한 것은 방향이며, 무엇을 이루었는가보다 중요한 것은 그것을 통하여 어떤 사람이 되었는가, 라고 한다.

10) 수처작주

이러한 잘못된 전제, 즉 자신과 세상에 대한 온갖 오해와 착각에서 벗어나게 되면, 그때에야 비로소 지금 여기에서의 온전한 자신의 삶을 살아가는 것이 가능하게 된다고 한다.

이른바, 수처작주(隨處作主) 입처개진(立處皆眞)이라는 말은 아마도 이를 두고 하는 말일 것이다. 예로부터 마음이 지금 여기에서 오롯이 자신의 주인이 되는 것이 도심(道心)이요, 그 마음이 과거나 미래 혹은 그 밖의 엉뚱한 곳에 머무는 것을 중생심(衆生心)이라고도 하였으니 말이다.

현재를 살아가는 존재들에게 있어서 지금이 있기까지의 과거나 앞으로 맞이해야 할 미래가 중요해 보이는 것은 당연한 일일 것이다.

그러나 흘러간 과거는 눈밭에 발자국을 새겼거니와 이미 철이 지나 흔적을 찾아볼 수 없는 것과 같고, 아직 오지 않은 미래는 슈뢰딩거(Schrödinger)의 개봉되지 않은 고양이 상자와도 같은 것이라고 한다.

물론 과거라는 것을 단지 지나가 버린 허망한 것으로 치부하는 것이 마냥 옳지만은 않은 일일 것이다. 과거와 현재와 미래는 연속되는 흐름으로 이어져 있는 것일 터이니 말이다.

이러한 흐름 속에서 좋은 것은 추억이 되고, 나쁜 것은 경험이 된다고 한다. 가까이서 보면 비극이요, 멀리서 보면 희극이라고 했으니, 당시에는 비극이었던 일들도 세월이 흐르고 다시 보면 희극이 되기도 한다. 그렇게 물결은 흐르고 먼지는 덮이니 세월은 많은 것을 해결해 주기도 한다.

그래서 인생은 참는 것이 아니라 견디는 것이라고 한다. 지금의 잠깐 힘든 고비를 견디고 나면, 언젠가는 잘 견뎠다고 자신을 다독일 날이 반드시 올 것이기 때문이다. 때로는 그 인고의 시간이 미래의 훈장이 되기도 하고 말이다.

이러한 과거를 바로 보고 현재를 직시한다면 지금 무엇을 해야 하는지 알 수 있게 된다고 한다. 과거의 좋고 나쁜 경험들이 지금의 지혜로 우러나오게 될 것이기 때문이다. 그렇게 과거를 기억하는 사람이 현재를 지배할 수 있다고 한다.

이처럼 과거는 교훈이나 지혜의 산실이 되기도 하고, 위로나 격려가 되어서 다시 힘을 내어 앞으로 나아가게 하는 원동력이 되기도 한다.

다만, 모든 것은 "이 또한 지나가리라"라고 하였다. 그것이 좋은 것이든 나쁜 것이든, 혹은 집착하든 집착하지 않던 간에 말이다. 하늘 아래 새롭고 영원한 것은 어디에도 없으며, 모든 것은 변하여 가니 오직 앞으로 나아갈 뿐이라는 것이다.

과거가 있기에 현재가 있음은 분명한 사실일 것이다.

그러나 과거는 참고서일 뿐 예언서가 아니며, 날아가는 새는 뒤를 돌아보지 않는다고 한다. 과거에 얽매여서 거기에 갇혀 버린 사람은 앞으로 나아갈 수 없게 된다는 것이다. 아마도 가벼운 반추나 위로, 혹은 동기부여나 교훈을 얻는 것을 넘어서 여기에 끝내 함몰되거나 얽매임으로써 오늘을 잃어버리는 것을 경계하는 말일 것이다.

마찬가지로 미래에 대한 걱정과 기대는 다가올 내일을 대비하게 하는 긍정적인 요소로 작용하기도 한다. 과거가 있기에 현재가 있듯이 지금 준비하는 것들이 미래의 방향을 결정하게 될 터이니 말이다.

대개의 경우 미래는 아직 실제로 구현되지 않은 시간이기에 이성적이고 합리적인 추론으로 대하기가 어렵다고 한다. 그래서 미래에 대한 추정은 다분히 감각적이고 정서적일 수밖에 없다는 것이다. 불필요한 감정의 소비라는 것을 알면서도 말이다.

다만, 그렇게 시선은 미래를 바라보되 두 다리는 늘 지금 여기에 붙이고 현재를 걸어야만 그 바라보는 곳으로 갈 수 있다고 한다. 지금 여기에 굳건히 뿌리를 내린 상태에서 과거와 미래를 바라보고 현재를 관찰해야만 거기에 매몰되거나 휩쓸리지 않을 수 있다는 것이다.

미래를 기대하고 소원하여 준비하는 것은 당연한 일이겠지만, 이러한 기대의 정도가 지나쳐서 아무리 갈망하고 소원한다고 해도 이러한 기대 자체는 실제로 다가올 미래에 아무런 긍정적인 영향을 미치지 못한다고 한다. 예측하기 어렵고 확정되지 않은 미래에 대한 지나친 걱정이나 갈망은 오히려 지금의 대비를 방해함으로써 미래의 걸림돌로 작용할 뿐이라는 것이다.

이 또한 지나친 집착이 문제라는 말일 것이다. 어차피 알 수 없는 것이라면 걱정하기보다는 지금에 충실하여 원하는 방향으로 결과를 유도하는 것이 최선이라는 것이다. 그래서 과거나 미래에 사는 사람은 결코 오늘을 사는 사람을 당하지 못하는 법이라고 한다.

물론, 이러한 과거에 대한 집착이나 미래에 대한 불안에도 나름의 크고 작은 각자만의 사정들이 있기 마련이니, 그 심각함의 정도나 걱정의 크기가 같지는 않을 것이다. 그러나 생각해 보면 실체가 없는 걱정에 무슨 크기가 있겠는가.

걱정을 만들어 내거나 크기를 키우는 것은 언제나 그 걱정을 하는 사람인 법이니, 지나치게 걱정하여 크기를 키우기보다는 해결할 방도를 현재에서 찾는 것이 그나마 현명한 대처법일 것이다. 더하여 이러한 걱정이 원래는 걱정거리가 아님을 알아채게 되면 금상첨화일 것이고 말이다.

대개의 걱정은 걱정했던 것만큼 걱정할 만한 일이 아니며, 걱정거리라고 인식했기 때문에 걱정이 되어 버린 경우가 대부분이라고 한다. 걱정한다고 걱정할 일이 없어진 다면 걱정하는 것을 걱정할 일도 없다는 것이다.

세상에 근심 걱정이 없는 사람이 어디에 있겠는가. 걱정거리가 전혀 없기를 바라는 것 또한 지나친 욕심일 것이다.

다만, 이러한 걱정과 근심에도 때와 정도가 있기 마련이라고 한다. 적당한 걱정과 근심은 삶의 유용함이 되기도 하는 법이니, 때로는 삶의 윤활유나 활력소가 되기도 하고, 새로운 계기나 적절한 긴장감을 유지하게 하기도 하며, 초심을 잃지 않게 하거나 유비무환의 바탕이 되기도 한다. 거기에 얽매여서 갇혀 버리지만 않는다면 말이다.

사실 지나친 후회나 과도한 기대는 모두 부질없는 것이라고 한다. 미래의 일은 어차피 어떤 식으로든 일어나기 마련이고, 과거의 선택은 이미 되돌릴 수 없는 것이기 때문이다.

다만, 이로부터 어떤 교훈을 얻어서 다가올 미래를 준비하는 것만이 지금 유일하게 할 수 있는 과거와 미래에 연관된 일이라고 한다. 어제는 지나간 오늘이고 내일은 다가올 오늘이라는 것이다. 그렇게 지금에 충실하여 앞으로 나아가는 것만이 현실의 우리가 할 수 있는 유일한 일이라고 한다.

일상에서 컴퓨터로 작업을 하다 보면 개인적으로 감탄을 금치 못하는 기능을 발견하게 된다. 바로 되돌림의 기능이 그것이다.

지금까지 행한 입력 인자를 취소하거나 없던 일로 만들기도 하고, 심지어는 이를 부분적으로 수정하여 재입력할 수도 있다고 하니, 과연 이 얼마나 대단하고 엄청난 일이란 말인가. 가히 세상의 규칙을 뒤흔드는 놀라운 일이 아닐 수 없다.

하지만 안타깝게도 우리가 사는 세상에는 이러한 되돌림이나 입력 취소의 기능을 지원하는 프로그램이 장착되어 있지 않다고 한다. 이미 저지른 일에 대한 부분적인 수정이나 재입력은 더욱 불가능한 일이고 말이다. 시간은 한쪽 방향으로만 흐르는 일방통행일뿐더러, 우리가 사는 세상은 원인과 조건의 작용에 의한 결과로 이어지는 질서의 흐름으로 이루어진 세상이기 때문이다. 우리는 이러한 흐름 속에서 오직 지금이라는 순간이 전부인 세상을 살아가는 존재들인 셈이고 말이다.

사실 지금이라는 순간도 그것을 지금이라고 규정하는 순간, 그 지금은 이미 과거가 되어 버리고 만다고 한다. 결국 우리는 어쩔 수 없이 찰나의 순간순간들을 연속하여 살아갈 수밖에 없는 존재들인 셈이며, 지금 여기에서의 바로 이 순간만이 우리에게 허락된 유일한 시간대이기도 한 셈이다.

하지만, 이러한 순간의 선택이 미래의 원인이나 조건으로 작용하게 되는 것 또한 분명한 사실이라고 한다.

누군가는 말한다. 만약, 그의 과거가 궁금하다면 지금 그의 모습을 보면 알게 될 것이고, 그의 미래가 궁금하다면 지금 그의 행위를 보면 알게 될 것이라고 말이다. 지금 여기에서 과거와 미래가 하나인 셈이니, 어쩌면 이러한 것들 역시 실체가 따로 있는 것이 아니라, 다만 끊임없이 변해 가는 순간순간의 흐름 가운데 이처럼 과거와 현재와 미래라는 이름이 있는 것일 뿐인지도 모를 일이다. 그래서 더욱 지금 여기에서의 이것뿐이야말로 모든 것의 본질이자 전부라고 하는지도 모를 일이고 말이다.

어쩌면, 이렇게 시간이라는 틀의 한계에 갇힌 존재들에게나 과거와 현재와 미래가 의미 있을 뿐, 시간이라는 것이 무의미한 영원의 세계나 다른 차원 앞에서 이러한 모든 것은 그저 점멸하는 불빛보다 미약하고 짧은 순간인지도 모른다고 한다.

더하여 이러한 순간순간들이 모두 이어져서 하나로 연결된 세상인 것 같지만, 사실은 그 하나하나의 분리된 순간들이 무수히 명멸하고 있는 것인지도 모른다고 한다. 존재하는 것은 오직 지금뿐이라는 것이다. 아마도 모든 것은 변화의 흐름이라는 형태의 존재함, 즉 현상으로서의 존재함이기 때문일 것이다.

그렇게 우리는 찰나의 순간들을 살아가면서 사실은 별 의미도 없고 쓸데도 없는 일에 지나치게 얽매여서 스스로를 괴롭히는 것인지도 모를 일이라고 한다. 과연 존재하지도 않고 살아갈 수도 없는 어제와 내일 때문에 내가 살아갈 수 있는 유일한 시간대인 오늘을 허비하는 것이 마냥 바람직한 일만은 아닐 것이다.

지금 눈앞에서 일어나는 일들 역시 이러한 순간순간에서 일어나는 변화들이 얽히고설켜서 일어나는 찰나의 현상 가운데 하나일 것이니, 평범한 우리는 그렇게 선후를 짐작하지도 못한 채 지나간 일에 집착도 하고 오지 않은 미래를 걱정하기도 하면서 과거와 미래를 연결하는 선에 지금이라는 점을 그리며 살아가고 있는 셈이다.

그러나 최소한 지금 이 자리에서 어떤 선택을 할 것인가만큼은 온전한 나의 몫이라고 한다. 그러므로 지금이라는 점을 찍는 일에 최대한 신중을 기하여 어떤 미래의 선으로 연결할 것인가를 선택하는 것이야말로 지금의 내가 할 수 있는 거의 유일한 일이라는 것이다.

누군가 말하길, 어제는 역사이고 내일은 미스터리이며 오늘은 선물이라고 하였다. 같은 오늘은 결코 다시 찾아오지 않는 법이니, 오직 지금 여기에서 그 선물 같은 찰나의 주인이 되어 진정한 자신의 삶을 오롯이 살아가라고 한다.

계절은 가고 오겠지만 같은 가을은 다시 오지 않고, 강물은 늘 이 자리를 흐르겠지만, 그 물이 같은 물은 아닐 것이다. 저 강변에 흐드러지게 핀 들국화는 내년에도 여전히 다시 꽃잎을 피우겠지만, 그 꽃이 지금 강물에 떠내려가는 저 꽃잎과 같은 꽃은 아닐 것이며, 내일 흐르는 강물이 지금 발을 스치고 지나가는 이 물도 아닐 것이다. 그것을 지켜보는 훗날의 나 또한 지금의 나는 아닐 것이고 말이다.

그렇게 인연 또한 같은 모습으로 다시 찾아오지는 않는다고 한다. 때에 따라서 다른 인과의 흐름에 얽혀 있기 때문이며, 이미 내가 달라지고 상대도 달라졌기 때문이다. 사실은 이러한 변화의 흐름 자체가 모든 것의 본질이기도 하고 말이다.

과연, 그렇게 세상의 모든 것은 끊임없이 없이 변해 가는 흐름 가운데 명멸하는 찰나적 현상이라고는 하지만, 한편으로는 그래서 더욱 눈물겹도록 찬란한 순간의 아름다움이기도 하지 않겠는가.

한편, 이러한 과거와 미래에 대한 집착이나 걱정을 떠나서 보통은 밥을 먹으면서 일을 생각하고 일하면서 밥 먹을 생각을 하니, 온전히 밥을 먹는 것도 일하는 것도 아니게 된다고 한다.

몸과 마음이 하나로 되어서 자신의 온전한 의지를 실어야만 진정한 행위가 되는 것이라고 한다. 행위의 본질은 이러한 의식으로서의 속성과 실체로서의 속성이 하나로 되어서 연주해 내는 하모니이기 때문이다.

당연한 말이기는 하지만, 이러한 이치는 일상에서의 운동이나 학습, 또는 어떤 업무를 수행함에 있어서 효율을 높여 주는 비결이 된다고 한다. 의념의 집중을 이룬 상태에서의 어떤 행위는 그것이 무엇이 되었든 놀라운 효율을 보이게 된다는 것이다. 예로부터 분산되지 않은 집중으로 심(心), 기(技), 체(體)가 온전히 하나로 되어서 조화를 이루면 능히 이루지 못할 일이 없다고 하였다.

일과 수련의 차이는 바로 이러한 의념이 있는가 없는가, 혹은 그 의념을 어디에 두는가의 차이라고 한다. 흔히들 말하는 물아일체(物我一體)의 상태인 셈이다. 만약, 일상에서 이를 능히 이룰 수 있다면, 그가 바로 진인(眞人)일 것이며, 진정한 자신의 주인으로 오롯이 현재를 살아가는 이일 것이다.

일상에서 이러한 집중을 이루는 손쉬운 방법은 어떤 일이나 행위에 재미를 붙이는 것이라고 한다. 재미에 따른 즐거움은 자연스레 의념의 집중과 행위의 몰입을 불러오기 때문이다. 아는 이는 노력하는 이만 못하고, 노력하는 이는 좋아하는 이만 못하며, 좋아하는 이는 즐기는 이만 못하다는 말은 아마도 이를 두고 하는 말일 것이다.

그런데 이처럼 물아일체를 이루는 것과 온전한 자신이 되는 것은 하나라고 한다. 자신을 버려야만 물아일체를 이루는 것이 아니며, 오히려 스스로가 자신의 온전한 주체일 수 있을 때 세상과도 하나로 될 수 있다는 것이다. 옛말에도 "대도(大道)는 본성을 버리고 얻는 것이 아니라, 오히려 자신이 누구인지 알아 갈 때 얻어지는 것이다. 하늘이 천하 만물의 모양을 제각각 다르게 만든 것은 바로 이러한 이유이다" 하였으니 말이다.

아마도 수처작주 입처개진이라는 말은 그렇게 본래의 자신을 회복하여 진정한 자신의 주체가 됨으로써 그의 의지와 행위는 세상의 흐름과 하나로 되는 것이며, 그렇게 지금 여기에서 자신과 우주의 온전한 주인공이 되라는 말일 것이다. 그 처한 곳이 어디의 어느 때든, 혹은 어떤 상황의 무슨 조건이든 말이다. 아마도 그렇게 물아일체를 이룸은 물론이고, 마침내 이러한 분별마저 사라진 동화(同化)의 상태로 나아가게 된다는 말일 것이다.

사실 자신이 스스로의 주인이 되는 것은 너무나 상식적이고 당연한 일일 것이다. 도대체 내가 나의 주인이 아니라면, 누가 감히 나의 주인이 될 수 있단 말인가. 하물며 이처럼 자성의 의지로 살아감은 무려 우주의 원리와 이치에 의한 모든 생명체의 본질이기도 한데 말이다.

그러나 어이없게도 진실로 이러한 이는 극히 드물다고 한다. 그렇다고 착각하는 이들은 많지만 말이다.

보통은 오해와 착각으로부터 일어난 가상의 무엇, 혹은 외부에서 나에 대해 규정한 무엇이나 스스로 지어내고 포장한 무엇을 자신이라고 착각하며 살아가고 있다는 것이다. 그도 아니면 단지 오감으로 인식된 느낌이나 경험의 합, 또는 이로부터 비롯된 표면 의식의 감정이나 생각, 혹은 단순히 자신의 몸을 진정한 자신의 실체라고 믿는 것이거나 말이다.

과연, 이러한 착각에서 벗어나 하늘 아래 진정한 자신의 주인으로 우뚝 서서 지금 여기를 오롯이 살아가는 이가 세상에 몇이나 되겠는가.

하지만, 이러한 자신을 바로 알아야 잘 살 수 있고, 잘 죽을 수 있다고 한다. 과연 거창한 우주와 만물의 실상이나 몸과 마음의 공부를 떠나서 지금 살아가는 평범한 일상의 작은 의미들을 위해서라도 이러한 주체적인 삶의 태도는 반드시 새겨들어야 할 중요한 덕목임에 틀림이 없어 보인다. 그렇게 자신을 들여다보는 것으로부터 지금 매달려 있는 무언가의 실체도 바로 볼 수 있게 되는 것일 터이니 말이다.

바로 아는 것으로부터 바로 이루는 것도 가능해진다고 한다. 그렇게 나와 세상도 하나로 되는 것일 터이고 말이다.

누군가 마부석에 앉아 있더라도 그저 말이 이끄는 대로 오고 가기만 한다면, 그는 고삐잡이일 뿐 마부라고 부르지 않는다고 한다. 말을 몰고 가는 이라야 그를 마부라고 부른다는 것이다. 아마도 살아갈 것인가, 아니면 살아질 것인가의 문제일 것이다.

가끔은 지나간 날과 다가올 날들이 지금의 나에게 묻는다. 온전한 주인으로서의 진정한 자신의 삶을 살아가고 있는가, 착각이나 오해, 혹은 습(習)이나 집(執)에 갇혀서 뭐가 뭔지도 모르는 채 그저 세월의 흐름에 떠밀려 가고만 있는가.

11) 본래면목

이러한 각자의 분방한 행위들이 합해져서 단위 세상의 의지를 형성하고, 그 중심의 의지는 다시 각자의 행위로 발현되어서 전체의 의지가 구현되는 것이라고 한다. 즉, 이러한 운행의 흐름에는 어떤 인위적인 간섭이나 주관적인 필터가 작용하지 않는다는 것이다. 스스로 그러함으로써 이루어지는 관계와 연계의 흐름에는 그렇게 구성원들 스스로의 의지와 행위가 세상의 원래 그러한 흐름에 더하여 작용할 뿐이라는 것이다.

이처럼 질서적이면서도 즉시적으로 생생하게 살아 움직이는 네트워크의 흐름은 구성원들의 행위가 원인이자 결과이기도 하고, 주체인 동시에 대상이기도 하며, 나아가 이러한 모든 것을 이루어 내는 과정이자 본질이기도 한 묘한 흐름을 이루게 된다고 한다.

따라서 이러한 각자의 중심이 바로 서는 일은 무엇보다 중요한 일이며, 그러기에 더욱 본질적인 것들에 대한 성찰이 중요한 의미를 갖게 된다고 한다. 이로부터 그의 의지와 행위는 우주 근원의 의지로부터 비롯된 현상의 진정한 쓰임을 세상에 구현하게 되는 것일 터이니 말이다. 결국 이렇게 자신의 본래면목을 회복하는 일은 개인적인 입장을 떠나서, 가히 우주적인 스케일로 중요한 일인 셈이다. 과연 자신과 세상을 어떠한 입장이나 관점으로 바라보든 간에 이처럼 근원적이고 본질적인 것들에 대한 이해, 혹은 지향점의 설정은 이래저래 중요한 일일 수밖에 없어 보인다.

하지만, 당장 오늘 하루를 살아 내기에도 벅찬 현실의 냉엄함 앞에서, 이러한 일상 너머의 일들은 어떤 의미를 갖는 것일까.

일상의 현실적인 도움을 얻으려 함도 아니고, 어떤 복을 받고자 함도 아니며, 세상을 바꾸고자 함 또한 아니라고 한다. 그저 지금의 나를 보다 나은 나로 만들기 위함이며, 자신을 완성하여 진정한 자신의 주인으로 거듭나기 위함이라는 것이다.

외부의 부족한 여건을 보다 나은 환경으로 바꾸어서 지금보다 더 잘 살아 보려는 것이 일반적인 바람이라면, 이는 오직 자신의 내면을 가꾸고 완성하여 온전한 자신의 주체로 거듭나고자 하는 바람인 셈이다.

그런데 묘하게도 이로써 일상의 의미도 바로 알게 되고, 복이 복인 줄 알게 되고 화가 화인 줄 알게 되니, 이로부터 현실의 복락과 원만함을 이루어 냄은 물론이거니와, 세상마저도 이로써 바뀌게 될 것이라고 한다.

천부경은 이러한 만물의 본래면목이라는 자리에 대하여, 그 만물 가운데에 우주의 섭리와 만물의 이치와 태초의 의지가 하나라고 규정한다.

본래면목이라는 자리가 따로 있는 것이 아니며, 본질과 현상 또한 둘이 아니라는 말인 셈이니, 어찌 보면 진리가 일상 밖에 따로 있는 것이 아니고, 세상과 내가 따로 있는 것도 아니라는 말일 수도 있는 셈이다. 이상과 현실이 다르지 않고 선과 후가 다르지도 않아서 따로 구하고 말고 할 것도 없다는 것이다.

결국, 그 여여(如如)한 흐름 그대로가 이미 본래면목이라는 자리인 셈이니, 굳이 말하자면 이러한 것들에 대한 일체의 분별이나 끄달림이 사라진 알아차림의 자리가 바로 본래면목의 자리라는 말일 수도 있는 셈이다. 지금 여기에서의 있는 그대로를 말이다.

  동서고금을 막론하고 얼마나 많은 지혜로운 이들이 이러한 본래면목이라는 자리에 이르는 길에 대하여 설(設)해 왔는지는 헤아리기 어려울 정도라고 한다.
  그중에서도 많은 이들은 이러한 길의 여정을 지금 자신이 표면 의식의 일부 부정적인 작용에 갇혀 있거나 휘둘리고 있는지를 살펴보는 것으로부터 시작해야 한다고 귀띔하기도 한다. 삶의 온갖 부작용들이 일어나는 원인은 이로부터 비롯되는 것이라고 보았기 때문이다. 즉, 인식의 허점에서 비롯된 나와 세상에 대한 그릇된 이해가 문제의 시작이라는 것이다. 그러므로 그 길의 여정을 이로부터 시작해야 한다는 말은 이러한 오해와 착각으로부터 일어난 것들에 대하여 현혹되지 말고 잘 대처하라는 충고의 말이기도 한 셈이다.
  어쩌면 우리는 그렇게 스스로 지어낸 환상과 실제의 현상들이 뒤섞인 세상을 살아가는지도 모른다고 한다. 그 덧씌워진 이미지들이 자신과 세상의 진실한 모습이라고 믿어 의심치 않으면서 말이다. 이러한 현실을 인정하고 알아채는 것이 바로 문제 해결의 시작이라는 것이다.

  그러나 생각해 보면, 실질적인 삶의 대부분을 이러한 표면 의식의 작용에 의지하여 살아가는 것 또한 부정할 수 없는 현실일 것이다. 이처럼 무명에서 벗어나 진실을 보고자 하는 마음을 내거나, 이로부터 나름의 올바른 가치관을 세워 살아가고자 하는 의지를 내는 것 역시 표면 의식의 도움이 있기에 가능한 일일 터이고 말이다.
  따라서 대개의 사람들이 모두 성인(聖人)이 아닌 바에야 당연히 이러한 표면 의식의 휘둘림을 어느 정도는 받기 마련일 것이며, 그 작용의 한계에 따르는 탐욕과 분노와 어리석은 마음도 일정 부분 생겨나기 마련일 것이다.
  상대적인 법칙과 더불어 관계와 연계라는 변화의 흐름으로 존재하는 세상에서 홀로 완전한 것은 어디에도 없다고 한다. 모든 것에는 한편으로 모자라는 면이 있으면 다른 한편으로는 넘치는 부분도 있기 마련이라는 것이다. 물론, 이러한 상대적 다름으로부터 현상으로서의 존재함도 있게 되는 것일 터이고 말이다.

흠이 있기에 완성을 향해 나아갈 수 있고, 완전하지 못하기에 원만함을 향해 정진할 수 있게 되는 것이라고 한다. 아마도 그래서 더욱 완성을 향해 나아가는 모습이야말로 세상을 아름답고 가치 있게 만드는 것일 터이며, 그렇기에 많은 이들이 이 세상을 가상현실 속 체험 학습장에 비유하기도 하는 것일 터이다. 어쩌면, 이러한 이유로 예로부터 유가에서는 만족하라고 가르치고, 불가에서는 집착하지 말라고 가르치며, 선가에서는 무위자연 하라고 가르치는 것인지도 모를 일이고 말이다.

그러나 이러한 가르침들에도 불구하고 일부 부정적인 표면 의식의 작용들은 그렇게 달랜다고 해서 달래지지 않고, 억누른다고 해서 억눌러지지 않으며, 피한다고 해서 피해지지도 않고, 숨긴다고 해서 숨겨지지도 않는다고 한다. 더구나 제때에 흘려 버리거나 해소하지 못하고 여기에 붙들려서 과도하게 얽매이거나 집착하게 되면, 결국에는 이러한 것들이 자신의 내면에 쌓여서 어떤 형태로든 튀어나오기 마련이라고 한다. 그 정도가 심하면 트라우마, 콤플렉스, 공황장애, 불안, 조울증과 같은 정신적인 문제의 원인이 되기도 하고, 더 심하면 자신의 심층 의식에 끝내 업장의 씨앗으로 새겨질 수도 있다고 한다.

그런데 이처럼 때로 심각해질 수도 있는 표면 의식의 일부 부정적인 작용들을 그치게 하는 방법은 의외로 그리 어렵지만은 않다고 한다. 그저 이러한 표면 의식의 흐름에 아무런 간섭도 하지 않은 채, 단지 객관적인 관찰자의 시점으로 그 연상 작용들이 일어나고 흩어지는 과정을 가만히 지켜보기만 하면 된다는 것이다.

그러다 보면 어느새 저절로 스러져 버리고 만다고 한다. 굳이 무언가를 억지로 해보거나 개입하려고 애쓰지 말고, 다만 관찰자가 되는 것으로 충분하다는 것이다.

사실 이러한 부정적인 방향의 일부 감정들은 표면 의식 안에서 놀게 내버려두는 것이 제일 좋다고 한다. 그것을 밖으로 투사해 버리는 순간 어떤 방식으로든 그 대가가 자신에게 되돌아오기 마련이라는 것이다.

만약, 이러한 감정들을 제때에 통제하지 못하고 상대에게 그대로 퍼부어 버린다면,

그것이 바로 인간관계를 망치는 지름길이자 인생을 파멸로 몰아넣는 최상의 방법이라고 한다. 감정은 감정으로 그쳐야지, 감정이 태도가 되어서는 곤란하다는 것이다.

하지만, 이처럼 그냥 내버려두고서 그저 관찰자의 시점으로 어떻게 노는지를 무심히 지켜보기만 하다 보면, 어느 순간 잠잠해지기 시작한다고 한다. 그렇게 표면 의식의 연상 작용들이 점차 고요해지다 보면 마침내 자신의 본래면목도 저절로 드러나게 된다는 것이다. 어떤 간섭이나 인위를 보태지 않음으로써 드러나는 것은 오해와 착각으로부터 스스로 지어낸 가상의 무엇이 아니라, 다만 원래 있던 본래의 무엇일 터이니 말이다. 무엇을 어렵게 가꾸거나 보태서 이루어 내는 것이 아니라, 다만 가리고 있던 것들이 사라짐으로써 자신의 본래 그러함 또한 문득 드러나게 되는 이치인 셈이다.

대개의 경우 이러한 연상 작용들을 어떻게든 달래서 진정시키려고 하거나 억지로 눌러서 견디고 참아 보려고 하지만, 그러다 보면 그 연상 작용들은 오히려 이러한 생각의 꼬리에 꼬리를 물고서 더욱 요동치게 된다고 한다. 이러한 생각 자체를 특유의 연상 작용에 필요한 연료로 삼아서 점점 더 덩치를 키워 가며 타오르게 된다는 것이다.

나아가 이러한 연상 작용에 필요한 연료가 부족하다고 여겨지면 스스로 핑곗거리를 무수히 생산해 내기도 하는데, 이러한 핑계의 대부분은 자신의 탐욕에 근거하거나 분노에 휩쓸리거나 선후를 헤아리지 못하는 주관적이고 이기적인 관점에 의해서 생겨나는 어리석은 생각들이 대부분이라고 한다. 혹은 잠재되었던 갈망이나 무의식의 일부가 튀어나오는 것이거나 말이다. 그러다 보면 어느새 최초의 원인과는 한참이나 멀어진 상태에서 스스로를 무한히 괴롭히고 있는 현실을 문득 발견하게 된다는 것이다.

따라서 이러한 악순환을 그치게 하는 실질적이고 효과적인 방법은 그 표면 의식 특유의 연상 작용을 쉬게 하는 것이 제일이며, 그렇게 객관적인 관찰자의 시점으로 무심히 지켜보는 것만으로도 이러한 연상 작용들이 끊임없이 진행되어 가는 과정을 어느 정도는 그치게 할 수 있다고 한다. 더 이상 타오를 연료를 제공하지 않음으로써 불길을 그치게 하는 지혜의 방편인 셈이다. 그렇게 장작불이 꺼지면 가마솥의 끓는 물도 어느새 잠잠해지기 마련이라고 한다.

불가에서는 이렇게 외부의 환경이나 기타의 이유로 발생하게 되는 부정적인 감정이나 스트레스의 원인을 첫 번째 화살에 비유한다고 한다.

또한, 이러한 부정적인 감정에 대하여 자기 혼자 부풀려서 스스로를 괴롭히는 상황을 두 번째 화살에 비유한다고 한다.

세상을 살다 보면 누구라도 어쩔 수 없이 첫 번째 화살을 맞을 수밖에 없는 상황이 찾아오기 마련이지만, 현명한 이들은 두 번째 화살만큼은 맞지 않는다고 한다. 왜냐하면 첫 번째 화살은 대부분 외부로부터 주어지거나, 헤아리기 어려운 인과의 흐름 가운데 나타나는 현상들이기에 자신이 어쩔 수 없는 경우가 대부분이지만, 두 번째 화살만큼은 스스로 지어내는 것에 가깝기에, 일단 스스로 문득 알아차리고 방법을 동원하여 그치게 할 수만 있다면 얼마든지 피할 수 있는 일이기 때문이다.

사실 화를 내거나 스트레스를 받는 일은 원인 제공자인 외부 환경이나 상대방에게는 아무런 영향을 끼치지 못하며, 그저 자신을 괴롭히는 일에 지나지 않는다고 한다. 이 또한 일종의 집착인 셈이기도 하고 말이다.

세상을 살다 보면 정도의 차이가 있을 뿐, 누구라도 스트레스를 받는 일들은 어쩔 수 없이 생겨나기 마련이라고 한다. 그가 비록 성인(聖人)일지라도 말이다. 아마도 관계와 연계의 흐름으로 존재하는 한 누구도 피할 수 없는 일이기도 할 것이다. 과연 살아가면서 이러한 일들이 전혀 없기를 바란다면, 이 또한 지나친 욕심인 셈이다.

따라서 일단 세상의 누구라도 그럴 수밖에 없는 존재임을 인정하고, 지금의 상황이 종결된 결과가 아니라 다만 진행 중인 어떤 흐름의 과정임을 이해하게 되면, 쓸데없이 스스로를 자학하거나 세상을 원망하는 마음이 조금은 줄어들게 된다고 한다. 이로부터 객관적인 시각으로 사태를 바라볼 수 있는 마음의 여유가 생기게 된다는 것이다. 이후에 스스로 관찰자가 되어서 이러한 표면 의식의 흐름을 가만히 지켜보다 보면 그 연상 작용들도 어느덧 민망함을 알고 슬그머니 자취를 감추게 된다고 한다.

중요한 것은 그것이 무엇이 되었든 그것에 함몰됨으로써 자신을 잃어버리거나, 지나치게 얽매이고 집착하여 자신을 통제할 수 없는 지경에 이르는 일을 경계하는 것일 터이다. 이로부터 온갖 어리석음과 절제하지 못함 또한 나오는 것이라고 하니 말이다. 즉, 자신의 현재 상태를 알아채는 일이 우선인 셈이다.

이미 일어난 일에 집착할수록 이유가 흐려지고, 결국에는 자신을 자책하거나 남과 세상을 원망하게 된다고 한다. 외부의 것들은 외부의 일로 놓아두는 것이 제일 좋다는 것이다. 과연, 중요하고 좋은 일에만 집중하며 살아가기에도 아쉽기만 한 세상이건대 이처럼 괜스레 저 혼자 부풀려서 스스로를 괴롭히거나 정신적인 에너지를 낭비하면서까지 자신을 피폐하게 만들 필요는 없는 일일 것이다.

만약, 이처럼 객관적인 관찰자의 시점으로 바라보는 것이 어렵다면, 잠시 주변의 다른 것에 관심을 옮겨 보는 것도 급한 대로 하나의 방편이 될 수 있다고 한다. 사태를 회피하고자 함이 아니라 객관적인 시야의 확보를 위해서 말이다. 이로써 점점 덩치를 키워 가는 연상 작용의 진행을 잠시라도 멈출 수 있을 것이기 때문이다. 물론, 이를 위해서는 무엇보다 이러한 자신의 상태를 알아차리는 것이 선행되어야 한다고 한다. 그것에 갇히거나 먹혀 버리기 전에 말이다.

그렇게 자신의 상태를 문득 알아차리고 관찰자의 시점을 유지하다 보면, 어느덧 스스로 지어낸 온갖 망상에서도 벗어나게 되어 자신의 감정을 어느 정도는 긍정적으로 통제할 수 있게 된다고 한다. 물론, 이러한 관(觀)의 상태를 계속하여 유지하다 보면, 문득 자신의 진면목을 엿볼 수 있게 될지도 모르는 일이고 말이다.

중요한 것은 이러한 과정에서 나타나는 또 다른 연상 작용이나 가상적인 현상의 유혹에 홀리거나 붙들리지 않은 채 객관적 관찰자의 시점을 꾸준히 유지해 내는 것이라고 한다.

사실은 본래면목이라는 것이 따로 있는 것이 아니라, 그 관찰자가 바로 자신이라고 한다. 물론, 궁극적으로는 이러한 관찰자와 표면 의식 또한 둘이 아니며, 그 관찰자라는 것 역시 실체가 따로 있는 것이 아니라, 오직 지금 여기에서의 이것뿐이라고는 하지만 말이다.

이렇게 표면 의식의 연상 작용을 쉽게 하는 방법은 이외에도 여러 가지 수단들이 있다고 한다. 들어가고 나오는 호흡이나 어떤 의제에 정신을 집중함으로써 이러한 연상 작용을 그치게 하기도 하고, 일념으로 어떤 대상을 염(念)하거나 관(觀)하여 이러한 경지에 이르기도 하며, 때로는 이러한 표면 의식 한 자락 자체를 타고 들어가서 단박에 이러한 자리로 들어갈 수도 있다고 한다. 아마도 중요한 것은 어떤 방법을 통해서든 부정적인 오류에 더 이상 자신을 물들지 않게 하는 것일 터이며, 나아가 이로부터 본래의 크고 밝고 충만한 자신의 참 성품을 바로 보아 내는 일일 것이다.

세상의 부(富)나 명예와 같은 외부적인 성과들을 이루어 내는 일도 물론 중요하고 가치 있는 일이겠지만, 때로는 이렇게 자신의 내면을 진지하게 들여다봄으로써 걸림 없는 대자유인으로서의 큰 지향점을 설정해 보는 것 또한, 그렇게 어렵사리 1차 각성을 이루어 낸 존재들이라면 한 번쯤 도전해 볼 만한 중요한 가치임에는 틀림이 없어 보인다. 비록, 실제로 그 2차 각성이라는 자리에까지 이르지는 못하게 되더라도, 이러한 길의 여정에서 평범한 일상이나 추구하던 무엇이라도 조금은 다른 의미가 되어서 다가오게 될 것이라고 하니 말이다.

옛말에도 이르기를, "짐승의 뜻은 먹이에 있음이요, 사람의 뜻은 공명(功名)에 있음이라. 짐승이 짐승의 탈을 벗지 못하는 것은 먹이에 얽매여 있기 때문이요, 사람이 한심한 제 꼴을 면치 못하는 것은 공명에 붙들려 있기 때문이다. 그러나 짐승이 먹이를 버린다고 사람이 되는 것은 아니요, 사람이 공명을 버린다고 신선이 되는 것도 아니다. 문제의 근본은 의식(意識)이니, 눈앞의 것에 연연하지 말고 본래의 진정한 하나를 보라. 그렇게 의식의 눈을 뜨면 먹이가 우습게 보이고, 공명이 덧없다는 것을 알게 된다. 그다음에 갈 길이 보이나니, 이후에는 그 하나마저 놓아 버린다. 이런 후에야 무위(無爲)와 허정(虛靜) 속을 노닐게 된다. 그때에 비로소 짐승은 짐승의 탈을 벗을 것이요, 사람은 다만 스스로 그러함이 되어 온 세상과 하나로 되리라" 하였다.

예로부터 지금까지 수많은 현자들이 이러한 본래면목에 이르는 길들을 애써 설하였지만, 그 도착점에 대해서는 누구라도 "여기가 바로 그 자리이다"라는 한마디로 정의를 내리는 모습은 찾아보기 어렵다고 한다. 그저 연꽃 한 송이를 들어 대중에 보임에, 홀로 알아듣는 이가 있어 그윽한 미소로써 이에 화답할 뿐이라는 것이다.

그런데 아득히 먼 고대에 어떤 신비한 경전 하나가 문득 나타나서 세상에 이르기를, 만물 가운데에 우주의 섭리와 만물의 이치와 태초의 의지가 하나라고 선언하는 놀라운 일이 일어나게 된다.

다만, 이에 대하여 부디 귀 밝고 눈 밝은 이들이 있어서 또 하나의 그윽한 미소로써 능히 화답할 수 있기를 그저 두 손 모아 기원할 뿐이다.

5
돌아보다

그 산에서 문득 소소한 일상들을 돌아보다

천부경(天符經)과 일상

천부경은 우주와 만물의 실상에 대하여 설명한다. 다만, 이러한 설명의 과정에는 어떠한 포장이나 비유의 표현도 없이 그저 본질적인 것들에 대한 있는 그대로의 원래 그러함만을 담담히 들려준다.

그렇다면, 이 거창하기 그지없는 우주론은 현실의 평범한 일상 앞에서 어떤 의미를 갖는 것일까. 이러한 것들에 대한 일체의 언급이나 힌트조차 없는 무심함으로부터 말이다. 결국, 이로부터 어떤 의미를 발견하여 무엇을 실현해 낼 것인가는 오로지 보고 듣는 이들의 몫인 셈이다. 그것이 어떤 무엇이 되었건 말이다.

그러나 안타깝게도 세상은 아는 만큼 보이는 법이라고 한다.

그러므로 그 높고도 깊은 진의를 헤아려 보는 일은 눈 밝은 이들에게 미루어 두더라도, 우선은 주변의 평범하고 사소한 일상의 모습이라도 돌아보기로 한다. 마치 산에 올라서 주변을 둘러보다 보면, 이런저런 일상의 소소한 잡념들이 문득 떠오르기라도 하듯이 말이다.

어쩌면, 이러한 시도는 천부경이라는 주제에서 벗어나는 작업일 수도 있을 것이다. 일정한 틀에 가두지 않는 특유의 가르침에 그리 어울려 보이지도 않고 말이다.

그럼에도 불구하고, 이처럼 일상의 이런저런 모습들을 비춰 보는 작업은 이 묘한 우주론이 과연 천지인과 원래의 하나를 관통하여 현실의 일상에서도 널리 구족할 수 있는가를 헤아려 보는 나름의 시도가 될 수는 있어 보인다. 일종의 실사구시(實事求是)에 대한 소소한 의문이자 호기심인 셈이며, 이에 대한 두서없는 단상들이기도 한 셈이다.

세상에 높기만 한 산은 없다고 한다. 산이 높으면 높을수록, 그 둘레와 품도 더욱 넓고 넉넉하기 마련이라는 것이다.

모든 것은 태초의 의지로부터 비롯된 만 가지 변화의 흐름, 즉 현상으로서의 존재함이지만 이러한 변함은 쓰임의 작용이 있는 변함이며, 그 현상 가운데에 현상의 근원과 원리와 이치가 하나라고 한다. 어쩌면, 그렇게 현실의 고단한 일상과 청정한 진리가 따로 있음이 아닐 수도 있는 셈이니, 이러한 시도 또한 마냥 의미 없는 일만은 아닐 수도 있는 셈이다. 그렇게 진리와 지금 여기에서의 이것과 진리로 가는 길은 둘이 아니라고 한다.

청산과 저잣거리는 어느 것이 옳은가. 햇살이 닿는 곳마다 꽃이 핀다고 하였다.

일반적으로 진실, 혹은 진리는 상대적인 비교를 필요치 않는다고 한다. 이른바 절대성의 모습이라는 것이다.

그러나 우리가 사는 세상은 이러한 절대의 근원이 무수한 상대적 현상으로 분화된 세상이며, 이러한 현상 간에 일어나는 관계와 연계의 흐름으로 존재하는 세상이라고 한다. 즉 우리가 사는 세상은 상대적인 분별과 부분의 하나라는 모습이 부각될 수밖에 없는 세상이기도 한 셈이다.

그러므로 진리, 혹은 진실은 현실에서 여러 가지의 모습으로 나타나거나 해석된다고 한다. 마치 하늘의 달이 천만 개의 연못에 비친 모습과도 같다는 것이다. 입을 열어 말하는 순간 이미 분별이 되고 부분이 되어 버리고 마는 셈이다. 그 현상의 본질과 현상을 일으키는 원리와 현상을 이루는 이치와 현상 자체를 하나로 말하지 않는 한 말이다.

그렇다면, 그 관계와 연계의 작용으로부터 끊임없이 변화하는 흐름 가운데 일어나는 상대적이고 일시적인 현상, 즉 소소한 일상의 모습들을 헤아려 보는 것으로써 절대의 무엇을 짐작해 볼 수 있을까.

보통은 어떤 진실이 얼마나 많은 상대적 현상들을 포용할 수 있는가로써 그 격을 가늠해 볼 수 있다고는 하지만, 여기에는 일종의 모순이 숨어 있다고 한다. 진실은 어떤 목적이나 수단이 아닐뿐더러, 애초에 이러한 비교나 분별을 떠나 있는 것으로서 진실은 다만 진실 그 자체일 뿐이기 때문이다. 무언가를 분별하여 헤아려 보려는 시도 자체가 이미 진실과는 멀어지는 행위라는 것이다.

그러므로 이처럼 일상의 소소한 모습들을 비추어 보거나 비교해 봄으로써 그 현상의 본질이나 작용의 쓰임에 대한 진의를 짐작해 보려는 시도는 그 자체가 또 다른 오류의 시작일 수도 있는 셈이다. 가히 우물 안에서 하늘을 바라봄이고, 눈을 가리고 코끼리를 만지는 격인 셈이다. 하물며 여기에서 더 나아가 일상의 이런저런 소소한 일들에 대하여 어떤 유용한 수단으로 활용해 보고자 함에 있어서야 말해 무얼 하겠는가.

다만, 그 비친 모습에 나름의 합당한 면이 있는가를 헤아려서 살펴볼 뿐, 너무 심각해지지는 말자는 말이다.

부분과 전체

　각각의 하나는 서로 달라서 구별되는 각자이지만 전체의 하나라는 흐름의 부분으로 존재하는 것이며, 이러한 흐름의 원인인 동시에 과정이자 결과이며, 쓰임의 대상이자 주체인 동시에 본질이기도 하다고 한다.

1) 일상-1

　우리의 특정 기관에서 일어나는 표면 의식들은 때로 오해와 착각의 원천이 되어 우리의 삶에 부정적인 영향을 끼치기도 하고, 때론 일상의 보다 나은 삶을 영위하기 위한 필수적인 요소가 되기도 하며, 이를 잘 이해하고 활용할 수만 있다면 수준 높은 삶의 질을 실현하는 수단이 되거나 자신의 본래면목을 찾아가는 길이 될 수도 있다고 한다.

　그런데 이렇게 자신의 표면 의식을 긍정적으로 활용하려는 시도 중에는 자신의 표면 의식을 세뇌시키는 것만으로도 일상에서 추구하는 목적을 이룰 수 있다고 하여, 이러한 논리를 갖는 자기 계발서들이 세간의 화제가 되기도 한다.

　하지만 대개의 경우 이를 진지하게 탐독해 보기도 하고, 나름대로 열심히 따라 해 보기도 하지만, 실제로는 열에 하나를 이루기도 어렵거니와, 그 하나마저도 생각처럼 잘 안되어서 스스로를 자책하거나 실망하게 되는 경험을 한 번쯤은 하게 된다고 한다.

　왜 그럴까.

　바로 표면 의식에서 일어나는 연상 작용의 특성 때문이라고 한다. 즉 표면 의식으로 하여금 먼저 믿게 만들어서(속여서) 일어나는 연상 작용들은 평상시라면 그냥 스쳐 지나갈 어떤 일에 대하여 자신에게 설정된 방향으로 특별한 의미를 부여하게 된다는 것이다.

물론, 이러한 연상 작용들은 혹시 모르고 지나칠 기회를 잡게 하거나, 다가오는 일들의 의미를 새롭게 이해하는 계기가 될 수도 있다고 한다. 하지만 대개의 경우 스스로 만들어 낸 가상적인 지향점에 따른 연상 작용의 연장이거나, 단지 주어진 하나의 사실에 대하여 주관적인 입장에서 의미를 다르게 부여하는 경우가 대부분이라고 한다. 생각해 보면, 이러한 방식으로 각자의 사적인 욕망들이 모두 성사된다면 이 또한 정상적인 일은 아닐 것이다.

물론 무언가를 이루고자 하는 마음이 간절하고 절실하여 자신도 모르게 일심을 이루게 되고, 이로부터 의식의 네트워크에 접속하게 됨으로써 어느 정도 목적한 바를 이루게 되는 경우가 전혀 없는 것은 아닐 것이다.

그러나 이러한 경우가 일상에서 보편적으로 일어나는 현상은 아닐 것이며, 그 간절함이 의식의 네트워크에 어떤 원인이나 조건으로 작용할 만큼의 절실함을 필요로 하는 일일 것이니, 이는 옛사람들의 말처럼 능히 하늘을 감동시킬 만한 정성이 필요한 일일 것이다.

즉 실천이라는 행위가 동반되지 않은 표면 의식의 연상 작용만으로는 세상의 흐름에 변화를 일으키기에 모자람이 있게 되는 셈이니, 아마도 실천이라는 행위야말로 무형의 의지를 유형의 세상에 구현하는 유일한 수단이기 때문일 것이다. 나아가 이러한 행위로써 세상을 감싸 순환하는 흐름에 영향을 주고받는 것이야말로 세상의 운행 이치에 따르는 순리이기도 할 것이고 말이다.

또 다른 이유는 역설적으로 이러한 논리가 전혀 틀린 말은 아니기 때문이라고 한다.
어떤 의지나 마음이 서로 공명하는 것들을 끌어당기게 되는 것은 자연스러운 현상일 것이다. 초록은 동색이고 유유상종은 상식일 터이니 말이다.

실제로 세상의 모든 것에는 파동이 있으며, 이러한 파동은 일종의 에너지를 방출하여 일정 대상에게 영향을 미치기 마련이라고 한다. 즉, 비슷한 파동끼리는 서로 공명하기도 하고, 그 파동의 위상에 따라서 서로 상쇄되거나 보강되기도 하는 등, 이런저런 간섭 현상이나 맥놀이와 같은 현상들도 일어나기 마련이라는 것이다.

사람과 사람의 의지와 말에는 모두 이러한 파동이 있으며, 나아가 개체의 하나를 이루어 낸 의식의 단위 네트워크는 전체의 하나를 이루는 네트워크와 실시간으로 연동되어 있다고 한다. 즉, 이러한 개체들의 의지가 일으키는 주파수가 단위 세상의 네트워크에 작용하여 어느 정도의 변화를 일으키는 것 또한 이론적으로는 충분히 가능한 일일 수도 있는 셈이다.

다만, 보통의 경우 바다의 파도는 파동에 의한 출렁임일 뿐 그것이 바닷물의 이동을 뜻하는 것은 아니라고 한다. 그 밀물과 썰물의 오고 감은 보다 근원적인 것들 간에 일어나는 관계와 연계의 작용에 따른 현상이라는 것이다.

일반적으로 현실에서 무형은 유형을 극복할 수 없다고 한다. 그러나 무형은 유형의 원인이 되고, 나아갈 방향을 바로잡아 주기도 한다.

다만, 이를 넘어서 어떤 네트워크의 흐름에 개입하거나, 이로부터 어느 정도의 가시적인 결과를 실제로 이루어 내기 위해서는 중요한 한 가지 전제 조건이 필요함을 놓치고 있을 뿐인 셈이다.

그 전제 조건이란 바로 이러한 의지가 표면 의식에 의한 감정이나 생각, 혹은 어떤 기대나 갈망이 아니라, 자신의 진정한 의식의 진체(眞體)로부터 발현되는 의지라야 비로소 그 의식의 네트워크에 최소한의 원인이나 조건으로 작용하게 될 것이라는 말이다.

즉, 특정 기관의 연상 작용에 의한 일부 표면 의식이 아니라, 최소한 자신을 이루고 있는 단위 의식의 진체가 내어 보이는 본원적인 의지를 필요로 하는 셈이다. 아마도 태초의 의지(一元)로부터 비롯된 세상의 원리(天)나 만물의 이치(地)라는 질서의 흐름에 닿기 위한 필요조건은 바로 나(人)의 흐트러짐 없는 한마음(一心)일 터이기 때문일 것이다.

여기에서 한 걸음 더 나아가 자신의 본래 그러함마저 회복하게 된다면, 그때에 이르러서야 만사를 이룸에 걸림이 없게 될 것이라고 한다. 진정한 의미의 만사여의(萬事如意)를 이루게 되는 셈이다. 물론, 이러한 자리에 이르게 된다면 온갖 분별 또한 자연히 사라지게 되는 것일 터이니, 굳이 이렇게 무언가를 애써 이루고 말고 하는 인위 또한 의미 없는 일이 되어 버리기는 하겠지만 말이다. 이른바 무심(無心)으로써 서원(誓願)을 이루어 내는 경지인 셈이니, 과연 쉽지만은 않은 일이다.

그러나 이러한 의지라야만 세상의 원리와 이치라는 질서에 어긋나지 않는, 즉 '본래 그러함'으로써 '원래 그러함'을 이루어 내는 것이 가능하게 된다고 한다. 혹은 그렇게 현상의 올바른 작용, 즉 진정한 쓰임을 구현하게 되는 것이거나 말이다.

또한, 이러한 자리에서는 당연히 착각이나 오해로부터 비롯된 가상의 무엇들에 대한 탐욕이나 집착 또한 그쳐진 상태일 것이니, 이 또한 세상 이치의 묘함이기도 하다.

옛말에도 '버리는 자 얻을 것이요, 얻으려는 자 잃을 것이라. 탐욕과 집착에서 벗어나 오히려 이루게 되니, 어찌 세상의 재미있는 이치가 아니겠는가' 하였다.

버려야만 얻는 것이 세상의 묘한 이치라고 한다. 기왕에 버릴 바에는 버려야 한다는 생각이나, 혹은 이미 버렸다는 생각마저 버려야 한다고 한다. 바라는 자는 이루어지지 않고, 이룬 자는 바라지 않는다는 것이다.

상대적인 법칙이 지배하는 세상을 살아가면서 어느 정도의 상대적인 비교나 이에 따르는 일정한 욕망이 일어나게 되는 것은 어쩌면 자연스러운 현상일 수도 있을 것이다. 태초의 근원으로부터 무수한 상대적 현상으로 분화된 존재들에게 완전함을 향한 갈망이 있게 되는 것이 당연한 일이듯이 말이다.

바람직한 향상심에 따르는 건강한 욕구들은 자신과 세상을 생동하게 하고, 앞으로 나아가게 하는 원동력이 된다고 한다. 다만 세상사가 대개 그러하듯이 지나침이나 절제하지 못함, 혹은 과도한 얽매임이나 집착이 늘 문제인 것이다.

지나친 욕망은 탐욕을 낳고, 탐욕은 집착이 되며, 집착은 절제하지 못함을 낳고, 절제하지 못함은 끝내 죄업이 되어 나의 후회와 남의 원망을 불러오기 마련이라고 한다.

그러므로 스스로를 돌아보아서 이러한 방편들을 활용하고자 함에 있어서 그 목적이나 의도가 어떤 탐욕이나 집착으로 인한 것이라면, 아직은 이를 이루어 낼 준비가 부족하다는 증거로 여기고 분발심을 내어 마음을 다스리는 계기로 삼으면 될 일이지, 이러한 것에 너무 연연하여 실망하거나 자신을 자책할 필요까지는 없는 일일 것이다.

다만 자신의 감정을 긍정적으로 통제하거나 지혜롭게 활용하고자 한다면 그렇게 표면 의식의 연상 작용을 역이용하는 것으로써 방편으로 삼으면 충분한 일일 것이다. 나아가 이로부터 외부의 실제적인 결과물까지도 기대한다면, 이러한 방편에 선후를 헤아리는 지혜와 더불어 실천의 행위를 더하면 되는 일일 것이고 말이다. 아마도 이것이 표면 의식에 휘둘리지 않고 주인이 되어서 활용하는 지혜의 방편 가운데 하나일 것이다.

예로부터 상선약수(上善若水)라 하여 수유칠덕(水有七德)을 말하기도 하지만, 물은 그저 비유로서의 물일 뿐, 그 물이 곧 선이라는 말은 아닐 것이며, 실제로 물이 일곱 가지의 덕을 갖추고 있다는 말도 아닐 것이다.

각자의 성공 사례는 오직 그 사례에 해당하는 인과의 흐름에 의한 결과일 터이니, 지금 내가 그것을 그대로 따라 한다고 해서 반드시 같은 성과로 나타나지는 않을 것이다. 다만, 이러한 성공적인 사례들을 비유로 삼아서 이로부터 무엇이라도 공감하여 배우는 바가 있다면, 그것만으로도 이미 충분한 성과라고 할 수 있는 일일 것이다.

원래 변칙이나 기책(奇策)은 급한 대로 하나의 방편이 될 수는 있을지라도 원론이나 정론을 넘어설 수 없는 법이라고 한다.

크게 보면, 이 또한 자신의 의지와 행위를 원인으로 하여 온갖 조건의 흐름을 타고 외적인 변화를 거쳐서 다시 자신에게로 돌아오는 흐름의 다름 아닐 것이니, 결국 자신의 진실한 의지와 실천의 노력이야말로 이러한 흐름의 가장 중요하고 핵심적인 요소일 수밖에 없는 셈이다.

다만 상상하는 것들이 모두 실현되지는 않겠지만, 상상하지 못하는 것은 결코 실현되지 않는다고 한다. 한계를 만드는 것도 그 틀을 부수는 것도 오직 자신인 법이니, 불가능하다고 생각하는 순간 그것은 정말로 불가능한 일이 되어 버리고 만다는 것이다.

대개의 경우 실제로 안 되는 것이 아니라, 안 된다고 믿고 있는 것일 뿐이라고 한다. 혹은 거꾸로 지나치게 과도한 집착이나 갈망이 문제이거나 말이다.

믿음은 바라는 것들의 실상이라고 한다. 알 수 없는 것의 증거라고도 하고 말이다. 자신이 바라는 것이 구현되기 위해서는 이러한 믿음으로부터 비롯된 굳건한 의지가 바탕이 되어야 하는 것은 당연한 일일 것이다. 물론, 이러한 의지는 실천이라는 행위를 통하여 세상과 영향을 주고받는 것이 비로소 가능해지는 것일 터이고 말이다. 그렇게 진실한 마음에서 비롯된 의지와 실천의 행위가 세상의 흐름에 닿으면 이루어지지 않을 일이 없을 것이라고 한다.

세상은 원래 그러한 흐름이며, 이러한 흐름은 스스로 그러함으로부터 일어나는 관계와 연계의 흐름이라고 한다. 즉 우리의 세상은 '본래 그러함'이 '스스로 그러함'으로써 '원래 그러함'을 이루어 내는 시스템인 셈이다.

생각해 보면 이미 온 우주와 하나인 본래 그러함 앞에서 이러한 분별이 무슨 의미가 있겠는가. 인위가 곧 무위이고, 분별이 곧 일체이며, 부분의 하나가 곧 전체의 하나이고, 원인이 곧 결과이며, 주체와 대상이 둘이 아니고, 본질과 현상이 하나이기도 한 묘한 흐름으로 존재하는 이들에게 있어서 말이다.

물론, 이러한 알아차림이나 깨어 있음의 상태가 일상이 되는 자리에 이르는 것이 마냥 쉽지만은 않은 일이겠지만, 잠시라도 이를 엿보아서 내면의 작은 변화라도 있게 되거나, 이로부터 표면 의식의 일부 부정적인 작용에 휘둘리지 않게 되는 것만으로도 이미 자신과 남과 세상을 크게 이롭게 하는 일이라고 한다. 아마도 그렇게 일상의 온갖 굴곡진 흐름으로부터 자신과 세상을 조금씩 알아 가고 익혀 가면서 앞으로 나아가는 것만으로도 이미 훌륭한 성과라는 말일 것이다.

2) 일상-2

　이처럼 내면의 변화와 이에 따르는 실천의 행위로써 어떤 유의미한 결과를 이루어 내는 이치는 개인적인 문제뿐만 아니라, 사회적인 현상에도 어느 정도 작용하는 것으로 보인다.

　예를 들어 구성원들의 불만이 팽배해 있는 어떤 집단이 있다고 가정해 보자. 그런데 구성원들 모두가 불만족의 원인을 다른 구성원이나 소속된 단체에서 찾으려고 한다면, 이러한 상황은 근본적으로 해결되지 않을 것이며, 문제의 해결은커녕 오히려 불만과 갈등의 골만 점점 더 깊어지게 될 것이라고 한다. 불만의 원인을 외부로부터 주어지는 것이라고 규정하였으므로, 그 해결 방법 또한 외부의 변화를 전제로 하는 수밖에 없게 될 것이기 때문이다. 각자가 모두 타인의 변화를 우선으로 요구하는 상황이니 문제가 해결되는 것이 오히려 비정상적인 상황이 되어 버리고 마는 셈이다. 그 집단 또한 나만을 위해서 존재하는 것은 아닐 터이니 나의 입맛에 맞게 바뀔 리가 만무하고 말이다.

　이러한 방식의 해법은 필연적으로 누군가의 희생이나 구성원들 간의 투쟁이라는 관계를 전제하게 된다고 한다.

　따라서 구성원 모두가 성인(聖人)들로 구성되어 있지 않은 바에야, 자연히 갈등을 동반하게 되어서 결국에는 승자와 패자가 생겨나게 되거나, 더러는 모두가 사이좋게 다 같이 침몰하고 마는 결과를 낳게 될 수도 있다고 한다.

　또한, 이러한 관계의 설정은 설령 어느 한 편이 잠시 승자가 되더라도 전체의 모습은 앞으로 나아가지 못하고, 한번은 이리로 가고 한번은 저리로 가는 흐름을 반복하게 된다고 한다.

　그러나 만약 각자가 문제의 원인을 자신에게서 찾아내어 스스로 먼저 변하게 된다면, 이러한 부정적인 상황들은 자연스럽게 해소될 것이라고 한다. 문제의 원인을 각자 자신으로부터 비롯되는 것이라고 인식하였으니, 그 해결 방법 또한 자신의 변화를 우선으로 선택할 것이기 때문이다. 그렇게 구성원 모두가 자신의 변화를 우선으로 하니, 어느덧 문제 자체가 자연스럽게 소멸해 버리는 상황이 된다는 것이다.

이러한 방식의 해법은 결코 자신의 희생을 의미하거나, 어떤 문제에 대한 소극적인 대응을 의미하는 것이 아니라고 한다.

불만족의 주체가 자신이니, 이러한 자신의 변화를 인(因)으로 하여 원하는 과(果)를 이루어 내는 적극적이고 능동적인 해결 방식이라는 것이다. 즉, 이러한 방법이야말로 세상의 이치를 거스르지 않고 그 이치에 자신의 의지를 실어서 뜻을 이루는 수준 높은 해결 방식인 셈이다.

나아가 이러한 해법은 능히 유가(儒家)의 충서(忠恕)를 이루는 길이 되어서 이른바 나도 좋고, 남도 좋고, 모두에게 좋은 해결 방식이 된다고 한다. 더 나아가 이로부터 자신이 속한 단위 사회 또한 갈등이라는 걸림돌을 뛰어넘어 그 흐름의 방향이 앞으로 향할 수 있게 되는 것일 터이고 말이다.

이러한 긍정적인 상황에서는 갈등의 요인처럼 보이는 요소들이 오히려 다양성과 활력의 근간으로 작용하여 그 단위 사회를 더욱 생동하게 하는 요소가 된다고 한다.

대개의 경우 자신이 소속되어 있는 크고 작은 여러 단위의 집단들에 대하여, 비록 정도의 차이는 있을지언정 불만이 전혀 없는 이는 드물 것이다.

만약 그렇다면 스스로 먼저 변하는 것이야말로 진정한 해법이 될 것이라고 한다. 이러한 내면의 변화에 따르는 행위는 곧바로 자신이 속한 단위 세상을 감싸 순환하는 운행의 고리에 크든 작든 일정한 영향을 미치게 될 것이기 때문이다.

호수에 던진 돌 하나가 천 겹의 물결을 일으키고, 무심코 버린 불티 하나가 온 산을 태운다고 한다. 그렇게 나로부터 비롯된 작은 변화의 흐름은 나비의 날갯짓이 되어 크고 작은 세상의 변화를 불러오기 마련이라고 한다.

우리의 우주는 작은 것에서부터 전체까지 하나로 연결되어 있는 네트워크의 흐름을 이루고 있다고 한다. 이러한 흐름의 부분이자 과정으로 우리가 존재하는 것이고 말이다.

우리가 이러한 관계와 연계의 흐름으로 존재하는 한 스스로의 의지와 행위는 반드시 어떤 형태로든 일정한 결과를 불러오기 마련이라고 한다. 그것이 자업(自業)이 되었든 공업(共業)이 되었든 말이다. 결국은 내가 변해야만 남과 세상도 따라서 변하게 되는 세상이라는 것이다. 그 문제가 어떤 문제이고, 그 규모가 어떤 규모이든 말이다.

외적(外敵)은 타인이지만, 주적(主敵)은 언제나 자신인 법이니, 문제가 생겼을 때 밖에서만 답을 찾으려고 한다면 그 문제는 결코 근본적으로 해결되지 않는다고 한다. 모든 답은 내 안에 있으며, 사실은 이미 모두가 이를 알고 있다는 것이다.

다만, 잠시 잊었거나, 잊고 싶어 하거나, 애써 외면하고 있을 뿐인 셈이다. 이것을 잊지 않으면 된다고 한다.

사실 이러한 말들은 너무나 당연하고 교과서적인 말이기는 하지만, 실제로 실천하여 일상에 적용하기에는 만만치 않은 일이기도 하다.

그러나 세상의 이치는 당연한 것들이 대부분이고, 상식의 범위를 크게 벗어나지 않으며, 원론적이지만 그렇기에 정론이기도 한 법이라고 한다. 그저 우리의 의지와 행위라는 실천의 노력이 모자라서 이러한 기본적이고 상식적이며 당연한 이치들이 제대로 작동되지 않고 있을 뿐이라는 것이다.

하지만 이러한 각자의 의지와 행위는 자신을 넘어서 자신이 속한 단위 사회들의 수준을 결정하는 법이니, 이 또한 내가 아닌 남들이 먼저 실천해 주기를 바라거나 기다리기만 한다면, 그 사회가 실제로 이러한 격을 갖추게 되기란 실로 요원한 일이 되어버리고 말 것이라고 한다.

그렇게 나와 세상은 한 몸이며, 내가 인식한 세상의 주인은 나 자신인 법이니, 지금 내 앞에 놓여 있는 온갖 현상들 역시 이러한 나의 의지와 행위로써 세상의 흐름에 변화를 더한 결과이자 과정일 뿐이라고 한다.

3) 일상-3

　매슬로우(Maslow)에 의하면 인간의 욕구에는 다섯 가지의 단계가 있다고 한다. 생존의 욕구에서 안정의 욕구로, 애정과 공감의 욕구에서 존경의 욕구를 넘어 자아실현의 욕구로 점차 나아가게 된다는 것이다.

　어떤 의미에서든 인간은 목표지향적인 동물이라고 한다. 자기도 모르게 원하는 곳을 바라보게 되고, 이를 위해서 크든 작든 일정한 노력을 기울이게 된다는 것이다. 그래서 인간의 가장 중요한 덕목은 지성과 향상심이라고 한다.

　사람은 모두 날아오르는 새와 같다고 하였다. 물론 종종 떨어질 때도 있지만, 그렇다고 하더라도 그 방향은 늘 심원한 곳으로 향한다는 것이다. 그러므로 노력하는 인간과 노력이라는 행위는 결과와 상관없이 그 자체만으로도 충분히 고귀하고 가치 있는 일이라고 한다.

　그렇게 누구나 마음속에는 창공을 노니는 한 마리 독수리가 살고 있다고 한다. 진창을 뒹구는 게으른 하마 한 마리와 같이 말이다. 그 마음에 독수리가 없는 사람도 없고, 하마가 없는 사람도 없으니, 단지 자신의 마음을 어디에 둘 것인가의 문제라는 것이다.

　상승을 포기하는 사람은 허무로 고통받는다고 한다. 상승을 열망하는 사람은 실패로 고통받는다고 한다. 아마도 당당한 페르소나(persona)로서 자신의 선택에 후회가 없으면 되고, 그렇게 머무르고 나아가는 과정에서 무엇이라도 배우고 느끼는 바가 있으면 족한 것이며, 결과에 너무 연연하거나 집착하지 않으면 되는 일일 것이다.

　매슬로우의 이러한 구분은 단계적으로 발생하게 되는 개인적인 욕구와 사회적인 욕구들에 대한 성찰로 보인다.

　변화의 흐름으로 존재하는 이들에게 있어서 개체의 생존이나 항상성의 추구와 같은 기본적인 욕구들이 생겨나는 것은 아마도 원초적인 본능에 가까운 일일 것이다. 관계와 연계의 단위 집합, 혹은 전체의 하나를 이루는 부분의 하나로 존재하는 이들에게 있어서 그 네트워크들의 집합체인 사회에서의 인정이나 신분 상승과 같은 욕구들이 나타나는 것도 어쩌면 당연한 일일 수도 있을 것이고 말이다. 마찬가지로 태초의 의지로부터 무수한 상대적 현상으로 발현된 존재들에게 절대의 근원이나 완성으로 향하는 지향적인 성향들이 나타나는 것 또한 자연스러운 현상으로 볼 수도 있는 셈이다.

그러나 오로지 이를 위한 활동만이 모든 것이 되는 순간, 그것은 비난의 대상이 되기도 한다. 목적과 수단, 결과와 과정, 이상과 현실은 본래 둘이 아니라서 어느 것 하나를 희생해도 좋은 것으로 보는 시각은 곤란하다는 것이다. 설령 그렇게 목적을 이룬 것처럼 보이더라도 그 과정이나 수단에 대한 대가는 언젠가 반드시 치르기 마련이고 말이다. 이는 또 다른 형태의 탐욕이자 집착이기 때문이며, 우리 모두는 결과물이라는 고정된 실체로서가 아닌 흐름이라는 현상으로서의 존재함이기 때문이다.

조금 더 현실적으로 들여다보면, 이러한 욕구들은 대개의 경우 각자의 본능적인 욕구에 더해서 자신들이 속한 사회가 대체로 추구하는 가치관에 어느 정도 영향을 받아서 구체적인 형태로 드러나게 된다고 한다.

당연한 말이지만, 그 사회가 정직하고 성실하며 이타적인 이들을 바보 취급하거나, 영악하고 표리부동하며 이기적인 이들을 똑똑하고 잘난 이들이라고 인정하는 사회에서는 당연히 이러한 이들이 판치는 사회가 될 수밖에 없다는 것이다. 심지어는 많은 이들로부터 지탄의 대상이 되는 이들조차도 사실은 이러한 사회의 가치관에 충실한 경우일 수도 있다고 한다.

그러나 반대로 이러한 이들을 경멸하는 가치관이나 상식을 가진 사회에서는 자연히 이러한 이들은 점차 사라지게 될 것이며, 최소한 돋보이는 위치에 서게 되는 일은 없게 될 것이라고 한다. 빵이 상해서 벌레가 꼬이는 것이지, 벌레가 꼬여서 빵이 상하는 게 아니라는 것이다.

마른하늘에 날벼락이 치는 일도 없고, 바람이 불지 않으면 물결도 일지 않는 법이며, 마른 계곡에 갑자기 물이 흘러넘치는 일도 없다고 한다. 아마도 이 또한 부분의 하나와 전체의 하나가 둘이 아니기 때문일 것이며, 나로부터 비롯된 행위가 세상을 감싸 순환하는 운행의 고리를 형성함으로써 나타나는 현상 가운데 하나일 것이다.

그렇다면, 우리가 살아가는 사회의 고유한 성향은 어떠할까.
많은 이들이 외국과 비교되는 우리만의 고유한 성향이나 정신세계를 말할 때 빠지지 않고 언급되는 것이 선비정신이라고 한다.
선비정신이란 무엇인가.
물론, 여기에는 여러 가지의 의미들이 포함되어 있겠지만 그중에서도 소위 목에 칼이 들어와도 할 말은 하는, 즉 외부의 조건에 휘어지지 않는 굳건한 의지와 기개를 예로부터 높이 사 왔다고 한다. 선비는 구차하게 살지 않으며(無求生害人), 죽음으로써 뜻을 이룬다(殺身成仁)는 것이다. 이른바 호연지기(浩然之氣)로부터 비롯되는 불요불굴(不撓不屈)의 정신인 셈이다.
이러한 구성원들의 성향은 사회 전체가 잘못된 방향으로 나아가지 않도록 하는 브레이크 역할을 하기도 하고, 외부의 위기에 대응하여 분연히 의기를 떨쳐 일어나는 근간이 되기도 하며, 자존감과 다양성을 두루 갖춘 주체적이고 적극적인 성향의 활동성 넘치는 사회를 이루는 원동력이 된다고 한다. 나아가 이러한 자존감 높은 불굴의 성향에 일정한 공감대가 형성되어 어떤 지향점이 설정되면, 그 시너지 효과로 인하여 폭발적인 에너지를 생성함으로써 때로는 세상을 놀라게 할 만한 일들을 일구어 내기도 하고 말이다.
하지만, 이러한 독특한 성향은 구성원들의 높은 자존감과 다양성이 조화를 이루지 못하고 오히려 갈등의 요인으로 변질되어 마침내 모순으로 심화되면, 어느 순간에는 모래알이 되어 버릴 수도 있는 단점 또한 동시에 갖게 된다고 한다.
즉, 이러한 사회일수록 균형과 조화를 위한 배려와 협동의 미덕이 요구되는 셈이며, 그 사회는 바로 이러한 성향의 풍습을 자생적으로 형성하여 전통을 이어 가게 된다고 한다. 어찌 보면, 이러한 풍속들은 단순히 아름다운 전통이라는 의미를 넘어서 그 사회를 유지하는 근간이 되는 셈이다.

나아가 이러한 전통은 법의 체계와 같은 인위적인 질서가 무너지는 비정상적인 상황에서도 그 사회를 버티게 하는 관습법의 근간이 되고 보편적인 상식과 가치관의 바탕이 된다고 한다. 즉, 전통이란 고유한 미덕, 혹은 관습의 관성이라는 문제를 넘어서, 그 사회를 유지하는 최소한의 버팀목이자 토대로서의 역할을 담당하고 있는 셈이다.

그런 의미에서 길잡이의 위치에 선 이들은 이러한 사회의 근간인 미풍양속을 지켜내고, 나아가 새로운 시대에 걸맞게 더욱 다듬어서 발전시켜 내며, 더 나아가 구성원들 간의 갈등을 최소화하려는 새로운 시도와 방안들을 찾아내려는 노력을 게을리해서는 안 된다고 한다. 여기에 더하여 구성원들의 합의와 공감을 이끌어 내거나 희망을 제시하여 수준 높은 지향점을 형성해 낸다면 더할 나위 없는 일일 것이고 말이다.

그러나 안타깝게도 어느 사회나 혼자서만 옳은 이들은 시대를 막론하고 늘 있기 마련이어서, 이러한 전통과 미풍양속에 섣부른 잣대를 들이대어 전혀 다른 성향의 남들과 비교하여 시대에 뒤떨어진 구태의연한 낡은 관습으로 호도하거나, 맞지도 않는 남의 옷은 무조건 아름답다고 하여 스스로를 비하하기도 한다.

부분의 몇몇 사례를 들어서 전체를 확정하고 단언하는 것은 이러한 경우를 떠나서 전형적인 소인의 시야에 해당한다고 한다. 하물며 어떤 개인이나 집단의 이기적인 목적을 위하여 있지도 않은 갈등을 새로이 만들어 내거나 부추겨서 그 조각난 파편 한 조각을 자신의 편으로 끌어들이려고 한다면, 그 갈등의 폐혜로 인한 상처는 개인이나 집단이 책임질 수 있는 범위를 넘어서 모두의 공업(共業)으로 남게 될 것이라고 한다.

사회의 고유한 특성을 장점으로 승화시키지는 못할망정 오히려 앞장서서 모래알로 흩어 버리고 있는 셈이다. 혹은 자신이 무슨 일을 하는 것인지조차 잘 모르는 것이거나 말이다.

남의 앞에 선다는 것은 그래서 더욱 조심스러운 일이라고 한다.

예로부터 가슴을 조이며 산해진미와 명주를 먹고 마신들, 어찌 크게 웃으며 가슴을 터놓고 소채와 박주를 즐기는 일만 할 것이며, 천하를 진동시키는 대명을 지닌들 어찌 그것이 하늘에 떳떳한 것보다 나을 것인가, 하였다.

위를 보아 부끄럽지 않고 아래를 보아 창피하지 않은 삶이면 족하다 하였으니, 아마도 그런 이가 바로 예로부터 성현들이 말해 왔던 군자일 것이다. 물론, 그래서 더욱 쉽지 않은 일이기는 하겠지만 말이다.

힘을 가진 사람은 그 힘을 어떻게 사용하는가에 따라서 명칭이 정해진다고 한다. 위엄이나 명예라는 것은 상대를 끌어내리거나 투쟁하여 쟁취하는 것이 아니라, 남들이 불러 주는 호칭에 가까운 것이기 때문이다.

대개의 경우 그것을 좇거나 유지하기 위해서 머리를 굴리는 순간 맹목이 되어 버리고 만다고 한다. 버려야만 얻을 수 있는 것이 세상의 묘한 이치라고 하니, 아마도 이 또한 놓을수록 다가오거나 감출수록 드러나는 것 중의 하나일 것이다. 그 지향하는 시선의 방향이 바깥이 아닌 자신의 내면으로 향하게 될 때 비로소 가능해지는 일이기도 할 것이고 말이다.

물론 위선도 선에 속할 수 있다고 한다. 그 의도와 더불어서 그것으로부터 받는 위안과 도움의 정도, 혹은 지속성에 따라서 말이다.

다만 진실한 선은 위선을 이기기 힘들기 마련이라는 아이러니와 차선이나 차악에 의지하고 기대야만 하는 현실을 탓할 뿐이다. 누구의 탓이겠는가. 이러한 세상의 부분이자 과정이며 원인이자 결과이기도 한 바로 나의 탓일 것이다.

어쩌면 절대 선이란 현실에 그대로 실현되기 어려운 가치인지도 모를 일이다. 부분으로서의 서로 다름과 상대적인 법칙이 지배하는 세상에서는 말이다.

그럼에도 불구하고 중요한 것은 그 절대 선을 지향하는 시선의 방향을 놓치지 않는 것이라고 한다. 전체의 하나로서의 존재함과 각자의 행위들이 세상의 흐름에 변화를 더하는 이치가 작용하는 세상에서는 더욱더 말이다.

낡았다고 무조건 나쁜 것은 아닐 것이다. 오래된 것에는 나름의 고유하고 그윽한 멋이 있는 법이라고 하니 말이다.

때로는 오래될수록 가치가 높아지거나, 오히려 더욱 생생해지는 것들도 있기 마련이라고 한다. 나아가 무엇과도 대체할 수 없는 세월의 향기와 깊은 의미는 그 자체만으로도 충분히 가치 있는 것일 터이다.

어떤 문화가 유구한 전통이 되었다는 말은 그 도리가 오랜 세월 동안 구성원들로부터 존중받아 마땅한 가치임을 인정받았다는 증거이기도 할 것이다. 더 나아가 이러한 전통은 구성원들의 자존감을 높여 주고 자긍심을 갖게 하며 소속감과 일체감을 부여함으로써, 사회를 하나로 묶어 주는 중요한 역할을 담당한다고 한다. 때로는 그 자체가 사회의 품격이 되기도 하고 말이다.

세상은 변화라는 흐름의 다른 이름이라고도 하니, 급변하는 시대에 적응하고 살아남기 위해서라도 어느 정도의 바람직한 변화는 반드시 필요한 일일 것이다. 세상일에는 관성이라는 것이 있어서 알면서도 쉽게 바뀌지 않는 것들도 여전히 있겠지만 말이다.

그러나 세상은 앞으로 나아가고 있는데 여전히 옛적의 시절만을 그리워하거나 다시 돌아가고자 한다면 여기에 무슨 좋은 점이 있겠는가. 앞으로 나아간 세상에서는 그 세상에 맞도록 더욱 발전된 전통과 문화를 일구어 내는 것이 옳은 일이지 애꿎은 세상을 탓하거나, 향유와 보존의 개념을 넘어서 시대를 거꾸로 되돌리고자 함 또한 사리에 맞지 않는 일일 것이다.

다만, 예로부터 변하지 않는 것으로써 만 가지의 변화에 대처하라고 하였다. 현상의 잘못된 점은 근본을 바꾸어서 해결할 일이 아니라, 오히려 근본을 돌아보고 뜻을 살펴서 그 작용의 변화로써 현상을 보완함이 사리에 맞는 대처 방법일 것이다. 이로써 본질 또한 더욱 다듬어져서 원만해져 갈 것이기 때문이다. 이를 올바로 이루어 냄이 전통을 계승한 세대의 당연한 의무이기도 할 것이고 말이다.

세상의 모든 것은 변하기 마련이라고 한다. 영원할 것만 같은 기본적인 상식이나 가치관마저도 말이다. 물론, 이러한 변함이 어떤 쓰임으로서의 변함일 수는 있겠지만, 때로는 그 변함으로 인하여 순수의 근본이 허물어지기도 한다.

무늬도 바탕만큼 중요하다고 한다. 바탕이 무늬만큼 중요하기 때문이다.

변하기만 하면 모든 것이 지금보다 좋아질 것 같지만 실제로는 전혀 그렇게 되지 않는다고 한다. 오히려 또 다른 시행착오나 더 큰 혼란을 불러오기가 십상이라는 것이다. 세상에 원만 무결하여 완전한 것은 어디에도 없으며, 모든 것에는 나름대로의 울퉁불퉁한 장단점들이 골고루 섞여 있기 때문이다. 옷이 안 맞게 되었으면 옷을 바꾸어 입을 일이지, 몸을 바꾸어서 해결할 일은 아닐 것이다. 빈대를 잡기 위해 초가삼간을 다 태울 수야 없는 일이고 말이다.

그것이 무엇이 되었든 편향적인 비교나 섣부른 잣대로 근본을 함부로 재단하여 훼손하는 일은 자칫 감당하기 어려운 후과를 불러올 수 있다고 한다. 세상의 흐름이 그리 단순하지도 않거니와, 겉으로 보이는 몇몇 요소들만으로 돌아가는 것도 아니기 때문이며, 개체와 전체가 연동되어서 이루어 내는 관계와 연계의 복잡한 흐름과 이로부터 형성되는 순환의 고리는 그렇게 눈에 보이는 몇몇 요소들만으로 쉽게 단정하거나 헤아리기 어려운 것이기 때문이다.

이성과 논리에 너무 매몰되면 비정함이 되고, 감정과 인정에 너무 휘둘리면 합리를 잃어버리기 쉽다고 한다. 이성과 논리에 치우친 세상은 낭만과 여유가 사라지게 되고, 감정과 인정에 치우친 세상은 방향을 잃게 되기 쉽다는 것이다.

마찬가지로 너무 과거의 향기에 취하면 다가오는 변화의 흐름에 대응하기 어렵고, 너무 바람에 흩날리는 꽃잎에만 홀리다 보면 뿌리가 상하는 것을 보지 못하게 된다고 한다.

나라에 충성하고 부모에 효도하며 가정을 이루어서 가꾸어 내는 일을 어떤 유, 무형의 교환가치 때문이라고 생각하기 쉬운 세상이라고 한다.

국가가 나에게 해 준 것이 무어냐고 반문하거나, 남들보다 못한 수저를 물고 태어남을 원망하기도 하지만, 지금 우리가 누리고 있는 모든 것은 이러한 것들이 당연시되던 시대를 살았던 세대의 신념과 보살핌 덕분일 것이니, 이를 두고 어찌 시대에 맞지 않는 고루한 일이라고 단정하여 말할 수 있겠는가. 나라를 잃은 서러움과 굴욕을 직접 겪어 보고, 국가가 풍전등화의 위기에 처한 안타까움을 눈앞에서 지켜보았으며, 무심한 부모의 말 한마디와 따뜻한 가족의 품이 서럽게 그리운 이들 앞에서 말이다.

이야말로 이기적인 생각일 것이며, 시대의 변함을 핑계로 자신을 변명하는 일이며, 눈앞의 작은 것에 연연하여 바탕을 부정하고 근본을 훼손하는 일일 것이다.

세상에는 교환가치나 나와의 이해관계를 굳이 따지지 않아도 좋을 마땅한 도리가 있는 법이라고 한다. 아마도 그것은 지금 누리고 있는 것들에 대한 당연한 대가이자 최소한의 의무일 것이며, 스스로의 존엄을 지키기 위한 소중한 권리이기도 할 것이다. 물론 시야를 조금만 크고 넓게 보면 이것이야말로 결국에는 자신에게 큰 이익과 행복으로 돌아오는 일이기도 하고 말이다.

우주와 만물의 실상은 각각의 단위와 전체가 하나로 되어서 이루어 내는 변화의 흐름이라고 한다. 이러한 세상의 본질 앞에서 전체를 잊은 극단적 개인주의란 그 자체가 모순일 수밖에 없는 셈이다. 너와 나는 다른 존재이지만 우리로서는 하나이기 때문이며, 개체와 전체가 따로 있는 것도 아니라서 단지 그 이름이 개체이고 전체일 뿐이기 때문이다. 이 또한 서로 구분할 수는 있으되 분리될 수는 없는 관계인 셈이다.

세상에는 우연도 없지만, 당연한 것도 없다고 한다. 이 순간 내가 살아 숨 쉬는 것부터, 지금 내가 서 있는 이 자리의 모든 것은 무언가, 혹은 누군가의 수고로움이 있었기 때문이라는 것이다. 때로는 대가를 지불했다는 짧은 생각이 이처럼 당연하지 않은 것을 당연하게 여기도록 한다.

세상에 당연한 것이 어디에 있겠는가. 당연하지 않은 것을 당연하게 여기는 마음이 오만을 부르고, 이러한 오만이 겸손과 감사를 잊게 한다.

지금 우리가 서 있는 이 자리와 이 조건들이 있기까지에 대한 이름 모를 이들의 헌신과 지난 세대들의 노고에 대하여 조금쯤은 감사해도 좋을 일이다.

기본적으로 불평이나 불만은 애정이 있기에 생겨나는 것이라고 한다. 다만, 이를 넘어서 어떤 불합리에 대한 주장이 자신의 이익이나 변명을 위한 수단이 되어서는 곤란하다고 한다.

사실 온갖 불합리함이나 오류로 보이는 현상들도 알고 보면 전통이나 규칙과 같은 제도의 문제라기보다는 그것을 운용하는 사람들이 바로 문제일 경우가 대부분이라고 한다. 아마도 초심과 중도를 잃어버리게 되었기 때문일 것이다.

그것이 무엇이 되었든 지나친 집착이나 극단적인 치우침은 모두가 한결같이 옳지 않다고 하니, 아마도 이러한 변화와 전통, 혹은 개인과 전체의 문제 또한 일방적인 주장이나 배척보다는 공감과 어울림의 미덕이 필요한 일일 것이다. 모든 질병의 본질은 네트워크의 조화와 균형의 흐트러짐으로부터 비롯되는 것이라고 하니 말이다.

세상은 언제나 과도기였고, 과도기이며, 과도기일 것이라고 한다. 어쩌면 변화의 흐름으로 존재하는 세상에서의 당연한 현상일 수도 있는 셈이다.

생각해 보면, 이러한 괴리 또한 석기시대부터 늘 겪어 왔던 일이라고 하니, 아마도 지금 우리의 모습은 그나마 지나온 세대들이 이러한 괴리를 현명하게 극복해 낸 결과이기도 할 것이다. 물론, 그렇게 지금을 살아가는 세대 또한 이를 더욱 슬기롭게 극복하게 될 것이고 말이다.

모두가 공감할 수 있는 보편적인 가치관이 통하는 사회라면 그 사회는 이미 충분히 좋은 사회일 것이다. 어쩌면 모두가 바라는 이상적인 사회란 거창한 것이 아니라, 이러한 기본적인 상식과 도리가 통하는 사회일 것이다.

이러한 보편적 가치관이나 상식의 수준은 어디로부터 비롯되는가.

변명의 여지 없이 오직 나 자신으로부터이다. 내가 살아가는 사회의 모든 것은 바로 나의 의지와 행위가 투영된 모습의 다름 아닐 것이기 때문이다.

그림자는 빛의 다른 표현이라고 한다. 그림자가 굽은 것은 자신이 굽었기 때문이지 그림자의 탓이 아니라는 것이다. 화살이 정곡을 맞추지 못하는 것 또한 나의 잘못이지 활이나 과녁의 탓이 아닐 터이고 말이다.

모두가 남의 탓이라고만 한다면 도대체 누구의 탓이란 말인가. 모든 것이 내 탓이라는 어느 참회의 기도문은 그래서 옳고도 옳은 말이다.

분명한 것은 '때문에'보다는 '덕분에'라는 단어를 자주 사용하는 삶이 더 나은 삶이며 더 좋은 사회일 것이다.

잘 살펴보면 거추장스러운 것으로만 보였던 것들이 실제로는 자신을 보호하는 울타리가 되고, 위안받는 안식처가 되며, 때로는 용기를 얻는 원동력이 되고, 더러는 그 자체가 삶의 목적이 되기도 한다. 결국 불만투성이의 세상도 알고 보면 내가 사랑하는 나의 일부라는 것을 알게 된다.

4) 일상-4

어쨌든 이렇게 각자의 다양성이 두드러지게 표출되는 사회는 기본적으로 구성원들의 자존감이 유달리 강해서 이러한 특성이 나타나는 것이라고 한다.

자만심은 자신을 해치는 법이지만, 자존심은 자신이 누구인지를 깨닫는 근간이 된다고 한다.

자만심은 외부로부터 비롯되는 남과의 비교를 근간으로 하는 감정일 것이다.

자존심은 내부로부터 비롯되는 자신에 대한 믿음을 근간으로 하는 감정일 것이다.

따라서 이러한 자존감은 스스로 허락하지 않는 한 훼손당하지 않는 법이라고 하며, 나아가 모든 것을 가졌어도 자긍심을 잃은 사람은 모든 것을 잃은 사람이고, 모든 것을 잃었어도 자긍심을 잃지 않은 사람은 아직 가장 소중한 것을 가진 사람이라고 한다. 그래서 자긍심을 지키기 위한 책임감은 명예로운 구속이자 스스로의 의지로 자유를 누릴 수 있는 최소한의 자격이라고 한다.

그런데 이렇게 구성원들의 자존감이 유달리 강한 성향의 사회는 이러한 특성을 올바른 방향으로 잘 구현할 수만 있다면, 오히려 사회적인 갈등이나 모순을 극복하여 생동감 넘치는 사회를 실현하는 긍정적인 요소로 작용할 수도 있다고 한다.

일반적으로 대부분의 사회는 어떤 획일적인 잣대를 이러한 다양성에 들이대어 하나의 줄을 세우고는 이로써 구별과 차별의 근거로 삼는다. 금전만능주의 같은 것들도 이러한 경우에 해당된다고 한다. 그 잣대로서의 기능이 지나쳐서 마침내 인간의 감정이나 양심, 혹은 최소한의 의무나 권리, 혹은 마땅한 도리조차도 이러한 유형의 가치로 환산하여 거래의 대상으로 삼고자 한다고 하니 말이다.

물론, 이러한 가치가 잘못되었다거나 소중하지 않다는 말은 아니다. 현실적으로 어느 시대를 막론하고 금전적인 가치는 늘 가치 기준의 선두 자리를 지키고 있었다고 해도 지나친 말은 아닐 것이다. 다만, 충분히 중요하고 소중한 가치이기는 하지만, 그렇다고 해서 그것이 세상의 절대적인 기준은 아니며, 단지 주변에 존재하는 수많은 가치 중의 하나일 뿐인 것이다. 그 역할의 중요도나 절실함의 정도를 떠나서 말이다.

그것이 무엇이 되었든 하나의 잣대로써 모든 것을 평가하는 사회는 당연히 극소수의 성공한 이와 대다수의 실패한 이들을 양산하는 사회 구조를 만들어 내기 마련일 것이다. 흔히들 말하는 8:2의 법칙처럼 말이다.

모든 존재는 가능성을 품고 있는 존재이지, 그 자체로 완벽한 존재들은 아니라고 한다. 나아가 상대적인 법칙이 지배하는 세상에서 겉으로 드러나는 각자의 모습은 당연히 서로 구별되고 상대적인 모습으로 나타나기 마련일 터이고 말이다.

더하여 우리가 사는 세상은 이러한 다양함 간의 합으로써 일체를 이루어 내는 세상이라고 한다. 즉 누구나 한편으로는 모자람이 있기도 하고, 다른 한편으로는 넘치는 면도 있기 마련인 세상이라는 것이다. 그 모자라고 넘치는 모습이 어떤 기준에 의한 무엇이 되었든 말이다.

그러므로 이러한 모습들에 대하여 한 가지의 단편적인 근거로 재단된 가상의 인위적인 잣대는 애초에 세상의 기준이 될 수도 없는 일인 셈이다. 서로 상대적인 모습들에 대한 획일적인 잣대의 들이댐은 그 자체가 이미 모순이자 오류이기도 한 것이다. 설사 그렇게 자신만의 정의로써 세상을 규정한들 세상이 그 틀에 갇히는 것도 아닐 것이고 말이다. 이를 떠나서 누군가 온몸으로 가고 있는 길에 대하여 왜곡된 잣대의 들이댐은 모두를 불편하게 하는 일일 것이다.

예로부터 사람의 존엄이란 재물이나 지위, 혹은 출신이나 생김새로 결정되는 것이 아니라, 오직 그의 행위로써 드러나는 것이라고 하였다.

　성실한 사람은 남들도 자기만큼 성실한 줄 알기에 뒤통수를 맞고, 부지런한 사람은 자기가 남들보다 게으르기 때문에 부지런해야 한다고 생각한다.
　총명한 사람은 우둔한 사람을 주눅 들게 하고 우둔한 사람은 총명한 사람을 게으르게 하며, 유능한 사람은 무능한 사람의 자리를 차지하고 무능한 사람은 유능한 사람을 오만하게 하며, 부자는 가난한 사람을 슬프게 하고 가난한 사람은 부자에게 허영을 가르친다고 한다.
　꼴등이 있어야 일등이 있을 수 있고, 뒤에 있는 사람이 있어야 앞자리에 서 있을 수 있는 법이니, 어쩌면 이러한 상대적인 세상에서의 절대적인 평등이란 그 절대 선과 마찬가지로 끊임없이 추구할 수는 있어도 현실에 온전히 실현되기는 힘든 가치인지도 모른다. 그 상대적 분별이 모두 사라지지 않는 한 말이다.
　다만, 이러한 분별을 위해서 굳이 잣대가 필요하다면, 대신에 충분히 다양한 수의 잣대들이 필요하게 된다고 한다. 세상에 존재하는 온갖 가치들의 다양함만큼이나 말이다.
　즉 유, 무형의 다양한 가치들에 대한 존중을 바탕으로 하는 각각의 분별은 비록 구성원들에게 줄을 세우게 되더라도, 어느 한 줄에서는 뒤편에 위치하지만 다른 줄에서는 앞쪽에 서는 각자가 되는 것이 가능해지는 것이다. 극소수의 일부가 아닌 구성원 대다수의 자존감이 충족되는 이상적인 사회의 구현인 셈이다.
　어느 한 가지를 이루기 위해서 다른 소중한 무엇을 반드시 버려야만 하는 것은 아니라고 한다. 어떤 절대적인 가치를 정해 놓고, 다른 모든 것은 이를 위해 희생해도 좋은 것으로 보는 편향적인 길들은 필연적으로 막다른 골목에 도달하기 마련이라고 한다. 때로는 그 좁은 시야와 조급함으로 인하여 원래의 목적이나 본질을 잊게 되기가 십상이고 말이다.

　각자의 다름에 대한 인정과 이로부터 비롯되는 배려와 존중은 이처럼 다양성이라는 요소를 갈등과 분열의 요인이 아닌 생동과 활력의 근간으로 작용하게 된다고 한다.

이를 떠나서라도 자신만의 가치관을 남을 향한 비난이나 공격, 혹은 과시의 수단으로 사용한다면, 이는 그가 추구하는 가치를 스스로 훼손하거나 욕되게 하는 것과 다르지 않다고 한다. 자신의 가치관이 그 정도의 수준에 불과함을 세상에 고백하는 것의 다름 아니기 때문이며, 고작 그 정도의 쓰임밖에 안 되는 가치임을 스스로 인정하는 것과 다르지 않은 일이기 때문이다.

예로부터 험담은 세 사람을 죽인다고 하였다. 말하는 자와 대상자와 듣는 자 모두를 말이다.

나의 행동이 타인의 행동을 배척하지 않는 선에서 각자는 존귀할 수 있는 법이라고 한다. 내가 소중한 만큼 남도 소중하고 내가 존귀한 만큼 타인도 존귀한 법이니, 내가 타인을 존중하지 않으면서 어떻게 타인이 나를 존중하기를 바라겠는가.

이기적인가 아닌가를 떠나서, 애초에 불가능한 일이고 모순되는 말인 셈이다. 배려와 존중은 상호적인 것이기 때문이다. 자신이 차별받고 싶지 않다면, 먼저 남을 차별하지 않으면 될 일이라고 한다.

재미있는 사실은 이기적인 사람일수록 남들은 자기에게 이타적이기를 바라고 이를 당연하게 여긴다고 한다. 물론, 그래서 이기적이라고 하는 것이기는 하지만, 이 또한 비상식적인 일이고 이치에 맞지 않는 일일 것이다. 세상의 이치는 마치 거울과도 같아서 제가 짓는 표정 그대로 반사되어 비치기 마련이기 때문이다. 찡그린 표정이건 미소를 머금은 얼굴이건 가리지 않고서 말이다.

세상에는 절대적인 선법(善法)이나 선인(善人)도 없고, 모든 것을 두루 갖춘 완전한 이도 없다고 한다. 반대의 경우도 마찬가지이고 말이다.

누군가를 평가해야 할 일이 있다면 이러한 가능성을 염두에 두어야 한다고 한다. 기왕이면 좋은 쪽으로 말이다.

모습이 다르고 사는 방법도 다른 각자가 전체의 하나로 어우러진 모습이 바로 우리가 사는 세상이라고 한다. 그러니 어느 한 편에서 잠시 넘치게 되었다고 해서 너무 우쭐댈 것도 없고, 다른 한편이 부족하고 마음에 안 든다고 해서 크게 힐난할 것도 없다는 것이다. 너와 나는 그렇게 하나의 몸을 이루고 있는 부분들이기 때문이다. 이러한 관계와 연계의 그물에서 벗어나 홀로 위대한 이는 적어도 이 우주에는 존재할 수 없다고 한다.

실제로 이러한 배려와 위안은 분노나 트라우마로 질식되어 가는 사람들의 마음을 소생시킨다고 한다. 배려와 위안이라는 행위는 상대방의 미주 신경계(ventral vagal nerve system)를 활성화시킨다는 것이다.

이 미주 신경계가 활성화되면 몸이 이완되고, 심장 박동과 호흡이 차분해지며, 평온한 감정을 갖게 된다고 한다. 얼굴에는 미소가 생겨나고, 다른 사람과 말이 보이고 들리기 시작하며, 이로부터 합리적이고 현실 적응적인 생각과 판단을 할 수 있게 된다는 것이다.

이러한 미주 신경계는 주변의 지지, 위안, 배려를 통한 연결감을 느끼게 될 때 활성화되는 신경계라고 한다. 어찌 보면, 특정 분야의 심리치료 전략들은 이러한 미주 신경계를 회생시키려는 노력으로 볼 수도 있는 셈이다.

달리 보면, 이러한 현상은 배려와 존중이라는 행위를 통하여 존재함의 근원인 관계와 연계의 네트워크가 복원되고 활성화됨으로써, 차별되고 고립된 세상에서 벗어나 일상의 원만함을 회복하는 과정으로 볼 수도 있어 보인다.

즉, 배려와 존중은 그저 더해지면 좋은 것이 아니라, 삶의 본질인 동시에 당연한 의무이자 권리인 셈이며, 함께 어울려서 살아가기 위한 최소한의 바탕이기도 한 셈이다. 특히나 높은 자존감에 의한 다양성이 유달리 두드러진 사회에서는 더욱더 말이다.

배려와 존중은 인간관계의 출발점이라고 한다. 이러한 시작이 어그러지면, 이후의 모든 관계가 틀어지기 때문이다. 심지어 남을 위하는 마음도 상대의 의사를 존중해야만 온전해질 수 있다고 한다. 존중은 내가 아닌 그의 뜻을 살피는 것이기 때문이다.

대립이 있기에 발전의 여지가 있고, 상대가 있기에 각자의 존재감이 빛날 수 있다고 한다. 다만, 이러한 과정에는 반드시 서로의 다름에 대한 배려와 존중이 함께 해야만, 비로소 각자가 빛날 수 있고 발전의 여지도 생기는 법이라고 한다.

다르다는 것이 곧 반대편을 의미하는 것은 아닐 것이다. 때로는 타인에게 중요한 것이 나에게는 사소하고 무가치한 것일 수도 있고, 나에게 무척 소중한 의미를 갖는 일이 다른 이에게는 아무런 의미 없는 일에 지나지 않을 수도 있을 것이다. 물론 실제로 사실이 그러한 것이 아니라, 각자가 서 있는 위치에 따른 관점이나 조건의 차이들이 빚어내는 착시 현상이겠지만, 이러한 인식의 차이가 크면 클수록 함께 공유할 수 있는 공감의 영역도 그만큼 줄어들게 된다고 한다.

균형과 조화 또한 공감으로부터 비롯되는 것이라고 한다. 이해와 공감으로부터 비롯된 배려와 존중이야말로 세상을 조화로운 모습으로 빚어내는 근본이라는 것이다. 그렇게 각자의 자존감이 충족된 다양성을 품은 어우러짐이야말로 진정한 조화의 모습이기도 할 것이고 말이다.

수많은 잣대에 의한 정의와 기준이 넘쳐난다고 해서 그것이 혼란과 분열을 의미하는 것은 아닐 것이다. 하나의 일방적인 가치관이나 기준에 시선이 집중된다고 해서 그것이 효율과 통합을 의미하는 것도 아니고 말이다.

오히려 이러한 다양함이 각자의 자리에서 정당한 대우와 존중을 받을 수 있을 때 세상은 갈등과 분열이라는 질병에서 벗어나 활력을 되찾게 될 것이라고 한다.

전체의 중심 또한 이러한 다양함으로부터 비롯되어야만 그 중심으로서의 의미를 갖게 된다고 한다. 상대적인 다양함이야말로 절대의 중심점을 형성할 수 있는 기본조건이기 때문이다. 이러한 각자의 중심이 자신의 자리에서 바로 서게 될 때, 비로소 세상의 중심도 바로 설 수 있게 된다고 한다.

아마도 이로써 조금은 더 차별 없는 세상에 가까워지는 것일 터이다. 하나의 절대적인 가치관에 의한 편향된 평등이 아니라, 서로의 다름에 대한 인정과 존중으로부터 비롯되는 어울림과 조화의 평등 말이다.

통합이라는 것 또한 다양한 의지들이 반영되어야만 진정한 의미의 통합이라고 한다. 서로의 다름에 대한 인정과 존중이야말로 이러한 통합의 다양성과 어우러짐의 평등을 가능하게 하는 것일 터이고 말이다. 아마도 이것이 다양성이 뚜렷하게 드러나는 사회의 장점이자 매력이기도 할 것이다.

유형의 실체라는 현상의 본질은 상대적인 무엇들 간의 관계와 연계의 흐름이라고 한다. 따라서 이러한 다양함 간의 조화와 어우러짐은 작게는 나의 본래 모습이고, 크게는 세상의 원래 모습이며, 나와 세상이라는 현상의 본질이기도 한 셈이다.

세상에는 수많은 다양함과 나름의 소중한 가치들이 존재한다고 한다. 존재하는 것들의 수만큼이나 말이다. 이러한 다양한 가치들이 각자의 길 위에서 존중받으며 올바른 쓰임을 다하고, 이러한 다양함이 하나의 흐름으로 조화를 이루며 어우러질 수 있을 때, 세상은 조금 더 풍요롭고 건강해지는 것일 터이며, 조금은 더 아름다운 모습으로 완성되어 가는 것일 터이다.

이를 실제로 실현해 내는 일도 그리 거창하거나 어렵지만은 않은 일이라고 한다. 그저 약간의 겸손과 배려심만 있으면 된다고 한다. 질투는 조금 줄이고 인정할 것은 인정하면서 말이다. 그렇게 존중을 조금 보태고 이기심을 약간 덜어 내면 그것으로 충분하다고 한다. 이러한 각자의 의지와 행위는 곧바로 우리가 살아가는 세상의 의지로 거듭나게 될 것이기 때문이다.

물론, 어렵다면 어려운 일일 수도 있을 것이다. 세상의 명분이란 혀로 말하고 귀로 듣기에는 더할 나위 없지만, 손과 발로 직접 행하기에는 번거롭고 부담스러운 것이 대부분이기 때문이다.

다만, 한 사람이 꿈을 꾸면 그건 그냥 꿈이지만 동시에 같은 꿈을 꾸면 그 꿈은 현실이라고 하였다. 한 가지 분명한 사실은 이러한 변화가 나로부터 비롯된다면 무척 쉬운 일이 될 것이고, 남으로부터의 변화를 기대하기만 한다면 한없이 어려운 일이 될 것이라고 한다.

우리 모두는 적어도 한 가지 정도는 남보다 나은 면이 있는 존재들이며, 이러한 각자와 각자 그리고 각자와 전체는 본래 둘이 아니라고 한다. 나아가 태초의 의지로부터 쓰임의 변함으로 세상에 구현된 존재들이자 본래의 밝음이 드러나서 크게 빛나는 존재들이며, 더 나아가 자신 안에 태초의 의지와 우주의 섭리와 만물의 이치를 품은 채, 그 자성의 의지와 행위로써 세상의 흐름에 지향적인 변화를 더하는 우주 운행의 주체이자 주인공들이라고 한다.

  과연, 이만하면 조금쯤은 서로의 배려와 존중을 받을 만한 존재라고 보아 줄 수도 있지 않겠는가.

관계와 연계

만물이라는 현상의 본질은 서로 상대적인 무엇들 간의 관계와 연계의 흐름이며, 이러한 네트워크의 흐름이 바로 우주라는 현상의 실체라고 한다.

5) 일상-5

등나무 줄기는 왼쪽으로 나무를 감으며 올라가고, 칡의 덩굴은 오른쪽으로 나무를 타고 오른다고 한다. 이러한 칡과 등이 만나서 서로 얽히고설키면 풀어내기가 몹시 난망하게 되는데, 그래서 갈등(葛藤)이란 말이 나왔다고 한다.

이러한 갈등은 어디로부터 비롯되는가.
비범한 이는 서원(誓願)의 힘으로 살고 평범한 이는 욕망의 힘으로 산다고 하였으니, 아마도 이러한 갈등은 각자의 가치관이나 욕망의 크기에 따르는 이해관계로부터 비롯되는 것일 터이다. 세상이라는 하나의 나무에 서로 다른 방향의 관점과 서로 다른 크기의 욕망들이 얽히고설켜 있는 상태인 셈이다.
대개의 경우 세상이 왜곡되고 시끄러워지는 이유도 사실은 이러한 생각의 경향이나 저마다의 밥그릇이 원인일 경우가 대부분이라고 한다. 자기만의 세상에 갇혀 있는 좁은 시야와 나의 몫이 작아질 것을 걱정하는 불안감들이 바로 이러한 갈등의 원인이 되는 셈이다.
건강한 욕망은 삶의 원동력이 되고 활력의 근간이 된다고 한다. 그러나 이러한 욕망에 사심과 이기심이 더해져서 탐욕과 집착으로 발전되고 이로부터 초심과 중도를 잃게 되면, 모두의 밥그릇을 깨더라도 자신의 밥그릇만은 지키려는 극단으로 치닫게 되기도 한다. 밥상을 엎으면 자신의 밥그릇도 엎어지기 마련이라는 당연한 이치를 외면하는 어리석음인 셈이다.

아마도 남을 배려하고 위하는 마음이 자신을 희생하는 것이라는 오해와 다 함께 더불어서 상생하는 것이 자신의 밥그릇을 작아지게 할 것이라는 착각 때문일 것이다. 더불어서 자신이 서 있는 자리가 혼자만의 공으로 이루어졌다고 믿는 자만이나, 당연하지 않은 것을 당연하게 여기는 오만이 바로 이러한 어리석음을 부추기는 것일 터이고 말이다.

모든 일은 준비와 계획으로 시작하여 의지와 실천의 노력으로 성취하게 되지만, 이러한 자만과 오만은 그렇게 어렵게 이룬 모든 것을 한순간에 망쳐 버릴 수도 있다고 한다.

세상의 모든 것은 필연으로 이어져 있다고 한다. 애초에 둘이 아니기도 하고 말이다.

내가 알지 못하는 수많은 사람이 알지 못하는 나를 위해 이런저런 일을 하듯이, 나 역시 누구인지 모를 사람들을 위해 지금의 이 일을 한다고 한다. 그것이 무엇이든, 혹은 의도하든 의도하지 않든 간에 말이다.

예로부터 한 방울의 물에 천지의 은혜가 스며 있음이요, 한 톨의 곡식에 만인의 노고가 담겨 있음이라 했다. 눈앞의 물 한 모금 밥 한 그릇은 한 치의 과장도 없이 온 우주와 타인들의 조력이 있었기에 지금 내 앞에 놓여 있을 수 있다는 것이다.

사람과 사람 간의 관계를 떠나서 실제로 일체의 모든 존재는 본인의 의지와 상관없이 시스템적으로 이미 서로 돕고 의지하며 살아간다고 한다. 비록 우리가 이러한 관계와 연계의 네트워크를 제대로 인지하지는 못하더라도 이처럼 명백한 사실이 없던 일이 되거나 변하는 것은 아닐 것이다.

이처럼 복잡하고 치밀하며 거대하고 필연적이기도 한 세상의 흐름 속에서 그 흐름의 부분으로 존재하는 내가 어떻게 나 혼자 세상을 살아가는 것이 가능한 일이겠으며, 지금의 이 자리나 무엇이 어찌 나 홀로 이루어 낸 것일 수 있겠는가.

우리는 어쩔 수 없이 태생적으로 이미 크든 작든 도움을 주고받으며 살아갈 수밖에 없는 존재들이라고 한다. 어찌 보면 우리의 삶 자체가 이러한 주고받음의 연속이기도 하고 말이다.

과연, 그렇게 한 몸을 이루고 있는 부분들이 있지도 않은 각자의 밥그릇에 매달려서 서로 삿대질하고 치고받는 모습들은 어떠한가.

결국 손가락끼리의 겨룸이고, 발가락 간의 다툼과 다르지 않은 셈이니, 가히 흉몽 중의 멱살잡이라 할 만한 일인 셈이다. 아마도 와각지쟁(蝸角之爭)이라는 말은 이를 두고 하는 말일 것이다. 애써 만든 코미디 프로그램이 왜 인기가 없겠는가. 일상이 개그이기 때문이다.

홀로 독립된 개체로서의 개인이란 존재할 수 없다고 한다. 그 관계와 연계의 파장은 세상의 끝까지 이르다가 어느 순간에는 다시 시작점으로 돌아오기 마련이고 말이다.

만약, 실제로 세상의 이치가 이러하다면 결국 남을 위하는 것이 자신을 위함이 되고, 남을 배려함이 자신을 배려함이 되는 것은 실로 당연한 일이 된다. 남의 그릇을 채움으로써 나의 그릇도 채워지게 되는 이치인 셈이다.

듣기 좋은 바른 생활 식의 계도를 위한 말이 아니라 현실의 실상이 실제로 그러하다고 한다. 조금만 시야를 넓고 길게 보면 얼마든지 확인 가능한 일이기도 하고 말이다.

이러한 모습은 마치 널뛰기와도 같아서 힘껏 상대방을 높이 올려 줄수록 그 힘으로 나도 더욱 높이 날 수 있게 되는 것이라고 한다. 그렇게 우리가 사는 세상은 누군가를 의지하여 살아가야만 하는 세상이고, 내가 행하는 대로 돌아오는 세상이며, 사람은 누구라도 애초에 그럴 수밖에 없는 존재들이라고 한다. 원래 그런 존재이니, 그러기에 사람(人間) 아니겠는가.

때로는 뒤가 없는 것 같은 치열함이 무엇을 이루게 하는 것 같지만, 사실은 이처럼 극단에 치우친 마음이 남의 등을 밀어 주거나 내민 손을 잡을 수 없게 함으로써, 끝내 목적지를 눈앞에 두고서 좌절하게 된다고 한다. 물론 중심인 내가 든든하지 않다면 이러한 외부적인 요소들은 모두 별무소용일 터이니, 이 또한 스스로 갈고닦아서 준비된 이들에게나 소용되는 말이기는 하겠지만 말이다.

이러한 명분을 떠나서라도 홀로 서는 헛헛한 외로움은 사람을 지치게 만든다고 한다. 높은 곳에 서 있을수록 멀리 내다볼 수 있다고는 하지만, 대신 그가 서 있는 자리는 더욱 좁아지고 추워지기 마련이라는 것이다. 외로움과 고독에 잠기게 되는 셈이다.

살아가다 보면 누구라도 정도의 차이가 있을 뿐 경쟁을 피하기는 어려운 일일 것이다. 설사 이러한 경쟁 구도가 사라진다고 해도 기대하던 항구적인 평화는 오지 않는다고 한다. 또 다른 형태로 모양만 바꾸어서 이러한 구도가 다시 조성되기 마련이라는 것이다. 한편으로는 이렇게 적당한 경쟁 구도를 유지하는 것이 오히려 균형과 안정을 이루어 내는 요소가 되거나 발전의 원동력이 되기도 하고 말이다.

그러나 상대방을 이러한 경쟁자가 아닌 적이나 악으로 규정하는 순간 개인의 삶은 증오로 물들게 되고 인류의 역사는 피로 물들게 된다고 한다.

끝내 꺾일 것인가, 아니면 꺾을 것인가, 라는 식의 극단적인 생각은 좁은 식견일 뿐이며, 이러한 극단적인 논리들은 그것이 무엇이 되었든 그 날카로운 모서리로 인하여 자신과 남과 세상에 상처를 남기기 마련이라고 한다. 세상이 운행되는 이치가 그러하지 않기 때문이며, 우리의 본질과 삶의 의미가 이러한 존재들이 아니기 때문이며, 그러한 쓰임으로 세상에 구현된 존재들이 아닐 것이기 때문이다.

전체의 하나라는 흐름 속에서 부분의 하나는 서로의 다름을 보이기도 하고, 그 다름이라는 다양성으로부터 전체의 중심점을 형성하거나 구현하기도 하며, 이러한 변화의 흐름으로써 부분과 전체가 다 함께 고양되어 가는 흐름이 바로 우리가 사는 세상이라고 한다.

이처럼 순환적인 동시에 지향적이기도 한 하나의 흐름 속에서 각자의 다름이라는 관계가 분열과 투쟁을 의미하는 것은 아닐 것이며, 경쟁이 곧 야만과 약육강식을 뜻하는 것도 아닐 것이다. 다 함께 어울려서 살아갈 수 없음을 의미하는 것은 더욱 아닐 것이고 말이다.

경쟁이 없을 수는 없겠지만, 모두의 상생을 잊은 채 오로지 무한 경쟁만을 강요하는 사회는 신뢰와 존중을 잃어버리게 되어서 파렴치한 수단이 정당화되고, 마땅한 도리와 예의와 페어플레이가 실종된 황량함을 만들어 내기 마련이라고 한다.

바탕이 피폐해진다는 것은 결국 모두의 실패를 의미하는 것이라고 한다. 엎어진 둥지엔 성한 알도 없게 될 것이기 때문이다.

예로부터 하늘에 도가 있으면, 그것이 땅에 내려와 법도가 되고 예(禮)가 된다고 하였다. 마땅한 도리와 예의가 사라진 야만의 세상을 어찌 본래의 밝음이 드러나서 크게 빛나는 존재들이 이루어 낸 세상이라 할 수 있겠으며, 태초의 의지로부터 비롯된 변함의 바른 쓰임이 구현된 세상이라 부를 수 있겠는가.

예로부터 인간이라는 종이 거친 야생과 척박한 자연환경 속에서 생존할 수 있었던 비결은 다른 종들보다 더욱 두드러진 협동과 배려라는 덕목을 갖추고 있었기 때문이라고 한다.

투쟁으로 남을 짓밟고 쟁취하는 것보다 상생으로 얻는 몫이 더욱 크고 오래가는 법이며, 훨씬 더 질적인 가치가 있는 일일 것이다.

남을 짓밟고 올라서는 것이 승리하는 길이라고 믿는 어리석음은 결국 나의 후회와 남의 원망과 모두의 고통을 남기기 마련이라고 한다. 때로는 이러한 행위들이 그 세상을 감싸 순환하는 운행의 고리에 중첩되어 모두의 공멸을 불러오기도 하고 말이다. 내가 하는 행동은 남과 세상을 거쳐서 결국에는 어떤 형태로든 다시 돌아오기 마련이며, 우리는 모두 이러한 흐름에 속한 존재들이기 때문이다.

극단적인 투쟁은 갈등과 분열의 악순환을 불러오기 마련이지만, 배려와 존중은 나와 남과 모두를 이롭게 하는 상생의 선순환을 불러온다고 한다. 보통은 이러한 배려와 존중이 극단의 투쟁과 만나서 부딪히게 되면, 대개의 경우 단기적으로는 배려와 존중이 밀려나게 되지만, 결국에는 이러한 각자의 기본적인 상식과 가치관의 수준이 그 사회의 수준과 격을 넘어서 수명까지도 결정하게 될 것이라고 한다.

예로부터 남을 함부로 대하는 것은 자신을 때리는 것과 같다고 하였다. 모든 것은 돌고 돌아서 결국 나에게로 돌아오기 마련이니, 남을 비방하는 일은 곧 스스로를 비방하는 일이며, 남에게 성내는 일은 자신에게 성내는 것과도 같다는 것이다.

남을 용서하는 일도 이와 같다고 한다. 용서라는 것은 남을 위한 일일 뿐만 아니라, 자신이 받은 마음의 상처에서 스스로 벗어날 수 있는 길이기도 하기 때문이다.

진정한 용서는 외부의 힘이나 조건에 의해서가 아니라, 내적인 마음의 여유와 정신적인 자유가 있을 때 가능해지는 것이라고 한다. 그것에 갇혀 있는 마음에서 벗어나야만 가능한 일이라는 것이다. 비록 말처럼 쉬운 일은 아니겠지만, 어렵고 힘들더라도 이것이야말로 상처받은 자신의 마음을 치유할 수 있는 유일한 길이라고 한다.

쉽고 즐거운 일은 누구나 할 수 있을 것이다. 마땅한 일이지만 어렵거나 하기 싫은 일을 능히 해낼 수 있을 때 스스로는 남다른 보람과 긍지를 갖게 되고, 다른 이들은 그를 위대한 이라고 부른다.

세상과 만물은 고정된 불변의 실체로 존재하는 것이 아니며, 다만 관계와 연계라는 변화의 흐름, 즉 현상으로서의 존재함이라고 한다.

예로부터 우리라는 단어나 인연과 정을 유달리 중시하던 우리네 풍토는 아마도 이러한 세상의 흐름 속에서 함께 어울리며 더불어 살아가기를 지향하는 마음에서 비롯된 삶의 지혜였을 것이다. 미운 정도 정이라지 않은가.

기러기가 멀리 나는 것은 함께 가기 때문이라고 한다. 멀리 가려면 함께 갈 일이라고 한다.

6) 일상-6

그러나 누군가에게는 이 세상이 배려보다는 이기심이, 존중보다는 무시가, 선의보다는 악의가 더 많은 것처럼 보이기도 한다. 그럼에도 불구하고 우리의 세상이 아직 심각하게 일그러지지 않고 있는 것은 아마도 이러한 배려와 존중과 선의가 여전히 이 땅에 살아 있기 때문일 것이다.

분명한 사실은 세간의 시류가 어떠하든 자신이 서 있는 자리에서 묵묵히 맡은 역할을 수행하면서 마땅한 도리와 예의를 다하는 이름 모를 보통 사람들로 인하여 그나마 살 만한 세상이 유지되는 것일 터이다.

이 말은 결코 어떤 비유나 위로의 말이 아니라고 한다. 이러한 보통 사람들의 의지와 행위는 그 행위 그대로 세상을 감싸 순환하는 운행의 고리를 형성하게 될 것이기 때문이다.

몇몇의 돋보이는 이들이 아니라, 이러한 다수의 보통 사람들이야말로 한 치의 과장이나 보탬이 없는 진실 그대로 진정한 세상의 근본이자 주체인 동시에, 이러한 흐름의 원인이자 과정이며 결과이기도 한 것이다.

시(詩), 서(書), 화(畵), 음률(音律)과 같은 예술들은 그것을 감상하는 이들이 있기에 완성될 수 있는 것이라고 한다. 건축물이 그 안에서 사람들이 살아감으로써 완성되는 것처럼 말이다. 어찌 보면, 지어낸 사람과 받아들이고 느끼는 사람의 마음이 투영됨으로써 예술이 완성되는 셈이다.

천하의 절경이라도 보고 경탄하는 이가 없으면 그저 바위와 물에 불과함이요, 불후의 명작이라도 그것을 감상하는 이가 없다면 단지 종이 위의 물감이나 어지러운 음파에 불과하다고 한다. 나아가 영웅은 위대한 찰나를 만들어 내지만 그걸 지속하여 완성해 내는 것은 언제나 다수의 일반인인 법이고 말이다. 말 그대로 언성 히어로(unsung hero)들인 셈이다.

예로부터 성현의 학문을 이었어도 성현이라 함은 곧 세상 사람들이 불러 주는 이름이니, 불러 주는 이가 없으면 성현도 성현이 아닌 법이라고 하였다. 또 다른 의미로 그렇게 다수의 평범한 보통 사람들이야말로 진정한 세상의 주인공들인 셈이다.

더하여 나의 인식을 벗어나는 순간 나의 세상은 실체가 사라지고 만다고 한다. 의식의 눈을 감고 뜨는 순간순간에 나만의 세상은 존재하거나 존재하지 않게 된다는 것이다.

이러한 나의 한마음에 따라서 이 세상은 본래의 밝음이 드러나서 크게 빛나는 세상이 되기도 하고, 아귀다툼이 난무하는 현세의 지옥이 되기도 한다. 자신이 어떤 세상을 살아갈 것인가는 단지 이렇게 자신이 낸 마음의 선택에 달린 문제라는 것이다. 어쩌면, 이러한 각자의 세상들이 모이고 합해져서 우리라는 세상이 완성되는 것인지도 모를 일이고 말이다. 말 그대로 평범한 내가 바로 세상의 주체인 셈이다.

명월에도 반디가 빛을 발하는 까닭은 명월이 닿지 않는 곳에서 반디가 노닐기 때문이라고 하였다.

세상이 알아주지 않는다고 하여 어떤 의지와 행위가 의미 없는 일이 되어 버리는 것은 아닐 것이다. 지금 당장 어떤 결과로 나타나지 않는다고 해서 그동안의 노력이 어디로 사라지는 게 아니듯이 말이다. 세상이 그렇게 헐겁지도 않거니와, 인과의 그물 또한 그리 헐렁하지만은 않기 때문이다.

아무도 알아주지 않는다고 해도 하늘과 땅과 자신은 이미 알고 있음이니, 그의 의지와 행위는 벌써 세상을 감싸 순환하는 운행의 고리에 작용하여 굴러가는 중이라고 한다. 그러니 비록 지금 드러나지 않더라도 언젠가는 모두가 알게 되고, 설사 알게 되지 못하더라도 결국은 세상을 거쳐서 다시 돌아오기 마련이라는 것이다. 사실은 이러한 행위의 순간순간이 모든 것의 본질이기도 하고 말이다.

그런 의미에서 침묵이 정답은 아닐 것이다. 하지만 스스로의 중심이 바로 서지 못하면, 더러는 이러한 행위가 침묵만 못하게 될 수도 있다고 한다. 주관보다 맹목이 더 무서울 때가 있고, 진짜보다 유사한 것이 더 무서울 수도 있기 때문이다. 때로는 아무런 생각 없이 주변 상황에 휩쓸리거나, 이러한 휘둘림의 과정에서 얻어지는 작은 위안이나 이익에 취하여 본의 아닌 잘못을 서슴없이 저지르기도 하니, 대체 그 후과를 누가 책임진단 말인가.

바로 군중심리나 모방심리, 혹은 집합 행동의 위험성이라고 한다.

개인의 인격과 집단의 인격은 다르다고 한다. 개인적으로는 청렴하고 도덕적인 사람들도 어떤 집단의 일원이 되고 나서는 비상식적인 행위를 쉽게 저지르기도 한다는 것이다.

또한, 개인은 단체의 이익을 어쩌다 배신할 수 있지만, 결성된 하나의 단체나 계급은 그 단체나 계급의 이익을 절대로 배반하지 않는다고 한다.

어찌 보면 시스템이나 집단에 길들여진 개체의 비애이기도 하다. 어떤 집단에 길들여져서 그 일부가 되고 나면, 이 집단에 부여된 권위나 흐름이 구성원들 개인의 의식을 좌우하게 될 수도 있다고 한다. 아마도 군중의 일부가 되어서 집단에 동화됨으로써 얻어지는 안일함에 도취되거나 지나치게 의존하려는 방일한 마음, 혹은 자신이 소속된 집단에 대한 막연한 믿음으로 인하여 잠시 자신의 중심을 잊었기 때문일 것이다.

그러나 인에 의한 과보는 냉정하고 정확하며, 일체의 구별이나 차별 또한 없기에 어떠한 변명도 통하지 않는다고 한다. 그것이 자업(自業)인지 공업(共業)인지를 가리지도 않고 말이다. 이러한 흐름에는 비록 시차는 있을지언정 결코 오차는 없다는 것이다.

세상 누구도 이러한 법칙에서 자유로울 수 없으니, 그가 이 우주에 존재하는 한 누구라도 어쩔 수 없이 그 인연과 업의 크기와 무게만큼 휘청거리기 마련이라고 한다.

사실 남이나 집단에 의지하면 편하기는 하다고 한다. 일반적인 통념에 의거하여 사고하거나 판단하는 것이 효율적이기도 하고 말이다.

그러나 여기에는 몇 가지 맹점이 존재한다고 한다. 지식이나 통념이라는 것이 반드시 절대적인 것은 아니라서 때에 따라서 변할 수도 있으며, 때로는 처한 입장에 따른 다의적인 해석일 수도 있기에 항상 완벽할 수만은 없다는 것이다. 더러는 이러한 통념이라는 것이 침묵의 나선 효과로부터 형성된 한때의 지나가는 회오리바람일 수도 있을 것이고 말이다.

사실과 진실은 다를 수 있다고 한다. 단편적인 사실이 곧 총체적인 진실을 의미하는 것은 아니라는 것이다.

대개의 경우 정말로 그러한지를 탐구하는 일은 비효율적이라고 한다. 일반화된 관성을 거스르는 것에 대한 심한 반발이 생기기도 하고, 그 탐구의 결과가 진실일 것이라는 것을 누군가 보장할 수도 없는 일이기 때문이다.

그렇게 굳이 없는 시간을 억지로 내어서 일상에 크게 이득이 되지도 않을뿐더러 확실치도 않은 일을 두고서 남들의 눈치를 보면서까지 번거롭게 탐구하느니, 대다수가 주장하는 바를 믿고 따르는 것이 편하다는 것이다.

그러나 기존의 경험과 지식, 혹은 일반화된 통념을 배우고 활용하는 일은 매우 중요하고 반드시 필요한 일이기는 하지만, 이를 극단적으로 맹신하는 것은 별로 현명하지 못한 일이라고 한다. 때로는 무조건적인 맹신이 자신과 남과 모두를 힘들게 할 수도 있기 때문이다. 통념에 따름은 마땅한 일이지만, 통념이라는 것이 어떤 사의가 모여서 이루어진 것일 수도 있다는 것을 간과해서는 안 된다는 것이다. 모든 통념이 무조건 공정하거나 이성적일 수는 없기 때문이다.

이러한 고정관념을 탈피하거나 일반화된 관성을 벗어나 진실을 보게 하는 원동력은 바로 자신의 무지에 대한 자각과 이로부터 비롯되는 의문과 호기심이라고 한다.

때로는 이러한 의문과 호기심이 궁전에서 호의호식하던 왕자를 맨발의 수행으로 이끌어 인류의 큰 스승으로 거듭나게 하기도 하고, 목수의 아들을 하늘의 아들로 거듭나게 하기도 하며, 어느 특허국 심사관을 시대의 획을 긋는 위대한 과학자로 만들기도 한다.

보통은 모르고 저지르는 잘못보다 알면서 저지르는, 즉 고의적인 잘못을 더 나쁘다고 보는 것이 일반적인 사회의 통념이거나 법의 관점이라고 한다. 물론 인간이 어리석은 이유는 몰라서 안 하는 게 아니라 알고도 안 하기 때문이라고 했으니, 아마도 잘못된 일이라는 것을 알면서도 저지르는 죄가 더 큰 죄이기는 할 것이다.

그런데 종교적인 관점은 조금 다르다고 한다. 오히려 모르고 저지르는 죄가 더 무겁다고 본다는 것이다.

알면서 짓는 죄업은 그나마 참회와 갱생의 기회라도 주어지지만, 모르면서 짓는 죄업은 이러한 최소한의 기회조차 접하지 못한 채 같은 죄를 거듭하여 저지르게 된다는 것이다. 때로는 모르기 때문에 죄책감 없이 더 큰 죄를 서슴없이 저지르게 되기도 하고 말이다. 무지가 바로 죄인 셈이니, 이러한 무지로부터 비롯된 무명이야말로 온갖 오류의 근본적인 원인이라는 것이다. 아마도 늘 깨어 있으라는 경고의 말일 것이다. 최소한 나중에 억울하지는 않을 것 아닌가.

생각이 행동을 이끈다고는 하지만, 때로는 행동이 생각을 지배할 수도 있다고 한다. 살다 보면 피동적이거나 허리를 구부리게 되는 일이 불가피할 경우는 더러 있을지언정, 이를 아무렇지도 않게 일상적으로 받아들이는 태도는 바람직하지 않다는 것이다.

행위가 타성이 되어 생각을 지배하도록 내버려두어서는 곤란하다고 한다. 생각대로 살지 못한다면 살아온 대로 생각하게 될지도 모르는 일이기 때문이다.

예로부터 달리는 자는 말이 되고, 쫓는 자는 노비가 된다고 하였다. 생각 없이 달리기만 하다 보면 남의 짐을 지고 달리는 말이 되거나, 그것이 무엇이 되었건 쫓는 것에 지나치게 집착하다 보면 어느새 그것의 노예가 되어 버리고 만다는 것이다.

때로는 아무것도 하지 않아도 결과적으로는 무언가를 선택한 꼴이 되어 버리기도 한다. 처함 자체가 없지 않고서야 불가피한 일이기도 할 것이다. 아마도 이를 벗어나는 길은 온전한 자신의 중심으로부터 비롯된 구속되지 않는 삶의 의지일 것이다.

그렇게 스스로 선택할 수 있는 자성의 의지가 있으면 되고, 자신의 주인이 되어서 깨어 있으면 된다고 한다.

누군가 말하기를 탄생은 질문이고 죽음은 돌아감이니, 삶은 답을 찾아가는 순례 과정이라고 했다. 이러한 순롓길의 방향을 정하는 것은 아마도 자신이 낸 마음의 의도일 것이다.

어떤 의도를 가지고 사는가가 곧 어떻게 사는가라고 한다. 어떤 세상을 살든 결국에는 자신이 낸 마음 그대로의 삶을 살아가게 된다는 것이다. 그렇게 자신의 의지와 행위로써 자신이 누구인지를 세상에 증명하는 것이기도 하고 말이다.

사실 내가 나로 살면 아무런 문제가 없다고 한다. 내가 나로서 살지 못하니 남과의 비교로부터 수시로 일어나는 온갖 감정의 편린에 매달려서 평생을 그 하인으로 살게 되니, 그렇게 남과 비교하거나 모방하여 살고자 하는 것이 문제의 시작이라는 것이다. 그것이 매우 중요해 보이거나, 혹은 그 모방하고자 하는 이가 비록 성인일지라도 말이다.

일상의 조건을 소중히 여기는 것과 그것의 하인으로 사는 것은 다른 것이며, 소유하는 것과 소유당하는 것은 다른 것이고, 성인의 가르침을 배우고 귀감으로 삼아 존경하는 것과 이를 맹신하여 모방하며 사는 것은 다른 것이라고 한다. 스스로 진정한 자신의 주체가 되니, 이로써 오히려 일상의 원만함도 제대로 이루어 낼 수 있고, 모이고 흩어지는 의미도 바로 알게 되며, 그렇게 성인의 경지도 엿볼 수 있게 된다는 것이다.

온전한 자신의 눈으로 관찰하고 느껴야만 지혜가 될 수 있고, 그런 지혜를 가져야만 만사를 온전히 이룰 수 있거나 때에 맞게 내려놓을 수 있다고 한다. 그렇게 자신의 본래 모습으로 돌아가서 다가오는 인연을 겸허히 받아들이고, 이러한 모든 것에서 무언가를 배우고 느끼면서 스스로의 삶을 오롯이 살아갈 뿐이니, 그렇게 다만 나로서 살아가라고 한다.

예로부터 이르기를 "스스로를 믿으라. 믿으면 보이게 되고, 보이면 들리게 되고, 들리면 알게 되고, 알게 되면 깨닫게 되리라. 스스로를 믿지 않으면 보이지 않고, 보이지 않으면 들리지 않고, 들리지 않으면 알 수 없고, 알지 못하면 깨달을 수 없다. 세상의 이치는 본래 이러하여 하늘은 오직 스스로 돕는 자를 돕는 법이니, 다만 스스로의 주인이 되어서 자중자애하라" 하였다.

온 세상이 칭찬해도 더하려 애쓰지 않고, 온 세상이 그르다고 비난해도 그만두지 아니한다. 장자는 그렇게 세상의 이목에 구애받지 않고, 다만 스스로 그러함이 되어서 도리의 큰길을 따라 묵묵히 자신의 길을 걸어갈 뿐이라고 하였다.

온 우주와 본래 둘이 아니며 우주 운행의 주체이기도 한 존재가 바로 나라고 한다. 이러한 내가 한낱 오해와 착각으로부터 비롯된 허상의 하인이 되어 인생을 낭비하거나, 남의 뒤를 쫓기만 하며 한평생을 보낸다면, 이 어찌 바람직한 일이라 할 수 있겠는가.

고수는 누구인가.

남을 이기는 자이다.

천하제일 고수는 누구인가.

바로 자기 자신을 이기는 자라고 한다.

천상천하 유아독존의 영세제일 고수는 누구인가.

아마도 자기 자신의 진정한 주인으로 거듭난 이일 것이다.

자신 가운데 온 우주와 더불어 우주 근원의 의지마저 품어 낸 존재일 터이니 말이다.

물론, 우리 모두는 이처럼 자신의 주인으로 거듭나고 말고 할 것도 없이 원래 이러하고 본래 그러한 존재들이라고 한다.

7) 일상-7

한편, 조금 더 일상의 모습으로 들어가서 크고 작은 여러 단위의 구성원으로서 나름의 역할이 부여된 삶을 살다 보면, 어느 순간에는 지나치게 익숙해지거나 지치게 되는 순간이 찾아오게 된다고 한다.

이런 상황에서 자신이 원하는 방향으로의 마땅한 변화가 없게 되면 그 생각에 갇혀서 삶이 무료하다고 느껴지거나 흔히 말하는 매너리즘에 빠지게 되기도 하고, 때로는 이로부터 자신이 속한 집단이나 사회에서 강요하는 구속과 제약에 대한 반발심이 생겨나기도 한다.

일반적으로 규칙을 자의적으로 해석하고 싶은 충동은 누구에게나 있다고 한다. 하지만 규칙 앞에서 누구나 진실해야 할 의무 또한 있다고 한다.

사실 이러한 구속이나 제약 그리고 이에 대한 반감과 같은 문제들은 그리 단순한 문제가 아니라고 한다. 이는 마치 하늘을 나는 연과 연줄의 관계와도 비슷하다는 것이다.

하늘을 날던 연을 해와 달까지 닿으라고 자유로이 놓아 주면, 대개는 오히려 바닥에 떨어지고 만다고 한다. 적정한 수준의 구속과 제약은 오히려 무언가를 이루어 내기 위한 조건적인 요소로 작용하기도 한다는 것이다. 단순히 자유나 방임에 따르는 책임과 의무에 관한 문제가 아니라, 그 덕분에 하늘을 날 수 있는 것이기도 하기 때문이다.

달리 보면, 제약과 한계는 일종의 보호막이기도 하다. 쓸데없는 걱정에서 벗어나 살아갈 수 있는 보호 장치이기도 하기 때문이다.

물이 답답하여 밖으로 뛰쳐나온 물고기는 그 물 때문에 파멸에 이르기도 한다. 물로 가득 차 있는 세계가 싫다고 뛰쳐나오면, 그때는 자기 혼자서 어떻게든 스스로 물을 찾아내어 공급해야만 하기 때문이다. 아니면, 공기로 호흡하는 법을 스스로 깨우쳐 익히든가 말이다.

크고 넓게 보면, 하고 싶은 대로 할 수 없다는 것이 오히려 축복이라는 것을 알게 된다고 한다. 무엇이든 하고자 하는 대로 다 할 수 있고, 원하는 대로 다 이루어지는 세계는 곧 그 세계의 파멸을 의미하는 것이기 때문이다.

그곳에서는 희망조차 의미를 잃고 허무로 스러져 버리고 만다고 한다. 원하는 대로 모두 이루어진다면 당연히 어떠한 바람이나 희망도 생겨나지 않을 것이기 때문이다. 그것은 자유가 아니라 공허 가운데의 소멸을 의미한다고 한다. 물론, 그런 세상은 존재하지도 않을 것이다. 이미 허무의 공허로 사라져 버렸을 것이기 때문이다.

어둠이 램프를 만들어 내고, 해무(海霧)가 나침반을 발명하게 하며, 굶주림이 탐험의 용기를 내게 한다고 한다. 부족하기에 채울 수 있고, 아쉽기에 목표와 희망도 생기는 법이라는 것이다. 때로는 지독한 결핍이 지독한 열성을 낳기도 하고 말이다.

이것이 제약의 아이러니라고 한다. 위대한 예술이 나오는 환경이나 제약들도 이와 같은 관계라고 하며, 가정이나 직장, 혹은 국가에 의한 제약도 자세히 살펴보면 이와 다르지 않다는 것이다.

물론 예술이 고난에서 나온다고는 하지만 명검은 좋은 재료에서 탄생하는 법이라고 하였으니, 고행이 꼭 좋은 것만은 아닐 것이다. 다만, 모든 고난에는 어떤 이유와 의도가 숨어 있다고 한다. 그것이 업의 해소이든 반전의 기회이든, 혹은 어떤 배움의 계기이든 말이다. 한 재즈 뮤지션은 삶의 고난에 허덕이게 될 때마다 이렇게 되뇌곤 했다고 한다. "이로써 나의 음악은 조금 더 깊은 울림을 갖게 되겠구나."

때로는 절망이라는 땅에서 희망의 싹이 돋아나기도 하고, 고난이라는 포장지 속에서 행운의 선물이 나타나기도 하며, 부정적으로만 보였던 욕망이나 업이 실제로는 살아가는 힘이 되기도 한다.

다만, 이러한 흐름을 어떻게 받아들이고 어떻게 처신하여 무엇을 배우거나 실현해 낼 것인가는 오직 자신이 정하는 법이라고 한다. 그 제약이나 역경이 꿈을 이루기 위한 담금질이 되기도 하고, 때로는 그 꿈을 흔적 없이 녹여 버리기도 한다는 것이다. 디딤돌이 되기도 하고 걸림돌이 되기도 하는 셈이니, 집착하여 걸려서 넘어질지, 기회로 삼아 딛고 도약할지는 오직 스스로의 선택과 반응에 달린 문제라는 것이다.

그렇게 다가온 일들에 대한 의미를 이해하고 선후를 헤아려 자신의 자리에서 최선을 다하면 된다고 한다. 물론 제일 좋기로는 이를 재료로 삼아 마음을 닦는 기회로 여겨서 자신을 완성해 가는 것이라고 한다.

사람이 살다 보면 십중팔구는 뜻대로 되지 않는다고 한다. 그 오고 가는 길도 대개는 평탄한 대로가 아니라 울퉁불퉁한 자갈길이기 십상이고 말이다.

그러나 쓸데없이 걸리적거리는 자잘한 생각들을 치우면 제대로 보이기 시작한다고 한다. 눈을 가리면 눈으로 볼 수 없음이고, 마음을 가리면 마음으로 볼 수 없음이니, 눈에 보이지 않으면 눈이 가려져 있음이요, 마음에 보이지 않는다면 마음이 가려져 있음이라는 것이다.

얻는 것이 있으면 잃는 것이 있고, 잃는 것이 있으면 얻는 것이 있다고 한다. 얻었다가도 잃고 잃었다가도 얻는 것이 세상의 흐름이며, 때로는 잃는 것처럼 보이는 것이 실제로는 얻는 것일 수도 있는 것이 세상의 이치라서, 세상의 웬만한 일 중에서 처음과 끝이 일관된 것은 찾아보기 어렵다고 한다. 그러므로 생각을 크게 가져야지 눈앞의 작은 일에만 너무 연연하여 매달리거나 오래 새겨 두는 것은 좋지 않다는 것이다.

크고 넓게 보면 지금 이 자리에서 붙들고 있고, 매달려 있으며, 갇혀 있는 것들이 초라해 보이고 가련해 보인다고 한다. 불변하고 불멸할 것만 같은 우주마저도 끊임없이 변해 가고 있으며 종국에는 사멸되고 순환하는 것이라고 하니, 이처럼 표면적이고 일시적이며 부분적인 현상들은 그저 먼지 한 점이 여기에서 저기로 이동하는 수준에도 못 미치는 일들이라는 것이다.

물론, 그렇기에 더욱 소중해지는 것들도 당연히 있기 마련이겠지만, 문제는 바로 아는 것이라고 한다. 어떤 것이 허망하고 하찮은 것인지, 어떤 것이 그래서 더욱 소중하고 값진 것인지를 제대로 보고자 한다면 말이다.

사실 어떤 단위의 조직이건 기회를 포착하여 주변에 자신의 가치를 증명한다면 누구라도 대단한 사람이 될 수 있다고 한다. 이것이 조직 사회를 살아가는 현실적인 요령이라는 것이다.

하지만 정도의 차이가 있을 뿐, 어떤 단체나 사회가 되었든 나름의 제약에 대한 불만이나 구성원들 간의 갈등 상황은 늘 생겨나기 마련일 것이다. 이에 따라서 자신이 속한 단체나 다른 구성원들에 대한 일정한 바람이나 욕구도 자연히 생겨나기 마련일 터이고 말이다.

이러한 욕구에 성취에 대한 생각이 동반되면 희망이 되고, 이러한 생각이 없다면 불만이 된다고 한다. 희망과 불만 사이를 넘나들게 된다는 것이다.

희망은 어려움을 극복하게 하고, 때로는 엄청난 에너지를 폭발시킨다고 한다. 희망은 유일하게 합법적인 최고의 도핑(doping)이라고도 하니 말이다.

이러한 희망을 제시하는 사회는 그 에너지를 동력으로 삼아서 앞으로 나아가게 된다고 한다. 설령 그렇지 않다고 하더라도 최소한 견뎌 낼 힘은 준다는 것이다. 그래서 희망이 살아 있는 사회는 무너지지 않는다고 한다.

한편, 어떤 조직이나 집단에 일정한 질적, 양적인 조건들이 충족되어 하나의 단위를 이루는 네트워크로 완성되면, 이 네트워크에는 일종의 지향성을 갖춘 순환적인 흐름이 형성된다고 한다. 즉, 구성원들의 의지와 행위가 의식의 네트워크에 중첩되고 수렴되어서 하나의 단위로 완성되면, 이 단위 네트워크는 마치 생명체와도 같은 유기적인 흐름을 보이게 되기도 한다는 것이다.

물론, 이렇게 일정한 단위의 네트워크로 완성되어서 자생력을 갖추기까지의 과정이 쉽지만은 않은 일이라고 한다. 이러한 어려움이 바로 창업의 어려움이자 안정된 시스템을 구축하기까지의 어려움이기도 할 것이고 말이다.

아마도 하나의 조직이 완성되어 자리를 잡아 정착되기까지 많은 노력과 보살핌이 필요한 이유이기도 할 것이다. 이렇게 생명력을 북돋아 주고 지향하는 바를 유도하는 방법 가운데 하나가 희망이라는 요소를 잘 활용하는 것일 터이고 말이다.

그런데 문제는 이러한 네트워크의 생명력이 때로는 엉뚱한 부작용을 일으키게 될 수도 있는 것이 문제라고 한다. 일종의 의식과 비슷한 무엇을 갖추게 된 단위 네트워크의 흐름이 때로는 이기적인 방향으로 작동되기도 하기 때문이다. 즉, 자신의 존재 목적이나 지향해야 할 목표보다도 조직 자체의 생존과 이익에 더 많은 에너지를 쏟게 되는 경우가 종종 생겨나기도 한다는 것이다.

조합원들의 이익을 위한 목적으로 설립된 조직이 실제로는 조합의 이익을 위한 조합원들의 관계로 역전되거나, 어떤 대상에 대한 기여를 목적으로 설립된 단체가 그 단체를 위한 대상의 관계로 뒤바뀌는 등의 사례들이 이러한 경우에 해당된다고 한다. 더러는 인민을 위한다는 명분과 목적으로 형성된 권력이 실제로는 그 권력을 위해 존재하는 인민의 관계로 역전되기도 하고 말이다.

단체와 구성원들 간의 관계도 이와 크게 다르지 않다고 한다. 일종의 군체 의식과 비슷한 무엇을 갖추게 된 단체의 힘이 개체로 존재하는 구성원들의 힘을 압도하게 된다는 것이다. 어쩌면 개인이 거대 집단에 맞서기 어려운 이유일 수도 있을 것이다.

자신이 소속된 집단의 정체성에 대한 구성원들의 지속적인 관심이 필요한 이유이며, 그 집단이 지향하는 흐름을 올바른 방향으로 유도할 수 있는 현명한 길잡이가 필요한 이유이기도 할 것이다. 물론, 가장 좋기로는 구성원들 각자의 중심이 바로 서는 것일 터이고 말이다.

대개의 경우 이렇게 목적과 수단이 전도되거나 일종의 오류처럼 보이는 현상들이 생겨나는 이유 역시 근본적으로는 구성원들 각자가 초심과 중도를 잃었기 때문이라고 한다. 이는 바로 자신이 지금 서 있는 자리에 대한 오해와 착각으로부터 비롯되는 것일 터이고 말이다.

옷걸이의 착각이라는 말이 있다고 한다.

옛적에 어느 고을의 현령으로 부임한 관리가 먼 길을 걸어 현지에 도착하여 허름한 옷차림 그대로 민심을 살피기로 하였다고 한다. 그러던 중 한 정자에서 고을 선비들이 음풍농월하는 것을 보고 함께 어울리기를 청하였으나, 그만 박대를 당하고 말았다는 것이다.

다음 날 관복을 입고 같은 자리에 서니 대접이 심히 다른지라, 주는 떡은 받아서 소매에 붙이고 따라 주는 술은 옷깃에 부었다고 한다.

사람들이 놀라서 연유를 묻자 이렇게 답하였다고 한다. "어제의 나도 나이고, 오늘의 나도 나인데, 다만 달라진 것이라곤 지금 입고 있는 옷이 전부이니, 오늘의 후한 대접은 마땅히 이 관복이 받는 것이 합당한 일일 것이다." 권력의 이미지는 심장에서 나오는 것이 아니라, 그가 입고 있는 관복이 바로 힘의 원천이라는 것이다.

보통 퇴직 후에 겪게 되는 자신의 정체성에 대한 혼란이나 갑자기 변화되는 인간관계에 대한 당혹스러움은 이로부터 비롯되는 것이라고 한다.

너무 혼란스러울 필요도, 당황할 일도 아니라고 한다. 지금이라도 있는 그대로의 나를 돌아보게 되었으니 다행한 일이고 본래의 자신을 찾을 수 있는 기회가 때마침

찾아왔으니 오히려 좋은 일이라는 것이다.

물론, 어떤 집단에 소속되어 있는 동안에 일어나는 오해나 착각 역시 이로부터 비롯되는 것이라고 한다. 어떤 종류의 옷을 걸치고 있든 그 의복의 하인이 아닌 자신의 주인이 되는 것이 중요하다는 것이다. 자신이 지금 서 있는 자리의 본질에 대한 성찰과 더불어서 말이다.

예로부터 당연함이 안일함으로 바뀌는 것을 경계하라고 하였다. 훗날의 나에게 원망을 듣지 않으려면 말이다.

세상에 일어난 일이나 나에게 다가온 일 중에서 당연한 것은 어디에도 없으며, 지금의 당연함이 결코 당연한 것이 아님을 알게 되면 이러한 옷걸이의 착각도 일어나지 않게 될 것이라고 한다. 이러한 각자의 중심으로부터 그가 소속된 집단의 흐름도 방향을 잃지 않게 되는 것일 터이고 말이다.

아마도 자신과 자신이 서 있는 자리의 본질을 새삼 돌아보고 조금은 겸손해질 필요가 있다는 말일 것이다. 원래 겸손이라는 건 잘나갈 때에나 할 수 있는 일이기도 하고 말이다.

그렇게 겸손한 마음으로 많이 보고 세심히 관찰하되 모르는 일은 마음에 간직하여 배우고, 알고 있는 것을 과감히 실행하되 충분히 조심스럽게 살피며, 때때로 근본을 돌아보아 초심과 중도를 잃지 않게 처신할 수만 있다면 무슨 일이든 실수를 줄일 수 있고 후회를 적게 할 수 있다고 한다.

돌부리에 걸려서 넘어질 확률은 걸을 때보다 달릴 때가 더 높다고 한다. 정신을 차리고 있으면 사실 별것 아니지만 다른 것에 잠시 한눈팔거나 안일하여 조금만 신경 쓰지 못하면 걸려서 넘어지게 된다는 것이다.

자신이 걸치고 있는 옷으로 인한 착각과 이로 인한 잠깐의 방일함이 바로 이러한 크고 작은 실수를 불러오게 된다고 한다. 때로는 그 한순간의 실수가 돌이킬 수 없는 인생의 큰 오점으로 남기도 하고 말이다.

자신은 있는 그대로의 자신일 뿐이며, 오직 스스로의 행위로써만 자신의 품격과 쓰임을 세상에 증명하는 것이라고 한다.

포장지는 결코 내용물을 대신할 수 없는 법이라고 한다. 비록 그것이 몹시 화려해 보이거나, 혹은 지나치게 초라해 보일지라도 말이다. 여기에 현혹되어서 한낱 걸치고 있는 의복의 하인으로 평생을 끌려다니며 인생을 낭비한다면, 이 또한 세상의 허망한 일 가운데 하나가 아니겠는가.

8) 일상-8

사람은 누구라도 자신이 원하는 바를 이루며 살아가기를 소망한다고 한다.

하지만 실제로는 자신이 정말로 원하는 게 무엇인지조차 잘 모르는 경우가 허다하다고 한다. 때로는 수단을 목적으로 착각하기도 하고, 때로는 현상에 매몰되어서 있지도 않은 허상의 관념에 집착하기도 하며, 때로는 뒤바뀐 잘못된 생각을 진실로 착각하여 그것에 매달리기도 하고, 때로는 달리는 것 자체가 목적이 되어 버리기도 한다.

눈이 밝은 사람은 어둠을 두려워하고, 귀가 밝은 사람은 침묵을 낯설어한다고 한다. 그러나 진정한 화가는 보이지 않는 것을 볼 줄 알아야 하며, 좋은 음악가는 침묵의 아름다움을 이해할 수 있어야 한다고 한다. 그 보이지 않고 들리지 않는 이면을 이해하게 되면, 그때에야 비로소 진실한 것들이 보이고 들리기 시작한다는 것이다. 아는 것과 이해하는 것은 다른 것이기 때문이다.

어떤 흐름의 과정에서 따라오는 부수적인 것들이나 표면적이고 일시적인 현상들은 결코 삶의 진정한 목적이 될 수 없다고 한다. 애초에 삶이 어떤 목적을 전제로 하는 것도 아닐 터이고 말이다. 지나고 나서 보니 사실은 별것도 아닌 것들이나 존재하지도 않는 무엇을 위해서 한평생을 바쳤다고 한다면, 이 또한 억울한 일 가운데 하나가 아니겠는가.

대개의 경우 사람의 심리는 보통 자신에게 없거나 제한된 것을 더욱 갈구하기 마련이라고 한다. 실제로는 별것 아닌 것에도 상대적인 비교로부터 비롯되는 상실감이나 박탈감 때문에 훨씬 더 소중한 것으로 인식하게 된다는 것이다.

실제의 가치와 갈구하는 정도의 크기는 관련이 없다고 한다. 가지질 못해서 확대 재생산되는 아쉬움의 무게는 그 부족함의 크기만큼 더욱 커지게 된다는 것이다. 그렇게 범속한 우리는 자신에게 허용되지 않은 것들을 갈구하고 아쉬워하면서 스스로 지어낸 불행의 늪을 헤매고 있는지도 모를 일이다.

희망이라는 것도 대개는 자기에게 없다고 생각하는 것이 있기에 생겨나는 것이라고 한다. 무언가 부족하고 아쉬운 것이 있어야 원하는 것도 생기고, 원하는 것이 있어야 희망도 생기게 된다는 것이다.

다만, 이러한 종류의 욕망은 그것을 얻거나 충족되는 순간 그 가치와 효용도 저절로 떨어지게 된다고 한다. 그것이 무엇이 되었든 객관적인 시야의 확보와 실상을 바로 아는 것이 중요한 일일 수밖에 없는 셈이다. 이로부터 헛된 미망의 바다에서 정처 없이 표류하는 항해의 벗어남도 시작되는 것일 터이니 말이다.

그러나 평범한 일상에서는 이처럼 채워지지 않는 욕망이나 기대에 대한 불만족이 지속되어 마침내 희망과 불만의 상태가 균형을 잃게 되면, 이러한 감정들이 점점 더 커져서 견디기 어려울 정도의 스트레스가 되기도 한다.

집단 내에서 흔히 발생하는 불만이나 스트레스의 원인도 이와 크게 다르지 않다고 한다. 내 뜻대로 흘러가지 않는 상황이나 상대적인 상실감, 혹은 어떤 제약에 대한 갈증들이 희망에서 불만으로 변질되어 가면서 스스로에 가하는 스트레스도 점점 쌓여 가게 된다는 것이다. 때로는 이러한 감정의 정도가 심하게 되면 자신이 처한 상황에 대하여 체념하거나 일탈을 시도하기도 하고, 더러는 끝내 파국에 이르기도 하고 말이다.

이러한 상황에서의 현실적인 대처법은 무엇일까.

우선은 초심을 돌이켜 보는 것으로써 어느 정도 마음의 위안이나 새로운 동기부여를 받을 수 있게 된다고 한다. 초심으로 돌아가서 시작할 당시의 간절했던 마음이나 포부를 다시 한번 되새겨 봄으로써 지금의 처한 상황을 어느 정도는 객관적으로 대할 수 있게 된다는 것이다. 혹은 지금의 상황이 하찮고 우스워 보일 만큼의 원대한 서원을 새로 세워 보거나 말이다.

원래 그만두고 싶을 때는 항상 중요한 순간이고, 도망치고 싶을 때는 오히려 용기를 드러내야 할 순간이며, 싫증이 날 때가 바로 열정으로 분발해야 할 때라고 한다. 이것은 무엇이라도 이루어 낸 사람이라면 다소라도 알고 행하는 일이라는 것이다. 초심을 다시 한번 돌이켜 보는 일은 이처럼 새로운 마음으로 힘을 내어 다시 시작할 수 있는 계기가 되기도 한다.

만약 이로써도 해결되지 않는다면 수처작주(隨處作主)라는 한 마디는 이러한 상황에서도 현명한 대처 방법이 된다고 한다. 자신의 처한 상황이 어디의 무엇이 되었든 그곳의 주인이 되라는 것이다.

연못 속에 태양이 있으나, 그 연못은 끓지 않는다고 한다.

왜 그럴까. 생각이 많아질 때는 문제의 근원을 한번 거슬러 올라가 보자는 말이다.

이러한 불만이 일어나는 상황들을 들여다보면, 대개는 외부의 조건이나 상황에 휘둘리고 있는 자신의 처지에 대한 반감이 불만의 뿌리가 되고 있음을 보게 된다고 한다. 주(主)가 주변 상황이나 타인이 되고, 자신은 부(附)가 되어서 휘둘리고 있는 지금의 처지에 대한 불만족인 셈이다.

그렇다면 관점을 한번 옮겨 보라고 한다. 자기 자신을 이러한 상황의 중심에 놓고서 상황을 주도하는 입장으로 포지션을 변경해 보라는 것이다. 각자가 처한 상황에 대한 대응 방식에 있어서 자신을 수동적이고 피동적인 관계자가 아니라, 상황을 주도하는 주재자의 관점에서 다시 한번 주변을 전체적으로 살펴보라는 것이다.

이렇게 살펴보다 보면 불만족의 원인이었던 주변 상황들이 실제로는 자신에게 도움이 되는 요소 중의 하나이거나, 최소한 이해의 범주에 들어오는 일, 혹은 상대방의 입장에서 보면 오히려 자신이 이러한 부정적인 상황을 초래하고 있는 원인 중의 하나임을 알게 된다고 한다.

물론 모든 경우가 다 그런 것은 아니겠지만, 이로부터 현명하게 대처할 수 있는 마음의 여지가 생기게 된다고 한다. 어떤 상황에 휩쓸려서 그것에 갇혀 버리기 전에 자신이 처한 상황의 중심으로 되었으니, 이러한 관점의 차이로 인하여 주변 요소들의 의미가 다르게 인식된다는 것이다. 이로부터 상황을 극복해 나가는 해법도 달라지는 것일 터이고 말이다. 어떤 상황에 갇힌 채 남이나 외부적인 환경이 나의 입맛에 맞도록 바뀌기만을 기대하던 입장에서 벗어나 객관적인 시점으로 사태를 직시함으로써 현명하게 대처할 수 있는 마음의 여지가 생기게 되는 셈이다.

일상에서 일어나는 어떤 장애 요소는 자신이 중심이 되어서 그것을 객관적으로 인식하는 순간 더 이상의 위험이나 걸림돌이 아니게 된다고 한다. 그것에 함몰되어 버리기 전에 극복해야 할 대상물로 인식했기 때문이다.

이처럼 어떤 사태의 중심이 되어서 자신이 처한 상황을 객관적으로 바라보는 관점의 변화는 문제 자체에 매몰되지 않고 그것을 해결해야 할 대상으로 보게 한다고 한다. 인식의 변화가 문제 해결의 출발점이 되는 셈이다.

더하여 지금의 상황이 종결된 결과가 아니라 계속해서 진행 중인 어떤 흐름의 과정임을 이해하게 되면 지금 다가온 일들의 의미가 조금은 달라진다고 한다. 어쩌면, 이러한 이해의 과정에서 지금의 상황이 나에게 전하고자 하는 어떤 메시지를 발견하게 될지도 모르는 일이고 말이다. 이미 일어난 일이나 이로부터 일어나는 감정에 매몰되지 않는 관점의 변화가 이를 가능케 하는 셈이다.

이러한 삶의 태도는 자신을 속임으로써 얻어지는 자기 위안이나 자기만족을 위한 임시적인 수단이 아니라고 한다. 오히려 당당한 주인공으로서의 온전한 삶을 살아가는 지혜의 방편이라고 한다. 즉, 이러한 삶의 태도는 자신의 감정이나 이해관계에 매몰되지 않은 채 자신의 주체적인 삶을 일구어 내는 방편이 되기도 하지만, 동시에 자신의 격과 가치를 높이는 일이 되고, 나아가 주변의 긍정적인 변화를 불러일으키는 수단이 되기도 한다는 것이다.

그렇게 현상에 휩쓸리지 않고 자신이 주체가 되어서 주변을 바라보는 연습은 언제 어디에서의 어떤 처지이건 온전한 주인공으로서의 삶을 살아가는 계기가 된다고 한다.

사실 일어난 일은 그냥 일어난 일이지만, 문제는 그걸 어떻게 보느냐가 관건이라고 한다. 그것에 매몰되거나 이해타산적인 관점으로 이미 일어난 일이나 확실치도 않은 미래의 일에 대해서 이렇게 됐으면 하고 바라거나 원망하고 집착해 봐야 모두 부질없는 짓이라는 것이다. 그런 관점에서 벗어나야만 편견과 선입견 없이 사태를 있는 그대로 직시할 수 있게 된다고 한다.

이처럼 일어난 일을 있는 그대로 관찰하고 그 일의 주체가 되어서 너무 자잘하게 보지 말고 크게 보면 자신이 나아갈 길이 보이게 된다고 한다. 그렇게 일상의 여유와 자유로움 또한 되찾게 되는 것일 터이고 말이다.

자유로움 역시 어떤 외부적인 환경이나 조건에 의해서 부여되는 것은 아니라고 한다. 홀로 고립되거나 세상과 분리된다고 해서 얻어지는 것이 아니라 자신의 내면에 집착의 속박이 사라지면 그때에야 외부의 자유자재함으로 나타나게 되어 만사에 걸림이 없게 된다는 것이다. 물론, 이처럼 얽매임이 없다면 애초에 자유를 희구하거나 어디론가 멀리 떠나려고 하지도 않을 터이기는 하지만 말이다.

그렇게 번잡한 세상사에 집착과 분별의 마음을 두지 않는 것을 무애(無礙)라고는 하지만, 모든 것은 관계와 연계의 흐름으로 얽혀 있음 또한 사실일 것이니, 아마도 이는 홀로라서 자유로운 것이 아니라, 그 관계와 연계의 실상을 바로 봄으로써 속박의 얽매임이 없게 된다는 말일 것이다.

과연, 세상에 진실로 자유로운 이가 몇이나 되겠는가. 인식이라는 행위 자체가 주관적인 관점을 전제로 하는 분별의 행위라고 하니, 웬만한 이라도 자기만의 주관이나 아집에 갇혀서 얽매이기는 매한가지일 것이다. 하다못해 그 얽매이고 갇혀 있는 것이 그 걸림 없는 자유라는 것일지라도 말이다.

문제는 이러한 얽매임이 과도하여 일상의 집착을 넘어서 자신의 타고난 재능마저 일정한 틀에 묶거나 감추게 될 수도 있는 것이라고 한다. 스스로 자신에게 건 틀의 한계에 대한 암시는 습관의 관성에 따라서 실제로 자신을 그런 사람으로 만들어 가는 힘이 있다는 것이다.

그러므로 매사에 너무 얽매이거나 섣불리 한계를 짓지는 말라고 한다. 자신도 모르게 그것이 갇혀 버릴 수도 있다는 것이다. 그렇게 자신의 빛나는 날개를 감추지 말고 군중 속의 못난이 오리가 아니라, 백조로서의 자신을 자각하여 자유로이 날아오르라고 한다.

시야를 바다와 같이 넓게 보고 높은 산에 오른 것과 같이 멀리 보아야만 자신을 가두고 있는 협소한 우물에서 빠져나올 수 있고, 낮은 구릉에서 미련을 버리고 내려올 수 있다고 한다. 이로써 자유로워질 수 있다는 것이다.

이처럼 넉넉하고 긴 시야는 자잘한 장애물들을 배척하지 않고 포용하게 함으로써 오히려 이를 디딤돌로 삼을 수 있게 한다고 한다. 예로부터 산이 높고 큰 까닭은 한 줌의 흙을 마다하지 않기 때문이며, 바다가 넓고 깊은 까닭은 한 줄기의 시냇물을 밀어내지 않기 때문이라고 하였다. 그 청탁(淸濁)을 가리지 않고서 말이다.

대개의 경우 움켜쥐고 끌어당기며 만족하지 못하는 마음이 탐심(貪心)의 특성이라고 한다. 일종의 인력(引力)에 해당하는 힘인 셈이다.

밀쳐내고 거부하며 파괴하는 마음은 분노(瞋心)의 특성이라고 한다. 일종의 척력(斥力)에 해당하는 힘인 셈이다.

뭐가 뭔지 의미도 모르면서 선후를 헤아리지도 못한 채 어떤 상황에 끌려다니는 마음이 어리석음(痴心)의 특성이라고 한다. 일종의 혼돈(混沌)에 해당하는 힘인 셈이다.

있는 그대로를 관찰하고 이해하여 포용하는 마음은 지혜의 특성이라고 한다. 일종의 관조(觀照)에서 나오는 조화의 힘인 셈이다.

그렇게 다가온 일들에 휩쓸리거나 갇혀 버리기 전에 이로부터 어떤 힌트를 얻어서 마침내 그 욕망의 인력을 완성의 서원으로, 그 분노의 척력을 분발심의 원동력으로, 그 미망의 혼돈을 성찰의 대상으로 삼아 지혜를 닦는 계기로 전환할 수만 있다면, 이것이 바로 전화위복(轉禍爲福)이자 전고위도(轉苦爲道)의 길이라고 한다.

우리 모두는 쓰임의 현상으로 우주에 구현된 존재들이며, 그 현상으로서의 존재함 가운데 이미 온 우주를 오롯이 품고 있는 존재들이라고 한다. 이토록 대단한 존재들이 살아가면서 수시로 일어나서 끊임없이 변해 가는 자잘한 것들, 혹은 스스로 지어 낸 가상의 무엇들에 갇혀서 한평생을 끌려다니며 좌고우면(左顧右眄)하는 것이 바람직한 일은 아닐 것이다.

 알게 되면 생각이 바뀌고, 생각이 바뀌면 말이 바뀌고, 말이 바뀌면 행동이 바뀌며, 행동이 바뀌면 습관이 바뀌고, 습관이 바뀌면 인생이 바뀐다고 한다. 그렇게 내가 바뀌면 남과 세상도 따라서 바뀌기 마련이고 말이다.

그 하나

만물 가운데에 우주의 섭리와 만물의 이치와 태초의 의지가 하나라고 한다.

9) 일상-9

세상에서 가장 쉽고 빠르게 불행해질 수 있는 비결은 무엇일까. 바로 남과 비교하는 것이라고 한다.

왜 그럴까. 행복이나 불행이라는 감정은 절대적, 혹은 상대적인 기준점이 존재하지 않기 때문이며 어떤 조건을 전제로 하지도 않기 때문이다.

누군가는 오늘을 살아 숨 쉬는 것만으로도 행복해하는가 하면, 누군가는 아흔아홉 가지의 가진 것에 단지 하나를 더하지 못해서 몹시 불행하다고 생각한다. 즉 행복이란 전적으로 자신의 내면에서 우러나오는 감정이지 외부로부터 주어지거나 조건에 의해서 부여되는 감정이 아니라는 것이다. 자신의 행복이나 불행의 원인을 외부와의 비교로부터 찾고자 하는 행위는 그 출발 자체가 이미 오류인 셈이다.

여기에 더하여 우리의 표면 의식은 기본적 인식 과정에서부터 외부의 대상을 있는 그대로 받아들이는 것이 아니라 지극히 주관적인 관점의 판단과정을 거쳐서 정보들을 인식하게 된다고 한다. 실제로 이렇게 타인과 비교하면서 불행해하는 과정을 살펴보면, 자신의 장점은 배제하고 단점만을 드러내며, 여기에 다시 상대방의 입장은 고려하지 않은 채 자신에게 아쉽고 부족한 부분만을 취사선택하여 서로 비교하면서 스스로를 비참하다고 여기며 한탄하고 있음을 보게 된다고 한다. 이래서야 도저히 불행해지지 않을 도리가 없는 셈이다.

그런데 굳이 이렇게 상대와 비교함으로써 스스로를 괴롭히는 실제 이유는 자신의 표면 의식이 책임을 회피하려는 목적으로 일어나는 일종의 정신적 방어기제이거나, 어떤 불안과 공포로부터 벗어나고자 하는 무의식, 혹은 위로받고 싶어 하는 마음에서 일어나는 의식 작용 가운데 하나일 수 있다고 한다. 따라서 지금 불행의 원인이라고 생각하는 외부의 요소들이 해결된다고 해서 이러한 감정은 사라지지 않으며, 여전히 다음 문젯거리들을 찾아내게 된다는 것이다.

어쩌면 우리는 스스로 불행해하기 위해서 핑곗거리들을 열심히 찾아내고 있는지도 모를 일이다. 마찬가지로 고민하기 위해서 고민거리를 찾아내고, 다투기 위해서 다툼거리를 찾아 헤매고 있는지도 모른다고 한다. 사실은 회피하거나 위로받고 싶은 마음에서 말이다. 우리가 본질이라고 생각하는 것들이 사실은 실제의 본질이 아니라 자신의 표면 의식에서 일어나는 연상 작용의 연장, 혹은 인식 과정에서 일어나는 착시현상에 불과할 수도 있는 셈이다.

하지만 실상이 이렇다고 하더라도 현실에서의 어떤 바람은 여전히 오지 않은 것들에 대한 갈망의 형태로 찾아와서 심한 갈증을 일으키게 한다. 그 채우지 못한 갈증으로 인하여 실제보다 훨씬 더 과장된 모습으로 인식하기 시작하는 것이다. 여기에 더하여 이러한 집착은 표면 의식의 연상 작용으로부터 점점 더 감정의 폭을 키워 가며 확대 재생산하게 된다고 한다. 하나의 악순환이 시작되어 굴러가기 시작하는 셈이다.

설사 그렇지 않다고 하더라도 살다 보면 특별한 이유 없이도 마음의 갈증과 허기를 느낄 때가 종종 있게 된다고 한다. 물론, 이러한 내면의 허전함 역시 어떤 외부적인 환경의 충족만으로는 채워지지 않는다고 한다. 원인이 배제된 상태에서 일부 조건의 충족만으로는 유의미한 결과를 얻어 낼 수 없기 때문이다. 즉, 이러한 내면의 충만감 역시 오직 근본 원인에 해당하는 자신을 고양하고 완성해 갈 때 비로소 충족될 수 있다는 것이다.

그렇다면, 이러한 현실적인 상황에서 실제로 행복해지려면 어떻게 해야 할까.

그냥 행복해하면 된다고 한다. 행복은 어떤 목적이나 과정, 혹은 결과물이 아니라,

다만 하나의 상태이기 때문이다. 그저 바로 지금 여기에서 그러면 된다고 한다.

과연 너무나 당연하고 듣기에 좋은 말이기는 하지만, 실제로 이러하기는 쉽지 않은 일이기도 하다. 이러한 감정의 흐름에도 나름의 이치가 작용하는 것일 터이니, 이에 대한 일종의 요령이 필요한 일이기 때문이다.

모든 사람은 행복해지길 염원한다고 한다. 또한, 이러한 염원에 따라서 각자가 정한 기준에 따르는 행복의 조건들을 충족시켜 보려고 애써 보기도 하지만, 실제의 현실은 이러한 조건들의 성사 여부와 크게 관련 없이 여전히 행복해지질 않는다고 한다. 설령 이로부터 잠시의 행복감을 느끼더라도 이러한 상태가 결코 오래 지속되지는 않는다는 것이다.

놀라운 사실은 이처럼 아무리 행복해지기를 염원해도 이러한 염원 자체는 실제로 행복해지는 것과 관련이 없을뿐더러 오히려 반대의 부작용을 동반하기가 십상이라고 한다. 왜 그런가 하면, 행복해지길 염원한다는 말은 지금 나의 상태가 행복하지 않다는 것을 스스로 인정하는 것을 의미하는 것이기 때문이다. 지금 행복하지 않기 때문에 행복해지길 간절하게 원하고 있다는 말이다. 더하여 무엇을 간절히 갈구한다는 것은 이미 그것이 이루어지기 힘든 일이라는 것을 전제로 하는 행위이기도 하고 말이다.

즉, 이러한 염원은 자신의 표면 의식에게 오히려 나는 지금 행복하지 않으며, 나아가 행복할 수도 없을 것이라고 스스로를 세뇌하는 행위일 수도 있다는 것이다. 이러한 표면 의식의 작용하에서는 긍정적인 효과를 기대하기가 힘들다고 한다. 나귀로 맷돌을 돌리는 까닭은 양식을 얻고자 함인데, 나귀가 맷돌을 돌리기도 전에 양식을 먹어 치워 버리고 마는 셈이다.

그렇게 표면 의식의 감정이나 생각들은 나의 의도와는 다르게 작동될 수도 있으며, 때로는 인생의 위로가 되는 친구가 되기도 하지만, 더러는 나를 괴롭히는 적이 될 수도 있다고 한다. 내가 마음을 쓰는 것이 아니라, 그 마음이 나를 쓰는 한 말이다.

현실적으로 조건은 여전히 행복의 중요한 요소 가운데 하나일 것이다. 이러한 조건을 충족시키고자 하는 노력 또한 중요한 일일 것이고 말이다.

실제로 경제적인 어려움은 인심을 피폐하고 거칠게 만든다고 한다. 세상 누구라도 별수 없다는 것이다. 비록 조건이 전부는 아니겠지만, 최소한의 조건은 필요한 법일 터이니 말이다.

다만, 필요조건이기는 하되 충분조건은 아니라고 한다. 참 어렵다면 어렵고, 쉽다면 쉬운 일이다. 내면의 마음에 달린 문제인 것은 분명하지만 최소한의 외부적인 조건들도 어느 정도는 해결되어야 한다고 하니 말이다.

그럼에도 불구하고, 여전히 마음의 평안이나 행복은 외부의 조건에 달린 것이 아니며, 내가 아닌 남이 이루어 줄 수도 없는 일이라고 한다. 오직 자신의 선택에 달린 문제라는 것이다. 아마도 오늘날의 경제지수와 행복지수가 일치하지 않는 이유이기도 할 것이다.

옛적에 누군가 장자에게 물었다고 한다. '어찌하여 선생은 이토록 고달프게 사십니까(何先生之憊邪).' 장자가 답하였다고 한다(莊子曰). '가난한 것이지 고달픈 게 아닙니다(貧也非憊也).'

그렇게 내가 가진 것이 무엇인지 제대로 구분하질 못해서 보이지 않고 있는 것일 뿐, 채워지지 않은 게 아니라고 한다.

원인은 원인만으로 작동되지 않고, 조건은 조건일 뿐 원인이 될 수는 없다고 한다.

그래서 조건에만 의지하는 행복이란 있을 수 없다고 한다. 설령 그렇게 보이는 것들이 있다고 하더라도 그것이 참다운 행복은 아니라는 것이다. 왜냐하면, 어떤 조건으로 일어난 행복은 그 조건이 사라지거나 효용이 다했을 때 같이 사라져 버릴 것이기 때문이다. 없거나 아쉬울 때는 절실하지만, 이미 갖추어졌거나 충족된 후에는 당연하게 여기는 것이 사람의 마음이기도 하고 말이다.

하지만 아무도 지금 여기에서 스스로 행복해지는 것에 대하여 반대하지도 않는다고 한다. 말장난 같지만, 이것이 진실이라고 한다. 마치 물속에 사는 물고기가 물을 찾아 헤매는 격이라는 것이다.

그렇게 외부적인 조건들은 행복이라는 감정을 주관하거나 방해하는 요소가 아니며 조건부 행복이라는 것도 있을 수 없다고 한다. 그것이 큰 것이든 작은 것이든, 혹은 절실한 것이든 사소한 것이든 말이다. 단지 지금 여기에서 스스로 느끼는 행복이라는 감정이 있을 뿐이라는 것이다. 택한 날보다 부딪힌 날이 더 좋다고, 바로 지금 여기에 서 있는 그대로의 이 조건이 바로 그때라고 한다.

더하여 남들이 보기엔 사소한 것일지라도 그것으로 자신이 행복하다면 그게 전부라고 한다. 굳이 맞지도 않는 엉터리 잣대로 남들과 비교하거나 눈치를 보면서까지 스스로 애써 불행해질 필요는 없다는 것이다.

낮으면 낮은 대로의 어려움이 있고, 높으면 높은 대로의 말 못 할 사정들이 있으니, 세상의 누구라도 머리가 아프지 않은 사람은 없다고 한다. 더구나 삶의 답은 천지간에 유일무이로 정해져 있지 않으며, 오직 각자가 스스로 정해 나가는 것이기도 하고 말이다.

나의 답이 남의 답이 될 수 없고, 남의 답이 나의 답이 될 수도 없다고 한다. 그 답이라고 생각하는 것이 과연 정답인지는 누구도 모르는 일이고 말이다.

다만 객관적인 시야의 확보와 본질적인 것들에 대한 성찰의 노력만큼은 누구에게나 필요한 일로 보인다. 그것이 외부의 조건에 휘둘리지 않을 시발점이자 비교의 대상으로서가 아닌 온전한 자신으로 살아가기 위한 첫걸음일 터이니 말이다. 내가 온전한 나로서 살지 못하니 굳이 맞지도 않는 엉터리 잣대로 남과 비교하거나 외부의 무엇으로써 자신을 애써 드러내 보이려고 한다는 것이다.

자신의 진실한 의지와 행위가 중요하지, 남에게 과시하기 위한 요란한 겉치장이 무에 그리 중요한 일일 것이며, 설사 이러한 비교로써 잠시 상대적 우월감을 느껴 본들 그것이 무슨 의미가 있겠는가. 모든 것이 하나로 연결되어 있는 세상의 실상 앞에서 말이다.

새는 먹이를 쫓다 죽고, 사람은 탐욕을 좇다 죽는다고 하였다. 변화의 흐름으로 존재하는 세상에서 그 흐름의 현상으로 잠시 존재하는 이들이 한없는 탐욕을 품어 집착해 본들, 그 결과는 이미 예정된 일일 수밖에 없다고 한다. 그것이 무엇이 되었든 불변의 고정된 형태로 존재하는 것들이 아니기 때문이다. 과연 이러한 상대적 비교의 틀에 갇힌 채, 실제로 존재하지도 않는 것들에 매달려서 평생을 일희일비하는 것이 마냥 바람직한 삶의 모습은 아닐 것이다.

예로부터 물건은 비교하다 버려지고, 사람은 비교하다 죽는다고 하였다. 남들이 나에게 바라는 것들만 쫓다 보면 자신의 길을 잃어버리기가 십상이고 말이다.

학의 다리를 잘라서 오리에게 붙여 본들 둘 다 불행해질 뿐이며, 공작과 메추리의 꽁지깃을 바꾸어 달아 본들 모두가 추해 보일 뿐이라고 한다.

올림픽경기의 시상식을 보면 의외로 은메달리스트보다 동메달리스트들이 더 기쁘고 행복한 표정을 짓는 경우를 목격하게 된다고 한다. 대개의 경우 은메달리스트들은 아쉽게 놓쳐 버린 금메달을 안타까워하지만, 동메달리스트들은 수많은 고난을 헤치고 메달권에 들어온 것만으로도 충분히 행복해하기 때문이라고 한다. 소위 일어나지 않은 일에 대한 상향적 가정인가, 하향적 가정인가에 따르는 연상 작용에 따라서 이처럼 만족감이나 행복감과 같은 감정의 질이 달라질 수도 있다는 것이다.

그렇게 눈앞에 보석을 두고도 손안의 구리 동전을 놓지 못해서 잡지를 못하게 되고, 보르네오섬의 원숭이들은 손에 쥔 한 줌의 쌀을 놓지 못해서 목숨을 잃는다고 한다.

욕망의 크기는 원래 한계가 없기에 애초에 채우는 것이 불가능하다고 한다. 이러한 욕망을 채울 수 있는 유일한 방법은 오직 크기를 줄이는 것뿐이라는 것이다. 포기하거나 작은 것에 만족하라는 말이 아니라, 자신에게 허용되지 않은 탐욕에서 벗어나는 순간 전에는 보이지 않던 새로운 것들이 보이게 될 것이라는 말이다. 그렇게 감사하는 마음도 생겨나게 되고, 이로부터 행복이라는 감정도 꽃망울을 터뜨리게 되는 것이라고 한다.

대개의 경우 사람들은 제주도의 바다와 어린아이의 미소와 아름다운 꽃을 보면 행복해진다고 한다.

하지만 사실은 그 순간에 마음을 열거나 비울 수 있어서 행복해지는 것이라고 한다. 바다와 미소와 꽃들은 다만 마음을 내려놓을 수 있는 계기를 마련해 주는 요소들인 셈이다.

나와의 이해타산적인 관점으로 대상을 인식하지 않음으로써 행복이라는 감정이 들어올 마음의 자리가 마련되는 셈이니, 그렇게 마음을 비우고 자신과 세상을 있는 그대로 보며 향유하고 감사하며 행복해할 뿐이라고 한다.

세상에는 다섯 가지의 착각이 있다고 한다.

사치하는 것이 행복이라는 착각, 사태를 회피하면서 안전을 확보했다는 착각, 싸움을 좋아하면서 용기 있다고 생각하는 착각, 아랫사람 질책하기를 즐겨 하면서 위엄이 있다고 믿는 착각, 남을 속이면서 자신이 똑똑하다고 생각하는 착각이 그것이라고 한다.

물론, 이것이 착각의 전부는 아니겠지만, 이러한 착각들은 본질과 현상에 대한 오해, 혹은 이로부터 비롯된 잘못된 관점이나 가치관으로부터 비롯되는 착각일 것이다. 이러한 전도된 생각들이 바로 자신과 남과 세상을 불행으로 이끄는 주범일 터이고 말이다.

이러한 왜곡의 안경을 벗어야만 그동안 보이지 않던 감사와 행복이 눈에 띄기 시작한다고 한다.

모든 음료수의 본질은 무색, 무미, 무취인 맹물이라고 한다. 아름다운 색깔과 달콤한 맛과 향기로운 냄새는 모두 맹물이라는 본질에 어떤 첨가제를 더했는가일 뿐이라는 것이다.

행복도 이와 같다고 한다. 특별하고 화려해 보이는 외부의 조건들은 모두가 잠깐의 이벤트에 불과할 뿐, 그것이 행복의 본질은 아니라는 것이다. 특별할 것 없는 평범함과 가까이 있는 주변과 사소한 일상, 즉 지금 여기에서의 있는 그대로라는 삶의 본질에 행복이 자리하고 있다고 한다.

다만, 행복은 보물찾기와도 같아서 직접 찾아내지 않으면 스스로 모습을 드러내지 않는다고 한다. 행복은 내가 찾아내는 것이지, 알아서 찾아오는 것이 아니며, 불행 또한 내가 스스로 떠나는 것이지, 먼저 알아서 떠나가지는 않는다는 것이다.

여기에 더하여 현실적으로 조금 더 행복해지려면, 자신의 표면 의식에 행복이라는 코드를 잘 새겨 넣으면 된다고 한다. 일단 이 코드가 제대로 입력되기만 하면, 그 특유의 연상 작용으로부터 스스로 행복해져야 할 이유를 무수히 생산해 내게 될 것이기 때문이다.

그렇게 모든 것은 자신의 마음이 문제인 동시에 답이며, 원인인 동시에 결과라고 한다. 자신이 대답하고 진실로 받아들이면 그렇게 된다는 것이다. 생각해 보면 자신에게 일어난 일 중에서 자신의 반응과 허락 없이 일어나는 것이 어떻게 가능한 일이겠는가. 진심으로 스스로에게 허락하면 이루어진다고 하니, 결국엔 자신에게 허용할 것인가 말 것인가에 대한 선택의 문제만 남는 셈이다. 그것이 행복이든 불행이든, 혹은 그 밖의 무엇이든 말이다.

대개의 경우 삶의 기회가 남아 있을 때는 조금이라도 더 많은 것들을 쟁취하려고 애쓰지만, 때가 되어서 지금까지 추구하고 이루어 낸 모든 것이 무용해지는 어떤 건널목의 신호등 앞에 서게 되면 한 가지의 후회만 남는다고 한다. 갖지 못한 것들에 대한 갈망이 아니라, 이미 가졌음에도 하지 않았던 것들에 대한 후회 말이다.

할 수 있었음에도 왜 최선을 다하지 못했으며, 마땅히 해야만 했던 일들을 왜 기꺼이 행하지 못하였는가. 조금은 여유를 갖고 살아도 좋을 것을 왜 그리도 쫓기듯이 살았으며, 조금쯤은 베풀며 살아도 좋을 것을 왜 그리도 악착같이 살아야만 했는가. 어차피 가져가지도 못할 것들은 이토록 쌓였는데, 막상 유일하게 짊어지고 가야 할 업(業)의 통장에는 어찌하여 공덕(功德)의 마이너스 대출금만 쌓여 있는가.

지금 여기의 이 조건이 그것을 행할 때이며, 바로잡을 기회라고 한다.

코로나라는 질병은 인류의 80% 이상이 치료되거나 감염되지 않을 수 있을 때 치유를 선언할 수 있게 된다고 한다. 실제로 혼자서만 감염되지 않았다고 해서 할 수 있는 일이 아무것도 없음을 누구나 체험해 보기도 하였고 말이다.

주변과 남들이 모두 힘들어하고 불행해하는 가운데 홀로 행복해지는 것이 어떻게 가능한 일이겠는가. 관계와 연계의 흐름이라는 존재함의 실상 앞에서 말이다. 남의 불행은 결코 나의 행복이 될 수 없으며, 남의 행복 또한 나의 불행은 아니라고 한다.

예로부터 발고여락(拔苦與樂)하여 이고득락(離苦得樂)한다, 하였다. 남의 괴로움을 덜어 주고 즐거움을 안겨 줌으로써 자신의 고통을 여의게 됨은 물론이거니와, 이로써 자신의 행복과 즐거움 또한 얻을 수 있다는 것이다. 그렇게 업의 통장에도 어느덧 공덕의 잔고가 쌓여 가는 것일 터이고 말이다.

불가에서는 보시의 완성 형태를 무주상보시(無住相布施)로 설명한다고 한다. 일체의 기대와 대가를 바라지 않음은 물론이고, 베풀었다는 사실조차도 잊는 보시라는 것이다. 이것이야말로 진정한 보시라고 한다.

네가 있기에 내가 있고, 우리가 있기에 내가 있을 수 있다고 한다. 애초에 둘이 아니기도 하고 말이다. 나와 남은 다르지만 우리는 하나이니, 결국 크게 보면 그렇게 주는 나와 받는 남이 따로 있는 것이 아닌 셈이며, 어쩌면 내가 또 다른 나를 위해 베푸는 것일 수도 있는 셈이다. 혹은, 또 다른 나에게 갚는 것이거나 말이다.

이를 떠나서라도 세상에는 베푸는 즐거움을 누릴 줄 아는 이들이 생각보다 많으며, 마음이 불편한 바에야 차라리 몸의 수고로움이나 약간의 금전적인 손해를 감수하는 이들도 의외로 많다고 한다. 바로 이러한 이들이 있기에 모두의 세상이 그나마 살 만해지는 것이기도 할 터이고 말이다.

예로부터 작은 것에 기뻐하고 마음이 자애에 머무는 이는 조건 지어진 것들의 고요함인 행복과 평화를 어디에서건 얻으리라고 했다.

불행이 있기에 행복이 있을 수 있다고 한다. 행복이 있기에 불행이 있듯이 말이다. 우리가 사는 세상엔 오로지 행복만이 존재할 수 없는 이유이자 상대적인 법칙이 지배하는 세상의 어쩔 수 없는 한계이기도 한 셈이다. 아마도 우리가 행복을 추구하는 한 결코 불행에서 벗어날 수 없는 이유이자, 행복이 인생의 목표가 될 수 없는 이유이기도 할 것이다.

그런데 사실은 이러한 것들이 실제로 있는 것이 아니라, 다만 그렇게 보이는 관념의 작용들이 있을 뿐이라고 한다. 즉, 이러한 분별의 관념이나 눈앞의 현상에 얽매이지 않는 자유로움이야말로 훼손되지 않는 진정한 행복이라는 것이다. 이러한 행복은 상대적인 분별이나 일시적 현상으로부터 얻는 가상적이고 임시적인 행복이 아니기 때문이다.

같은 일상일지라도 뭐가 뭔지도 모르는 채 그것에 갇혀서 집착하거나 상대적인 비교의 늪에 빠져서 허우적대는 삶과, 실상을 있는 그대로 보고 걸림 없는 자유 속에서 그것을 누리고 음미하며, 베풀고 향유하는 삶은 아마도 다른 삶일 것이다.

분명한 사실은 행복에는 실체가 없지만 행복한 이는 있다고 하며, 늘 행복할 수는 없지만 행복한 일은 늘 있다고 한다.

10) 일상-10

그렇다면, 이러한 일상의 행복이나 즐거움과 같은 긍정적인 감정들을 방해하고, 나아가 불행이나 스트레스와 같은 부정적인 감정들을 부추기는 외부 요건이나 환경의 실질적인 주범은 무엇일까.

대개의 경우 물질적인 것 자체보다는 이와 관련된 사람 간의 관계로부터 이러한 스트레스와 갈등이 시작된다고 한다. 비교하거나 비교당할수록 자신은 점점 더 작아 보이고 부족해 보이며, 남들은 점점 더 커 보이고 넘쳐 보이기 마련이니, 이처럼 상대적인 박탈감을 느끼는 대상도 사실은 물질적인 것 자체보다는 사람들일 경우가 대부분인 셈이다. 굳이 이렇게 남과 비교하지 않는다면 애초에 가진 것들의 크고 작음이라는 구별 자체가 성립되지도 않을 터이고 말이다.

나아가 크고 작은 사회생활에서 겪게 되는 스트레스와 갈등들의 원인도 알고 보면 집단이나 관습, 혹은 제도 자체보다는 구성원들이나 이를 집행하는 이들, 즉 사람과 사람 간의 관계로부터 비롯되는 것이 대부분이라고 한다.

  재미있는 사실은 남과 친해지거나 잘 보이기 위해서 비위를 맞춰 주고 듣기에 좋은 말만 가려서 하는 등 어떻게든 나를 버리고 상대방에 맞추려는 행동은 오히려 오랫동안 좋은 관계를 지속하지 못하게 하는 요인으로 작용하게 된다고 한다. 차라리 그 시간과 열정을 나에게 투자하여 자신을 향상시키는 것이 사람 간의 관계에 있어서도 현실적으로 더 도움이 된다는 것이다. 생각해 보면 나름의 일리가 있는 것이 자신을 향상시켜 완성해 간다면 저절로 매력 있는 인간이 되는 셈이니, 이에 따라서 상대방도 자연스럽게 끌리게 되는 것일 터이다.
  상대를 위하고 이해하기 위해서 굳이 나를 희생하거나 버릴 필요는 없다고 한다. 내 안에 상대방과 같은 부분이 있다는 것을 발견하고, 나와 상대가 서로 연결되어 있으며 궁극적으로는 같다는 것을 인정하고 공감할 수 있으면 된다는 것이다.
  예로부터 남을 아는 자는 현명한 자이지만, 자신을 아는 자는 깨달은 자이니, 되고자 한다면 고독에 잠길 것이요, 함께한다면 진실로 존재하리라고 하였다.

  사람은 사람 때문에 행복해하고, 사람 때문에 불행해한다고 한다. 좋아하는 이는 못 만나서 괴롭고, 미워하는 이는 만나서 괴롭다는 것이다. 너무 가까워지면 탈이 나기 쉽고, 너무 멀어지면 외로워지기 마련이고 말이다.
  불가근(不可近) 불가원(不可遠)이 답이라고는 하지만, 이처럼 적당한 거리를 한결같이 유지하는 것이 쉬운 일도 아닐뿐더러, 이 또한 오고 가는 정이 깊어지질 못해서 삶이 밍밍하거나 재미없다고 느껴지게 된다.
  마음이 가는 대로 대하는 것도 옳지 않다고 하고, 상대방에게 무조건 맞추는 것도 옳지 않다고 하며, 관계에 지나치게 얽매이는 것도 옳지 않다고 하고, 너무 멀리하는 것도 옳지 않다고 하며, 멀지도 가깝지도 않게 대하는 것 역시 정답은 아니라고 하니 과연 쉽지 않은 일이기는 하다.

대개의 예술 작품은 일차적으로 작가의 마음이 작품에 투영됨으로써 탄생하는 것이라고 한다. 다만, 이렇게 투영되는 감정들은 넘침과 절제가 때와 곳에 따라서 적절하게 분배되어야 아름다울 수 있다고 한다.

아마도 이것이 조화와 균형의 아름다움일 것이니, 세상의 일들도 대개는 이와 크게 다르지 않다고 한다. 어쩌면, 사람과 사람 간의 관계도 이와 같은 것인지도 모를 일이다. 그렇게 그의 처신은 아름다움으로 다가가 사람들에게 호응을 얻게 되는 것일 터이니 말이다.

현실적으로 사람이 살아가면서 남과 전혀 다투지 않고 살아가기는 어려운 일일 것이다. 하지만, 이러한 다툼을 피할 줄 모르거나 오히려 즐기는 사람은 세상을 피로하게 할뿐더러 자신도 큰일을 이루지 못하는 법이라고 한다.

하나의 얼굴에서 다양한 표정이 나오듯이 사람은 저마다의 다양한 면모를 갖추고 있기 마련이라고 한다. 그럼에도 불구하고 사람들은 늘 어느 한쪽 면만을 가려 보면서 반응의 다양함을 드러내곤 한다는 것이다. 어떤 이는 상대의 부정적인 면을 끌어내는 재주가 있고, 누군가는 긍정적인 면을 이끌어 내는 재주가 있으니, 이러한 차이가 바로 못난 사람과 잘난 사람의 차이이자 인간관계의 원초적인 기술이라고 한다.

여기에 더하여 때로는 호의가 의무가 되기도 하고, 선의를 권리로 받아들이는가 하면, 더러는 섣부른 자비가 핍박보다 더 나쁜 결과를 불러오기도 한다. 물론, 그래서 지혜 없는 자비 없고, 자비 없는 지혜 또한 없다고 하는 것이기는 하겠지만 말이다.

이러한 반응의 다양함과 더불어 온갖 편견이나 왜곡들이 세상의 많은 선한 이들을 힘들게 하고 지치게 하며, 사람과 사람 간의 관계를 꼬이게 한다. 결국, 이처럼 복잡하고 어려운 관계의 설정과 그 관계에 따른 연계의 과정에서 일어나는 서운함이나 실망감들이 쌓이게 되면서 사람 간의 스트레스와 갈등도 생겨나게 되는 셈이다.

이러한 서운함이나 실망감의 원인은 무엇일까.

나름대로 많은 이유가 있겠지만, 대개의 경우 기대에 부응하지 못하는 결과 때문이라고 한다. 어떤 관계에 있어서 내심으로 바라는 만큼, 혹은 자신이 행한 만큼의 결과로 다가오지 않으니, 이에 따르는 서운함도 생기고 실망감도 느끼게 된다는 것이다.

기대가 크면 실망도 크게 온다고 한다. 기대가 크지 않으면 실망도 작게 온다고 한다. 애초에 바라는 바가 없으면 실망하는 일도 없게 된다고 한다. 어찌 보면, 이 또한 집착의 문제일 수도 있는 셈이다.

물론 무미건조해지라거나 냉혈한이 되라는 말은 아닐 것이다.

어떤 행위가 원인이나 조건으로 작용하여 나름의 결과를 불러오게 되는 것은 세상의 당연한 이치일 것이다. 그러나 모든 결과가 내가 원하는 형태로 나타나지는 않는다고 한다. 세상의 이치는 나만을 위해서 작동하는 것이 아니며 어떠한 편애도 없을 뿐더러, 애초에 이러한 분별 자체가 없기 때문이다.

당연히 나만을 미워하지도 않는다고 한다. 때로는 세상이 나를 버렸다며 원망하고 한탄하기도 하지만, 애초에 세상은 나를 가진 적이 없다는 것이다.

기대에 대한 실망감은 상대라는 외부로부터 주어지는 배신감이나 허무함에서부터 비롯되는 감정일 것이다. 이러한 상대의 반응에 일일이 대응하거나 얽매이지 않는다면 실망과 분노가 아니라 연민의 감정이 생기게 된다고 한다. 이로부터 자비(慈悲)와 용서의 마음도 시작되는 것일 터이고 말이다. 외부의 현상에 집착하지 않고 자신의 행위에 대한 대가를 바라지 않는 마음의 여유가 이를 가능케 하는 셈이다.

어떤 행위에 대한 기대 이상의 결과는 당연히 큰 기쁨을 주기 마련일 것이다. 그러나 세상의 모든 일이 기대하는 만큼의 결과로 나타나지 않는다고 해서 기쁨이 전혀 없는 것은 아니라고 한다. 세상에는 주는 즐거움도 분명히 있기 마련이며, 나아가 행위 자체가 즐거움인 경우도 의외로 많기 때문이다.

고갯길에서 노인의 수레를 밀어 줌이 이와 같고, 계단에서 할머니의 짐을 들어 줌이 이와 같고, 자손들에게 용돈을 쥐여 주는 할아버지 할머니의 마음이 이와 같고, 텃밭에서 정성껏 기른 채소를 지인에게 나누어 줌이 이와 같고, 성심으로 만든 요리를 손님에게 대접함이 이와 같고, 우는 아이를 달래 줌이 이와 같고, 스스로 나서서 말없이 자원봉사를 실천하는 이들의 행위가 이와 같고, 가족을 위해 무리하는 가장의 마음이 이와 같으며, 모든 어머니의 자식에 대한 사랑이 이와 같다고 한다.

　이를 두고서 굳이 수고로움이나 희생이라는 무거운 굴레를 씌워 애써 고행의 짐으로 바꿀 필요는 없는 일일 것이다. 때로는 이성적이고 계산적인 논리에 따르는 가치관이 합리적인 것처럼 보이지만, 그것이 옳은 것을 의미하는 것은 아니며 삶의 정답은 더욱 아니기 때문이다.

　즐거움이 따르는 행위는 진심을 끌어내고, 무거운 의무감이나 계산에만 의지하는 행위는 사람을 지치게 한다.

　설령 이러한 즐거움을 알지 못하는 이들이 이에 대하여 자못 심각해 보이는 몇몇 단어들로 포장한다고 하더라도 그게 진실은 아닌 법이다. 자신이 즐거우면 그게 바로 진실인 것이다.

　그가 누구이든 세상을 잠시라도 미소 짓게 하거나 조금이라도 행복하게 만드는 이가 있다면, 그가 바로 천하의 의인이며 마땅히 온 세상의 존경을 받을 만한 이일 것이다.

　살다 보면 결과보다 과정이 더 중요할 때가 있다고 한다.

　목적보다 수단이 더 의미 있을 때, 진실보다 추리 과정이 더 흥미로울 때, 과거나 미래보다 지금이 더 삶의 본질일 때, 무엇을 하느냐보다 어떻게 존재하느냐가 더 중요할 때, 도착지보다 걷는 것이 더 의미 있을 때, 정답보다 풀이 과정이 더 중요할 때, 살다 보면 이러한 경우들이 있기 마련이라고 한다.

　때로는 절경을 찾아가는 길에서 인생 샷을 만나기도 하고, 때로는 맛집을 찾아가다 최고의 맛을 경험하기도 한다. 어쩌면 누군가처럼 기차에서 삶이 무엇인지 고뇌할 때, '삶은 계란이요'라고 외치는 소리를 들을 수도 있을 것이고 말이다.

　핵심이라고 규정된 것들이 매번 실제로 중요한 위치를 차지하지는 않는다고 한다. 때로는 에피타이저인 샐러드나 후식인 케이크 한 조각이 메인 요리보다 더 먹음직스러운 날이 있고, 구첩반상보다 곁들인 숭늉 한 그릇이 더 입맛에 맞는 날도 있으며, 연속극의 조연이 주인공보다 더 돋보일 때가 있고, 노래의 반주가 가사보다 더 듣기 좋은 날도 있는 것처럼 말이다.

조금만 긴 시야와 여유를 갖고 보면 삶은 그런 것이라고 한다. 멀리 있는 목표나 눈앞의 작은 것에 매달려서 연연하는 짧은 시야와 내일이 없는 것 같은 조급함은 필경 훗날의 먹먹한 안타까움과 후회의 긴 한숨을 남기기 마련이라고 한다.

어쩌면 산의 정상은 그곳에 오르는 길을 위해 존재하는 것인지도 모른다고 한다. 도착하기 위해서 있는 것이 아니라, 그곳에 다가가는 여정을 위해서 존재하는지도 모를 일인 것이다. 삶이라는 것은 목적이기보다는 과정에 가깝고, 옛날이나 훗날이 아닌 바로 지금 여기에 있는 것이라고 하니 말이다.

각자가 서 있는 곳에서 바라보는 세상은 그가 서 있는 장소와 때에 따라서 다르게 보인다고 한다. 때로는 보호받는 쪽이 보호하는 사람의 보호막이 되기도 하고, 때로는 위로받는 쪽이 위로하는 사람의 위로가 되기도 하며, 때로는 받는 쪽이 주는 사람의 마음을 더욱 풍요롭게 하기도 한다.

세상에 부끄러움이나 두려움이라는 감정이 없는 이는 드물 것이다. 또한 누구에게나 측은지심과 양심이라는 것은 있기 마련이며, 타인의 분노와 원망을 사기보다는 감사와 공경을 받기를 기꺼워하는 것은 누구라도 크게 다르지 않을 것이다.

이러한 감정들은 스스로를 삼가고 조심하게 하는 일종의 제어 장치라고 한다. 그렇게 자신이 삼가야 할 일과 마땅히 해야 할 일을 알고 있다면, 굳이 여기에다 마음을 더 내지는 말라고 한다. 마음이란 물건은 요상한 면이 있어서 잠시라도 빌려 쓰면 곧바로 새끼를 쳐서 사심이라는 이자를 낳게 되기도 하기 때문이다. 이렇게 되면 될 일도 되지 않고 좋은 일도 좋은 일이 아니게 되어 버리고 만다고 한다. 알고 있다면 그저 행할 뿐이며, 그게 전부라는 것이다.

대개의 경우 유형의 물질적인 것들은 나눌수록 작아지고 얇아지며 옹색해지지만, 무형의 정신적인 것들은 그럴수록 더욱더 커지고 두터워지며 그윽해지는 결과를 불러온다고 한다.

설사 그렇지 않다고 하더라도 배려하고 위로하는 마음은 그 자체로 행하는 이에게 즐거움과 행복감을 준다고 한다. 그러니 남을 배려하고 위하는 마음이 어떤 결과를 불러올 것인지에 대하여 굳이 신경 쓰지 않아도 된다는 것이다. 그것을 행하는 순간 이미 받은 것과 마찬가지인 셈이니 말이다.

따스한 햇살과 촉촉한 비는 그렇게 저절로 꽃을 피워 열매를 맺기 마련이며, 지는 낙엽 또한 바람 때문이 아니라 다만 때가 되어서 저절로 떨어지는 것일 뿐이니, 마땅히 해야 할 일이 있다면 과정의 현상이나 일시적인 결과에 너무 연연하지 말고 그저 묵묵히 행할 뿐이라고 한다.

이처럼 자신의 내면으로부터 비롯되는 만족감이나 즐거움은 외부의 결과나 대가를 조건으로 하지 않는다고 한다. 대가가 없으면 없는 대로 행위 자체로 이미 족하고, 대가가 있으면 있는 대로 그 즐거움은 더욱 커지게 된다는 것이다.

매우 수준 높은 즐거움이고, 남에게 기대지 않는 즐거움이며, 나아가 남들이 방해할 수도 없는 즐거움인 셈이다. 행위 자체가 이미 기쁨이며, 외부가 아닌 자신의 내면으로부터 우러나오는 기쁨인 셈이니 말이다. 아마도 이것이 결과에 얽매이지 않고 과정에 충실할 수 있는 최선의 자세이자 집착에서 벗어날 수 있는 현실적인 방법이기도 할 것이다.

사람과 사람 간의 관계도 이와 같다고 한다. 이것이야말로 어떤 바람이나 기대, 혹은 결과에 얽매이지 않으면서도 사람 간의 관계에 충실할 수 있는 길이라는 것이다. 예로부터 사람 간에는 진심(眞心)과 진심(盡心)이면 그것으로 이미 족한 것이라고도 하였으니 말이다.

그 시작이 굳이 거창할 필요도 없다고 한다. 그저 좋은 표정과 좋은 말 몇 마디로 충분하다는 것이다.

친절도 그리 어려운 것만은 아니라고 한다. 작고 사소한 것을 신경 써 주는 것이 친절이기 때문이다.

물론, 이조차도 마냥 쉬운 일만은 아니겠지만, 이러한 것들이 하나둘 쌓여 감으로써 사람은 점점 익어 가고 관계는 점차 숙성되어 마침내 그윽한 향기를 품게 된다고 한다. 그렇게 나로부터 시작된 소쩍새의 작은 울음소리는 어느새 한 송이의 국화꽃으로 피어나 자신이 속한 크고 작은 울타리 안에서도 어느덧 정(情)의 향기가 가득하게 될 것이라고 한다.

꽃(花)의 향기는 십 리를 가고, 말(言)의 향기는 백 리를 가지만, 정(精)의 향기는 만 리를 간다고 했다. 사람을 대함에 있어서 그저 그렇게 그윽한 마음을 내라고 한다. 이것이면 족한 것이고 그것이 전부라고 한다.

관계와 연계의 흐름은 우주와 만물이라는 현상의 본질이라고 한다. 그저 귀로 듣기에만 좋은 말이 아니라, 실제로 이렇게 함께 어울려서 아름다운 조화를 이루며 살아감은 근원적인 삶의 원천이자 본질이기도 한 셈이다.

백만매택(百萬買宅)이요, 천만매린(千萬買隣)이라고 했다. 물론, 이처럼 좋은 친구나 좋은 이웃을 구하려면 먼저 내가 좋은 사람이 되어야만 하는 것이기는 하겠지만 말이다.

그렇게 좋은 이웃, 좋은 벗들과 어울려서 그윽한 향기를 품은 채 함께 더불어 사는 것은 억만금으로도 살 수 없는 삶의 소중한 가치이며 인생의 큰 보람이자 즐거움일 것이다.

11) 일상-11

이처럼 서로를 배려하고 존중하며 함께 더불어 사는 삶을 지향하는 것은 결코 그것을 행하는 이의 손해나 희생을 의미하는 것이 아니라고 한다.

인상 깊은 천국과 지옥에 대한 비유가 있다.

천국과 지옥에서는 매일같이 성대한 잔치가 열리는데, 다만 숟가락과 젓가락의 길이가 자신의 팔보다도 길어서 스스로 집어 먹을 수가 없는 상황이라고 한다.

그런데 천국에 사는 사람들은 이 긴 숟가락과 젓가락으로 남들에게 먹여 줌으로써 베푸는 즐거움과 대접받는 기쁨을 동시에 누리면서 매일매일 잔치를 즐긴다고 한다.

물론 지옥에서도 똑같이 매일 성대한 잔치가 열리는데, 다만 사람들이 달라서 배는 고픈데 눈앞의 진수성찬을 보면서도 집어 먹지를 못하니 괴롭고, 남이 먼저 먹기라도 할까 봐 배가 아파서 괴로우니 매일매일 지옥이라는 것이다.

과연 현실의 실상도 이와 크게 다르지 않아 보인다. 젖과 꿀이 흐르는 천상의 낙원이 있으면 무얼 하겠는가. 제멋대로 금을 그어 놓고서 서로 뺏고 빼앗기는 아귀다툼이 일어나거나, 극심한 부동산 투기나 불러오기가 십상일 것이다. 아마도 오늘날의 눈부신 물질문명과 마음의 행복이 따로 놀게 되는 이유이기도 할 것이다.

산에서 자라는 나무는 제 부지런한 만큼 자라고, 제 뻗은 가지와 뿌리만큼 햇빛과 자양분을 받아 가기 마련이라고 한다.

죄와 벌도 이와 같다고 한다. 원래 천국에는 가로막는 문이 없으며, 지옥에서도 고객 유치에 그리 열을 올리지는 않는다는 것이다. 자신만의 세상을 어떻게 규정하여 어떤 삶을 살아갈 것인지를 누가 간섭할 수도 없는 일일 것이고 말이다. 단지 자신이 인식한 세상에서 자신이 행한 만큼 나아가고 자신이 짊어진 업의 무게만큼 무거울 뿐이라는 것이다.

그렇게 말과 행위가 진실하고 선한 마음을 담은 씨앗을 뿌리면 좋은 열매를 얻게 될 것이요, 반대의 경우도 저절로 그렇게 이루어지는 것이니, 모든 것은 그저 자신이 행한 대로 돌아오는 흐름의 연속 과정일 뿐이라고 한다.

그래서 복은 받는 것이 아니라 짓는 것이라고 한다. 자신에게서 나갈 때 이미 들어온 것과도 같으니, 결국 원인과 결과는 하나인 셈인데 이를 둘로 나누어서 별개로 보는 시각으로부터 온갖 허점과 오해가 생겨나게 된다.

선악이라는 것 또한 마음의 자리라고 한다. 언제나 마음에 있지만 그것은 본래의 마음이 아니라, 단지 마음의 한 자리라는 것이다.

마음이 악한 것에 머무르면 악이고 선한 것에 머무르면 선이니, 악이라는 자리가 없는 사람도 없고 선이라는 자리가 없는 사람도 없다고 한다. 그저 머물기 좋아하는 자리가 있고, 머물기 좋아하는 마음이 있을 뿐이라는 것이다. 물론, 이러한 선악이라는 관념 자체도 사실은 상대적이고 주관적일 수밖에 없는 인위적 구분이라고는 하지만 말이다.

그러나 관계와 연계라는 네트워크의 흐름에는 이러한 분별이 없어서 오직 자신이 행한 대로 돌아오게 될 뿐이라고 한다. 의도하지 않았다거나, 어쩔 수 없었다거나, 혹은 실수였다거나 하는 변명이 통하지 않는다는 것이다.

그러므로 예로부터 다만 자신의 머리와 입과 손발을 살피라고 하였다. 모든 악업은 이로부터 비롯된다는 것이다. 이러한 생각과 말과 행위로써 짓는 악업을 삼가는 이는 반드시 살아서든 죽어서든 능히 평안을 얻을 것이라고 한다.

예로부터 마음의 밝음에서 지혜가 나오고, 마음의 온화함에서 자비가 나오며, 마음의 고요함에서 삼매를 이룬다고 하였다. 선과 악, 천국과 지옥, 자비와 원망, 배려와 질투, 행복과 불행, 지혜와 어리석음, 삼매와 미망이 모두 이러한 마음의 한 자락에 달려 있다는 것이다. 마침내 그 마음이 이러한 어느 곳에도 머무는 바가 없다면, 아마도 그가 바로 군자이고 성인이며 진인일 것이다.

이른 겨울에 매화 가지를 꺾어도 그 가지 안에는 꽃이 없다고 한다. 매화를 보기 위해서는 인고의 겨울을 보내야만 만개한 꽃을 볼 수 있다는 것이다.

마찬가지로 행위와 실천으로 몸을 수고롭게 하고, 인내와 지혜의 성찰로 자신의 마음에 가득 차 있는 탐욕을 덜어 내고 비워 내야만 천지에 만개한 복을 받을 수 있다고 한다. 비워야만 채울 수 있는 법이고, 들이쉬려면 먼저 내쉬어야만 하는 것이 세상의 이치이니 소원하고 갈구하는, 즉 채우려는 마음만으로는 부족함이 있다는 것이다.

세상 누구라도 살아서든 죽어서든 복을 받기를 원하지 않는 이는 드물 것이다. 그러나 생사의 이전이나 이후의 일을 떠나서, 이러한 복을 받기 위해서는 반드시 먼저 받을 준비와 자격을 갖추어야 한다고 한다. 세상은 원래 만복으로 가득 차 있거니와, 다만 자기가 가진 그릇의 크기만큼 받아 갈 뿐이라는 것이다. 바라는 만큼의 복을 받아 가려면 먼저 마음을 비워서 받을 수 있는 그릇의 용량을 키울 일이라고 한다. 그 갈구함에 앞서서 말이다.

대개의 경우 기도는 크게 두 가지로 나눌 수 있다고 한다.
바로 참회와 발원의 기도가 그것이다. 기도하는 대상이 누구이건, 혹은 무엇이건 간에 말이다.
그래서 참회와 발원은 종교의 꽃이라고 한다. 참회는 마음 그릇의 비움이며, 발원은 이로부터 비롯된 서원(誓願)의 채움을 의미하는 것이기 때문이다. 그렇게 태초의 의지로부터 현상으로 발현된 존재들이 그 변함의 바른 쓰임을 찾아가는 과정이기도 할 터이고 말이다.
그런데 이러한 기도의 과정에서 하늘의 신들로 하여금 스트레스를 받게 하는 말이 있으니, 바로 '해 주시옵소서'라는 한마디라고 한다. 언제라도 적극적으로 도와줄 만반의 준비가 되어 있는 신들에게 이 한마디는 오히려 도움의 손길을 스스로 외면하는 결과를 불러올 수도 있다는 것이다. 이 세상은 나름의 원리와 이치라는 질서의 흐름에 의해서 존재하고 유지되며 생동하고 마쳐지기 때문이며, 우리는 모두 이러한 질서의 흐름에 속한 존재들이자 흐름 자체이기도 하기 때문이다.
물론, 어떤 바람은 그 자체만으로도 가치 있는 일이라고 한다. 자신이 지향하는 바를 상기시켜 주기 때문이다. 나아가 사람은 서원의 힘으로 살아야 한다고 했으니, 탐욕으로서가 아닌 바람직한 욕구는 자신과 세상을 완성하여 높은 곳으로 나아가게 하는 원동력이 되기도 한다.
그러나 원인은 원인만으로 작동되지 않는 법이며, 서로 상대적인 일들이 동시에 구현되는 모순도 우리가 사는 현실의 세상에서는 일어날 수 없는 일이라고 한다.
하지만, 이러한 세상의 이치를 진즉에 알아차린 현명한 이들은 다음과 같이 기도함으로써 신들의 은총을 넘치도록 받는다고 한다. "이것을 위해 이러저러하겠습니다. 그러니 이 일이 원만히 성취될 수 있도록 보살피시고 도와주소서"라고 말이다.
그것이 참회가 되었든 발원이 되었든 인(因)의 씨앗을 스스로 심고자 하니 잘 자라나서 꽃으로 피어나 열매를 맺을 수 있도록, 즉 조건(緣)적인 요소들이 잘 작용할 수 있게 도와 달라는 기도인 셈이다. 물론, 무려 신들과의 약속이니 당연히 그 실천의 약속을 소홀히 할 수는 없는 일일 터이고 말이다. 하늘의 신들에게 알아서 도와줄 수 있는 기회와 여지를 부여하는 기도인 셈이다.

이러한 기도는 능히 세상을 놀라게 할 만한 효과를 보인다고 한다. 이른바 줄탁동시(啐啄同時)의 효과를 기대해 볼 만한 기도인 셈이다.

어떤 원인을 심는 것은 자신이지만, 이러한 원인에 조건으로 작용하는 수많은 요소와 이로 인한 인과의 복잡한 전개 과정은 내가 어찌할 수 없는 것이 대부분이라고 한다. 즉, 하늘의 도움이 절실히 필요한 일인 셈이니 마땅히 기도를 드려야 할 만한 일이기도 한 셈이다.

모든 것을 나의 힘만으로 해결할 수 있다는 것 또한 오만이라고 한다. 모사재인(謀事在人) 성사재천(成事在天)이라는 말이 왜 생겨났겠는가. 아마도 가늠하기 어려운 관계와 연계의 묘한 흐름 앞에서 누구나 조금은 겸손해질 필요가 있다는 말일 것이다.

컵라면은 뜨거운 물을 붓기 전에 스스로 알아서 익지 않는다고 한다. 복권을 사야 당첨이라도 시켜 줄 수 있지 않겠는가 말이다.

다만 하늘의 운을 자주 시험하는 이는 하늘도 그를 시험하는 법이며, 내가 심연을 바라보면 심연도 나를 주시하는 법이라고 하였으니, 이를 잊지 않으면 된다고 한다.

신앙의 믿음이 깊은 사람들은 자신의 갈구하는 마음을 내려놓고 어떤 행위에 대한 결과를 온전히 내어 맡긴다고 한다. 행위는 행위일 뿐, 이러한 행위에 따르는 결과는 비록 원하고 기대하기는 할지언정 온전한 나의 몫은 아니라는 것이다.

진인사 대천명(盡人事 待天命)이라고 했다. 단지 원인을 심고 조건을 충족시키고자 하는 노력만이 나의 몫이고, 자신의 의지에 대한 최선의 행위가 있을 뿐이며, 마땅히 해야만 하는 일이 있을 뿐이라는 것이다.

기대나 갈망의 크기와 실제 결과물의 크기는 애초에 같을 수가 없는 것이라고 한다. 그러니 이에 대하여 굳이 크게 실망하거나 지나치게 마음 상할 일도 아니라는 것이다. 나의 몫을 내려놓는 것이 어려운 일이지, 내 몫도 아닌 것들을 내려놓는데 무슨 아쉬움과 걸림이 있겠는가. 내려놓지 못하면 세상이 나의 적이 되고, 내려놓으면 세상이 나의 일부가 될 것이라고 한다.

예로부터 그것이 무엇이 되었든 집착하여 구하면 속박되기 마련이니, 구하되 얽매이는 바가 없다면 능히 걸림 없는 자재함을 얻으리라, 하였다.

사실은 이미 처음부터 온전히 주어졌거니와, 다만 그것을 알아내고 확인하며, 실현하고 감사해할 뿐이라고 한다. 아마도 이것이 기도일 것이다.

여기에 더하여, 그 참회와 발원의 마음이 기도하는 순간을 넘어 일상에서도 여전히 유지될 수 있거나 기도의 대상과 영역이 나와 주변을 넘어서 온 세상으로 확대되어 감으로써, 아마도 그의 기도는 세상과 하나로 되어 가는 또 다른 길이 되는 것일 터이다.

기도의 순간이 평상심으로 확장됨이고, 사적이고 작은 것으로부터 너와 나의 분별 없는 창대함으로 나아감이며, 욕망의 힘이 서원의 원력으로 거듭남이니, 어쩌면 이것이 바로 기도의 위대함이기도 할 것이다. 그렇게 그의 기도는 부분과 전체가 다 함께 고양되어 가는 흐름을 이루어 내는 또 하나의 길이 되는 것일 터이다.

사실 복이든 화이든 이러한 형태의 결과물이라는 것도 진정한 의미의 결과는 아니라고 한다. 지금의 결과는 또 다른 흐름을 이루어 내는 부분이자 과정이기도 하기 때문이다. 즉 지금의 결과는 더 큰 무엇의 일부이거나, 다음에 일어날 무엇의 원인이나 조건으로 작용하는 요소 중의 하나일 뿐이라는 것이다.

하나의 결과는 결코 그 상태로 머물지 않는 것이 세상의 이치라고 한다. 새옹지마(塞翁之馬)라는 말이 빈말은 아니라는 것이다.

성공과 실패를 대하는 태도도 이와 같아야 한다고 한다. 지금의 실패는 확정된 실패가 아니며, 지금의 성공 또한 온전한 성공은 아니라는 것이다. 단지 다음에 일어날 무엇이나 더 큰 무엇을 이루는 부분, 혹은 연속되어서 이어지는 어떤 흐름의 과정에서 나타나는 일시적 현상에 불과하다는 것이다.

다만, 이를 어떻게 해석하고 판단하여 어떤 원인이나 조건으로 삼을 것인지는 각자의 선택에 달린 문제라고 한다. 즉, 실패에 좌절하거나 성공에 자만할지, 아니면 다음에 다가올 무엇이나 더 큰 무엇의 기회로 삼을지는 오직 각자의 몫이라는 것이다. 물론 무엇이라도 배우고 익히는 체험학습의 기회로 삼는다면 더할 나위 없는 일일 것이고 말이다.

아마도 지금 마주하는 모든 현상은 그저 광대한 흐름 가운데 일어나는 찰나의 변화일 뿐이니, 이러한 순간의 현상에 너무 연연하여 일희일비할 필요는 없다는 말일 것이다. 중요한 것은 이로부터 교훈을 얻어서 앞으로 나아가는 것일 터이고 말이다.

그렇게 불변으로써 변화를 대처하되 근본을 헤아리고 흐름을 이해하여 기회를 보아 대응함은 모든 일어난 일과 종잡을 수 없는 일들에 대한 현명한 대처 요령이라고 한다.

인생이라는 게임은 토너먼트(tournament) 방식이 아니라 리그(league) 방식으로 진행된다고 한다. 실패를 만회할 기회가 주어지는 룰(rule)이라는 것이다. 더하여 세상의 어떤 게임도 유저들에게 불가능한 미션(mission)이나 퀘스트(quest)를 부여하지는 않는다고 한다. 망하고 싶지 않다면 말이다.

하물며 우주의 섭리와 만물의 이치가 작동하는 시스템에서는 절대로 풀리지 않는 매듭을 엮어 내지는 않는다고 한다. 다만, 그 미션과 퀘스트의 공략법을 아직 발견해 내지 못하고 있을 뿐이며, 그 매듭의 고리를 제대로 이해하지 못하였거나 풀어내는 방법이 조금 미숙할 뿐이라는 것이다.

예로부터 하늘이 그를 크게 쓰고자 할 때는 반드시 먼저 그에게 시련과 고난을 내려서 단련시키는 법이라고 하였다. 어쩌면, 지금의 모든 고난은 하늘이 나를 더 크게 쓰기 위해 내려 준 학습 과정인지도 모를 일이다.

더 나아가 우주라는 현상의 근간인 관계와 연계의 흐름은 부분과 전체가 다 함께 보완되고 고양되어 가는 지향적 순환구조를 갖춘 흐름이라고 한다. 따라서 이러한 흐름에 의해서라도 결국에는 만회할 기회가 주어지는 세상인 셈이며, 어쩌면 지금의 안 좋은 상황은 더 나은 내일을 위한 조건이나 과정, 혹은 힌트일 수도 있는 셈이다.

거창하게도 무려 우리가 사는 우주의 원리와 이치가 이처럼 우리에게 충분한 기회를 보장하고 있다고 한다. 그렇다고 받아들이기만 한다면 나는 세상과 가위바위보를 하여 이미 이겼거나 져 버린 줄로만 알았건만, 사실 그동안 세상은 나와 묵찌빠를 하고 있었던 셈이다.

어쩌면 추락하는 것에는 날개가 없는 것이 아니라, 날개만 있는 것인지도 모른다고 한다. 모두에게 있지만 날갯짓을 포기한 날개 말이다.

기회와 위기, 복과 화는 본래 하나의 몸이라서 홀로 존재하지 않는다고 한다. 길흉이란 마치 꼬아 놓은 새끼줄과도 같아서 따로 경계가 없음이니, 기회가 있으면 위기가 있고, 위기가 있으면 기회가 있기 마련이며, 화가 있으면 복이 있고, 복이 있으면 화가 있기 마련이라는 것이다. 혹은 위기가 곧 기회이고, 화가 곧 복이거나 말이다. 본래는 하나의 몸이지만 단지 보는 사람의 입장에 따라서 다르게 보이는 것일 수도 있다는 것이다.

또한, 기회와 위기, 복과 화의 공통점은 어느 날 느닷없이 찾아오는 것이라고 한다. 아마도 사실이 그러한 것이 아니라, 이미 예고된 300번의 가볍고, 29번의 중대하며, 1번의 결정적인 전조 증상들을 눈치채지 못한 탓이거나, 복잡하게 얽혀 있는 인과의 그물을 헤아리는 일이 만만치 않기 때문일 것이다.

다만, 오직 준비된 사람만이 기회를 잡을 수 있고 위기를 의연히 마주 볼 수 있으며, 오직 볼 수 있는 사람만이 그 복이 복인 줄 알고 화가 화인 줄 알게 된다고 한다.

어쩌면 길흉이라는 것 또한 그렇게 실체가 따로 있는 것이 아니라, 다만 음(陰) 속에 양(陽)이 있고 양 속에 음이 내재되어 있어 그 작용과 조화로부터 천변만화를 이루어 내듯이, 혹은 그 성질이 극에 이르면 반대의 성질로 역전되기라도 하듯이, 이러한 세상의 묘한 운행 가운데 일어나는 온갖 변화의 흐름에 대한 또 다른 명칭 가운데 하나일 뿐인지도 모를 일이다.

보이는 것이 전부는 아니며, 알고 있는 것이 항상 옳은 것도 아니라고 한다. 길가의 개미는 자기 옆을 밟고 지나간 사람의 발걸음을 느끼지 못하거니와, 자기가 방금 죽음 직전에서 가까스로 살아난 줄도 알지 못한다는 것이다. 사람의 아는 바도 이와 같아서 지금 곁을 스치고 지나가는 위난과 길흉의 운명을 알기 어려우니 모든 것을 쉽게 확신하지도, 쉽게 판단하지도 말 일이라고 한다.

사실 지푸라기를 잡으려는 발버둥은 익수자를 더 큰 위험에 빠뜨린다고 한다. 하지만 한편으로는 그렇게 필사적으로 버둥거리는 사람이라야 누군가 던져 주는 밧줄이라도 잡을 수 있는 법이라고 한다. 물론, 그 밧줄이 썩은 지푸라기인지 튼튼한 동아줄인지 확인해 보려면 힘껏 움켜쥐고 당겨 보는 수밖에 없는 일이고 말이다. 끄트머리만 겨우 보이는 지금 눈앞의 줄들 가운데 어느 것이 튼튼하고 약한 줄인지, 어느 것이 길고 짧은지는 당겨 봐야만 알 수 있는 일일 것이기 때문이다.

그렇게 지금 마주하고 있는 것이 기회이든 위기이든 뭔가를 시작하기도 전에 막연한 짐작이나 추측만으로 일희일비할 필요는 없다고 한다.

출근길에 흙탕물이 조금 튀었다고 해서 하루가 온통 재수 없는 날은 아닐 것이며, 버스가 조금 늦게 도착했다고 해서 그날 일이 다 꼬이는 것은 아닐 것이다. 섣부르게 판단하여 너무 일찌감치 만사를 예단해 버리면 중요하거나 소중한 것을 놓치게 될 수도 있다고 한다. 부분이나 과정만을 보고서 만사에 너무 일찍 꼬리표를 붙이지는 말라는 것이다.

처음이 좋다고 하여 나중이 반드시 좋은 것은 아니며, 처음이 어렵다고 하여 나중이 반드시 어려운 것도 아니라고 한다. 세상에 그치지 않는 비는 없고 다시 뜨지 않는 해도 없다는 것이다. 구름에 가려져 있다고 해서 하늘의 달이 어디로 사라져 버린 것도 아닐 터이고 말이다.

지금의 처한 상황에 너무 우쭐댈 필요도, 너무 의기소침할 필요도 없으며, 그것이 마땅한 일이라면 그저 담담하고 의연하게 앞으로 나아가면 되는 일이라고 한다.

모든 현상은 극에 달하면 반대로 나아가기 마련이니, 무슨 일이든 지금의 한시적인 처지에 너무 갇혀서 얽매이면 크게 이루지 못한다고 한다. 세상만사가 좋은 면이 있으면 꼭 나쁜 면도 있기 마련이고 말이다. 아마도 일어나는 일 자체보다는 받아들이는 사람의 관점과 그릇이 문제라는 말일 것이다.

과연, 이러한 세상의 묘한 흐름을 우리의 짧은 경험치와 모자란 식견으로 온전히 간파해 내기란 쉽지 않은 일일 것이다. 일변이 만변으로 확산되어 풍운의 조화를 일으키니, 그 천변만화하는 흐름의 소용돌이를 예측하는 일이 어디 쉬운 일이겠는가. 우리는 늘 무언가를 바라지만, 현실에는 늘 그렇게 되지 않는 무수한 이유가 존재할 뿐이라는 것이다.

다만 시도조차 하지 않은 일은 일어나지 않는 법이니, 하고자 하는 일이 있다면 집착하지 않되 정성을 다하여 변하지 않으면 된다고 한다. 변하고 예측할 수 없는 것들은 이러한 방법으로 온전히 얻을 수 없겠지만, 진실하여 불변하는 것들은 이로써 반드시 얻을 수 있을 것이기 때문이다.

각각의 규모나 형태가 천차만별이기는 하지만, 일정한 단위로 완성된 네트워크의 흐름은 전체의 하나라는 흐름과 실시간적으로 연동되어 있기에 어떤 형태로든 서로 영향을 주고받을 수밖에 없다고 한다. 즉, 이러한 흐름은 전체의 하나와 각자의 하나가 겹치고, 선과 후가 겹치며, 주체와 대상이 겹치는 묘한 흐름을 만들어 낸다는 것이다. 이러한 흐름의 소용돌이 속에서 눈앞의 부분적인 현상에만 갇혀 있는 제한되고 한정된 시점들이 온갖 오해와 착각을 불러일으키는 것일 터이고 말이다.

하지만, 이러한 오해와 착각과는 상관없이 그 흐름의 현상으로 존재하는 각자는 필연적으로 스스로의 행위에 따른 결과에 직면하기 마련이라고 한다. 어찌 보면, 원인과 결과는 본래 하나인데, 단지 시간과 공간으로 분리되고 왜곡되어 있어서 먼 훗날의 일로 오해하거나 작동되지 않는 것으로 착각하고 있을 뿐인지도 모를 일인 것이다.

먼 훗날의 일로 오해하게 되면, 흰쥐와 검은쥐가 번갈아 갉아 먹는 우물 속 나무뿌리에 위태롭게 매달려서 떨어지는 꿀 다섯 방울에 취하게 된다고 한다.

작동되지 않는 것으로 착각하게 되면, 천 길 낭떠러지의 폭포를 눈앞에 두고서 이를 향해 열심히 노 젓기에 거리낌이 없게 된다고 한다.

생각해 보면 헤아리기 어렵고 기억하지도 못하는 먼 과거의 어떤 인에 의한 지금의 과보가 억울하다는 생각이 들기도 한다. 때로는 스스로 지은 자업(自業)이 아니라 소속된 단위로부터 따라오는 공업(共業)의 무게가 부담스러울 때도 있고 말이다.

그러나 현재의 나라는 현상 자체가 바로 이러한 흐름의 산물이자 흐름 자체라고 하니, 달리 보면 이러한 일들은 당연한 현상이기도 할 것이다. 그 자업과 공업 또한 둘이 아닐 터이고 말이다.

다만, 우리가 사는 세상은 임의적인 세상도 결정론적인 세상도 아니라고 한다. 스스로의 의지와 행위로써 엄정한 질서의 흐름에 일정한 변화를 일구어 내는 것이 허용된 세상이며, 그렇게 매 순간 생생하게 살아 움직이는 세상이라는 것이다.

즉, 우리의 세상은 이러한 묘하고도 넉넉한 흐름 속에서 자신의 오류와 미진함을 만회할 기회를 제공하는 세상이며, 스스로의 의지와 행위로써 오늘보다 나은 내일을 향해 나아갈 기회와 권리를 부여하는 시스템인 셈이다. 더 나아가 이러한 부분의 하나가 이루어 내는 변화로부터 전체의 하나 또한 따라서 변하게 되는 세상이라고 하니, 어쩌면 이것이 바로 현상의 작용이자 쓰임인지도 모를 일이고 말이다.

다만, 이러한 흐름에는 어떠한 차별이나 편애함 또한 없다고 한다. 모든 악연과 선연, 그리고 이에 따르는 화와 복은 마치 자신이 끄는 수레와도 같아서 스스로 내디딘 발자국을 따라오는 수레바퀴와 같으며, 자신의 움직임에 따라오는 그림자와 같다는 것이다.

때로는 악인(惡因)이 고과(苦果)로 돌아오지 않는 것처럼 보이기도 하고, 선인(善因)이 낙과(樂果)로 돌아오지 않는 것처럼 보이기도 하지만, 사실은 이러한 착각을 떠나서 그렇게 사는 것 자체가 이미 축복이고 비참함이며, 행복이고 불행이며, 천국이고 지옥이라고 한다.

결국 크게 보면 노루 옆에 있는 게 사슴이고 사슴 옆에 있는 게 노루인 셈이니, 이러한 온갖 변화의 흐름에는 화와 복이 따로 있는 것이 아니라, 오직 자신이 빚어낸

인(因)에 조건을 더한 과(果)가 있을 뿐인 셈이다. 그것이 좋아 보이건 나빠 보이건, 혹은 그리 멀지 않은 과거나 미래의 일이건, 아니면 짐작하기도 어려운 과거세나 미래세의 일이건 말이다.

그렇게 삶의 의미를 정하는 것은 자신의 몫이라고 한다. 당연히 이처럼 어떻게 하든 결국 자신이 행한 대로 돌아오는 것이 세상의 운행 이치라면, 스스로 어떤 삶을 살아갈지를 정하는 것 역시 본인의 권한이어야 할 터이고 말이다.

누구에게나 푸른 하늘과 사계절이 주어지고, 햇빛은 호오(好惡)를 가리지 않고 비추는 법이니, 밝게 빛나는 양지와 어두운 그늘의 음지도 그렇게 누구인지를 가리지 않고서 무심히 오고 갈 뿐이라고 한다. 과연, 이러한 세상의 흐름 앞에서 찰나의 높고 낮음이나 화와 복에 대한 분별이 무슨 의미가 있겠으며, 이렇게 수시로 변해 가는 순간의 현상에 집착하여 우왕좌왕하는 것에 어떤 의미가 있겠는가.

그렇게 봄 햇살에 패랭이꽃이 피고, 여름 달빛에 박꽃이 필 뿐이라고 한다.

12) 일상-12

크게 보면, 이러한 온갖 현상, 즉 만 가지의 오고 감은 모두가 각자의 하나이자 전체의 하나이기도 한 의식의 네트워크가 엮어 내는 변화의 흐름일 것이며, 만물의 두 가지 속성들이 부려 내는 조화이기도 할 것이다. 흐르는 것들이 아니라 흐름 자체로서 말이다.

대개의 경우 물은 위에서 아래로 흐르기 마련이라고 한다. 아마도 이것은 세상의 큰 질서 가운데 하나일 것이다.

하지만 때로는 물이 아래에서 위로 흐를 수도 있다고 한다. 잔에 차오르는 물이나 주전자의 끓는 물, 혹은 하늘의 구름처럼 말이다.

그러나 크게 보면 결국 물은 위에서 아래로 흐르는 것에서 벗어나지 못하는 법이니, 물이 위에서 아래로 흐르는 것이 큰 틀을 이루는 질서라면 그 안에 다시 작은 질서들이 존재하고 있는 셈이다. 이러한 작은 질서 중에는 큰 질서에 위배되는 것처럼 보이는 현상들도 더러 나타나는 셈이고 말이다.

바로 이러한 흐름이 변화를 이루어 내고 현상을 일으킨다고 한다. 어떤 쓰임으로서 말이다.

이러한 변화는 어디로부터 오는가.

대개의 경우 이러한 변화는 무언가 다른 힘이 작용했을 때 일어나는 현상들이라고 한다. 그 힘은 대체적으로 어떤 의지에 따른 움직임에서 비롯되는 것이고 말이다.

즉, 어떤 의도와 이에 따르는 움직임들이 때로는 이렇게 큰 질서의 흐름을 거스르고 바꾸는 것처럼 보이는 현상을 일으키기도 한다는 것이다. 물론, 이러한 의도나 움직임은 만물의 실체로서의 속성과 의식으로서의 속성 간의 작용과 조화로부터 비롯되는 것일 터이고 말이다.

어쩌면 엔트로피의 증가라는 큰 질서의 흐름 속에서 때로는 지향적으로 생동하는 흐름이 나타나기도 하고, 더러는 이러한 흐름의 결정체라 할 만한 생명체라는 현상이 나타나서 그 흐름에 또 다른 형태의 변화를 더하게 되는 것 또한 이로부터 비롯되는 현상인지도 모를 일이다. 당연히 이러한 모든 현상은 우주의 섭리와 만물의 이치라는 큰 질서의 틀 안에서 일어나는 변화들일 터이고 말이다.

이로써 세상은 다양함과 생동함, 즉 삼라만상의 만 가지 오고 감을 이루어 낸다고 한다. 이러한 흐름의 와중에 문득 자성의 의지를 자각하게 된 어떤 개체들은 스스로의 의지와 행위로써 그 질서의 흐름에 따르거나 화합하기도 하고, 때로는 거스르거나 대립하기도 하면서 우주와 한 몸을 이루고 있는 셈이다.

아마도 이러한 현상의 작용, 즉 변함의 쓰임으로부터 세상은 조금씩 어긋나서 일그러지거나, 혹은 점점 더 나아져서 원만해져 가기도 하는 것일 터이다. 특히나 이러한 만물 가운데에서도 자성의 의지를 자각한 존재들은 그렇게 스스로의 의지와 행위로써 자신과 자신을 둘러싼 세상의 인과에 조금 더 적극적이고 능동적인 형태로 개입하고 있는 셈이고 말이다.

물론, 그 의지가 곧 온전한 질서로 승화되거나, 혹은 질서가 곧 온전한 의지로 거듭나게 되는 경우는 바로 본래 그러함에서 나오는 의지, 즉 자신의 본래면목으로부터 비롯되는 오롯한 의지가 이러한 경우에 해당된다고 한다. 마음이 가는 대로 행하여도 세상의 순리에 어긋남이 없게 되거나, 현상으로서의 자신과 인과의 그물을 바로 보아서 어떠한 걸림이나 분별도 없게 되거나, 무위자연 하여 인위를 버리고 다만 스스로 그러함이 되거나, 혹은 자신 가운데 우주의 섭리와 만물의 이치와 우주 근원의 의지가 본래 둘이 아님을 체득하게 되는 등의 경우들 말이다.

반면에 온갖 오해와 착각으로 점철된 평범한 우리의 의지와 행위는 이러한 질서의 흐름을 흔들고 비틀게 되기가 십상이라고 한다. 어쩌면, 이것이 사람들이 말하는 업(業)이라는 것인지도 모를 일이고 말이다.

다르게 보면, 존재하는 모든 것은 이러한 현상의 바람직한 작용, 즉 변함의 진정한 쓰임으로 승화될 가능성을 품은 존재들이기도 한 셈이다. 어쩌면, 어느 날엔가 먼 고대로부터 전해 오는 어떤 힌트로부터 내면의 작은 변화라도 있게 되어서 이러한 질서의 흐름에 어울리는 행위의 격을 갖추게 되거나, 혹은 그 질서와 자신이 본래 둘이 아님을 자각하게 될 수도 있을 것이고 말이다.

그렇게 우리는 우주의 순리를 따르기도 하고 역행하기도 하면서 우리가 사는 세상을 감싸안아서 순환하는 운행의 흐름에 어떤 쓰임의 변화를 더하고 있다고 한다.

아마도 그래서 더욱 자신의 본래면목을 회복하는 것이야말로 중요한 일이라고 강조하거나, 사실은 모두가 이미 원래 이러하고 본래 그러한 존재라서 굳이 이런 분별조차 필요하지 않은 존재임을 자각하라고 많은 현명한 이들이 그토록 일러 왔는지도 모를 일이다. 바로 아는 것이 바른 행위의 시작이자 바른 쓰임의 출발이기도 할 터이니 말이다.

우리의 삶은 언제 어디서나 늘 의문부호인 것들 투성이라고 한다. 인생과 세상사는 짧은 생각만으로는 풀어낼 수 없는 큰 암호와도 같다는 것이다. 그렇게 얽히고설켜 있는 모습들이 어렴풋하기만 하고, 세상만사가 알 듯 모를 듯 모호하기만 하여 일목요연하지 못하니, 자연히 무언가를 과감하게 실천하지도, 닥쳐진 눈앞의 파도에 현명하게 대처하지도 못하게 되는 셈이다.

그런데 그것이 무엇이 되었든 그것을 애써 부둥켜안고 있는 자리에서는 이러한 암호가 풀리지 않는다고 한다. 이러한 아집과 분별의 자리를 떠나야만 비로소 보이고 풀어낼 수 있게 된다는 것이다. 혹은, 그렇게 무얼 알아내고 말고 할 것도 없다는 사실을 새삼 알아채게 되는 것이거나 말이다.

예로부터 지혜란 흐르는 물과 같다고 하였다. 밝은 지혜란 매 순간 생생하게 살아 있는 것을 의미한다는 것이다. 또한, 진리는 평범과 일상 안에 모두 들어 있다고 한다. 단지 좋고 나쁨을 가려서 간택하는 분별심이 없으면 된다는 것이다. 그렇게 지혜란 있는 그대로 보는 것, 자유롭게 흐르는 것, 본질을 이해하는 것이라고 한다.

따라서 어떤 고정관념이나 분별에 따르는 헤아림을 지혜라고 여겨서 모든 것을 흐르는 존재성으로 바라보지 못하면 제대로 볼 수가 없게 된다고 한다. 그 대상이 비록 자기 자신일지라도 말이다.

물론, 대부분의 정도(正道)와 진실들이 대개 그러하듯이 이러한 종류의 말들은 귀로 듣거나 머리로 간직하는 것은 공허한 일이며, 실제로 일상에서 꾸준히 궁구하기를 마다하지 않음으로써 작은 것이라도 직접 체득해 내는 것이 무엇보다 중요한 일이라고 한다. 이해가 없는 지식과 실천이 없는 지혜는 마치 목동이 다른 사람의 소를 세는 것과도 같다는 것이다.

그렇게 지극한 진리는 그리 어렵지 않으며 멀리 있지도 않다고 한다. 단지 이러한 것들에 대한 성찰의 노력과 실천의 행위가 미진하여 드러나지 않고 있을 뿐이라는 것이다.

살다 보면 알면서도 하지 못하는 경우가 종종 있게 된다. 감성과 이성 사이에서 헤매다 그렇게 되기도 하고, 본능과 욕구에 충실하다가 그렇게 되기도 하며, 관성이나 습(習)에 의해서 그렇게 되기도 하고, 그저 잠시의 안일함이나 게으름 때문에 그렇게 되기도 한다.

수많은 나름의 이유가 있겠지만 그렇게 알면서도 행하지 못하니, 결국에는 바로 아는 것도 바로 아는 것이 아니게 되어 버리고 만다. 아마도 이 또한 흔한 어리석음 중의 하나일 것이다.

본래 그러한 존재라고 해서 그 본래면목이 저절로 드러나는 것은 아니라고 한다. 무엇이라도 이루어 내기 위해서는 의지와 행위라는 실천의 노력이 필요하기 때문이며, 이것이야말로 자신과 세상에 변화를 불러일으키는 유일한 길이기도 하기 때문이다.

이러한 내면의 변화로부터 비롯된 작은 한 걸음이 바로 천 리 길의 시작이자 도착점이라고 한다. 그렇게 길을 가듯 알고 있는 것들을 뛰어넘고, 달빛을 가리는 구름을 걷어 내듯 마음의 걸림을 지워 내다 보면 문득 알아채게 될 것이라고 한다.

할 수 없을지도 모른다. 하지만 아무것도 하지 않으면 할 수 있는지 없는지조차 알 수 없게 된다고 한다. 길이 멀다고 아무리 투덜거려 봐야 목적지는 가까워지지 않을 것이기 때문이다. 그럴 시간에 작은 한 걸음이라도 내디딘다면 적어도 그 한 걸음만큼은 목적지에 가까워지기 마련이라는 것이다.

광부들 사이에는 마지막 1피트(feet)라는 말이 있다고 한다. 광맥을 찾아 수많은 고난을 헤치고 나아가지만, 결과를 끝내 보지 못해서 더러는 포기하게 되기도 하는데, 나중에 알고 보면 그토록 찾아 헤매던 광맥을 바로 눈앞에 두고서, 단지 마지막 한 걸음인 1피트를 눈앞에 두고서 포기한 경우들도 적지 않더라는 것이다.

99℃의 물과 100℃의 물은 단지 1℃의 차이일 뿐이지만, 그 간극에는 1℃의 차이로 설명할 수 없는 엄청난 무엇이 존재한다고 한다. 질적인 변화의 임계점에 이르지 못한 수많은 노력의 안타까움이야 말해 무엇 하겠는가.

일보이성(一步而成)이라고 했다. 한 걸음만 더 나아가면 이룰 수 있다는 것이다. 우리 모두는 우주의 묘한 흐름과 한량없는 인과의 중첩으로부터 마침내 지금의 단계에까지 어렵게 도달한 존재들일 터이니 말이다.

  물론, 그렇게 한 걸음 한 걸음이 중요하다고는 하지만, 쓸데없이 바쁘기만 한 일상 속에서 대부분의 경우에는 나도 '언젠가는'이라는 말로써 스스로를 위안하기에 바쁜 것이 현실의 모습이기도 할 것이다. 그것이 무엇이 되었건 나에게 다가오는 것들에 대하여 그때그때 대응하거나 적응하기에도 벅찬 것이 현실일 터이니, 이처럼 일상 너머의 무엇을 헤아려 보는 일에 마음을 내기가 쉬운 일이겠는가.
  그러나 하루에 두 번의 새벽은 있기 어려우니, 세월은 결코 사람을 기다려 주지 않는다고 한다. 무엇을 선택하여 어떤 세상을 살아갈 것인지는 오직 자신에게 달린 문제이기도 하고 말이다.
  그렇게 세상사에는 선택만이 남을 뿐 정답은 없다고 한다. 오죽하면 B(Birth)와 D(Death) 사이에는 C(Choice)가 있을 뿐이라고까지 하겠는가.
  중요한 일을 내버려두고 급한 일에만 매달리는 이를 소인이라 부른다고 한다. 중요한 일에만 매달리느라 급한 일을 버려 두는 이를 게으른 이라 부른다고 한다.
  아마도 중요한 것은 시기를 놓치지 않는 것일 터이다. 모든 일에는 놓치면 안 되는 적정한 때가 있는 법이라고 하니 말이다. 봄 개구리가 어찌 하룻밤인들 울지 않을 것이며, 여름 매미가 어찌 하루아침인들 노래하길 마다하겠는가. 때를 놓치면 울고 싶어도 울지 못하고, 웃고 싶어도 웃지 못하게 된다고 한다.
  언젠가는 해야지 하지만, 그 언젠가는 영원히 찾아오지 않을 수도 있다고 한다. 지금 여기가 바로 그 언젠가이기 때문이다.
  삶의 기회란 그런 것이라고 한다. 매번 이번 일만 마무리 짓고 나서 좋은 시간이 찾아오기를 기대하지만, 이번 일이 끝나면 다음 일이 또다시 이번 일이 되어 버리고 만다. 이 자리, 이 순간, 이 조건이 바로 그때라는 것이다.
  실제로 지금 할 수 없는 일은 나중에도 할 수 없는 것들이 대부분이라고 한다. 더하여 나에게 남아 있는 시간의 잔고가 얼마인지는 아무도 모르는 일이고 말이다.

세상에서 가장 불가사의한 일 중의 하나는 누구라도 반드시 죽을 수밖에 없다는 사실을 뻔히 알면서도 마치 영원히 살 것처럼 행동하는 것이라고 한다. 당장 눈앞의 일조차도 감히 장담할 수 없다는 것은 세상 누구라도 다르지 않을 것이니, 그것이 무엇이 되었건 하루를 미루다 한 달이 되고, 한 달이 어느새 일 년이 되며, 그 일 년이 어느덧 습관이 되어 평생이 되어 버리고 마니, 바로 지금 여기에서 시작하지 않는다면, 마침내 나귀의 해(12간지에는 나귀가 없다)가 되어도 이루기 어려울 것이라고 한다. 비록 작고 사소한 것일지라도 지금 여기에서 시작하는 것이 무엇보다도 중요한 일이며, 사실은 그것이 전부이기도 하다는 것이다.

물론, 어떤 행위의 진정한 가치는 그것을 끝까지 이어 가는 것에 있다고 한다. 꾸준함은 최고의 미덕 중의 하나이기 때문이다. 그래서 상 중의 상은 개근상이라고 한다.

쉽게 얻으면 쉽게 무너진다고 하였다. 과도한 대가는 빚이기도 하고 말이다. 느리거나 더딘 것을 걱정하지 말고, 다만 멈추는 것을 걱정할 일이라고 한다.

한편, 세상에는 관계와 연계의 흐름이라는 존재의 실상 앞에서도 어쩔 수 없이 혼자서 가야만 하는 네 가지의 고독한 길이 있으니, 바로 태어남과 죽음과 인과와 윤회의 길이 그것이라고 한다.

살다 보면 아무도 도와주거나 대신 이루어 줄 수 없는 일들과 어쩔 수 없이 마주하게 되곤 한다. 아마도 진정한 나를 알아내는 일 또한 마찬가지일 것이다. 오직 혼자서 가야만 하는 길이고, 혼자서 뚫어 내야만 하는 벽이며, 혼자서 탈피해야만 하는 허물일 것이기 때문이다. 물론, 이러한 시도 자체가 사실은 그 벽이나 허물과 같은 것이 존재하지 않는다는 것을 알아채는 과정이라고는 하지만 말이다.

더하여 무엇을 성공적으로 이룬다는 것은 속력이 아니라 속도에 달린 것이라고 한다. 속력은 빠르기를 말하는 것이라면, 속도는 방향까지도 말하는 것이기 때문이다. 속력이 스칼라(scalar)값이라면, 속도는 벡터(vector)값이라는 것이다.

그렇게 황새가 참새의 뒤를 따르게 할 수도 있다고 한다. 어디를 그리들 바쁘게 오가는지는 몰라도 황새든 참새든 아무런 목적 없이 길을 나서지는 않았을 것이다. 비록 그 목적 없음이 목적일 경우는 더러 있을지라도 말이다.

중요한 것은 방향이라고 한다. 한걸음에 백 리를 간들 방향이 틀리면 모두가 별무소용인 법이니, 한 걸음에 작은 한 발씩 걷는다고 해도 방향만 올바르다면 황새든 봉황이든 참새의 뒤를 따르기 마련이라는 것이다.

이처럼 무엇이 중요한지를 바로 알아서 시기를 놓치지 않고, 지금 여기에서 시작하여 쉬지 않고 끊임없이 나아가되, 남에게 의지하지 않고 묵묵히 작은 한 걸음이라도 올바른 방향으로 나아가는 이가 결국에는 선두에 서는 법이고 정상에 오르는 법이라고 한다.

이러한 행보의 여정에서 그 걷는 길이 정도(正道)이고 지향하는 바가 바르기만 하다면, 이러한 한 걸음 한 걸음이 중요하지, 그 길의 이름이 무슨 큰 문제이겠는가.

하지만 머리로는 알면서도 손과 발로써 기꺼이 행하지 못하는 것이 평범한 우리의 모습이기도 할 터이니, 보통의 경우에는 어느 길이 정도인지를 헤아리는 것조차도 난감하기 그지없는 일이어서 그저 헤아리고 망설이기만 하다가 어느덧 세월만 흘려보내는 것 또한 현실의 모습일 것이다.

다만, 찾는 동안에는 길을 잃은 것이 아니요, 보이지 않는다고 해서 길이 없는 것은 아니라고 했으니 그나마 위안이 되는 말이기는 하다.

그런데 이처럼 길조차 찾지 못해서 여전히 방황하는 평범한 우리 앞에 어느 날 놀라운 일이 일어나게 된다. 만물을 풀강아지 다루듯 한다던 우주라는 이름의 네트워크가 모처럼 만의 친절을 세상에 베풀어서 어느 날 자신의 생생한 민낯을 우리에게 있는 그대로 드러내 보이는 놀라운 일이 일어나게 된 것이다.

전체의 하나가 부분의 하나에게 베푸는 친절이자 조금 과한 선물이기도 한 셈이다. 혹은 이제 그만 꿈속의 꿈에서 깨어나라고 가상현실 속 아바타들에게 힌트를 주는 것이거나 말이다.

세상에는 이와 같은 뿌리가 진즉에 있었거니와, 이러한 뿌리를 잊은 채 나무의 곁

가지에만 매달려서 엉뚱하게도 웬 물고기를 구하거나, 있지도 않은 허상의 열매들만 열심히 탐하다 보니 마침내 우리는 지금의 상황에 이르게 된 것일 터이다. 그 처한 상황이 어떤 무엇이 되었든 말이다.

과연 누구를 탓하고 누구를 원망할 일이겠는가. 낙화는 뜻이 있었건만 유수는 무정하여 연분 없이 세월만 흐르다가 오늘에 이르고 말았으니, 인연은 있었으되 긴 세월 동안 사무치는 연분은 없었던 셈이다.

어찌 되었든 뒤늦게라도 알게 되었으니 여전히 미망의 꿈속에서 헤매는 평범한 우리로서는 무척이나 다행스러운 일이 아닐 수 없는 셈이다. 다만, 이러한 우주의 과분한 친절에 대하여 또 하나의 그윽한 미소로써 능히 화답하지 못하는 근기의 미욱함을 탓할 뿐인 것이다.

대개의 명상이나 수행은 기본적으로 본래의 자신을 찾아가는 여정이라고 한다. 어떤 길이 되었든 그 길을 통해서 자신의 마음속으로 들어가다 보면, 이미 만들어졌거나 수시로 지어내는 모습과 경계들을 만나게 되는데, 이를 알아 가면서 하나씩 비워 냄으로써 자신의 본래 그러한 참 본성을 드러내는 것을 의미한다는 것이다.

아마도 그렇게 현상으로서의 자신과 그렇기에 오히려 무엇이라도 될 수 있는 무한의 가능성과 그래서 더욱 지금 여기에서의 행위가 있는 그대로의 진실이자 전부임을 알아 가게 되는 것일 터이다. 그렇게 현상의 바른 쓰임을 찾아가는 것이기도 할 터이고 말이다.

과연, 이번 회차의 우주가 무려 137억 년간의 묘한 작용과 조화 끝에 마침내 지금의 우리라는 현상이 있게 되었다고 하니, 이토록 대단한 존재들이라면 이러한 것들에 대하여 마냥 무관심할 수만은 없어 보인다.

새로운 길을 어렵게 개척하거나 옛 성현들의 발자취를 힘들여 좇아서 또다시 그 진실이라는 자리에 이르는 일은 세상을 놀라게 할 만한 높은 가치와 큰 의미를 갖는 일일 것이다.

그러나 이처럼 본래의 밝음을 드러내어 크게 빛나는 모습으로 밝혀 놓은 옛길을 조금 이해하고 활용하여 어떤 쓰임의 격을 갖출 수만이라도 있게 된다면, 이 또한 충분히 대단한 성과라고 할 만한 일일 것이다. 어쩌면 이러한 자리를 새로운 출발점이나 디딤돌로 삼아서 더 높은 곳으로 도약하는 것이야말로 그 친절에 대한 또 다른 형태의 화답이 되는지도 모를 일이고 말이다. 과연, 이마저도 능히 해내지 못한다면 어찌 이를 계승한 후대의 도리라 하겠으며, 당당한 자신과 우주의 주체이자 주인공이라고 할 수 있겠는가.

세상의 진실을 알아낸다고 해서 어떤 새로운 존재가 되는 것은 아니며, 눈앞에 갑자기 다른 세상이 나타나거나 무슨 기상천외한 일을 겪게 되는 것도 아니라고 한다. 설령 그 길의 여정에서 어떤 신비를 체험하게 되더라도 그것이 본질은 아니라는 것이다.

다만 좁은 우물에 갇혀서 의미 없는 일에 집착하여 속박되거나 별것도 아닌 일에 일희일비하여 우왕좌왕하는 일은 없게 될 것이라고 한다. 혹은, 늘 겪어 오면서도 알지 못했던 일상의 본질적인 즐거움을 새삼 찾아내어 음미하게 되거나, 이로써 이고득락(離苦得樂)을 이룰 수도 있을 것이고 말이다.

분명한 것은 같은 일상일지라도 있는 그대로를 이해하고 자신에게 주어진 쓰임에 최선을 다하면서 즐기고 놓을 줄 아는 자유로운 삶과, 그 반대의 삶은 다른 삶일 것이다.

세상의 모든 것은 자체라 할 만한 상(像)이 따로 없기에 일체(一切)가 곧 즉일(即一)이고, 즉일이 곧 일체라고 한다. 물론, 그 각각의 하나에 태초의 의지와 우주의 섭리와 만물의 이치가 하나이기도 하고 말이다.

어찌 보면, 지금 여기에서의 있는 그대로가 진실한 모습일 수도 있는 셈이니, 그렇게 일상과 깨달음이 다르지 않고 번뇌와 지혜가 따로 있는 것도 아니라서, 사실은 여기에 무얼 더하거나 애써 따로 구하고 말고 할 것이 없는지도 모를 일이다.

그러나 그렇다고 해서 앞뒤를 구분하지 못하며 미망의 꿈속을 헤매는 일상 그대로가 바람직한 모습이라는 말은 아닐 것이며, 탐욕과 집착의 번뇌 그대로가 삼매라는 말도 아닐 것이다. 물론 크게 보면, 이 또한 어떤 쓰임으로서의 현상, 혹은 일종의 체험학습 과정인지도 모를 일이기는 하지만 말이다.

예로부터 한 생각 어리석게 내면 중생(衆生)이라 부르고 한 생각 내려놓으면 성현(聖賢)이라고 부를 뿐이다, 하였으니 아마도 그렇게 범부(凡夫)와 각자(覺者)가 본래부터 따로 있는 것이 아니라, 단지 그 마음 한 자락의 상태에 따른 이름이 범부이고 성현이라는 말일 것이다.

유가에는 생숙생(生熟生)이라는 말이 있고, 불가에는 수파리(守破離)라는 말이 있다고 한다. 처음에는 아이처럼 자유롭다가(生) 법식과 기틀을 배워서 능숙해지면(熟) 그것을 다시 깨어 천진난만한 아이처럼 자유로워져야(生) 하고, 처음에 가르침을 지키고(守) 능숙해지면 그것을 다시 깨트려서(破) 자신만의 공부를 찾아내야(離) 한다는 것이다.

물론, 천지는 불인(不仁)하여 이러한 깨어남이나 거듭남의 전후를 가리지 않고 하늘에는 여전히 구름이 오가기 마련이겠지만, 그렇게 청명한 하늘에서는 흰 구름이 되어 창공을 노닐게 되고, 흐린 하늘에서는 먹구름이 되어 기어이 우뢰(雨雷)를 부르게 된다고 한다.

예로부터 고요한 가운데 고요한 것은 고요함이 아니요, 시끄러운 가운데 고요할 수 있어야 고요함이라 할 만하다, 하였다.

아마도 번잡한 일상의 현실이 한편으로는 구도의 방편이 될 수도 있다는 말일 것이니, 그렇게 일상과 수행의 길이 따로 있는 것도 아니라고 한다. 억지를 부려서 하나라고 여겨서도 안 되지만, 그렇다고 둘도 아니라는 것이다. 아마도 진흙에 물들지 않는 연꽃을 말하기는 하지만, 한편으로는 진흙에서 피어나는 꽃이 연꽃인지도 모른다는 말일 것이다.

필요한 것은 자신의 무지에 대한 인정과 이로부터 비롯되는 의문과 호기심 그리고 이에 대한 성찰의 노력이며, 오늘보다 조금 더 나은 내가 되고자 하는 향상심과 의지가 있으면 된다고 한다. 지금 여기에서의 한 걸음과 그곳으로 향하는 길과 목적지는 둘이 아니라고 하였으니, 어쩌면 그렇게 번잡한 일상과 이로부터 무언가를 배워 나가는 과정과 그 삼매의 세계가 둘이 아닌지도 모를 일이다.

예로부터 번뇌가 번뇌인 줄 아는 것이 곧 깨달음이니 번뇌를 떠나서 존재하는 깨달음의 실체가 따로 있는 것은 아니라고 하였다. 아마도 그렇게 일상의 고단함과 삼매의 세계가 본래부터 따로 있지는 않다는 말일 것이다.

원만한 깨달음의 도량은 어디에 있는가(圓覺道量何處). 생사가 있는 지금 여기가 바로 그곳이다(現今生死卽時), 하였다.

예로부터 선가에서는 몸을 단로(丹爐)로 삼고, 정혈(精血)을 약재로 삼아서 호흡(呼吸)의 불로 금단(金丹)을 단련하여 원영(元嬰)을 이룬다 하였으니, 아마도 그렇게 일상의 삶을 단로로 삼고, 고통과 번뇌와 재난을 약재로 삼아서 성찰의 불로 지혜를 완성하여 지금 여기에서 있는 그대로의 본래 그러함으로 거듭나라는 말일 것이다.

이 산책과도 같은 산행의 동행자들은 가능하면 여유를 갖고 천부경의 본 구절을 다시 한번 음미하기를 권해 본다. 그 반추의 길에서 어쩌면 이러한 본질적인 것들이나 또 다른 무엇에 대한 힌트, 혹은 더욱 수승(殊勝)한 무언가에 대하여 속삭여 주는 들꽃 한 송이를 만나게 될지도 모를 일이니 말이다. 그렇게 이 대략의 좁고 거친 길을 새삼 걷다 보면, 또 다른 대로나 구름다리를 홀연히 조우하게 될 수도 있지 않겠는가.

예로부터 만법은 본시 한가한데 사람 스스로가 시끄러울 뿐이라고 하였다.

기실 세상에는 아무런 일도 없다고 한다. 그저 이처럼 용속한 이가 있어 세상에 또 다른 분별을 더하고, 어지러운 말과 번거로운 일들을 애써 지어내거나 앵무새처럼 따라 할 뿐인 것이다.

다만, 세상에는 별별 일이 다 있기 마련이라, 더러는 호박을 말해도 수박으로 알아듣는 이도 있는 법이니, 그렇게 말에 의지하지 말고 뜻을 살피며, 개별적이고 부분적인 것들에 집착하지 말고 보편적이고 본질적인 것들을 헤아리다 보면, 뜰 앞의 작은 연못에서도 능히 달을 건져 낼 수 있다고 한다.

6
내려오다

산책과도 같은 산행을 마치다

마치다

　당신의 놀라운 집중력과 인내심에 경의를 표하는 바이다.
　이 글을 마저 완성하여 마무리할 것인지에 대하여 한때 나름의 고민들이 있었더랬다. 생각 끝에 몇몇 지인들에게 치매 예방에 좋은 글이라고 꼬드겨서 일독을 권하고 소감을 청하였더니, 대개는 불면증에 대한 치료 효과가 더 탁월하다고들 한다. 그러니 길다면 길고 짧다면 짧은 이 산행을 완주해 낸 당신의 집중력과 인내심은 충분히 자부심을 가질 만한 일인 셈이다.

　어쩌다 천부경을 산에 비유하기는 했지만, 실제로 그 의미들을 나름대로 고민해 보다 문득 일상을 돌아보면, 마치 산에 올라서 시가지를 내려다보는 듯한 기분이 들기도 한다.
　생각해 보면 천부경에 의지하여 짐작해 볼 수 있는 여러 분야의 다양한 의문들이 무궁무진해 보이기도 한다. 까마득한 고대에 쓰였다는 이 우주론에 오늘날의 여러 의문을 대입해 봄으로써 어쩌면 또 다른 해결의 실마리를 발견할 수도 있어 보이기 때문이다. 어쩌면 이러한 세계관은 우리의 지난 오류에 대한 치유나 당면한 문제들에 대한 해법의 단초, 혹은 미래에 예상되는 부작용들을 예방할 수 있는 뿌리가 될 수도 있어 보이고 말이다. 설사 그렇지 않다고 하더라도 최소한 진실을 탐구해 가는 길의 여정에서 또 다른 디딤돌을 발견하기에는 부족함이 없어 보인다. 그것이 어떤 분야의 무엇이 되었든 말이다.

　최고라는 말은 원래 함부로 쓰는 것이 아니라고 한다. 만약 누군가 자신이 천하제일의 미인이나 부자라고 말하거나, 이러한 이를 보았다고 말한다면, 사실은 자신의 견문이 그것밖에 안 된다는 것을 털어놓는 것에 불과하다는 것이다. 그럼에도 불구하고 이처럼 담담하고 절제된 표현으로써 이토록 높은 격과 깊은 의미를 품은 경전이 세상에 다시 있다는 말은 미처 들어 본 적이 없음이다.

조금 과장하여 표현하면 인류 문명의 뿌리를 보는 듯한 기분이 들기도 한다. 적어도 이 정도의 뿌리가 있고 나서야 자신과 세상에 대한 인식의 틀이 제대로 정립되고, 이러한 바탕 위에서 인류의 문명이 아름다운 꽃으로 피어나 열매를 맺을 수 있어 보이기 때문이다. 그래서 문득, 이 천부경은 일종의 문화적인 오파츠(Out of place artifact)에 가까운 존재가 아닌가 하는 생각마저 들기도 한다.

현재의 시점으로 세상의 흔들리는 모습들을 바라보다 보면, 어떤 의미에서든 우리는 일종의 전환점이나 갈림길의 기로에 서 있음을 부인할 수 없어 보인다. 아니면 과거를 돌아보고 현재를 점검하여 미래로 나아갈 길을 새삼 모색해야 할 시점이거나 말이다.

이러한 선택의 기로에서는 인류의 정신적인 문화의 토대가 나아갈 길의 방향을 정하는 근거가 될 수도 있다고 한다. 혹은 이러한 갈등을 치유하고 균형을 회복하는 영약이 되거나, 흩어진 다양성을 조화로움으로 엮어 내는 얼개가 될 수도 있을 것이고 말이다. 감히 말하건대 천부경의 세계관은 이러한 토대와 근거, 혹은 영약과 얼개가 되기에 부족함이 없어 보인다.

설사 이러한 거창한 명분이 아니더라도 자신과 세상의 진실을 찾아가는 길의 여정에서 최소한 각자의 나침반을 발견할 수는 있어 보인다. 비록 천지와 더불어 우주 근원의 의지마저 한입에 삼켜 내지는 못하더라도 지금껏 알게 모르게 외부로부터 강요되거나 주입된 거품, 혹은 스스로 자신에게 덧칠해 놓은 변장 수준의 화장이나 자신도 모르게 젖어 버린 타성과 습기(習氣)를 걷어 내는 계기가 될 수는 있어 보이기 때문이다. 어쩌면, 이로부터 갇혀 있던 미망의 세계를 탈출하여 의미 없이 맴돌거나 정처 없이 표류하던 항해에서 벗어나 새로운 목적지로 향하는 또 다른 항로를 발견하게 될지도 모르는 일이고 말이다.

잘못 끼운 첫 단추는 끝내 당혹스러움을 불러오기 마련이라고 한다. 천 리를 한걸음에 내딛는 뛰어남이 있더라도 나아가는 방향이 올바르지 못하다면, 더러는 그 뛰어남이 오히려 길을 잃거나 헤매는 요인이 되기도 하고 말이다.

추구하는 바가 무엇이 되었건 근본적이고 본질적인 것들에 대한 오해와 착각, 혹은 고정된 관념에 의한 집착과 맹신의 끝에 기다리는 것은 좌절과 공멸뿐이며, 자기변명과 합리화로써 얻을 수 있는 것은 분노와 증오뿐이라고 한다. 설령 그렇지 않다고 하더라도 모자라고 부족한 부분을 채우지 못하고 장점만을 내세우며 나아가다 보면, 언젠가는 막다른 벽에 부딪히기 마련이고 말이다.

가끔은 같은 지향점을 추구하는 것으로 보이면서도 단지 길의 이름과 겉 포장의 차이로 인하여 서로에게 삿대질하는 모습을 보게 되기도 한다. 더러는 고정된 관념이나 논리의 틀에 의한 검증을 마치고 나서 "그래도 지구는 도는 것 같은데"라며 오히려 중얼거리게 되는 일도 생기고 말이다. 그저 평범한 일상에서는 통상적인 가치의 기준과 룰에 따라 살면서도 가끔은 "제대로 산다는 건 아무래도 이런 게 아닌 것 같은데"라면서 고개를 갸웃거리게 되기도 한다. 안개 어렴풋한 밤길에 등불이 필요한 이유일 것이다.

어쩌면 우리는 구름 너머에 달이 빛나고 있다는 사실을 이미 알고 있는지도 모른다. 그렇게 눈을 가리고 있던 잎새 너머를 잠깐이라도 얼핏 엿보거나, 갇혀 있던 우물에서 잠시라도 언뜻 하늘을 바라보게 될 때마다 말이다.

우주 근원의 의지는 순환으로 이어지고, 현상의 우주는 생멸을 반복하게 되니, 그 순환과 생멸의 작용이 드나드는 자리는 바로 이러한 상대적 분별과 인식 이전의 무엇, 즉 0의 자리라고 한다. 물론 그 기준점이 되기도 하고 말이다.

비슷한 의미로 무엇이 되었건 각각의 다양함을 엮어 내어 하나로 융합하고, 그 융합된 정화로부터 새로운 무엇으로 거듭나는 것이 가능해지려면, 이러한 작용들이 들고 날 수 있거나 기준이 될 만한 어떤 자리가 있어야 하는 것일 터이다.

과연, 이러한 자리는 세상의 온갖 다양함을 모두 포용할 수 있는 넉넉함과 그 순환과 거듭남의 작용들이 오갈 만한 현묘함이 두루 갖추어진 자리라야 비로소 이러한 일들이 가능하게 되는 것일 터이다. 그렇지 않다면 자칫 또 다른 오해와 착각을 불러 일으키거나 새로운 분별과 갈등을 더하는 일이 될 수도 있을 것이기 때문이다.

세상의 다양하고 귀한 가치들이 초심을 잃고 중도를 벗어나 오히려 갈등의 요인으로 변질되어 갈 때, 이 고대의 우주론이 품은 넉넉함과 묘함은 능히 이러한 조화를 이루는 자리가 되기에 부족함이 없어 보이고, 그 만 가지의 오고 감을 모두 포용하기에 모자람이 없어 보인다.

그렇게 천부의 가르침이 씨앗이 되고 뿌리가 되어 꽃으로 피어나서 열매를 맺는 세상의 모습을 혼자서 문득 상상해 보기도 한다.

생각에는 규율이 없어 경계를 긋기 어렵고, 마음에는 형상이 없어 시시각각 변하기 마련이라고 한다. 그러나 참된 도리는 모든 것을 포용하는 법이니, 그래서 대도(大道)는 무문(無門)이라고 하였다. 다만, 이처럼 환하게 밝혀 놓은 옛사람들의 큰 도리와 깊은 뜻을 명쾌하게 드러내지도 못하는 근기의 모자람과 재주의 부족함을 탓할 뿐이다.

그것이 무엇이 되었건 아무리 좋아 보인다고 해서 무조건적인 맹신은 옳지 않은 일일 것이다. 잘 알지 못하고 익숙하지 않다고 하여 무조건적인 배타가 결코 바람직한 일은 아니듯이 말이다. 다만, 이 특별해 보이는 문화유산을 조금이라도 이해하고 밝혀내어 세상에 드러내는 일은 이를 계승한 후대의 마땅한 도리이자 의무이기도 할 것이다.

지금까지 함께한 여정은 그저 이러한 것들에 대한 작은 의문과 호기심에 대한 두서없는 단상들에 불과할 뿐이며, 완성된 결론은 더욱 아닐 것이니, 부디 현명하고 지혜로운 이들이 나서서 이 천부경 본래의 신령한 빛을 밝게 드러내어 온 누리에 크게 빛나는 모습으로 비추기를 기원해 본다.

이 글에는 여러 방면의 여러 말들이 어지럽게 얽혀 있음이니 좋게 보면 천부경을 그 묘하고 넉넉한 자리로 삼아 보려는 나름의 시도일 수도 있는 셈이고, 달리 보면 그저 정체 모를 번잡함에 불과할 수도 있을 것이다. 다만, 이러한 부족함은 오로지 필자만의 탓이 아니라, 천부경이라는 산의 구름 너머 드높음과 헤아리기 어려운 골짜기의 깊음 탓이기도 할 것이다. 산이 높을수록 계곡도 깊기 마련일 터이고 말이다.

비록 핑계가 그렇다고는 하나 끝내 글의 모양새가 난잡해지고 말았으니, 혹여 어느 한 구절이라도 작은 울림이 되어서 들리는 바가 있다면, 이는 오직 보고 듣는 이들의 공일 것이다.

더하여, 부족함으로써 숨겨진 의미를 애써 찾아내는 노고나, 미진함으로써 드러나는 의문들을 힘들여 유추해 보는 번거로움은 이 글을 읽는 이들의 또 다른 재밋거리로 남겨 두기로 한다.

중구난방식의 설명이 되고 말았으나, 예로부터 부족한 필력은 눈 밝은 독자에게는 그리 허물이 되지 않는 법이라고 하였으니 무척 다행한 일이다.

돌이켜 보다

헷갈린다. 아마도 이래서 한자(漢子)와 친해지기가 쉽지 않다고들 하는가 보다. 심지어 어떤 경우에는 몇백 년 동안이나 문장의 의미와 해석의 옳고 그름에 대하여 결론을 내리지 못하는 경우도 더러 있다고 하니 말이다.

가뜩이나 모자란 식견에 표의문자 특유의 모호함이 더해지니, 문장에 함축된 진정한 의미를 파악해 내기가 실로 녹록지 않아서 해석의 여지가 많고 의사의 전달이 중의적일 수밖에 없다.

사용하는 언어가 성품을 좌우한다는 말이 있다고 한다. 물론, 다른 의미의 말이기는 하지만, 호불호를 떠나서 언어에 따른 특유의 정서들이 어째서 조금은 다른지 이해가 될 듯도 하다.

언젠가 사무실의 젊은 친구들이 고향을 떠나 충청도에서 유학한 경험이 있다고 하기에 인상 깊었던 충청도 사투리가 뭐였는지를 물어보았더니 의외로 이 말을 꼽았다.

"기여, 아녀."

무슨 말끝마다 이 말을 붙이는 것이 뭔가 특이하면서도 재미있어 보이더라는 것이다. 머리를 긁적이게 되는 구절이 나타날 때마다 끝내 이렇게 중얼거리게 된다.

"기여, 아녀."

옛적에 부처님께 한 수행자가 여쭈었다고 한다.

"우주는 영원하여 무한합니까, 유한하여 무상합니까. 혹은 무한하지도 무상하지도 아니합니까. 또한, 이 몸과 영혼은 달라서 별개입니까, 같아서 하나입니까. 혹은 다르지도 같지도 아니합니까. 나아가 여래는 마침이 있습니까, 마침이 없습니까. 혹은 그 마침이 있지도 없지도 아니합니까."

이에 이르시기를, "수행자여, 여기 독화살을 맞은 한 사냥꾼이 있다고 하세. 그는 지금 온몸에 독이 퍼져서 실로 목숨이 경각에 달렸는데, 치료를 받으려고 의사를 찾아와서는 이렇게 말하였다네. '이 화살을 쏜 자는 어디서 왔으며, 그의 이름은 무엇이고, 신분은 어떠한 사람인가. 또한, 그는 키가 큰 사람인가 작은 사람인가, 피부의 색은 흰색인가 검은색인가. 나아가 내가 맞은 화살은 어떤 나무로 만들어졌고, 어떤 새의 깃털로 장식되어 있으며, 그 묻힌 독은 어떤 종류의 독인가. 나는 이러한 것들이 몹시 궁금하거니와, 기어코 이를 먼저 해결하리라' 하였다네. 그대는 이에 대하여 어찌 생각하는가."

물론, 그 수행자는 이 말씀에 크게 감복하여 부끄러워하였으며, 이후에는 엄한 것에 한눈팔지 않고 열심히 마음 수행에 정진하였다고 한다.

그러나 먼 훗날, 이 수행자의 10^{-260}보다도 작은 의식의 한 조각이 우주에 수차례 순환된 끝에 작은 씨앗들이 되어서 여러 모습으로 세상에 나투게 되었는데, 어느 날 이름 모를 산기슭의 못다 핀 들꽃 한 송이와 초라한 행색의 객이 곡차를 주고받던 중, 문득 구름 가득한 하늘을 물끄러미 올려보다가는 기어코 이렇게 구시렁거리고 말았다고 한다.

"기여, 아녀."

아무래도 오이 하나 바지춤에 찔러 넣고, 다시 한번 산행길에 나서 보아야 할 모양이다.

도움과 용기를 주신 모든 분께 감사드리며, 잠시라도 산기슭 언저리의 배회함을 허락해 준 어느 신비한 산에게도 감사의 말씀을 올린다.